本书为 2014 年度教育部哲学社会科学研究后期资助重大项目"主体民族志"的结题成果之一（项目批准号：14JHQ028）

《对蹠人》系列民族志之一

他者的表述

朱炳祥　著

中国社会科学出版社

图书在版编目(CIP)数据

他者的表述／朱炳祥著.—北京：中国社会科学出版社，2018.4
(《对蹠人》系列民族志)
ISBN 978-7-5203-2058-0

Ⅰ.①他⋯ Ⅱ.①朱⋯ Ⅲ.①白族—民族社会学—研究—中国 Ⅳ.①K285.2

中国版本图书馆 CIP 数据核字（2018）第 027450 号

出 版 人	赵剑英
责任编辑	田 文 徐沐熙
责任校对	张爱华
责任印制	王 超
出　　版	中国社会科学出版社
社　　址	北京鼓楼西大街甲 158 号
邮　　编	100720
网　　址	http://www.csspw.cn
发 行 部	010-84083685
门 市 部	010-84029450
经　　销	新华书店及其他书店
印　　刷	北京君升印刷有限公司
装　　订	廊坊市广阳区广增装订厂
版　　次	2018 年 4 月第 1 版
印　　次	2018 年 4 月第 1 次印刷
开　　本	710×1000　1/16
印　　张	22
插　　页	2
字　　数	328 千字
定　　价	89.00 元

凡购买中国社会科学出版社图书，如有质量问题请与本社营销中心联系调换
电话：010-84083683
版权所有　侵权必究

人是值得研究的。
——［法］列维－斯特劳斯

民族志是一种"人志"。
——自题

目　　录

导　言 ………………………………………………………………（1）
  一　从格尔兹出发 ……………………………………………（1）
  二　斯事、斯叙事、斯元叙事 …………………………………（4）
  三　民族志不是"隐喻"，而是"转喻" …………………………（6）
  四　叙事的"原罪" ……………………………………………（7）
  五　"期盼死亡" ………………………………………………（9）
  六　田野工作时间及材料处理的说明 ………………………（12）

第一章　关于"主体民族志"的思考 ……………………………（15）
  第一节　民族志范式的转换 …………………………………（15）
  第二节　"主体民族志"的理念 ………………………………（23）
  第三节　"裸呈"：主体民族志的方法 ………………………（33）
  第四节　"三重主体叙事" ……………………………………（40）

第二章　寻觅对蹠人 ……………………………………………（44）
  第一节　"小大之辨" …………………………………………（44）
  第二节　从"摩哈苴"到"那曲" ………………………………（50）
  第三节　选择段绍升 …………………………………………（61）

第三章　"读书""开荒" …………………………………………（72）
  第一节　"读书" ………………………………………………（72）
  第二节　"开荒" ………………………………………………（75）

第四章 "大地测量队" ································ (79)
 第一节 "参加大地测量队" ························· (79)
 第二节 "开阔了眼界" ······························ (82)

第五章 "指腹为婚" ·································· (84)
 第一节 "指腹为婚" ································ (84)
 第二节 "门槛" ······································ (87)

第六章 "武装民警" ·································· (92)
 第一节 "我破了很多案" ···························· (92)
 第二节 "把我树成英雄" ···························· (96)

第七章 "集体化年代" ······························· (100)
 第一节 "在生产队做工分" ························ (100)
 第二节 "东方红,吃饼干" ························· (105)

第八章 "对唱" ······································· (109)
 第一节 "相爱在深山,深山也羡慕" ··············· (109)
 第二节 "拉着马来找你" ··························· (111)
 第三节 "一见面还笑笑" ··························· (113)

第九章 "善有善报" ································· (116)
 第一节 "放映员""小伙子" ······················· (116)
 第二节 "买灯泡变成了慰问团" ··················· (119)
 第三节 "送行" ····································· (121)

第十章 "民办教师""做卖白族服装""水管所长" ··· (124)
 第一节 "民办教师" ································ (124)
 第二节 "做卖白族服装" ··························· (127)
 第三节 "水管所长" ································ (133)

第十一章 "实现了心愿" ……………………………………… (138)
　　第一节 "了我一个大的心愿" ………………………………… (138)
　　第二节 "一生中也忘不了的事" ……………………………… (142)

第十二章 "宗教信仰" ……………………………………… (148)
　　第一节 "神鬼我不相信" ……………………………………… (148)
　　第二节 "老公公出现了" ……………………………………… (154)
　　第三节 "这种也有对社会好处的一面" ……………………… (158)

第十三章 "家庭" …………………………………………… (166)
　　第一节 "我爷爷" ……………………………………………… (166)
　　第二节 "我父亲" ……………………………………………… (171)
　　第三节 "我们老的两口" ……………………………………… (179)
　　第四节 "五个儿子" …………………………………………… (183)
　　第五节 "一个家庭不乱" ……………………………………… (189)

第十四章 "人生感悟" ……………………………………… (193)
　　第一节 "一种反思" …………………………………………… (193)
　　第二节 "一种担忧" …………………………………………… (199)

第十五章 归去来 …………………………………………… (208)
　　第一节 《奥古斯都封神记》 ………………………………… (208)
　　第二节 "伐木丁丁" …………………………………………… (213)
　　第三节 "电灌站打水员" ……………………………………… (217)

第十六章 "麻雀""马儿""门槛":"点式"分析 ………… (222)
　　第一节 "点"的发现 …………………………………………… (223)
　　第二节 跨不过去的"门槛" …………………………………… (228)
　　第三节 离开村庄的"马儿" …………………………………… (235)
　　第四节 飞去飞来的"麻雀" …………………………………… (243)

第十七章 人观四面:"横面"阅读 …………………………… (254)
  第一节 "家国人生":求"真"的理性 …………………… (256)
  第二节 "善有善报":从"善"的理想 …………………… (268)
  第三节 "东方红,吃饼干":唯"美"的情感 …………… (278)
  第四节 "祛魅"与"归魅":尚"用"的宗教……………… (287)

第十八章 "治水龙王"的传人:"纵向"追释 ……………… (293)
  第一节 段隆的神话 ………………………………… (294)
  第二节 神话主题寻绎 ……………………………… (306)
  第三节 "被排除者"补充 …………………………… (312)
  第四节 "被排除者"再补充 ………………………… (321)

附录1 段绍升同意用真名出书的第一封信 ……………… (330)

附录2 段绍升同意用真名出书的第二封信 ……………… (331)

主要参考文献 …………………………………………………… (332)

后　记 …………………………………………………………… (343)

> 叙事多么有威力，又多么诡计多端！
>
> ——［法］热拉尔·热奈特
>
> 水把月映入杯中，我却说月就在杯中。
>
> ——自题

导　　言

本民族志是2014年度教育部哲学社会科学研究后期资助重大项目（批准号为14JHQ028）的结题成果，也是我计划写作的《对蹠人》系列民族志六卷中的第一卷。在本民族志中，我利用大理周城白族村民段绍升的口述材料，构建了一种"主体民族志"的实验文本。

一　从格尔兹出发

格尔兹在1983年出版的《论著与生活》中指出了西方经典民族志写作的一个重要问题："当现实被输往国外的时候发生了什么？"他的解释是："将'他们'的生活置于'我们'的作品中"，即民族志者"都是在一个为讲台、黑板和研讨会所环绕的世界中撰写其报告。正是这个世界制造了人类学家，给予他们从事这类工作的许可，而且在这个世界中，这类工作要引起关注必须要找一个地方。就其本身而言，'在那里'是一种明信片式的经历……然而，正是在这里——置身于一群学者中，你的人类学被阅读、出版、评论、引用和讲授"[①]。人类学

[①] ［美］克利福德·格尔兹：《论著与生活》，方静文、黄剑波译，中国人民大学出版社2013年版，第182页。

家本来要去描述异文化，而结果却只是对自己所属的那一群人说话，并在这群人中实现自我。在格尔兹的话语中，民族志者并不高尚，甚至有些邪恶，至少他们的事业也只能作为一种想象的事业："如果存在反对将民族志作为邪恶行为或者不可玩的游戏的方法，那么它必须承认如下事实，即民族志是一种想象的事业，……民族志的责任或者信用只能被置于凭空想象出这些东西的浪漫主义者自己的门口。"①本来，殖民帝国的民族志者花了那么多时间，"去了那里"吃了许多苦，已经确立了权威，而现在这一切成了只是拿出来炫耀自我的"明信片"；本来，参与观察了那么多场景，拍摄了那么多照片，绘制了那么多路线图和图表，访谈了那么多对象，而现在用这些材料构成的民族志竟然全部成了想象。不仅如此，道德上也出了问题：我们本没有权利去写他们的文化，我们为何偏要这样做？政治上也存在问题：我们是站在西方立场上去描写他们的文化的。甚至认识论上也有问题：你是如何知道你所知道的？证据是什么？它是如何被收集的？它表明了什么？格尔兹的质问可谓刀刀见血。

殖民主义终结了，宗主国退出，民族国家建立，帝国主义和科学主义同时陨落，询问和观察者与被询问和被观察者之间的关系改变了。从此以后，事情变得没那么简单了，"在那里"与"在这里"两端出现了失衡。现在的状态是"对于宣称要解释不可思议的'他者'这一事业的不安"。这种不安引起的结果是："对权威作品以及权威这一观念本身的解构性攻击；对作为帝国主义延续的人类学写作的意识形态批判式揭露……对反思、对话、多声道、语言游戏、修辞自觉、表演式翻译、逐字记录以及第一人称叙述等对策的大声疾呼。"②现在民族志实践的场景改变了，区隔虽然还存在，但相互之间的通道不计其数。研究对象"被描述而不被告知"，受众"被告知而不被牵涉"③，这种情况已经消解。描述者要负道德责任了，再也不能躲开

---

① [美]克利福德·格尔兹：《论著与生活》，方静文、黄剑波译，中国人民大学出版社2013年版，第196页。
② 同上书，第183—184页。
③ 同上书，第186页。

当地人的追问了。现在要说服的是谁？是实行想象控制还是呈现道德深度？回答起来容易，但要创作出相应的文本就绝非易事了。写作民族志的权利岌岌可危，马林诺夫斯基那种"找到了"的欢快感和拥有感，不仅冒失，而且滑稽。人类学家再也没有殖民遭遇的场景。帝国主义终结，意味着曾经作为人类学的东西的终结，人类学要做的工作模糊了。问题很严重，导致了危机的呼唤。在那里，民族志的道德基础被"去殖民化"动摇了；在这里，认识基础因对故事的信任的丧失而动摇。文字与世界、文本与经历、作品与人生是如何关联的？这些问题都需要被问及。

未来堪忧！怎么办？后现代作品的回答是："唤起"而非"表述"成为民族志话语的典范，它将民族志从模仿和对不恰当科学主义的修辞模式中解放了出来。科学主义头脑简单地确信观察者的话语是一种客观的形式，认为它们足以完成描述行动的任务。而其实在民族志中，不存在"事物"，描述语言只是比较、分类与概括。民族志的性质改变了，民族志只是"神秘地记录"而非"记录神秘"，是幻想的现实和现实的幻想。文字只能引出其他文字，并不倾向于指向事物，这在诗人和数学家那里早就知道了，而民族志者还在昏沉之中。

好混乱啊，民族志文本被看穿了！既然民族志是想象的事业，那么人类学只是一种"语言的诱惑"，以修辞竞争推动学术，民族志俨然是自产自销。人类学家"为愉悦而写作"，总比那种说自己的作品就是"他者"的生活方式要好。马林诺夫斯基、列维－斯特劳斯、本尼迪克特、普里查德的作品还能存活下去，不是因为他们的理论高明，也不是方法正确，而是他们的写作能力高明，表达具有生动性。接下来该做什么？"接下来必要的事情既不是像世界语似的普遍文化的建设，也非人类管理的某些大技术的发明，而是要扩大在利益、外貌、财富和权力不同的人们之间可理解话语的可能性，并将他们纳入一个共同的世界。"① 现在的民族志要改变方式，这里与那里的世界更少隔绝，更少鲜明对比，更少界定，这些都必须出

---

① ［美］克利福德·格尔兹：《论著与生活》，方静文、黄剑波译，中国人民大学出版社2013年版，第205页。

现在文本中。现在的田野工作状态既无序又创新，既随意又丰富。伴随着对以往民族志的信心的动摇，现在的民族志要成功，就要关注权力对人类学如何施加影响以及影响是什么，关注点不再是为方法和理论问题所遮蔽的细枝末节。

受到格尔兹论述的警示，从格尔兹的问题出发，要使民族志继续前行并在当代生活中具有意义，我们需要以清醒的头脑去思考问题，然后掉过头来，实现如下几个方面的转换：

第一，将民族志者间接地描述异文化事实转换为真正由当地人直接陈述文化事实。

第二，将面向课堂、出版社、学术会议以实现民族志者个体价值的取向转换为服务于当地人利益的研究实践取向。

第三，将经典民族志中不被说出、不愿说出、也说不出的民族志者自身的立场、观点、情性、写作策略等要素作为民族志能够成立的前提与基础直接坦陈于新的民族志之中，并承认民族志者对当地文化的解释是想象的事业，其作品仅是一种叙事形式。

二　斯事、斯叙事、斯元叙事

就在马林诺夫斯基忙不迭地企图科学地、客观地描写特罗布里恩德岛的土著文化完成一系列民族志著作的时候，比利时画家马格利特却在进行着完全不同的探索。他画了一幅名为《形象的叛逆》的作品，画面中央是一只巨大的烟斗，下方写着一行法文："这不是一只烟斗"。不是烟斗那是什么呢？它只是一幅画，是一个烟斗的艺术形象符号。在这里，真正的烟斗才是一个事物，而马格利特的画则是用画笔对事物进行一种描画。它们是性质不同的两种东西。把"绘画"看成了真的实物，这是一种"幻想"。

后来，马格利特又画了一幅《双重之谜》，"同样的烟斗，同样的语句，同样的字体。但是，文字和图形没有并置在一个既无边界又无特指的随意空间里，而是位于三脚架上的画框当中，架子置于地面，地板条纹清晰可见。在上方，是一只与图中所画完全一样的烟斗，只是要大上许多"①。这幅画是画中有画，作者设置的"双重之谜"是：第一，左上方的"烟斗"，不是一只烟斗，那是一幅画；第二，右下方立着的画架上摆着"画着烟斗的画"，更不是烟斗，而是画中之画。在这里，明显地存在着三种不同的东西：第一种是现实生活中的那只可以用来抽烟的烟斗。第二种是那幅标明"这不是一只烟斗"的画，它是画家表达实体的一种符号，一种"叙事"。二者具有不同的性质，是"截然相反的东西"。第三种则是告诉读者：我在画画。你看，我这个烟斗就是这么画出来的。这是关于叙事的叙事，即"元叙事"。这样，"烟斗""画中的烟斗""画中之画中的烟斗"三者就构成了"事"（物）、"叙事""元叙事"的关系。

本民族志在书写方式上呈现一个"事—叙事—元叙事"的关系式。所谓"事"，是指呈现在当地人视野下和讲述中的"事物""事件""事实""故事"等，而不是指民族志者通过参与观察与访谈所得到的所谓"异文化"材料。具体对于本书来说，"事"就是本书的主人公白族人段绍升的讲述。②所谓"叙事"，是指民族志者对于当地人直接陈述材料的解读。对于这种解读，民族志者必须说明，这是"我的建构""我的创造"，而不是对于异文化的描述。所谓"元叙事"，是对"叙事的自我审视"③，指的是民族志者在对当地人直接呈现的材料进行解读与创构的同时，暴露其个人条件及解读过程。"元叙事"把读者的注意力从叙述的事件转向叙事行为本身，"在文本的疆界内，对作者行为的彰显"，要求作者关于叙事有一个清醒的认识。"元"就是"自见"，在叙事的同时又把自己关于叙事的理念与见解表达出来，其目的在于对解读进行条件的限定，击破民族志者的过度自我扩张的欲望，敲碎民族志者的傲慢与偏见。"元叙事"存在一个反思的维度，是一种"'二度'叙事"④。胡塞尔曾将"反思"定义

---

① ［法］福柯：《这不是一只烟斗》，邢克起译，漓江出版社2012年版，第3页。
② 当地人的讲述从本质上说也是一种叙事，但是对于民族志者来说，它是当地人直接呈现出来的"事实"。
③ ［英］马克·柯里：《后现代叙事理论》，宁一中译，北京大学出版社2003年版，第60页。
④ ［法］热拉尔·热奈特：《转喻》，吴康茹译，漓江出版社2013年版，第10页。

为对"思想的思想",其程序是一个"无限逆推"的过程,费希特提出,"两次反思"就可以了:第一次反思是自我以自己的活动为对象的反思;第二次反思是对第一次反思的反思。① 在这两种反思中,通过暴露民族志者自身的立场、观点、方法乃至情性特征,使民族志具有"肯定—否定"的特殊意蕴与结构。叙事与元叙事是两种不同的过程:如果说第一种过程似乎要证实叙事的文化权威性的话,那么第二种过程就是一种通过"反讽式的重新语境化"② 来破坏其权威。前一过程是建构的,是现实主义的;后一过程是解构的,是反讽主义的。它通过作者自觉地暴露作品的创造过程,产生间离效果进而让读者明白,作品是作者创造或建构出来的,不能把作品当现实。这样,创造和建构在民族志作品中亦获得本体意义。

三 民族志不是"隐喻",而是"转喻"

将"事""叙事""元叙事"相区别,就确定了民族志的"转喻"性质而非"隐喻"性质,而且这种"转喻"是双重的。

第一重转喻是指"事"与"叙事"之间的转喻关系。经典民族志将作者的叙事＝当地的文化事实,以为他们描述的就是当地的"异文化",至少也是相似的。这是在民族志者的"叙事"与当地文化的"事实"之间建立起了一种"隐喻"关系。隐喻是一种"叙述投影","即通过选择(或不选择)一个限制性'视点'调节信息"③,既然是投影,那么"形"与"影"就具有相似性。而本民族志认为,事实与叙事之间的关系不是"隐喻"关系,而是"转喻"关系。所谓"转喻",意为民族志者的"叙事"与当地文化"事实"之间只具有关联性,甚至不具有相似性,当然更不具有相同性,而是转入了如布尔迪

---

① 参阅[德]费希特《全部知识学的基础》,王玖兴译,商务印书馆2009年版。
② [英]马克·柯里:《后现代叙事理论》,宁一中译,北京大学出版社2003年版,第110页。
③ [法]热拉尔·热奈特:《叙事话语》,王文融译,中国社会科学出版社1990年版,第126页。

厄所说的"一个分离的世界",一个独立的"知识场域"。① 将"故事空间"和"叙述空间"相区别,是"转喻"的基本特征。本书的主人公段绍升的讲述是一个"事实",是"故事空间";而我的叙事则是一个"叙述空间",二者只具有关联性,不具有相似性。我们两人处在不同的"权力关系、策略、利益"世界之中,有着不同的个人经历、情性特征、思想观念,等等,无法以这一个去还原那一个。

第二重转喻则是指"叙事"与"元叙事"之间的转喻关系。元叙事是"作者转喻",即他自己成为被表现与被想象的对象,他自己也就转变为创造对象。他不仅是叙述者,还是旁观者和裁判者。"元叙事"是关于叙事的叙事,它与"叙事"也具有不同的性质,二者之间同样亦只有相关性而不具备相似性。元叙事有"叙述的我"与"被叙述的我"两个行动者,前者可以带着一种特殊的身份冷嘲热讽后者。

通过转喻,"事""叙事"与"元叙事"相互嵌入,成为一个套层结构,逐次地、不断地对事实与话语进行干扰或者破坏,给读者用原先的阅读或阐释叙事意义的方式制造了巨大的障碍,而这也正是为了给读者留出自由解释的巨大空间,有意邀请读者参与讨论、参与民族志的创构。

四 叙事的"原罪"

叙事文本不等于客观事实,可以称之为叙事的"原罪"。

人类是符号的动物,语言是人类最重要的符号系统,人类用语言来表述世界,对其进行叙事。语言既有"指涉性"特性,又有"自指性"特性。首先,对于"指涉性"而言,需要牢记的是索绪尔的郑重提醒:"语言符号连接的不是事物和名称,而是概念和音响形象。"②

---

① 参阅[法]布尔迪厄《知识场域——一个分离的世界》,载[美]佐亚·科库尔和梁硕恩编著《1985年以来的当代艺术理论》,王春辰等译,上海人民美术出版社2010年版。

② [瑞士]索绪尔:《普遍语言学教程》,高名凯译,商务印书馆1980年版,第101页。

而"概念"这个东西并非具体事物,它摆脱不了线性的、逻辑的特征。故而语言不能与真实的世界等同。这对于坚持声称要"描述异文化"的民族志者来说是不幸的。而且,语言的最小单位是"词",是有语境限制的。一个词总是带有它所属的那个序列中其他词的痕迹,只有作为结合而成的序列的一部分的时候,它才形成意义。这种特点亦无法在事实那里找到对应。其次,对于"自指性"而言,则要关注语言符号所具有的那种自恋性,即重视诗性的修辞。叙事往往倾向于自我指涉。书本常常引述别的书本,叙说别的书本,它们之间相互说话。"历史世界和虚构世界必然都存在着断点,必然是不完整的;进行虚构的作家可以相对自由地扩大或缩小那些断点,以达到文体和体裁目的。"① 民族志中的开头、结尾、过渡、照应等这些写作上的要求正是文体和体裁的目的,而这些也都是"自指性"特征的表现形式。

依据这两个特征,我在对段绍升的口述材料的解读中,力戒虚张声势,妄作貌似"全面""整体""准确"的努力,而着意选择"点""线""面"三个维度,在归属性特征(是什么)、历史性特征(为什么)和形态学特征(怎么样)问题上"就什么说点什么"②。无疑,我的解释是自我限定的,甚至是片面的,但"这种片面性本身就具有自身矫正的真理性。它启发了人的创造、生产和构造活动对于其所受制的必要条件的现代态度"③。我甚至放弃了归纳性结论的写作,这不仅考虑到使作品本身具有开放性,邀请读者自己作出结论,更因为所谓"结论"都是作者依靠符号逻辑推论及对材料的主观平衡协调出来的。也就是说,"结论"仅仅是"叙事"之成果,而非"事实"之规则。热奈特说:"我讨厌不惜一切代价寻求'协调',进而勉强承认作品结构严密"④。既然叙事本身并不与客观事物相吻合,

---

① 参见[美]戴卫·赫尔曼主编《新叙事学》,马海良译,北京大学出版社 2002 年版,第 20 页。

② [美]克利福德·格尔兹:《文化的解释》,纳日碧力戈等译,上海人民出版社 1999 年版,第 507 页。

③ [德]伽达默尔:《真理与方法》第二版序言,洪汉鼎译,上海译文出版社 1999 年版,第 XXVI 页。

④ [法]热拉尔·热奈特:《叙事话语》,王文融译,中国社会科学出版社 1990 年版,第 190 页。

又何必去虚构一个似是而非的"结论"呢？进一步说，"文本具有唤起超越的悖论的能力，它不需要综合，也不需要在其内部创造超越的秩序的形式机制和概念策略"①。为了彰显这一理念，我在书稿的最后留下一个具有象征意义的空白页，等待读者的书写。这个方法是克拉潘扎诺《图哈米》②和斯蒂芬·泰勒《后现代民族志》中关于"唤起"理念对我的启迪，也是斯特恩《项狄传》关于"白页"手法对我的训诲："令人乐不可支的书啊！你的书皮里，至少会有一页，恶意不会把它抹黑，无知不能把它歪曲。"③ 于此，段绍升的自述、我的三种解读、读者的描画三者之间构成了虽则不同却交相辉映的图谱。

我在本民族志写作（叙事）的过程中，总是有一种非常奇异的感觉：我笔下的段绍升，并不是我过往15年间接触的那个活生生的真实的人。这种感觉犹如泰戈尔在一首诗中所说："我在人前夸说我认得你。在我的作品中，他们看到了你的画像。他们走来问我，'他是谁？'我不知道怎么回答。我说，'真的，我说不出来'。"④ 我知道这种感觉是由叙事的"原罪"导致的。不过在这里，我也取得了某些进益：当我就近看不清段绍升的时候，只要站到远一些的地方再看，虽然面目有些模糊，但却可以看清那是一个"人"，一个真实的"人"。

五 "期盼死亡"

民族志的叙事虽然并不反映客观事实，但民族志的研究却具有重

---

① ［美］斯蒂芬·泰勒：《后现代民族志》，载［美］克利福德、马库斯编《写文化》，高丙中等译，商务印书馆2006年版，第174页。

② Vincent Crapanzano, *Tuhami: Portrait of a Moroccan*, Chicago: University of Chicago Press, 1980.

③ ［英］劳伦斯·斯特恩：《项狄传》，蒲隆译，上海译文出版社2012年版，第436页。

④ ［印度］泰戈尔：《吉檀迦利》102，冰水译，载泰戈尔著《榕树》，人民文学出版社1987年版，第33页。

大意义。这种意义并不是指向客体，而是指向主体，即对于民族志主体来说，它具有对"人"（包括"自我"）的理解以及以此基础上对人类前途终极关怀的意义。

　　这部民族志是我的一种思想实验与探索，而实验与探索所面临的问题永远是：前行还是止步？如果决定前行，那么新的问题是：什么时间、什么地方、什么路径可以通行？什么时间、什么地方、什么路径不可以通行？我所努力的仅仅在于：在传统与创新之间需要永远进行"张力的度量"。我从来不强行要做某一件事情来显示自己的学术勇气与魄力，我基本遵循前人的路径。当我在学术丛林漫步的时候，我受惠于许多人类学家、哲学家、文学理论家与文学家、艺术理论家与艺术家的著述，我在他们的导引下进行思考与前行。有些时候，是哲人们的思想唤醒了我那沉睡的思想原矿，使我看到了某种东西；有些时候，我借来人类学家或文论家们的论述，直接作为某一问题论证的支撑；当然也有些时候，我的个人经历会暗示给我某种思想。我受到的最重要的启迪是关于人类学研究目的的思考，这也是对作为一个研究者的责任与义务的思考。当我读到《礼记·礼运》篇关于"大道"的理念、马克思主义关于理想的学说、费希特对于社会历史发展观和"人类的最高原型"思想，以及马克思和列维-斯特劳斯关于做研究的目的的论述时，觉得精妙绝伦，便以此为圭臬，明确了我对"主体民族志"目的论的建构。在研究方法上，我提出"裸呈"的概念，在现象学与存在主义哲学那里找到了理论依据。在吸取民族志传统方面，贝特森的《纳文》"创造性地在民族志文本中建立了反思的维度"，裸露了自己写作中的缺点[①]的学术态度，是我用心学习的榜样。我在本民族志的内部融进了一个"肯定—否定"的机制，这当然首先出自个人生性特征与生活经验，也是学习胡塞尔、费希特以及罗蒂等哲学家著作的心得。而雅斯贝尔斯对于全部人类史进行的那种阶段划分，卢梭、列维-斯特劳斯、萨林斯对于"新石器时代"的推崇，费孝通关于"文化自觉"的理念，则使我在思考人类学"终极

---

① ［英］格雷戈里·贝特森：《纳文》高丙中序，李霞译，商务印书馆2008年版，第15页。

关怀"问题时得到理论滋养。

尤为重要的是,我对研究工作本身的限度有着深入的认识。"自知本质上无效并必然消亡正是可以称为科学努力的特点之一",与其他领域的学者一样,民族志者"在短暂的一瞬间工作,或不如说为短暂的一瞬间工作。"① 当"元叙事"揭露"叙事"本身的虚构与创造的特征并交代其如何虚构与创造之时,"元叙事"同样可以设计出自身的阴谋。表面看起来,它不像是故意骗人的花招,其实却更容易使读者进入另一种骗局之中,它较之普里查德运用谦虚手法的谋略更为高明。这就是福柯的策略:福柯设想没有国王的权力,于是,福柯自己成了国王。打破权力的口号总是重新成为权力的工具。因为我已经认识到这一点,所以才让段绍升裸述。他的叙事"本身包含永远再生或永远再现的种子","在那本书的上面,总有人时不时地会替我们不间断地去书写,但最终也会将我们的印记全部抹去"②。

我的自知之明使我略显骄傲,而对于一个具有"自知之明"的主体来说,"死"的主题较之"生"的主题远为重要与关键。这个世界需要不断地更生,时间、空间与资源都是有限的,旧事物占据得太多就会影响新事物的生长。对于本书来说,"死亡"既是一种"恐惧",更是一种"愿望":"恐惧"在于怕它不能唤醒本应该被唤醒的东西;"愿望"在于"它被抛弃之前能暂时有些用场",一旦它真的实现了这一目标,它就愿意立即死于速朽之中。"我们都在心中暗暗期盼死亡,但只是想以自己的方式,在自己觉得合适的时候去死。"③"死亡作为摆脱个人特点来看,甚至可以成为一种愉快的思想。"④ 这部民族志只一回运用于斯二人,而斯二人将逝,如此而已,仅此而已!只有在这里,才会产生出某种透彻心肺的愉悦和快慰。

---

① [法]热拉尔·热奈特:《叙事话语》,王文融译,中国社会科学出版社1990年版,第187页。为避免见繁,凡两处或两处以上引文出自同一引用文本的同一页,则只在最后一处引文标注。下同。
② [法]热拉尔·热奈特:《转喻》,吴康茹译,漓江出版社2013年版,第162页。
③ [美]希利斯·米勒:《解读叙事》,申丹译,北京大学出版社2002年版,第226页。
④ [奥]马赫:《感觉的分析》,洪谦等译,商务印书馆1986年版,第4页。

六　田野工作时间及材料处理的说明

　　1999年底至2015年，我在云南省大理市喜洲镇周城白族村做过总共700多天的田野工作。2000年完成了为期一年的完整周期，其后进行了14次回访，具体时间为：2001年暑假、2002年寒假、2004年暑假、2005年6月、2006年暑假、2007年寒假、2008年暑假、2009年寒假、2009年暑假、2010年暑假、2011年暑假、2012年寒假、2013年寒假、2015年寒假。2001年8月14日我被当地授予"周城荣誉村民"。在连续15年的田野工作中，自2000年7月1日至2015年1月28日，我与白族村民段绍升交谈数百次，他的正式讲述共有64次，具体时间如下：

2000年7月1日。（共1次）

2001年2月4日、8月2日、8月13日。（共3次）

2002年1月28日下午、1月28日晚上、1月29日上午、1月29日下午、1月29日晚上、1月30日上午、1月30日下午、1月30日晚上、1月31日、2月18日。（共10次）

2004年8月8日、8月9日、8月10日。（共3次）

2006年7月11日、7月12日、7月13日上午、7月13日下午、7月14日、7月15日、7月17日、7月18日、7月19日、7月22日、7月24日、7月27日、7月28日。（共13次）

2007年2月1日、2月4日上午、2月4日下午、2月5日、2月6日上午、2月6日下午、2月7日上午、2月7日下午、2月9日上午、2月9日下午、2月10日、2月11日上午、2月11日中午、2月12日上午、2月12日下午、2月14日、2月15日、2月17日、2月21日、2月22日、2月23日、2月24日、2月27日。（共23次）

2008年7月2日。（共1次）

2013年2月17日、2月18日。（共2次）

2015年1月20日、1月21日、1月23日、1月24日、1月25日、1月26日、1月27日、1月28日。（共8次）

对于段绍升总共64次的讲述材料,我遵循"太璞不琢"的古训,实践"裸呈"的理念,不对其进行雕琢加工。当然,作为一种文本,也需要进行最低限度的编辑,我做了如下三个方面的工作:

第一,段绍升讲述的录音整理共有60多万字,但本书仅用了10多万字。删除的材料包括如下几项:一是删除了段绍升不愿写入书稿的材料,这是尊重当地人意愿与利益的首要原则,这一部分大约有15万字;二是删除了讲述中的"镇反""土改""合作化""食堂化""大跃进""反右""文化大革命"等内容,共12万字;三是删除了段绍升对白族文化的讲述,这一部分较多,有25万字,因其与个人生活史无直接关联,故删除。需要说明的是,本书虽然仅用了段绍升讲述材料的五分之一,但却没有因为删除而损伤这棵讲述大树的"生命系统",甚至那些不得已而为之的删除,也没有干扰到讲述的"中枢神经"。冰山露出海面的八分之一与沉入海水中的八分之七是匀质的,段绍升的讲述也是匀质的。因此,呈现在本民族志中的段绍升的讲述仍然是一个"活着"的有机体。而且,本民族志的主旨并非如经典民族志对"异文化"的特殊性怀有巨大癖好那样,而是通过对段绍升"个体"讲述的叙写与解读,达到对于"人"的一般性理解,从而实现将民族志还原为"人志"的学术理念,故而材料本身是否生动、曲折、精微、全面并不改变其基本质量,也不影响基本分析。而且,这种删除也带来某种额外的优势,它使我将段绍升的讲述从其被镶嵌的社会文化特别是社会政治历史的背景中抽离出来,放到"人"的一般性背景中去,进而使本民族志原先偏重于个人政治生活史的叙事转变为偏重于个人日常生活史、心灵史、情性史的叙事。虽然书稿从原先的50多万字缩减到现在的30万字而牺牲了作品的厚重度,但也意外获得了作品叙事简约和主题集中的明晰度。

第二,本民族志并没有按照64次讲述的时间顺序安排材料,这是犹豫了无数次才作出的决定,主要考虑到不给阅读带来困扰。段绍升本人也希望这么做,说"不要弄得太乱"。为了弥补损失,每一部分内容都标注了讲述时间,这样很容易进行还原。另外,考虑到阅读的节奏,我设置了"章""大节"(用"第一节""第二节"等表示)

与"小节"（用阿拉伯数字表示），其标题全部出自段绍升讲述中的语词。这些语词只起到提示与醒目的作用，并不一定概括该部分的全部语意。

  第三，保留了一部分"重复"内容，理由是"重复"既是段绍升口述的重要特征，同时也具有叙事学的意义。另外，由于讲述全部都是录音材料，所以我在整理录音时加了标点。由于口语的流动性与书写有很大区别，而在同一话语停顿的位置点出不同的句读，意义则有所差异，故而读者可认为讲述中的标点仅仅表示话语的停顿，甚至可以随意置换。

  以上三条，都得到段绍升的认可。他于2008年7月与2016年12月对编辑完的全部讲述稿进行过两次审读，对错字作了改正，亦有极少量的文字斟酌上的修改，我在注释中皆作了说明。

> 抛弃理论，转向叙述。
>
> ——[美]理查德·罗蒂

> 树木奉献了三种花朵：一是开放在枝条间；二是燃烧在木块上；三是绘制在画面中。
>
> ——自题

第一章 关于"主体民族志"的思考

我思考"主体民族志"有一个过程：初衷是对经典民族志的批评以及回应后现代民族志的反思，继而是对民族志基本性质、特征与学科目的进行重新思考，最后则是对于民族志继续前行路径的探索以及对一种新的民族志样式进行实验的诉求。

第一节 民族志范式的转换

肇始于20世纪20年代的经典民族志具有"科学"的性质。拉德克利夫-布朗说："我认为社会人类学是一门有关人类社会的理论性自然科学，它研究社会现象，所用的方法与物理和生理科学所用的方法基本上相同。"[①] 马林诺夫斯基则要求"学者理所当然必须怀有科学的目标"，用"追求事物的客观、科学的观点"对异文化进行描述。经典民族志要求民族志者要有一年以上的田野工作周期，在小范围的社区中进行研究，采取"参与观察"与"访谈"的方

---

① [英]拉德克利夫-布朗：《原始社会的结构与功能》，潘蛟等译，中央民族大学出版社1999年版，第212页。

法，并运用"整体论"把握当地文化。民族志者在田野工作中通过"村庄的人口普查，录写家谱，画出村落图并搜集亲属称谓"这些活动，进行"直接观察""搜集信息""描述事实"。这样，他们的"民族志材料才具有无可置疑的科学价值"。① 坚持这种"客观""科学"理念的民族志常被称为"科学民族志"，这是一种"本体论"意义上的民族志范式。哲学本体论追问的基本命题是"世界是什么"，科学民族志的任务是"描述异文化"，追问的基本问题是"异文化是什么"。

然而，这种追求客观性的民族志因两场学术争论而面临巨大困境。萨义德1979年出版《东方学》，在批评西方人对于异文化的描述中，将修辞学的手法不仅作为西方人统治的一个范例，而且作为加强西方人对非西方人进行统治和支配的手段。另一位澳大利亚人类学家德雷克·弗里曼1983年出版《玛格丽特·米德和萨摩亚》，批评米德对萨摩亚文化的解说只是她传递美国文化信息的努力。②

直到20世纪60年代以后，大多数人类学家才认识到，"超然的人类学客观性是一个神话，在所有研究中，主观因素都注定要渗入解释和观察之中"③。这种认识正是解释人类学民族志产生的认识基础。解释人类学脱离科学民族志的束缚开辟了一个新的方向，由重在客体转为重在主体，即摆脱所谓"科学性"而进行主体解释性的意义探求，它是后现代人类学的开端。经典民族志者总以为民族志是一门客体的科学，它能"发现"作为被研究文化的内在形式与结构特征；而格尔兹则认识到，那是一个认识论的误区，人类学著述是"虚构的事情"，是"制造出来的东西"。他将福楼拜的长篇小说《包法利夫人》与他在摩洛哥记录下来的《柯恩的故事》进行对比，说明小说与民族志同样是"构建"，同样是"明显的想象行为"；区别仅仅在

---

① [英]马林诺夫斯基：《西太平洋的航海者》，梁永佳等译，华夏出版社2002年版，第2—4页。
② [美]马尔库斯、费彻尔：《作为文化批评的人类学》，王铭铭、蓝达居译，生活·读书·新知三联书店1998年版，第16—19页。
③ [美]罗伯特·墨菲：《文化与社会人类学引论》，王卓君、吕乃基译，商务印书馆1991年版，第278—279页。

于一个是"真实的角色和事件",一个是"虚似人物和虚拟事件"。①因此,民族志只能是一种"发明"(Making),而不是一种"发现"(Finding),这种发明所能构建的形式几乎是无法穷尽的。

后现代反思民族志则"是从反思以'科学'自我期许的人类学家的知识生产过程开始萌发的"②,由此出现了民族志范式的转换。这种新的范式产生的时代背景是:全球化过程中社会生活的变化速度加快,科学民族志所研究的传统意义上的田野与传统的研究对象不存在了。随着整个世界不断收缩成一个相互依存的世界体系,人类学分析研究的传统单位"文化",祖鲁人、提摩尔斯人……都不能再被当作完全异己的文化来看待了。而人们对异文化的兴趣也已经淡薄了。人们虽然相信文化差异会保存下去,但却从优越的西方社会立场出发,怀疑文化差异或不同世界观能否影响到全球共享的政治经济体系之运作。在当前,传统与现代,本文化与异文化的区别已经不再显著。国际政治经济体系的运作不再是世界对本土的、自在的文化的外部冲击,相反已获得深刻的本土化界定与渗透。诸如此类原因使一些研究者"把研究对象从长期以来人类学研究的民族,转向人类学者本身以及他们惯用的修辞手段"③。后现代反思民族志"把对对象的研究作为研究对象",这标志着它与科学民族志"具有决定性的决裂"④。

布尔迪厄说:"在社会科学领域,认识的进步意味着对认识条件的认识所取得的进步,"⑤ 这也是胡塞尔所说的超越论的态度,即首先对客观进行悬搁,以主观上给予的方式将注意力集中在对生活世界和生活世界中的对象的反思上。这是认识论的立场。认识论探讨人类

---

① [美]克利福德·格尔兹:《文化的解释》,纳日碧力戈等译,上海人民出版社 1999 年版,第 18 页。
② 高丙中:《〈写文化〉与民族志发展的三个时代》,载克利福德、马尔库塞编《写文化——民族志的诗学与政治学》,高丙中等译,商务印书馆 2006 年版,第 11 页。
③ [美]马尔库斯、费彻尔:《作为文化批评的人类学》,王铭铭、蓝达居译,生活·读书·新知三联书店 1998 年版,第 60 页。
④ [美]保罗·拉比诺:《摩洛哥田野作业反思》,布尔迪厄"跋",高丙中、康敏译,商务印书馆 2008 年版,第 155 页。
⑤ [法]布尔迪厄:《实践感》,蒋梓骅译,译林出版社 2003 年版,第 1 页。

认识（知识）的本质，也称为"知识论"。狄尔泰对"认识论立场"作了如下的解释："只是在内在经验之中、在各种意识事实之中，我才发现了我的思维过程所具有的坚实的基点。……所有科学都是从经验出发的；但是，所有经验都必须回过头来与它们从其中产生出来的意识条件和意识脉络联系起来，都必须从这样的条件和脉络之中把它们的有效性推导出来——也就是说，它们必须与我们的本性所具有的总体性联系起来，它们的有效性必须出自这样的总体性。我们把这种立场称为'认识论'立场。"[①] 他还认为，就某一学科所具有的本性而言，存在着将理解过程从外在理解走向内部理解的运动，这是一种转向自我认识的过程。哲学认识论追问的基本命题是"认识是什么"，后现代反思民族志将"求知主体"对象化，因而是一种认识论的民族志形态。

后现代民族志者在对求知主体的反思中意识到：因为民族志者在一定的文化背景与政治背景以及一定的时代中生活，也有着不同的天赋和秉性以及写作风格，所以民族志是诗学的和政治学的。他们试图辩驳的两个基本问题是：第一，"人类学是殖民主义的一部分，而且在当下也无法回避过去"[②]；第二，"由于人类学者本身依赖于描述的和半文学性的表达方式来描写文化，他们的研究歪曲了非西方民族的社会现实"[③]。他们批评经典民族志出现了"表述危机"。马尔库塞和费彻尔说："我们在此最感兴趣的部分，是我们所说的'表述危机'（Crisis of representation）。这一危机是人类学实验性写作的生命源泉。它源于对描述社会现实的手段之充分怀疑。"[④] 经典民族志只是将表述问题看作相关于风格与修辞技巧的问题，实验民族志作者将表述问题放到重要位置乃至首要位置，他们运用各种策略求索走出"表述危机"的路径。20世纪70年代以后的民族志实验努力回应"表述危

---

① [德]威廉·狄尔泰：《精神科学引论》，艾彦译，译林出版社2012年版，第4页。
② 参见[美]克利福德、马尔库塞编《写文化——民族志的诗学与政治学》，高丙中等译，商务印书馆2006年版，第6页。
③ [美]马尔库斯、费彻尔：《作为文化批评的人类学》，王铭铭、蓝达居译，生活·读书·新知三联书店1998年版，第16页。
④ 同上书，第25页。

机"问题。这里以三部同时都将摩洛哥作为研究对象的作品为例，分析几种典型文本的不同的路径。

第一种路径是"求知主体对象化"的路径，代表作品是拉比诺的《摩洛哥田野作业反思》（1977）①。后现代人类学的批评家认为，经典民族志没有给予作者一定的角色，民族志实验文本给予作者相当重要的角色，让他再现在田野工作及其发现的陈述中，并对自己的思考作出解说，从而使作者的暴露成为当前实验的深刻标志。拉比诺的这部作品表明田野工作已经转变了一个维度：将经典民族志对异文化关注的所谓"科学"工作的实证主义观念转变为"把关于对象的知识建构过程作为他们的对象，或者更准确地说，反思他们自己的知识活动的实践的和客观的条件"②。

第二种路径是"对话式"的路径，代表作品是德耶尔的《摩洛哥对话》（1982）③。这部作品是一本略加编辑的田野访谈笔录，作者意在运用对话的方式来消解传统的话语霸权。依据马尔库塞和费彻尔的看法，德耶尔的目的，首先是为了揭露民族志如何通过对直接的田野工作经验资料进行干净利落的文本处理来掩盖它的异文化表述目的；其次是为了揭露田野工作者貌似权威的论述事实上依赖的是对资料的不完善性和不可靠性把握。他们认为德耶尔的文本，意图不在于提供一种权威性或为他人所追随的模式，而在于提供一种强调所有民族志计划的参与者（人类学者、报道人以及读者）所具有的脆弱特点。如果将拉比诺的《摩洛哥田野作业反思》看作经典民族志对象的一种变革与转换，那么德耶尔的作品则是"对传统民族志目的的反叛，是民族志的研究旨趣和写作方法的一

---

① ［美］保罗·拉比诺：《摩洛哥田野作业反思》，高丙中、康敏译，商务印书馆2008年版。
② ［美］保罗·拉比诺：《摩洛哥田野作业反思》，布尔迪厄"跋"，高丙中、康敏译，商务印书馆2008年版，第156页。
③ Kevin Dwyer, *Morocco Dialogues*, *Anthropology in Question*, Prospect Heights: Waveland Press, 1987. 对话式文本的例证还可参见 Jean-Paul Dumont, *The Headman and I*, Prospect Heights: Waveland Press, 1992. 另外，虽非"对话性文本"，但却同样是全部或局部田野经验书写的文本还有 Marjorie Shostak, *Nisa: The Life and Words of a! Kung Woman*, Cambridge, Massachusetts: Harvard University Press, 1981.

种根本性转变"①。

第三条路径是"开放表述"的路径,代表作品是克拉潘扎诺的《图哈米:一个摩洛哥人的图像》(1980)②。这部作品也建立在对话的基础之上,但与德耶尔的主旨又有不同。克拉潘扎诺在书中提供了他编辑的访谈笔录,向读者展示自己译解图哈米话语时所面临的困惑,阐述他的文稿如何真实地代表对话的原本过程,邀请读者一起来参与民族志解读。这部作品中"力图使读者卷入分析的工作中去"的文本模式挑战了经典民族志所给予作者的操纵叙述的支配性霸权,其魅力在于:"作者似乎很犹疑,究竟他是在向读者展示自己在译解图哈米话语时所面临的困惑,还是在向读者阐述他的文稿如何真实地代表对话的原本过程。……如果作者明确地把文本定位在解释的困境之内,那么这部作品就超越了传统民族志现实主义的惯例,因为它与后者不同,强调对一种现实的唤起(evocation),而不强调对其进行直接的表述。"③ 无论是"使读者卷入分析",还是"强调对现实的唤起"以及"不强调对现实进行直接的表述",这些都与经典民族志的方法与旨趣根本不同。

后现代民族志文本对于经典民族志对象的转换、目的的反叛、方法的背离,都是试图走出"表述危机"的重要探索,然而,这些探索也同样存在困境。首先,在"求知主体对象化"的第一类作品中,当地文化"事实"被忽略了。当《摩洛哥田野作业反思》限于"自志"而非"志异"时,"描述异文化"的任务就被取消了,以至于拉比诺需要撰写另一部著作《象征支配:摩洛哥文化形态与历史变迁》去描述异文化。而且,拉比诺在一定程度上祛除旧殖民主义霸权的同时,却重置了以金钱为基础的材料交换。当地资讯人愿意陪拉比诺喝喝茶、为他服务,是因为他付了钱。其次,在"对话式"的第二类

---

① [美]马尔库塞、费彻尔:《作为文化批评的人类学》,王铭铭、蓝达居译,生活·读书·新知三联书店1998年版,第101页。
② Vincent Crapanzano, *Tuhami: Portrait of a Moroccan*, Chicago: University of Chicago Press, 1980.
③ [美]马尔库塞、费彻尔:《作为文化批评的人类学》,王铭铭、蓝达居译,生活·读书·新知三联书店1998年版,第108页。

作品中，一方面，就其田野工作来说，是民族志者（而非当地人）设置了对话中的"问题"，当地人只是对话的被动参与者而非主动讲述者，即"事实"是在田野中被"问"出来的；另一方面，就其民族志写作来说，"材料"是被回到书斋中的学者"写"出来的，远在数千里之外的当地人并没有参与。可见，设置问题的人与掌握笔杆子的人的权威并未破除，民族志者的叙事合法性并未解决。最后，在"开放表述"的第三类作品中，民族志者开放了对话过程，也开放了自己的困惑。但因为担心"解释可能导致作者把曲解强加在对象身上变成一种'过度解释'"① 而只是提供经过编辑的访谈笔录，似乎研究的目的与意义并不明确。作者的彷徨不前也说明了对新的民族志探索路径的犹豫不定。

因此，后现代反思民族志虽然"对自身的基础持反思性的自我批评和健康的怀疑态度，这具有建设性意义"②，但是仍未能从困境中突围。马尔库塞和费彻尔就曾指出作为"时兴的隐喻"的"对话性"文本需要应付两种危险和一种批评：一种危险是现代主义的探究可能不知不觉地陷入田野经验的公开表白和忏悔之中；另一种危险是，它可能不知不觉地陷入哀弱的虚无主义之中，使得我们不可能从民族志经验中概括和归纳出任何东西。这两种危险总的来说都是将人类学者与被研究者之间的对话定为唯一的或者首要的研究旨趣。如果民族志文本如此做，那它们便不成其为民族志了。一种批评是：既然民族志作者终究是掌握笔杆子的人，那么现代主义实验所表述的就不是真实的对话，或者说它们不可能是正统的对话写作方法。③ 这两种危机与一种批评不仅适用于对话体文本，而且对其他诸多实验民族志文本亦有适用之处。

格尔兹在其后期著作《追寻事实》（1995）中亦表达了对人类学

---

① ［美］马尔库塞、费彻尔：《作为文化批评的人类学》，王铭铭、蓝达居译，生活·读书·新知三联书店1998年版，第107页。
② ［美］马尔库塞：《〈写文化〉之后20年的美国人类学》，载克利福德、马尔库塞编《写文化——民族志的诗学与政治学》，高丙中等译，商务印书馆2006年版，第6页。
③ ［美］马尔库塞、费彻尔：《作为文化批评的人类学》，王铭铭、蓝达居译，生活·读书·新知三联书店1998年版，第102—103页。

研究与民族志写作中的数重顾虑：首先是为他人说话的不安感，以及不合法的顾虑。这个顾虑源自于第二次世界大战后的去殖民地化的反思。大多数经典的田野研究，都是在殖民地或半殖民地的环境下进行的，在这种背景下，白种人和西方人的身份，本身就会给研究者自身带来一定特权，而且不管愿意不愿意，都涉及某种共谋关系。这引发了对政治上占主导地位的人是否有权利为受他们宰制的人的信仰和欲望代言的质疑。民族志不仅在起源上受到指责，在行为上也受到指责，人们指责它用口技模仿他人，盗走他人的话语。其次是对用西方观念感知他人可能带来的扭曲效果的顾虑。人类学家无法使自己从源自自身文化的视野中解脱出来，以便用其他民族"自身的方式"去看待他们，这是对通过认识论的表达排除他人声音的担忧。民族志对知识的诉求无处不被笼罩着一层道德的阴影，无处不被重新描述成带有权力的印记。最后是对描述他人的过程中语言和权威之间的暧昧关系的顾虑。语言的描述是为权威服务的，人类学充满政治色彩，带有支配与控制的隐晦诉求，它完全不是一件可以保持中立的事。描述是一种权力，再现他人同操控他人往往密不可分。① 这些顾虑同样适用于后现代的民族志实验。

因此，无论是"救赎"异文化还是"自救"本文化，民族志都无法做到。即使具有理论眼光的后现代人类学批评家也同样难免。例如具有标志性的后现代人类学理论批评著作《作为文化批评的人类学》，也依然具有鲜明的西方立场与西方文化的特点，在世界观和认识论上其实还是西方基督教神学在人类学内部的翻版，人类学家对异文化的拯救就是一种基督教仪式。② 这就像一个人拔着头发无法离开地球一样。美国当代人类学家赫兹菲尔德曾指出过这种悖论："民族志撰述者的观点可能隐含着殖民主义和民族中心主义，大多数人类学家对此深表忧虑，也进行了批判。殊不知，这些批判民族志的人类学家本身就带有这种偏见，并在实践中娴熟地加以运用。"即使如实验

---

① ［美］克利福德·格尔兹：《追寻事实》，林经纬译，北京大学出版社2011年版，第144—145页。

② 赵丙祥：《人类学作为文化批评？》，《社会学研究》2005年第2期。

民族志运用的"对话"这一形式——"使得经过多方协商的事实能表述多个主体,涵盖不一致的观点,因此很有说服力"的作品,也只是"戴着对话面具的独白",而"修辞学意义上的分析永远无法脱离修辞学的囿限"。它与其试图要取代的现实主义风格的民族志没有什么两样。这种民族志研究是"享受着现代社会的理性主义所带来的舒适与便利的同时去取笑理性主义"。①

第二节 "主体民族志"的理念

由此看来,民族志"表述危机"(即叙事危机)的困境到了20世纪末并没有解决。西方的民族志作者在西方文化的浸染之下所执行的自我批判的立场、思考方式、理论观点以及研究方法依然是西方文化的。由于这个地球上民族国家林立、文化形态众多,出于某些民族的傲慢与偏见以及另一些民族受凌辱而产生的逆反,20世纪的民族志者,总是站立在某一民族国家或某一文化板块的立场之上去"描写异文化"和"反思本文化"。可以这样说,20世纪的人类学与民族志作品从整体上说是地域文化中心主义的,缺乏"人类"意识,缺乏对整体人类前途的终极关怀。这就使得"人类学"名不副实,至今尚未获得一种超越国家、超越地域文化板块结构、超越某一时代的"世界历史目光",从而使民族志缺乏"自明性基础",它"看起来像是一大堆的碎片,一些自言自语和自我陶醉的个体以及小团体一心所做的互不关联的研究"。②

在21世纪全球化背景下的民族志,需要获得一种超越国家、地域中心主义和自我中心主义的立场以及某一具体历史时期的人类整体的世界历史目光和新视野。人类学本来起源悠久,志向宏大。自轴心时代以来就有关于人类的研究,西方亚里士多德就被认为是"人类学

---

① [美] 麦克尔·赫兹菲尔德:《什么是人类常识》,刘珩等译,华夏出版社2005年版,第23、46、47页。

② [美] 雷莉·奥特纳:《20世纪60年代以来的人类学理论》,载庄孔韶主编《人类学经典导读》,中国人民大学出版社2008年版,第621页。

家"一词的创造者，中国先秦诸子也有关于"人"的思考。早期人类学家哈登曾说过："人类学可以称为'人的科学'。"① 然而，19世纪后半期的古典人类学却将"人类学"窄化为"文化学"，这就使人类学名不副实了。不过他们尚有一种宏观文化史的目光，期望在人类社会与文化由低级走向高级阶段的单线进化过程中揭示和发现整个人类社会与文化的普遍法则。但是，发端于20世纪20年代的现代人类学在殖民主义光照之下，扬弃了那种宏大视野，进一步窄化了研究对象，"人的科学"变成了对小范围内的非西方"民族"与"文化"的微观研究，从而使本来应该成为"人类志"的作品却成为"民族志"，虽然因为这一形式的出现而在社会科学领域中争得一席之地，但却在作为"人的科学"的"目标"上退缩了一大步。此时，民族志者将其精力集中于一种不同于过去的整体观，他们不再提出放之四海而皆准的大理论，而是把注意力转向某一具体的生活方式的充分表述，使原先人类学在全球意识视野的比较维度，此时仅仅建筑在"我们—他们"的比较之上。沃尔夫曾提出一个重要观点："人类世界是一个由诸多彼此关联的过程组成的复合体和整体，这就意味着，如果把这个整体分解成彼此不相干的部分，其结局必然是将之重组成虚假的现实。诸如'民族''社会'和'文化'等概念只指名部分，其危险在于有可能变名为实。"② 这是对人类学与民族志研究的警示。但似乎很少有人类学家关注到将"民族""社会""文化"这些概念"变名为实"（turn names into things）的现象，他们在描述世界各地不同文化时，不仅割裂了这种文化与人类文化整体的联系，而且强化了这种文化的区别性特征乃至人造出某些区别性特征并与其他文化对立。③ 沃尔夫写《欧洲与没有历史的人民》就是为了弄清一个问题："如果我

---

① ［英］哈登：《人类学史》，廖泗友译，山东人民出版社1988年版，第2页。
② ［美］埃里克·沃尔夫：《欧洲与没有历史的人民》，赵丙祥等译，上海人民出版社2006年版，第7页。
③ 例如所谓"文明的冲突"，就是一个"人造问题"。在一个重要意义上可以说，正是因为亨廷顿《文明的冲突》的传播，扩大并促进了伊斯兰教文明与基督教文明之间的冲突，从而才有了"9·11"及其后的一系列恐怖袭击事件，而不是恐怖袭击事件证明了亨廷顿理论的正确。

们不再将这个世界视为一个个独立的社会和文化组成，而是看作一个总体、一个整体、一个系统；如果我们更好地理解了这个整体是如何在时间中发展的；如果我们更严肃地将人类群体'总是不可避免地处在与其他或远或近的群体的网络式联系当中'，那么，我们对这个世界的理解会发生怎样的变化。"①

当前，"轴心时代"各大文化板块经过几千年的发展，在全球化背景之下已经开始直接地、全方位地"面对面"。全球化时代有着特别的意蕴，也有着特别的问题，这些意蕴与问题促使民族志研究对象、研究目的、研究方法都会产生变化。"民族志"形式早先是殖民时代的产物，本是适应宗主国对于殖民地统治的需要派遣人类学者去研究"异文化"的产物，至于在民族志中出现的"反思本文化"的旨趣，那只是一种派生物，一种附带的意思，甚至有些故意和做作。而在两次世界大战之后，殖民主义时代已经过去，全球化时代既是民族国家林立并激烈地互争局部利益的时代，也是人类作为一个共同体有着越来越多的共同的整体利益的时代。在这个时代中，民族志再也不会臣服于殖民目的。将小范围的"异文化"作为研究对象虽然依然可以进行，但无论是太平洋岛屿上的，还是非洲、南美的土著，都正在与全球化运动发生着复杂的互动。当前已经不存在一个完全封闭的小社区环境了，世界上所有的事情几乎都关联在一起，民族志者可以在任何地方、在任何时间、就任何对象进行任何研究。他们可以研究异文化，也可以研究本文化；可以研究乡村文化，也可以研究城市文化；可以做专题研究，也可以参与更广泛的其他课题研究。新的研究对象导致学术意识"被一系列跨学科影响所界定"，并且传统的"规定民族志方向的主题和争论不再起作用"②。

时代的变化导致当今民族志的主导思想与形式已经无法回到传统

---

① ［美］埃里克·沃尔夫：《欧洲与没有历史的人民》，赵丙祥等译，上海人民出版社2006年版，第450页。
② ［美］马尔库塞：《〈写文化〉之后20年的美国人类学》，载［美］克利福德、马尔库塞编《写文化》，中文版序，高丙中等译，商务印书馆2006年版，第3页。

的民族志范式，当民族志在批判与批判的批判中开辟新路径时，它可能已经成为一种"三重螺旋线"式的运动：一方面，它需要扬弃科学民族志那种傲然的殖民心态与自我中心主义，承继其对当地文化进行陈述与描写的学术理念（由谁来陈述与描写另当别论）；另一方面，它也需要吸收并发扬知识论阶段对于主观性的反思与批判精神，从而祛除其丢失民族志作为"志书"品质的缺憾；此外，它更需要吸收当前全球化背景下的崭新的时代精神来铸造自身、延伸自身。这些，促使"人类学"这门学科的研究目标重新回归到"人的科学"上来，同时促使民族志范式发生转变。

在全球化时代，作为一个"类"共同体，"人"的思考应该替代"民族"的思考成为人类学这门学科最重要的研究任务，原先作为"民族""异文化"志书的民族志，也应被还原为"人类志""人志"。费孝通先生在《迈向人民的人类学》一文中，提倡建立一门与"殖民的人类学"相对立的"人民的人类学"，提倡进行"人的研究"，这有别于西方人类学传统。近几个世纪的西方人类学在一种"二元对立"的模式中，对"野蛮人"或抑或扬，都是以西方人作为主体与中心的。18世纪的支配模式是作为寓言的民族志，其中"高贵的野蛮人"以治疗者的形象，扮演"使人高贵"（ennobling）的角色。那时与之对立的另一方"我们"（西方人）是不健全的。19世纪时，西方作者笔下的"野蛮人"不再高贵，或者成了堕落的形象，或者成为"原始的"活化石。在泰勒、摩尔根的著作中，"野蛮人"是原始人，对立的另一方——西方人才是高级的文明人。20世纪，野蛮人甚至不再是"原始的"，而只是一种"数据"和"证据"，成为"被掠夺了治疗意义的组合符号之形式的样本"。而今日，"她已变成了民族志作者'经验'的工具，民族志作者则成了某种歪曲了的浪漫主义中的'差异'的焦点"[①]。而费孝通则将人类学转变成为研究"人民"的学科、研究"人"的学科，他有一篇文章直接以

---

① [美]斯蒂芬·泰勒：《后现代民族志：从关于神秘事件的记录到神秘的记录》，载[美]克利福德、马库斯编《写文化》，高丙中等译，商务印书馆2006年版，第168—169页。

"人的研究在中国"① 为题明确地表明了这一宗旨。这是将人类学由"这门曾经为那些屠杀、欺侮、剥削、压迫各殖民地人民的暴主们提供理论根据的人类学开始转变成为一门为建立一个民族平等的世界,为各族人民发展进步而服务的学科"②。费先生还提出了另一"文化自觉"③ 的概念,与"人民的人类学"相互呼应。他与经院派彻底决裂了,赋予了"人类学"新质。将民族志还原为"人志""人民志",这可以看作时代对人类学与民族志"新质"的要求。④

如果人类学的研究对象真正做到循名责实,还原为"人的研究",那么,需要将"人"作为一个具有"类"特征的总体来看待。传统人类学所确立的"自我"与"他者"的比较,其两端具有"对蹠人"的性质。所谓"对蹠人",其直接意义是指地球直径两端对蹠点上的人类,其隐喻意义则指各种不同的文化。既然将"人类"作为"类"的总体来研究,那么这一概念应当得到拓展,不应仅仅在人类内部进行"对蹠"关系的比较,它可以而且应该进一步延伸至人类与自然界其他物类"对蹠"关系的比较。这是一个在理论上应该得到说明的问题。有一些思想家如罗蒂、列维-斯特劳斯、萨特等都已对此进行过论述。罗蒂将宇宙间远离我们星系的另一端的星球上的人类称为"对蹠人"(The Antipodeans),说他们是"无心的人",因而思维和作

---

① 费孝通:《人的研究在中国》,载费孝通《论人类学与文化自觉》,华夏出版社2004年版,第22—29页。
② 费孝通:《迈向人民的人类学》,载费孝通《论人类学与文化自觉》,华夏出版社2004年版,第14—15页。
③ 参阅费孝通《反思·对话·文化自觉》《关于文化自觉的一些自白》,载费孝通《论人类学与文化自觉》,华夏出版社2004年版。
④ 当然,"人的研究"得到了许多学科的共同关注,特别是哲学、文学、历史学、考古学,但这并不成为挤压人类学学科对象与学科性质独立性的条件。哲学研究对于人的认识总是抽象思辨式的,它不将具体生活中的人作为研究对象。历史学研究过往之人,此学科依靠坐在书斋里的历史学家的阅读与理解来构建人的历史。考古学看重田野工作,但只是以构建过去的人的生活状态为学科己任。而文学,这一被称为"人学"的样式,追求的是虚构出"典型环境中的典型人物"。只有人类学将"人""人类"作为学科专门研究对象,而它的民族志形式则可以直面具体之人而非抽象之人,直面当下之人而非过去之人,直面真实之人而非虚构之人。所以"民族志"(即"人志")这种研究方法及其文本形式有着独特的领域与特殊的优势,其作为独立学科的地位毋庸置疑。

派与我们地球人大为不同。① 这种思辨与想象并不以经验事实为基础，但却建立了一个对地球人类的新的观察视角与比较维度，大大拓宽了对人的研究的新思路。列维－斯特劳斯在语义的层面上虽然将"对蹠人"视作词典意义，但在他的学术思想中，却引申出了另外一层有着重要启迪意义的内涵，即将地球上其他生命体和非生命体作为与人类进行比较的参照物。

> 在我们这个种属可以短暂地中断其蚁窝似的活动，思考一下其存在的本质以及其继续存在的本质，在思想界限之下，在社会之外之上：对一块比任何人类的创造物都远为漂亮的矿石深思一段时间；去闻一闻一朵水仙花的深处所散发出来的味道，其香味所隐蔽的学问比我们所有书本全部加起来还多；或者是在那充满耐心、宁静与互谅的短暂凝视之中，这种凝视有时候，经由某种非自愿的互相了解，会出现于一个人与一只猫短暂的互相注目之中。②

无论是与宇宙中距离我们不知有多少亿光年的假设的外星人比较，还是与近在咫尺的"猫"（动物界）、"水仙花"（植物界）和"矿石"（矿物界）比较，不仅将"人类"放到一个相当宏阔的比较体系中，而且将"人类"作为"统一体"来观察与认识自身。这更接近于人类学与民族志研究的"当代使命"与"未来使命"。人类对自身的自觉意识，仅仅在"本文化"与"异文化"的比较中并不能很好地定位，而应该将"人类"作为一个整体在与其他星球的"类人生物"或地球上的"非人物类"的比较中进行定位。这种比较的目的就是要消除"人类中心主义"和"文化中心主义"。之前，人们总是对我们所属的人类物种作出崇高而伟大的自我评价，如中国古代

---

① ［美］理查德·罗蒂：《哲学和自然之镜》，李幼蒸译，商务印书馆2003年版，第87页。

② ［法］列维－斯特劳斯：《忧郁的热带》，王志明译，生活·读书·新知三联书店2000年版，第545—546页。

典籍《尚书·泰誓》说:"惟人,万物之灵。"莎士比亚也借哈姆雷特之口说:"人是宇宙的精华,万物的灵长。"事实上,这些说法缺乏方法论依据。对一个物种进行评价,需要另一个物种来实施,不能自己当自己的裁判。萨特在他的《存在主义是一种人道主义》中就曾认为,"人真是了不起啊"这样的判断是荒谬的,因为只有狗或者马才有资格对人作出这种总评估,并且宣称人是了不起的,然而它们从来没有作出这种总评估的傻事。[①]

思想家们的意图并非为了规定"人"不同于其他事物的高贵特质,而是为了反思人类的行为到底是否高贵。人类总是过度自傲,以为可以统治这个地球。三叶虫在地球上存活了6亿年,如果人类的寿命也是6亿年,那么目前几十万年的人类历史则只是度过了婴儿期,刚刚进入童年时期。这是一种"人类童年说"。在当下,童年人类对很多问题的看法并不成熟。当今人类最大的危机并不是来自自然界的侵害,也不是来自别的物种的袭扰,而是因为人类自己和自己过不去。他们总是想一些以"我"为中心的东西:在人类与自然界的关系上,表现出"人类中心主义";在不同民族(族群)之间的关系上表现出"本民族(族群)中心主义";在个人与他人的关系上,表现出"自我中心主义"。这种思维方式已经给它自身带来了极大的痛苦与灾难。首先,人类此一群体对于彼一群体、这个人对那个人的小视与支配欲望,不断诱发着民族(族群)中心主义和自我中心主义导致的各种各样的群体冲突与个体冲突、残杀,最典型的是20世纪上半叶的两次世界大战,这给人类带来了深灾大难。其次,人类中心主义导致的征服与统治自然界的欲望,使本来仅仅作为自然界一个类属的人类站到了整个自然界的对立面,不断地欺压、杀戮自然界中的其他物种。环境污染、全球气候变暖、植被破坏、南极冰山融化,等等,这些都是自己给自己种下的苦果,已经使人类陷入灭顶之灾的危险。或许有人会将问题归结为"生命"本身:"生命"来源于无生命又回归无生命,但它在生命期间是多么浪费。它消耗的资源比它身体需要

---

① [法]萨特:《存在主义是一种人道主义》,周煦良、汤永宽译,上海译文出版社1988年版,第29—30页。

的资源多得多,"狗熊掰棒子"即为一个形象的比喻。好像它无事可做,只是为了肉体的延续、愉快或痛苦,于是不同的"生命"体相互杀戮。但是,这样的理由并不能说明人类行为。因为生命界的"丛林法则"是为了生存,也止于生存;而人类则大为不同。此一群体并非到了活不下去的时刻才去侵略别一群体,而是通过杀伐、侵吞使自己过得更好,使自己有更多的剩余物质,甚至只是为了荣誉与名声而去杀戮另一群体。人类对于其他物类亦极尽奴役、占有与屠宰之能事。如果存在一种万物公认的"宇宙道德",那么对人类这种行径该如何评判呢?人类难道可以不受任何法则的束缚而为所欲为吗?

对人类文明的反思越来越迫切地被提了出来,特别是"某些不愉快的意外机会"的"机械化"[①]已经走到邪路上去了。美国学者斯科特·塞诺在《捆绑的世界》一书中,展示了一幅"人类的浩劫"图:工业生产和市场的全球化产生的垃圾充斥着世界每一个角落,新的世界分工进一步加剧了这一问题的严重性。传统的谋生手段已被替代,人们在充斥着有毒物质的环境中长时间地工作以谋得新的生计。人口向基础设施不足的城市集中无疑加剧了全球的人口压力。对能源和原材料的需求会导致人类一窝蜂似地上马巨型水坝工程、露天矿井和其他大型开发项目,这会挤占土地资源,驱赶大量的村民。全球化进程接纳并繁荣了世界一部分地区,却妨碍和压制了另一部分地区的发展,造成赢家全球通吃,败者一无所有的局面。人类原本沉醉于繁荣的地球村的美梦之中,现在却被全球性浩劫的噩梦惊醒。作者忧虑的是:"所有这些问题不免让人觉得人类所处的这个星球前景黯淡。人类对于地球的这种全面性掠夺会不会让地球丧失对生命的承载力?对全球化的顶礼膜拜会不会阻碍世界的发展,最终使其难以为继呢?……人类的毁灭方式要么是在核爆炸的熊熊大火中化为灰烬,要么是淹没在地球南北两极消融的冰水之中。"[②] 德国哲学家霍克海默

---

① [法]列维-斯特劳斯:《忧郁的热带》,王志明译,生活·读书·新知三联书店2000年版,第512页。

② [美]斯科特·塞诺:《捆绑的世界》,江立华等译,广东人民出版社2006年版,第270—273页。

也担忧以西方工业文明为基础的"现代化"概念"作为现代历史基础的、历史地给定的商品经济的基本形式本身就包含着现代的内部和外部紧张关系;它以不断强化的形式一再地产生这些紧张关系。经过一个进步、人类力量的发展和个体的解放时期之后,在人对自然的控制范围巨大扩展之后,它最终阻碍了进一步的发展,并把人类推向一个新的野蛮状态。"[1] 这些都是时代的"盛世危言"与"醒世恒言"。

人类只有改变既有的思维定式才有可能实现自救。地球上实际存在的既有事物都有其意义,所有的生命都有其自身的价值。除了满足基本的生活需要,人类无权破坏生命的多样性,不能出于无节制的贪欲滥用和牺牲非人类的生命。人类如果成为毫无自我约束的动物,就会成为自然万物的可怕的敌人,也就会遭到大自然的唾弃。人类不能例外地不遵守"宇宙道德"。人类本来只是一种契机,是插曲中的插曲,一种目前仅靠自身还无法自我解释的存在,它不能自封为测度一切事物的终极标准。当下,人类遭遇整体性危机,人类学与民族志者的责任,是将"人类"作为一个总体系统来研究。这种研究不仅表现为本体论和认识论的研究,更重要的应该表现为主体的目的论研究。在经由所谓"原始文化"研究、田野研究、复杂社会中的村庄与社区研究、欧美社会本土研究、全球化背景下的各种实验性研究之后,21世纪的当代人类学,需要对民族志研究的本质进行重新思考,以重新确定学科的自明性基础。列维-斯特劳斯曾探索过这个问题。在经过了艰难的对异文化的追寻以及对头脑中的自我探索之后,他发现了研究的创造性本质。他的田野经验与思维逻辑是:人类学者对自己的社会不满意,为了寻求理想社会才出发从"这里"去了"那里"的,但是即使已经接触到野蛮的极限,也没有找到理想社会。于是他认识到:人类学者研究"异文化",并不会使我们发现一个乌托邦式的自然状态,也不会让我们在丛林深处发现完美的社会;它只能帮助我们建构一个人类社会的理论模型,这个模型不和任何可以观察得到的现实完全一致。在这里,马克思的思想直接启发了他:"马克思证明社会科学的基础并

---

[1] [德]霍克海默:《霍克海默集》,曹卫东等编译,上海远东出版社2004年版,第198—199页。

不是建立在各类事件之上，正如物理学的基础并非建立在感官所能觉察到的材料上一样：做研究的目的，是为了建造一个模型"①。

"做研究的目的，是为了建造一个模型"，这就是研究的创造性本质。马克思在《关于费尔巴哈的提纲》中说得很明确："哲学家们只是用不同的方式解释世界，问题在于改变世界。"② 研究者所构建的模型在现实中虽不存在，而研究者却可以依赖这个模型去"改变世界"。他与恩格斯建立的共产主义模型就起到这个作用。人的"曾在的"存在与"在眼下"的存在都应服从于"将来的"存在。"只有这样一种存在者，它就其存在来说本质上是将来的"③。民族志的创造应该按照人的未来理想去创造。新的民族志应该将"人"这个创造主体作为中心，故而可称之为"主体民族志"。

"主体民族志"是研究作为主体的"人"本身的一种志书，它在对人类历史与现状进行反思的基础上，将"人"作为基本研究对象，其目的应该从那种"知识的努力"变革成除了在追问"研究什么"这一对象问题、"怎样研究"这一方法问题之外，更要追问"为什么研究"这一目的性问题，并以对人类前途的终极关怀作为学科的目的从而确立其自明性基础，使人类学成为一门自觉的、自为的学科。民族志的本质是"创造性"的而不是"描述性"或"反思性"的，"描述"与"反思"只应被包含于"创造"之内并服从于"创造"而不是相反。所谓"主体"，是指具有目的性与创造性的人。人的行动不是源于外在机制而是源于他自己的决定。"今天，在由现存的社会形态向未来的社会形态转变的过程中，人类将首次成为有意识的主体并能动地决定自己的生活方式。"④"科学"不能成为目的。科学有助于

---

① ［法］列维-斯特劳斯：《忧郁的热带》，王志明译，生活·读书·新知三联书店 2000 年版，第 58 页。

② ［德］马克思：《关于费尔巴哈的提纲》，载《马克思恩格斯文集》第一卷，人民出版社 2009 年版，第 502 页。

③ ［德］海德格尔：《存在与时间》，陈嘉映、王庆节译，生活·读书·新知三联书店 1987 年版，第 452 页。

④ ［德］霍克海默：《霍克海默集》，曹卫东等编译，上海远东出版社 2004 年版，第 203 页。

工业生产，而一旦直面整体社会进程，它就逃避责任。科学拒绝以恰当的方式处理与社会进程相关的问题，这种拒绝导致了方法与内容的肤浅性。① 当思考人的道德、人的理性与情感、人类实践的目的、人类的理想前途、人类的宗教这类问题时，科学的方法溘然失效。人的生活不是物理、生理意义上的，而是指一种有目的的创造活动，一种在历史过程中的文化创造活动。这种目的论，"从普遍的人类本身的观点出发，将自身标明为一种新的人类时代的出现和发展的开端。这种新的人类，只想生活于并且只能生活于从理性的理念出发，从无限的任务出发，自由构造自己的存在，自由构造自己的历史的生活与活动之中。这种精神上的目标是一种无限的理念，……并将人类的实践引向更高更新的发展阶段。"② 这也正是"主体民族志"的理念。

第三节 "裸呈"：主体民族志的方法

经典民族志的"参与观察"和"访谈"的田野工作方法具有极大的主观性。在运用这种方法的过程中，主体之间（民族志者与当地人）相互作用巨人。当民族志者与当地人相互靠近时，彼此之间就会产生一个文化磁场，其磁力线要么相互吸引，要么相互排斥。双人舞（或多人舞）中的当事者，他们在快乐或痛苦的旋转中相互是"测不准"对方的。就参与观察而言，在互为主体性的关系中，是无法进行所谓的客观观测的。观察总是产生"对现象的扰乱"，"看"到的也并非就是客观事物的全部，而只是从某个视角看过去的片面景象与表面现象。不同的观察者得到的是不同的材料与结果，并不能形成所谓的"互补关系"进而共同构成同一地区文化的统一图景，它根本上就是不能整合的不同图景。而"访谈"通常是一种"答问"形式，民族志者的"提问"方式严重干扰了对方。"问"的一方具有主动

---

① ［德］霍克海默：《霍克海默集》，曹卫东等编译，上海远东出版社2004年版，第160页。
② ［德］胡塞尔：《欧洲科学的危机与超越论的现象学》，王炳文译，商务印书馆2001年版，第656页。

性、进攻性乃至侵略性，而"答"的一方则是被动的、被迫的乃至屈辱的。用这种方法得到的材料当然就不是真正的异文化事实。

民族志者所接触到的当地文化，犹如突变论所说的"魔盒"。"魔盒"是封闭的，经典民族志者使用的"参与观察""访谈""对话"犹如一种"输入输出法"，即输入一个信息（一个作者自己设计的问题），看"魔盒"里的反应与回答并输出了什么，而"魔盒"里到底是什么东西以及它怎么运作是不被知道的。我们应该让当地人自愿地、自动地打开他们的"魔盒"，使里面的东西自动"裸呈"出来。显然，这些东西与从外面"观察"到的、"问"出来的或者在"对话"中被"逗引"出来的东西并不相同，甚至可能大相径庭。本民族志提出"裸呈"民族志方法，是在经典民族志的倒逼之下产生的。在"裸呈"中，研究者从一个"有效性的执行者"，变成"纯粹理论上的旁观者"。"裸呈"可以为民族志实践提供独特贡献。"裸呈"要求在材料上保持一种无所欺瞒、无所更改的真实性。"异文化"不能由民族志者的笔来"描述"，取得"异文化"的途径只能由当地人打开"魔盒"直接呈现。"裸呈"的基本要义是"让他们自己说"，它是真正的"内部视角"，亦即叙事学意义上的"内聚焦"。

将"裸呈"作为一种研究方法有其哲学基础。经典民族志描述异文化，只能描述"存在者"而不能显示"存在"。作为哲学范畴的"存在"是指存在物的涌现、显示，而非具体的、确定的存在者（存在物）。"存在"是确定存在者作为存在者的那种东西，是使一切存在者得以成为其自身的先决条件。"存在"是"存在者"的本源性东西。物质、知识、实体性、客观性所表达的只是存在者，而不是存在。[①] 这一区别非常重要。只有"存在"而不是"存在者"才能为民族志提供充分的基础。民族志是作为文化创造主体的"人"的一种自由创造，是"人"的显示，是人的"存在"形式，而不是"存在者"的形式。为了显示人的存在，只能采取由主体直接呈现、阐释、澄明存在的意义结构的方法。"存在的学说的兴趣得益于在反思的过

---

① 参阅［德］海德格尔《存在与时间》"导论"部分，陈嘉映、王庆节译，生活·读书·新知三联书店1987年版。

程中对人的深刻洞察。……一则，人这个认识者本身就是总体性的一部分，是世界及其整个内涵的一部分；因此，他能在自身内更为确切地感受到他必须从哲学角度来把握存在。再则，对于存在这个问题及其条件的理解要求人领悟自身，尤其是领悟其自身的思维和哲理沉思。"① "裸呈"强调的是"存在"的直接呈现。当地文化只能通过当地人的讲述（而不是由民族志者去描述）才能显示其"存在"。让当地人围绕他们感兴趣的问题自由讲述当地的文化及其个人的所历所思、所感所悟，而不是由第二主体越俎代庖，这是基本前提。在田野工作中，民族志者只能是一个倾听者、记录者而非导引者、提问者。在其后的民族志写作中，则同样要求将当地人的自由讲述直接而系统地编入民族志文本之中。

当"裸呈"作为一种民族志方法时，它与归纳法与演绎法不同。经典民族志者在概括材料过程中使用的是"归纳法"，这种方法只能短距离地根据某种实际经验总结出人类某一方面的知识，不能产生总体的人类构想与目标的追求。"归纳是一种艺术"，归纳法要证明其逻辑有效性，则颇为困难。科学（归纳科学）靠它自己的方法，是不能接触到形而上学的实在问题的。自休谟至凯恩斯，归纳法的局限已被认识，归纳法所得的概括或定律，即使是普遍公认的真理，也只可视作是或然而已。② 演绎法重视逻辑推理与意义解释，而这是研究者自己的事情，并不能当作当地文化的记录。经典民族志者在田野中这里一点、那里一点采撷到某些碎片，以为获得珍宝；回到书斋后又是按照他们自己的"软件程序"进行拼图式凑合。一种真实的文化怎能用这种"拼"与"凑"来表述？"实体是'自己的原因'"③，当地人与当地文化自在自为、自因自果、自满自足，是其所是、为其所为。这就是"存在"的本原状态，他们自己解释着自己，民族志者应将其全面而系统地"裸呈"。

---

① ［德］霍克海默：《人的概念》，载曹卫东编选《霍克海默集》，渠东、付德根等译，上海远东出版社2004年版，第229页。
② ［英］丹皮尔：《科学史》，李珩译，商务印书馆1975年版，第610、601—605页。
③ ［荷兰］斯宾诺莎：《知性改进论》，贺麟译，商务印书馆1960年版，第13页。

"裸呈"首先是一种"获取材料的方法",它直接取得当地人主动提供的最为直接的原材料。只有材料是真实的而不是虚假的、自然的而不是人为的,才能为民族志者经验研究与理论思辨提供坚实的基础。倡导归纳法的培根也认识到:"自然的精微较之感官和理解力的精微远远高出若干倍"①。民族志的田野工作应将主动权交给当地人,讲述内容由当地人自己决定,让他们在完全自主、自由的状态下就他们自己感兴趣的问题提出"话题",并讲述他们愿意讲述的一切。民族志者除了倾听,还是倾听,彻底奉行"三不主义":开头不提问,中间不追问,事后不补问。② 民族志者不能预设任何场景与问题去干扰对方,他们"在场"的意义仅仅在于营造讲述的氛围与创造讲述的条件。其次,"裸呈"也是"获取知识的方法"。当地人直接讲述的材料,本身就是一种知识,一种真正意义上的"地方性知识"。这是第一等的知识,有着第一等的价值与意义。这种知识是浑然天成的,是精微之至的,它的好处远远超出民族志者所能够达到的程度。既然是"民族志",那么"问题"应由当地人提出,地方性知识也应由当地人提供。最后,"裸呈"还是一种"创造知识的方法"。我们并不因为强调当地人的"裸呈"而否定民族志者创造的知识价值,相反强调这种创造是必要的。只是这种创造不能替代当地人的陈述,且需等待当地人说完了,民族志者再去"就什么说点什么"。也只有

---

① [英]培根:《新工具》,许宝骙译,商务印书馆1984年版,第9页。
② 本民族志中的段绍升,完全是一个主动的主体:他想起有什么话要说,随时打电话找我,然后我快速赶到。我2007年寒假在周城做田野工作期间,一边请段绍升讲述,一边请段绍升及其五子将2007年2月12日至2007年3月12日整一个月的日常生活事务记载下来。段绍升2月14日记载:"晚饭后我试着与朱教授手机联系,通了,我说想起一点,他就来到我家。我说了两个故事:一是杜朝选、杜敦的相似性;二是父亲撰写的两个中堂诗词的因果关系差点惹起的麻烦。"2月21日记载:"今早我9点才到晓云的绣花房,刚到后朱教授也到了。我又与朱聊起来。仍然是我想起什么说什么。我今天说的主题是自改革开放以来周城三代领导班子'政绩'。第三代要还过去突出'政绩'时期的账和过去定下每月给老人发放生活补助费的困境……谈话约用了两小时。"2月22日记载:"上午9点至11点仍在晓云宅基地简易房,还是由我想起什么说什么。我的主要话题是:人们对我的评说及对我的认可程度的实例及对合作化、人民公社、集体生产时期的感受:虽然贫穷但确很快活。人们的私心没有现在这么重。人与人的感情比现在深,诚实得多。也谈到'肚子饿好吃'的故典。"

在这个时候,他们才能运用归纳法与演绎法去解读当地人的叙事,这种解释并不具有"志"的性质与价值,只具有在学术界这一狭小圈内的话语意义。在这里,民族志者的问题并不是从当地实际生活出发去提出的,而是从学科史中搜寻出来的。他面对的也不是当地人与文化,而是以田野材料为话题在课堂上面对学生、在学术会议上面对同行、在出版物中面对读者发表意见。他在这些场合中实现自我价值,在这个小群体内进行着一项自我欣赏或相互欣赏、自我反思或相互批评的知识交流。

在"裸呈"的路径上,本民族志选择"言说"的路径。这并不是说"言说"具有唯一性与排他性,而是说"言说"具有更大的描述优势。古希腊时期苏格拉底就认为,说出来的文章,不失为活思想的活影像;写出来的文章,只是活思想的死影像。[1] 书写较之于言说,是更次一等的表达,"这是因为,摹仿和写作都被剥夺了直抒胸臆的作者的声音。"[2] 文字并不是心灵的直接符号,只有语言才是。语言"最为生动,最具震撼的力量"[3]。"声音的纽带",才是"自然的唯一真正的纽带"[4]。海德格尔在《诗·语言·思》[5] 等著述中更是系统地论述了这一问题。他认为,语言是存在的家园,是人存在的领域。人自以为是语言的主人,其实语言才是人的主人。语言是存在的显现与人的言说的统一。只有语言才使人成为人的存在本身。人被界定为"会说话的动物",即这样一种生物,它的存在就其本质而言是由说话来规定的。存在者通过语言和思想而存在,语言和思想是存在的直接显现。言说把存在从存在者中崭露出来,解说存在本身。存在在思想中形成语言。语言是存在的家,人以语言为家。

---

[1] [古希腊]柏拉图:《文艺对话集》,朱光潜译,人民文学出版社1963年版,第176页。
[2] [美]希利斯·米勒:《解读叙事》,申丹译,北京大学出版社2002年版,第123页。
[3] [德]威廉·洪堡特:《洪堡特语言哲学文集》,姚小平译,湖南教育出版社2001年版,第2页。
[4] [瑞士]费尔迪南·索绪尔:《普通语言学教程》,高名凯译,商务印书馆1980年版,第50页。
[5] [德]海德格尔:《诗·语言·思》,彭富春译,文化艺术出版社1990年版。

以上一些哲学家的论述对民族志的启示是：由"思"（具有存在性与本源性）和"语言"（显现存在性和本源性）来承担显示"存在"的任务。"思"直接聆听"存在"的声音，"语言"（存在者的语言）则是直接去澄明、显示"存在"本身的意义。"裸呈"是"思"与"语言"的表达，是"存在"的直接涌现、显示。那种对文字的青睐以及认为口头表述是"易变的、不稳定的、拙劣的"的看法只能是"白种欧洲男性"的傲慢与偏见。

对"言说"的重视要求田野工作者的主要任务是"倾听"。传统民族志者的田野工作并没有真正的"听"。"参与观察"依托于"看"，他们以为视觉具有优先权。"看"只能看到"一个侧面"。当我在看某人时，我从一个有限的角度去感知他，比如只看到他的侧面。而且也是在一个既定的背景中看到他，比如在某商店里购物的情况下。这些感知只是实在的碎片，而不是实际存在的东西。经典民族志者可能意识不到这一点，他们如罗蒂所形容的，"企图以固定不移的和整体的观点观看一切事物"，"想要超越表象的杂多性，希望从高处看下来，可以意外地发现一个统一性"。[①] 这是一种形而上学的思维方式。而"访谈"与"对话"虽然包含着"听"，但它的地位低下，总是"问"的奴隶，跟随着民族志者的主观意志而旋转。"看"与"问"都是民族志者的主动出击，是他们在选择对象，而不是对象在选择他们。正是这种主观意志，决定了他们在田野中对于不关心的事物与声音视而不见、充耳不闻。

将"言说"和"倾听"放到第一位可能会遇到如下的质疑：如果不以行动作为参照，那么当地人在"言说"中夸饰自我、隐瞒真相怎么办？这其实是一个虚假的问题。假话也好，谎话也好，都是真话的另一种表达形式。如果当地人更愿意自立崇高而"隐瞒"了某种行为，或者他在讲述中"粉饰"了自己，那么这种"粉饰"与"隐瞒"正好反证了他思想深处自觉认同的或者由于当地社会规范要求而不得不认同的文化价值，因而同样是真实的，同样是"存在"

---

① ［美］理查德·罗蒂：《偶然、反讽与团结》，徐文瑞译，商务印书馆2003年版，第137页。

的一种显示。康德曾讨论过"现像"这一概念,"现像"是经验直观的对象,即在经验直观中显现的东西,是隐藏的现象的辐射。有些"现像"掩蔽着它所呈报的东西,但这种掩藏却不是假象,而是具有真值的。马赫据此认为实在和假象并不对立,只不过"由于条件不同而呈现出要素的不同结合"[1]。海德格尔说作为自现者的"现象"与作为假象的"现象"这两个含义之间有结构性联系,"假象是现象的褫夺性变式",这就是说"通过某种显现的东西呈报出某种不显现的东西"[2]。可以这样说,任何"真象"与"假象"都是有效的,都是"存在"的涌现、显示。如果民族志者一定要去秘密调查当地人是否在说谎,弄清当地人的最隐秘的事件,那是毫无意义的,也是不尊重当地人、有违田野伦理的行为。对于个人生活史的研究而言,民族志并非要去搜集异文化中的人们的隐私,而是显示他们的社会意志,而这种社会意志从他们为之骄傲的言语与他的"假话"(如果他们确实说了假话)中亦可见出。他的隐瞒与粉饰,正是自身张力的体现,是他的思想认同社会文化的"反向"表现,具有有效性。从这个意义上说,"假话就是真话",甚至可以说"假话更是真话"。假话与真话具有"可逆性"、可置换性。在这样的时候,假作真时假亦真。

总之,在一个完整的意义上,言说的"裸呈"作为一种民族志方法具有自足性、自洽性和统一性,不需要用"行动"以及别人的见证或评价去佐证、校正与核对。在基本层面上,讲述是一种作为"主体"的"人的存在"的真实呈现,这种"真实",是主体自我的真实。"裸呈"的方法为走出"表述危机"作了探索,它破除了掌握笔杆子人的叙事权威;它面对读者,全面开放,防止了民族志者代言"他者"的合法性;它解除了用西方观念感知他人可能带来的扭曲效

---

[1] [奥]马赫:《感觉的分析》,洪谦等译,商务印书馆1986年版,第8页。马赫举出的例证是:一支铅笔放在空气中,我们看它是直的,斜放在水中,我们看它是曲折的。没有理由宣称此一事实是实在,而把彼一事实降为假象。康德所说"现像"与"现象"是两个不同的概念。

[2] [德]海德格尔:《存在与时间》,陈嘉映、王庆节译,生活·读书·新知三联书店1987年版,第36—37页。

果的顾虑，民族志者"所表述的就不是真实的对话"的疑虑也可以消除；它还有效地阻遏了将民族志仅仅写成田野志的偏失。

第四节 "三重主体叙事"

民族志的叙事实践已经形成了两种方式。第一种叙事方式是格尔兹所说的"外部视角"的叙事，即叙事学上的"无聚焦或零聚焦叙事"①。它是一种全知叙事方式，是造物主的视角，可用"叙述者＞人物（或事件）"的公式来表示。②经典民族志就是采用的这种叙事方式。由于"与任何陈述中的陈述主体一样，叙述者在叙事中只能以'第一人称'存在"③，所以这种全知叙事其实有意无意地运用了一种"叙事障眼法"，使人误以为他们写出来的正是当地真实存在的。经典民族志的叙事重视第一证据以及理性思辨，在一种实证的、理性的、逻辑思辨式的叙事方式之内，它曾被认为具有真理的形式，且这种叙事方式被当作"科学"，当作合法化的叙事。其实，思辨只是语言叙事的游戏。"科学知识不可能知道或让人知道它是真理性知识，除非它求助于另一种知识即叙事知识，但从科学知识的眼光看，叙事知识根本就不算知识。不向叙事知识求援，科学便处于一种假定自己合法的位置"④。可见，这种叙事将自身置于悖论的位置而不自知。第二种叙事方式是格尔兹所倡导的"内部视角"叙事，即叙事学上的"内聚焦叙事"，可用"叙述者＜人物（或事件）"的公式来表示。这种叙事方式从人物的角度展示其所见所闻所历，即只叙述我所经验的，是一种有限叙述视角——以"我"为出发点的田野经验的叙事。

---

① [法] 热拉尔·热奈特：《叙事话语》，王文融译，中国社会科学出版社1990年版，第129页。
② 这里的"＞"（大于）是从某种特殊的意义上去说的，严格说来它并不精当与准确，因为全知叙事对于人物与事件同样无法穷尽所有方面。
③ [法] 热拉尔·热奈特：《叙事话语》，王文融译，中国社会科学出版社1990年版，第171页。
④ [法] 利奥塔：《后现代状态：关于知识的报告》（1979），载利奥塔等著《后现代主义》，赵一凡等译，社会科学文献出版社1999年版，第7页。

这是反思民族志的叙事方式，拉比诺的《摩洛哥田野作业反思》是其代表。

一般说来，一部民族志只采取一种叙事方式，以求其统一性。但这样的做法有着很大的局限。由于民族志文本并非单由民族志者一人创造，而是由当地人、民族志者以及读者（批评家）共同创造，同时也由于新的时代以及在这个时代中各种主体的觉醒并有着各种目的性诉求，新的民族志不应当重复殖民主义时代"白种欧洲男性"的一支笔叙事方式，各种觉醒了的主体都应该在民族志中占据应有的位置并获得叙事的机会。为了消除经典民族志的叙事话语霸权以及拓展后现代民族志的叙事话语的宽度，本民族志采取"三重主体叙事"分享叙事权力。

第一主体叙事指当地人的叙事。当代最重要的主体性觉醒与诉求是被民族志者称为"当地人"的觉醒及其诉求，这是铸就民族志新质最基本的要素。当地人已经不再是殖民时代的人民，可以听凭殖民统治者或其派遣者的摆布。他们在民族志中再也不能处于仆从的地位，而应该上升至最重要的"第一主体"的位置。只要当地人自己直接书写与直接言说，就颠覆了以往的民族志中所设定的主客关系，它既可以避免科学民族志的"词"＝"物"，又可以避免后现代民族志的"词"代替"物"。本民族志邀请当地人直接陈述，将段绍升置于中心地位，将他的没有经过任何导引的自由讲述直接写入民族志之中。直接呈现当地人的叙事是避免民族志者替代当地人表述的最有效的方式，打破了民族志者以往独断的书写形式。

第二主体叙事指民族志者的叙事。作为知识的生产者之一，民族志者也需要言说，但他应当处于次于当地人的"第二主体"的位置，其职责已经由替代当地人叙事退到只是依据当地人的讲述说点什么，即对田野材料发表看法、进行解读。因为这种解读与研究者自身的条件及研究背景紧密相关，所以在"说点什么"时，又需要将自己的所持立场、研究目的、研究方法、思想观点、个人情性乃至生活经历诸要素进行交代与坦陈。这可以看作是第二主体的"裸呈"，即"讲述我们自己的故事，……以仿佛在跟他人说话的方式将我们自己外化"①。第一主体"裸呈"是为了消除经典民族志者的叙事霸权;第二主体的"裸呈"则是出于民族志者的自我限定要求而提出的。这是保证民族志"真值"的新维度。"立场"是出发点,主要由民族志者的文化规定性所决定。"研究目的"则不仅相关于文化规定性,也相关于个人禀赋的规定性:出于殖民帝国政策需要的目的与出于职业选择的目的不同,出于在大学或研究机构职业选择需要的目的与出于个人爱好的目的也不同,出于对异国风情的兴趣的目的与出于某种对"人"的思考与关怀的目的又不同。"研究方法"是民族志者的研究路径,它是立场、目的的派生物,亦可对立场与目的起反作用。"思想观点"是民族志者从古今各种思想宝库中吸收与借鉴来的前人的思想,并结合其情性与人生经历所熔铸成的独特思想。"个人情性"总是隐性地贯穿于整个田野工作与民族志写作之中,并在相当大的程度上决定民族志者的研究目的、研究对象与研究方法。"生活经历"则常常暗示给研究者某种思想,是研究者知识生产的原矿。呈现以上六个要素,就可以有效地进行自我限定,民族志的唯一真理性与权威性也就被破除了。于此,一项研究既可以被界定为历史性的研究,又可以被界定为充满主体特征与创造性的研究,还可以被界定为具有自律性的研究。

第三主体叙事指读者、批评家以及书中所承载的其他作者的叙事。第三主体并不是在作品出版之后才出现,而是以一种"隐性的主体"的形态从头至尾都在场,与第一、第二主体同时出现。他们是民族志出生、成长与消亡的催化剂与动力,是民族志规范的制定者与监督执行者,在文本中既服从于第一、第二主体支配,又支配第一、第二主体。任何一部作品,即使是纯个人专著的理论性作品,也都是其他作者参与创造的众多智慧的合成。美国文论家米勒曾就盖斯凯尔的《克兰福德镇》和佩特的《阿波罗在皮卡第》两部作品作过如下精彩的表述:"这两个故事——甚至可以说从中摘取的那两个小片断——以不同的方式承载了西方传统的全部重量。每一个片断都可视为一个

---

① [英]马克·柯里:《后现代叙事理论》,宁一中译,北京大学出版社2003年版,第21页。

要素结扣,各种力量线条在此汇集,然后向外扩展,首先进入这一片断母体作品的直接语境;其次该语境扩展至作者的其他作品;再次又扩展至 19 世纪用英语或其他西方语言写出的书山;最后囊括所有的西方作品,包括柏拉图的论著、《圣经》,或者更为久远的写作。倘若追溯每个结扣中的线条,解开其全部隐含意义,就会看到,该线条是对曾在历史网络上出现的其他线结的重复,这是一个永无止境的过程。"[1] 本民族志参考了数百种文献,这些文献又涉及更多的无法统计、不可估量的文献,它们都是本民族志的参与创构者。说一部著作是"千人糕"仅仅是个拙劣的比喻。严格意义上说,这部作品的著作权并不独属于封面上写着名字的那个作者,而是无数人的共创。当然,"第三主体"有时也显性在场,例如他们对本书的一些主要观点发表在学术刊物上给出了赞扬或批评意见,有数位专家对本书初稿审报教育部课题时提出了很好的审读意见,结题时又有数位专家给出了良好的评论意见。又如,他们又对本书前期成果在学术会议上交流发表评论意见以及对本书一些前期成果在学术评奖中给予评论意见。本书的责任编辑所给出的意见更是相关于本书能否出版以及作为出版物呈现的面貌。而在书稿出版以后,他们还可以对当地人的讲述、民族志者的解读作出进一步的分析与批评,同时也发挥他们自己对于知识构造的创造力想象。

以上三重主体叙事各自的表述都是自在自为的。三种叙事权力相互制衡,叙事内容又相互映照,既实现了首尾相衔的"榫接关系",又形成了层级交合的"揳入关系",还存在着相互通贯的"融通关系"。

---

[1] [美]希利斯·米勒:《解读叙事》,申丹译,北京大学出版社 2002 年版,第 178 页。

离你最近的地方，路途最远。旅客要在每一个生人门口敲叩，才能敲到自己的家门。

——［印度］泰戈尔

为寻觅一种芬芳，我踏遍万千山岗。

——自题

第二章　寻觅对蹠人

我是当了教授以后在"知天命"之年才去周城白族村做田野工作的①，我的目的并非为了完成博士学位论文以谋求某种教职；也不是为了增加声望的光环。我做田野工作的原动力是1987年的一次思想觉醒，自此我将对"人"的研究作为学术研究的目标与一个人类学者的责任与义务。

第一节　"小大之辨"

我对罗伯特·雷德菲尔德关于"小传统"与"大传统"论述的不同看法，是我进行人类学学习与研究并决心从书斋走向田野的第一个次动力。

美国人类学家罗伯特·雷德菲尔德在1956年发表的《农民社会与文化》②一书中提出了"小传统"（little tradition）与"大传统"

---

① 在1999年去周城白族村之前，我自1995年起在云南省楚雄州南华县兔街乡摩哈苴彝族村、湖南省湘西土家族苗族自治州龙山县苗儿滩镇捞车土家族村、武汉市黄陂县平峰村分别做过几个月的田野工作，1998年又去西藏作过短期调查。

② Rebert Redfield, *Peasant Siciety and Culture*, The University of Chicago Press, 1956.

(great tradition) 这一对概念，用以说明在较复杂的文明之中所存在的两个不同层次的文化传统。他说："在某一种文明里面，总会存在着两个传统：其一是一个由为数很少的一些善于思考的人们创造出的一种大传统；其二是一个由为数很大的、但基本上是不会思考的人们创造出的一种小传统。大传统是在学堂或庙堂之内培育出来的，而小传统则是自发地萌发出来的，然后它就在它诞生的那些乡村社区的无知的群众的生活里摸爬滚打挣扎着持续下去。"[①] 当雷德菲尔德的分类被中国学者接受时，所谓的"大传统"被看作是上层的士绅、知识分子所代表的文化，这多半是经由思想家、宗教家反省深思所产生的精英文化；而"小传统"则是指一般社会大众，特别是乡民或俗民所代表的生活文化。一些人类学家虽然也承认"小传统"的民间文化影响经济发展，但在小大传统的关系上，则认为"小传统"扮演的只是"一种提供大传统文化许多基本生活素材的角色"[②]。而另一些以所谓"大传统"研究为业的文史哲学者更是强调其重要性。例如陈来在《古代宗教与伦理》一书中认为，任何一个复杂文明的特色主要是由其大传统所决定的。大传统规范、导引整个文化的方向，小传统提供真实的义化素材。大传统是形塑文明传统结构形态的主要动力。大传统为整个文化提供了"规范性"的要素，形成了整个文明的价值内核，成为有规约力的取向。中国文化基因的形成，正是在大传统分离出来以后才逐步形成的。早期的儒家思想正是这一大传统发展的结果。[③]

将所谓的"大传统"看作规范，看作导引整个文化的方向，看作价值内核，看作决定文明特色的东西，看作"善于思考的人们"所创造的；而将"小传统"仅仅看作是为"大传统"提供文化素材，看作"不会思考的人们"所创造的，这纯属傲慢与偏见。

在人类的历史上，世界各主要地区的"小传统"是先于所谓的

---

① ［美］罗伯特·雷德菲尔德：《农民社会与文化》，王莹译，中国社会科学出版社2013年版，第95页。
② 李亦园：《人类的视野》，上海文艺出版社1996年版，第144页。
③ 陈来：《古代宗教与伦理》，生活·读书·新知三联书店1996年版，第13—14页。

"大传统"形成的。在以往的研究中,学者们将在"轴心时代"产生的"元典"①作为人类文化奠基之巨石。德国哲学家雅斯贝尔斯论述道:"以公元前500年为中心,约在800年到200年之间,人类精神的基础同时独立地奠定于中国、印度、波斯、巴勒斯坦和希腊。今天,人类仍然依托于这些基础。"②诚然,"轴心时代"产生的思想的确构成了世界思想文化的重要内容,但"人类精神的基础"是否被奠定于此时,却存在反思的空间。"轴心时代"的思想并非无源之水、无本之木。就中国文化而言,在先秦诸子之前,已经有一个巨大的文化传统存在着,只不过它没有为文字所记载。先秦诸子在意识形态领域的新创造、新变革,是以先驱者传授给他们的思想作为前提的。"子不语怪力乱神",说明孔子以前"怪力乱神"的存在;老子将"道"看作世界万物产生和发展的总根源和总规律,说明"道"的产生有着深厚的原始文化基础;墨子有"天志""明鬼"的思想,说明"天""鬼"作为传统思想并非墨子时代才有的概念;如此等等。而"怪力乱神""天""鬼"都是民间文化的内涵。庄子学派在论及先秦学术思想发展过程时说:

> 天下之治方术者多矣,皆以其有为不可加矣!古之所谓道术者,果恶乎在?曰:"无乎不在。"曰:"神何由降?明何由出?""圣有所生,王有所成,皆原于一。"……其明而在数度者,旧法、世传之史尚多有之;其在于《诗》《书》《礼》《乐》者,邹鲁之士、缙绅先生多能明之。《诗》以道志,《书》以道事,《礼》以道行,《乐》以道和,《易》以道阴阳,《春秋》以道名分。其数散于天下而设于中国者,百家之学时或称而道之。③

---

① 指人类历史上最初产生的典籍,参见冯天瑜《中华元典精神》,上海人民出版社1994年版,第1—8页。
② [德]雅斯贝尔斯:《智慧之路》,柯锦华等译,中国国际广播出版社1988年版,第69页。
③ 《庄子·天下篇》。

庄子学派认为，学术思想的发展过程就是"道术"发展为"方术"的过程。当时天下的方术即先秦诸子的思想来源于"六经"。诸子从"六经"那里各取所需，表明"六经"为其近源。而"六经"的来源应该追溯到"道术"那里。这个"道术"就是具有深厚原始文化底蕴的民间文化传统，即所谓的"小传统"，在庄子学派那里表述为"天""神明""天人""神人"等概念。这个传统与"六经"的关系是源与流的关系。如六经之首的《易经》则是一部民间巫术宗教文化的总汇，《诗经》中的大部分作品则是当时所搜集的民歌的编集，而《仪礼》则是民间的仪式集成，《乐经》之根也深植于民间文化的土壤中。

西方文化亦如此。西方宗教学奠基人马克斯·缪勒说："即使我们只触及神话里有关宗教的那一部分（就我们赋予宗教一词的意义而言），或者涉及哲学最高问题的神话（诸如创造、人神关系、生死、善恶）——它们在起源上是距今最近的——也会发现，恰恰是这一部分（或许它还要包括某些严肃的观念或某些纯粹的崇高的概念）成为荷马时代的诗人们、或伊奥尼亚哲学家们的祖先的精英所在。"[①]早期的神话与宗教当然属于"小传统"。

既然"小传统"较之"大传统"为先、为本、为源，那么对于人类文化的认识基点就应该放在"小传统"上。人类思想文化已有几百万年的历程，在几百万年的历史发展中形成的那个巨大的、具有极广泛基础的、具有无限创造力的文化，似乎更有资格被称为真正意义上的大传统，它是一个"母体"，而从这个真正的大传统中诞生出来的"轴心时代"的思想学说则是一个"子体"，至今才有3000年的历史，应当看作是真正意义上的小传统。所谓的"精英"传统只是民众传统的一个派生物，它的性质由它的母体所决定。这种关系有类于亚当与夏娃的关系一样：开头上帝只创造了一个亚当，他是无性别的单体，后来用亚当的肋骨才创造了夏娃。亚当对于夏娃来说，当她在被创造的那一刻，他是她的父亲（或母亲）；当她被创造出来以

[①] ［德］马克斯·缪勒：《比较神话学》，金泽译，上海文艺出版社1989年版，第12页。

后,他是她的丈夫,此时的亚当才成为与夏娃处于并列的夫妻关系之中。两个亚当有着明显的区分,是"上位类型"与"下位类型"的关系。但我们往往只记得亚当是夏娃的丈夫,却忽略了他是她的父亲(或母亲),糊里糊涂把父(母)女关系与夫妻关系混淆了。悠远的民间文化这一大传统是一个伟大的母体,她既是本质,又是核心,还是基础。"精英"文化只是她的一个"产儿",3000年与几百万年相比如果不是忽略不计,起码是微不足道。这是一种"小大之辨"。

有一个史例也触动过我,成为进一步推动我学习与研究人类学的第二个次动力,它就是司马迁研究民间文化带来的史学创新。在中国历史的书写中,孔子写作《春秋》开辟了第一个传统,即仅仅依据经典文献书写历史的传统,其特点是"因史文次《春秋》,纪元年,正时日月,盖其详哉。至于序《尚书》则略,无年月;或颇有,然多阙,不可录,故疑则传疑,盖其慎也。"① 孔子的学术态度非常严谨,"疑则传疑,存而不论"。而司马迁则开辟了第二个传统,即重视民间文化并参之以文献来书写历史。这个传统的贡献有三:

首先,司马迁把《五帝德》《帝系姓》《世本》等一大批谱牒利用起来,大大地扩充了史料的来源和对于历史年代的追溯。他说:"余读谍记,黄帝以来皆有年数。"② 当时,正统的儒家观念为"百家言黄帝,其文不雅训,荐绅先生难言之"。他们不屑于传述流传下层社会的谱牒。司马迁则不同,他利用谱牒与《春秋》《国语》,相互佐证与发明。更为重要的是,司马迁重视田野调查,发掘民间文化中所含的远古文化的蕴藏。他西至空峒,北过涿鹿,东渐于海,南浮江淮,在调查中他发现各地的"长老皆各往往称黄帝、尧、舜之处,风教固殊焉,总之不离古文者近是。"③ 他将田野材料与典籍、民间谱牒相互佐证,进而把历史追溯到当时可能追述到的数千年之前。这是第一个贡献。

其次,司马迁在追踪原始时代黄帝以来历朝演变轨迹的过程中,

---

① (汉)司马迁:《史记·三代世表》。
② 同上。
③ (汉)司马迁:《史记·五帝本纪》。

发现了"王迹之兴"的政治史的宏观变迁规律。司马迁说《史记》是要"网罗天下放矢旧闻,王迹所兴,原始察终,见盛观衰,论考之行事,略推三代,录秦汉,上记轩辕,下至于兹。"① 原始时代后期的"五帝时期"是依靠权威建立统治一种"德治"社会管理与控制的模式。这种"德治"模式后来发生了很大的变化,司马迁说:

> 太史公读秦楚之际,曰:初作难,发于陈涉;虐戾灭秦,自项氏;拨乱诛暴,平定海内,卒践帝祚,成于汉家。五年之间,号令三嬗,自生民以来,未始有受命若斯之亟也。
>
> 昔虞、夏之兴,积善累功数十年,德洽百姓,摄行政事,考之于天,然后在位。汤、武之王,乃由契、后稷修仁行义十余世,不期而会孟津八百诸侯,犹以为未可,其后乃放弑。秦起襄公,章于文、缪、献、孝之后,稍以蚕食六国,百有余载,至始皇乃能并冠带之伦。以德若彼,用力如此,盖一统若斯之难也。
>
> 秦既称帝,患兵革不休,以有诸侯也,于是无尺土之封,堕坏名城,销锋镝,鉏豪桀,维万世之安。然王迹之兴,起于闾巷,合从讨伐,轶於三代,乡秦之禁,适足以资贤者为驱除难耳。故愤发其所为天下雄,安在无土不王。②

虞夏"积善累功,德洽百姓",汤武的"修仁行义",皆为对五帝时期"德治"传统的承继。也就是说,原始时代的黄帝到夏代,所强调的治理天下的经验是"善、德、仁、义"传统,而到了秦代则出现了变化。自秦襄公至秦始皇之前的这段时间,强调了"德"与"力"的并重,并且重心放在了"力"上,如"蚕食六国"就是"力"的表现。但这仍可看作是"量"的变化。到了秦始皇时代,则彻底改变了原始社会依靠权威来建立统治"德治"的传统,建立了一种权力至上的专制统治传统。这是"质"的变化。其后,陈涉"斩木为兵,揭竿而起"称王,继之刘邦、项羽起义进而到西汉王朝

---

① (汉)司马迁:《史记·太史公自序》。
② (汉)司马迁:《史记·秦楚之际月表》。

的建立，正是延续了秦始皇所建立的专制传统，形成了"王迹之兴，起于闾巷"，即由下层阶级以"力"（武力）直接夺取天下的新规律。司马迁有序地梳理了这一变迁过程，这是第二个贡献。

最后，由于司马迁对于远古时代"五帝"的追溯，他发现中国历史发展变迁规律的同时，也发现了中国历史的基础与源头。这个基础与源头就是五帝时代创立并延续到夏商周三代的"德洽百姓""修仁行义"传统。这个传统奠定了中国政治文化的基础，它既是"首脑"，又是"本根"。中国历史作为一个整体如果没有首脑和本根不仅不完整，更是缺乏中心思想与支柱。这等于说，写不写《五帝本纪》，是关系到能不能将中国历史文化的源头与基础追溯出来的问题。这是第三个贡献，也是最重要的贡献。

以上三个贡献成就了司马迁"究天人之际，通古今之变，成一家之言"的豪言，而所有这些贡献，都是缘于司马迁学习研究了民间文化传统。田野工作就是研究真正意义上的民间大传统的，这个大传统是人类生活最基本的部分，是首脑与本根，是源头与基础。认识到这一点，我决定将自己的学术志趣由"重在典籍"转向"重在田野"。

第二节 从"摩哈苴"到"那曲"

从书斋到田野，心胸顿觉无限开阔。人类学以"他者"作为研究对象，从一个既实际又具有象征及理想的意义上说，这个"他者"的典型形态就是地球另一面的"对蹠人"。

我青年时代曾两次横渡长江，一次是参加一个集体仪式活动；另一次则是与另一青年不带救生器材的冒险畅游。这种经历，加之我少年时代对地理课本上所描述的热带雨林插图的向往，使我滋生了一个热切愿望：横渡世界第一大河亚马孙河！当我开始人类学的学习与研究时，亚马孙河又在新的意义上调动起我的热情与兴趣：那里的人类，才是我的"对蹠人"。后来不知在哪里读到亚历山大·洪堡特的探险经历，心中激荡不已。亚历山大为了寻找"心灵的土地"，到欧洲各地去游历，但每次都失望而归。他决定去非洲旅行，撒哈拉迷人风光使他流连忘返，但他依然觉得这片土地并不属于他的心灵。于是他去了南美。有一次，他独自一人走进了亚马孙河的热带森林，他所看到的是何等的景象啊：树上的鸟儿们为他歌唱，林间的猴子们向他欢呼，草丛中的蛇们在向他点头问好，各种各样的生命链条上的动植物都与他融为一体了……可是，正当无限陶醉的时候，他被两束电光般的眼睛盯住了：他遇着了美洲虎！多么幸运啊，他甚至来不及害怕。而当恐惧终于袭来之时，他这才想起当地人的告诫：立定，缓缓向后转，慢慢走开……这次旅行，他终于找到了为之魂牵梦绕的"心灵的土地"！

我希望找到我的"心灵的土地"。1995年暑假，我去云南摩哈苴彝族村[①]做田野工作，日间走几十里山路与打过老虎豹子的"猎匠"、种苞谷的老人、会铸犁头的青年男子、捣核桃的妇女交谈，向巫师请教进入迷幻世界的路径，夜间与跳蚤、虱子、老鼠、蜘蛛相伴。但这些总觉得不够"田野"，不够"心灵"。1998年，我去了西藏，并打算在那里找到更像他者的"他者"，更接近于对蹠人的"对蹠人"。藏人的风格与列维-斯特劳斯笔下的南比克瓦拉和吐比克瓦希普族同等异样。我很幸运，很快就碰到了第一个"他者"：

纳木错湖畔的"候龙者"

纳木错湖的美丽不是用语言能够描写出来的，她不似西子湖那般妩媚，不如瘦西湖那般俏丽，亦不若泸沽湖那般妖娆。她躲藏在4500米的高原深处，不喜攀附，不慕虚荣，不愿见人。她所具有的只是清奇与淡泊，淡泊如轻云，清奇若仙子，故而又被称为"神女湖"。

我到纳木错追寻的，正是这种淡泊与清奇。未见此湖，早已钟情；既见此湖，即刻融入。独自静静地坐到湖边的石上，听那细浪拍打着湖滩，软语轻言，诉说着古老的神话；又将手伸入清

[①] 属云南省楚雄彝族自治州南华县兔街乡。

凌凌的湖水中，随意摸出一块石子，朝着湖面掷去。

忽然看见不远处也有一个人静静地坐着。只见他微微仰着头，眼睛望着天空。

他，20多岁，青海一家公司的职员，受过高等教育。听说纳木错湖上有龙，他专门请了假，来到这个地方，等待龙的出现。

我听了这个，便要发笑。龙的真相是什么呢？乃蚓，乃蚁，乃马，乃蚕，乃云，乃鳄，乃虫蛇，乃星星，乃鱼鳖，乃蜥蜴，乃海蟒，乃蜗牛，乃一切之一切。前人所谓"角似鹿，头似驼，眼似鬼，项似蛇，腹似蜃，鳞似鱼，爪似鹰，掌似虎，耳似牛"的"龙"只是一种神话，一种符号的象征。世上哪有什么真正的"龙"呢？东汉之王充已知龙乃虚设，未有实物，而今二千年过去了，竟还有接受过高等教育的青年，来到纳木错煞有介事地、痴痴地等待龙的出现！

心里颇有些小视，我便离开湖边，去参观旅游部门为了招徕游客而修复了的一些文化遗迹。遗迹都设置在山洞里，于是一个一个洞子地钻，钻来钻去总算钻完了。

吃了饭，我又到处转悠，偶尔朝湖边一望，那位青年依然在原地坐着，脑袋还是微微向上，望着空中。

这回我有些惊奇，于是又走过去。

"吃饭了嘛？"

"不饿。"

"真有龙吗？"

"你们是不相信的，我信！"

"等几天了？"

"一个星期。"

"请了多久的假。"

"一个月。"

"你能保证看见龙吗？"

"一个月看不见，等两个月、三个月。"

"可的确是没有龙啊！"我语重心长，一脸的诚恳，并劝他去吃饭。

他听了这话，郑重地回过头来，目光直直地刺向我：

"我的几个朋友都在这里看到了龙，这里的许多人也说看到了龙，那么多人都给我说了假话吗？如果你在这里等了五年、十年，没有等到，你也只能说你没有等到，或许你等的时间还不够长，或许你的心还不够诚。而今，大概你还没有待上半天，就断定这里没有龙，你是怎么知道的呢？"

我一时语塞，便悄然离开了。

又游玩了一会儿，大家登上车子准备回拉萨。车上人都拿出新灌的一壶神女湖之水，向我炫耀，说此水可以保佑人升官发财。汽车缓缓发动的时候，我让司机停一下，下车转个弯又来到湖边，想看看那位青年是否已经离开。

他还在那里！他的脸仍然微微朝上，像座雕塑！

这次我没有去扰动他，只是远远望着。同伴问我呆呆地看什么，我指指湖边小伙子的身影，告诉他们这是一位了不起的"候龙者"。当他们知道了事情的原委以后，哈哈大笑，说别跟着犯傻。

归来以后，纳木错山洞里的文化事象早已忘得一干二净，唯独湖水的清奇与淡泊以及湖畔的这位虔诚的"候龙者"总是挥之不去，时时唤起一些莫名的思绪。我不知道那位青年后来是否放弃了"候龙"行动？如果放弃了，是什么时候离开的呢？如果没有放弃，有没有被老板开除呢？他的家人又怎样为他担心呢？

一次遇到几个朋友，我讲起这个故事。

"他多半饿死在湖边的石头缝里了，投胎变成了一只乌龟，从此可以天天高仰着脖子等他的龙了。"

"你走的第二天，他就回青海的公司上班挣钱去了。"

第三个朋友思考了良久，接着用一种极为认真的语调说：

"他真的等到龙了，纳木错湖那边一定是有龙的。"

这篇田野日记浓缩了我对异文化的某些认识过程。开头，我因对于置身其中的本文化有着一种自我批判意识,而去寻觅"他者",但我无法理解"他者"。当第二次回到纳木错湖畔时,我的视界依然没有与候龙者融合,不过在情感上,我已表现出对候龙者的接近。候龙者对我的批评已经指出了问题的要害:我过于自以为是,所以我是永远看不到"龙"的。等到我第三次来到纳木错湖畔的时候,我的视界变了。促成这种转变有两个原因:一是对本文化虚伪性的反省——取圣水保佑升官发财同样为宗教意识,为什么这群人却要蔑视具有另一种宗教意识的人呢?二是我当时对游客和旅游处的一些工作人员作了一些调查,他们都告诉我纳木错湖上的确经常有"龙"的出现。我忽然悟出:龙在人的心中而不在外界。于是,我理解了"他者"[①]。

纳木错的经历之后,我独自去了藏北高原,在那里遇到了第二个"他者":

走过那曲

还没有来得及想点什么,我一脚踏上了青藏高原!

布琼的家就在那无边草毯的那一边。这是一顶大约10多平方米的黑色帐篷,帐篷的门朝向东方,太阳每天都把第一束朝晖馈赠给这个牧民家庭。布琼全家9口人,全都生活在这顶帐篷里。他今年38岁,他的妻子次仁卓玛与他同年。他的一个27岁的弟弟桑吉与他们住在一起。他们有6个孩子:洛阳,男,11岁;阿丽,女,10岁;扎巴,男,9岁;才玛,女,8岁;丘嘎,女,7岁;英卓,男,3岁。帐篷里的最重要的财产是床,除了开门的那一面以外,沿着帐篷的三边挨着摆满了6张床,组成了一个横写的"U"字。"U"字的中间是灶台,兼作案板、饭桌与书桌,次仁卓玛烧水打酥油茶在这里,阿丽读书写作业也在这里。帐篷的一端还有一张小桌,供奉着他们的佛像。

布琼有着一个特殊打扮:这里的男子都将头发盘上去,而他

[①] 纳木错湖畔云象多有奇幻变化。多地民俗将暴风雨来临之际的龙卷风认为是施雨的龙在下吸水,我家乡江苏靖江将此称为"挂龙"。《三国演义》第二十一回亦有记载,并称之为"龙挂"。

却要拖下来，留出长长的两条辫子。布琼可以说几句简单的汉语，他说他家本来有27头牦牛，97只羊，那是一个很多的数字，他就要给弟弟办婚事了，又准备把才玛也送去上学；可是前年一场大雪灾，27头牦牛只剩了5头，羊全冻死了。布琼说这是常事，不要紧，再养牛，再养羊。桑吉也说婚事不急。一年多过去了，牦牛虽然还是5头，羊却已经增加到27只了。27岁的桑吉每天放27只羊，他一边在帮助这个家庭积攒起一笔财产，一边等待他的婚姻。5头牦牛归洛阳与扎巴放牧。布琼自己却动了新鲜的念头：做点小生意。他的辫子就是这时留下的，说话的时候，总要摇上几摇，摇出许多时髦来。

在我就要离开那曲的时候，布琼说他也要去拉萨，第二天同行，且定要我在他的帐篷里住一晚。藏民的居处有砖房也有帐篷，布琼说帐篷好；帐篷有白也有黑，布琼说黑的好；黑帐篷有大也有小，布琼说小的好。他家是帐篷，帐篷黑而小。

到了晚上，次仁卓玛带着她的小儿子英卓睡"U"字左边（北方）一"竖"靠门的床，里边的一张是布琼的；右边（南边）一"竖"也是两张床：靠里的属阿丽和丘嘎；靠门的是才玛的。而"U"字那一"横"（西边）同样是两张床，洛阳和扎巴挤一张，桑吉一张。我去的时候，桑吉到别家借睡，将床位让给我。我与洛阳和扎巴对蹠而睡。

一夜北风紧，冻得发抖，黑色帐篷到处灌风，丝丝入骨。我难以入眠，听着外边的藏獒此起彼伏地吠叫，有些凄厉。几个孩子很激动，陪我不睡着。脚头的一对高原小兄弟不断悄悄地触碰一下我，生怕我离开了似的；顶头的两个高原小姐妹也不时伸过清泉般的小手轻轻摸我的眼睛，看我是否还醒着。

天还没有亮，我蒙蒙眬眬地被什么声音弄醒，只见阿丽高高地站在床上，原来是次仁卓玛唤醒她上学去。6个孩子中只有阿丽上学，布琼妻很重视。学校规定6点钟到校，她每天5点半叫醒阿丽。10岁的阿丽穿好衣服后，竟又困倒睡下；次仁卓玛又重新唤她，这一次她揉一揉眼睛背起小小书包走了。晨光熹微，次仁卓玛早已挤完羊奶，27只羊挤在一起，一团孩气。

太阳升起来，照着这顶小小帐篷，真的是黑的好看、小的自然。我绕了几圈，一边用手这儿那儿抚摸。布琼也跟出来，得意地向我微笑。喝完酥油茶，我催布琼早点动身，他说"不急，不急"，一边回到帐篷里翻寻出一套新藏服换上，又仔仔细细地在腰间佩一把藏刀。太阳老高了，我们才出门，很顺利就拦着了去拉萨的过路车。

我们一上车，就听到车内有高亢亮丽的歌声，布琼很快接上去。他们是用藏语唱的，我听不懂内容，但为曲调陶醉。窗外的风景变换着，时而是绵绵不尽的草地，一群群牛羊白云般飘动，他们的歌声也显得那么悠闲自在；时而又是突兀之雪峰，"刺破青天锷未残"，他们的歌声又变得大气磅礴。

不知什么时候，车子停了下来。前面塌方，有人正在抢修公路。等了许久，排成长蛇的汽车依然不动，我很焦急。忽而刮起大风，黑压压的云彩低得朝上一跳似乎就可以够着；雪峰皆被遮蔽，眼看要下大雨了，牛羊却若无其事。

终于，"长蛇"开始蠕动，乘客们都已上车，突然我发现布琼不见很久了，急忙下车去找。狂风刮得脸痛，视线都被吹弯了，可四周竟无他的踪影；又朝远方喊去，声音被风吹散。他能到哪里去呢？这时车上一个藏民也下来帮找，他只走出几步，便用手一指。我循着指尖细看，原来布琼竟躺在有些凹凸不平的土丘那边的草丛里睡着了。

这个布琼啊！

我赶紧喊醒他，拖起他飞奔。骤雨狂追猛扑，我们几步跨越，进了车厢。

汽车徐徐开动了，大家也平静下来，布琼们又开始唱歌。风声，雨声，布琼们的歌声，在那无尽的苍穹里，在那无边的草原上，在那无数座雪峰间，自由激荡着，纵横驰骋着，激荡着，驰骋着。

我与洛阳和扎巴"对蹠"而睡,我的"对蹠人"已经找到。布琼一家是典型的"他者",他们的观念、他们的生活、他们的文化与我决然不同。大雪灾冻死牛羊,布琼没有焦虑,"再养牛,再养羊"就行了。藏族的一妻多夫制正是为了适应这种环境的,所以桑吉也说,婚事不急。布琼家的帐篷黑而小,本是贫穷的象征,他却为之骄傲。布琼想做点小生意,却到草丛里睡觉去了。而我呢?修路堵车,唯我独忧;暴雨来袭,我自作苦。然而,令人惊奇的是,我向布琼寻觅,布琼也同时向我寻觅。布琼视我为朋友,邀我作客。在遭受雪灾之后,他留了辫子做生意,一个学习模仿外来文化的怪异形象。他们的子女,也同样接受着现代教育。"对蹠人"奇怪地离开原点相向而行,最后在某个时间、某个地点碰面了。而当我们相遇之时,我第一个感觉是那两条辫子有趣,随后,竟然觉得我的后脑也同样挂着辫子。

这段经历使我突然警醒,我差一点就要迷失方向。不过还好,我停下了脚步。列维－斯特劳斯在亚马孙河流域探险考察的最后,他接触到了野蛮的极限,他找到了他要找的真正的野蛮人,但他马上发现了人类学的陷阱,他站住了,后退了。他认清了民族志的目的和限度:"我自己,还有我的专业,或许都犯了错误,错误地以为人并不一直就是人,是一样的人;认为有些人因为他们的肤色和他们的习惯令我们吃惊而更值得我们注意。我只要能成功地猜测到他们是怎样的,他们的奇异性立刻消失;那样的话,我不是大可留在我自己的村落里吗?然而,如果是像现在我所碰到的情况,他们能保持他们的奇异性,而我既然根本没有办法得知他们的奇异性之内容,那也就对我毫无用处。在这两个极端之间,我们生存所赖的种种借口,是由什么样模棱两可的例子所提供的呢?归根到底,人类学所做的研究观察,只进行到可以理解的程度,然后就中途停止,因此在读者心中所造成的混淆,用一些被某些人视为理所当然的习惯来使事实上相似的其他人感到惊讶,这样做,受骗的到底是人类学家自己呢,还是读者?"[①]

[①] [法]列维－斯特劳斯:《忧郁的热带》,王志明译,生活·读书·新知三联书店2000年版,第430页。

那曲归来之后，一次重读1996年寒假在摩哈苴考察写下的田野日记后，我又有新的感悟。

深山夜遇

因为贪恋一些田野材料，我在摩哈苴老虎山村耽搁的时间太久，近二十里的山路，这个除夕要在夜行中度过了。老虎山因林中有虎而得名，它们藏于深山深处，近年已不易见到。即便如此，我还是不敢从小道抄近回村。

虽说绕道大路，我依然在林子边上行走。太阳已从西边的黛色山峦中跌落下去，一大片阴森森的云停歇在天边。风吹入林，松涛阵阵，各种奇奇怪怪的声音纷然杂陈。当然，从理论上说，即使遇虎也不必害怕，我曾经收集了10个以上老虎不主动吃人的例证。《易经·履卦》卦辞说："履虎尾，不咥人，亨。"这是以真实的生活经验为基础的总结。摩哈苴龙树山的张德兴一次夜归遇虎，亦未被其伤害。然而，等到真的即使只是一种可能性的来临，我心胆俱寒，无论如何不敢亲身一试。

夜色渐浓，整个天空如一只巨大的黑色锅盖扣下来，让人窒息。我急急前行，很快到了背阴地村。背阴地现在20户人家，是老虎山"竹根鲁"家族分出的第二支。鲁国忠是村中见多识广的人士，年轻时代被人称为"赶马大哥"，后来变成了"赶马大叔"，现在又做了爷爷，只是不再赶马了。人事沧桑，深山密林却依旧葱茏。

忽而想到，背阴地的狗很凶怪，急忙捡了几块石头，将口袋装满，手中的打狗棍攥得紧紧。说时迟，那时快，只听得树丛中"呼呼"作响，随后一阵吠叫，我被三条大黑狗围住了。狗依人而非人，属兽而非兽，是无德性的"第三元"。它仗了人势，便凶猛异常；一旦丧家流落成累累之状，遇着一只鸡也退却三分。而目前，它们恰恰在自家门口逞威风，采取分进合击的包围战术。

我稳住心态，准备打狗。人是很奇怪的：即将遇险之时，总是提心吊胆，一旦危险真正到来，反倒镇定自若。我先是用石块朝近处一狗砸去，另外二狗也掉头回走。争得一点空隙，我便朝前移步。然而只一瞬间，三狗重又合围。我不断挥舞着手中的棍棒，朝地面"嘭嘭"乱打一阵，狗们并不敢近前。但此法总不能将狗彻底击退。我突然一股热血冲上头顶，模仿虎豹之状，大吼大叫，并高举棍棒，朝着正前方的一狗狂追猛打。这一招果然奏效，那狗便急遽地溃退，他狗也不敢近前。如此五次三番，我终于出了村庄。

与狗作战的胜利，自我庆贺一番，恐惧已变成激情，激情又转为怡然。夜色也不再可怕，倒是美不胜收了。山中的小鸟已经归了窠穴，不声不响。那树梢瑟瑟缩缩的声音，大约是松鼠们还在忙碌。蛇是最美丽的动物，不过要去密林深处方能觅见。繁密的星星布满天空，天上的街市一定比人间繁华。

夜，越来越深了，我才走到白草山。小道边的树木变得粗大，林子也更为幽深，繁星隐退。我的恐惧重又滋生，眼睛不敢环视四周，只看准面前略呈白色的道路，加快步伐。

就在这时，一个灰色的动物出现在前面的路边！

在夜色中，我无法看清它是什么；模模糊糊像狗，但狗是不会在深夜走出村庄进入野林子的。是一种野兽无疑了！我怦然心跳，自觉脸色也白了，全身有些酥软。不自觉地停住脚步，下意识地再一次握紧棍棒。

这才是真正的对手啊！

我在观察它的时候，感觉它也在观察我，我们就这样在黑夜中相互注视着。它偶尔也动动身躯。我绝无刚才打狗时主动进攻的勇气，只是尽量假装出若无其事的样子，不让它看出我内心的虚弱和恐惧。

过了一会儿，它终于活动起来，向着树林中走去了。

此时的我，短短呼了一口气，仍不敢贸然前行，怕中其埋伏而遭突然袭击。等了很久，未见动静，此刻想到：暗中伏击伎俩恐非彼之性情。这个判断使我移动脚步，小步小步谨慎前行。倘若那只野兽是幽默家,在暗中又看清了我的行状,定然鄙视之极。

一场虚惊过去,我很快回到了住处,悬吊着的心才放下。这才记起今天是除夕夜,千家万户都在团圆,年夜饭可能早就吃过了。我也该做饭了。于是生着火,摸黑去屋后摘菜,围着火塘开始忙碌。米有,煮上半锅饭,炒一盆豌豆尖,再加一个青菜汤。一顿像样的美味佳肴!

我开头战胜狗的那种自得,以及后来在野兽面前的猥琐,如一幅连环讽刺漫画,照鉴了我的丑态。摩哈苴一带的山林中伤人的野兽排位是"头猪①、二熊、三虎、四豹",当地人说,野兽从来不主动进攻人类,你不犯它,它不害你。可是我们人类总是觉得自己是这个地球的主宰者肆意虐杀它们、奴役它们,破坏它们的家园。我们总是想:我被它吃掉,就太失败了;它被我吃掉,那是理所当然。它们吃我们的时候毕竟极少,我们吃它们却何等常见。到底是谁给了我们这么想、这么做的权力?再有,后来当我向当地人描述所遇之事,他们说或许是一只不太大的豹子,但这几年豹子已不常见;或许只是一只豺,并不很凶。如果真是一只豺,我此前的虚张声势又是多么滑稽可笑。

还有一层:我的表述危机重重。我并没有做到客观地叙事。我并不是有意忽略事物和歪曲原貌,而是我根本无法把握事物的"原貌"。首先,我的叙事删除了在文章中不宜表达、无法表达的无数现实细节,选取了便于说明主题的少数细节;而即使这少数,也是经过改削的。例如写夜色那一段,我只选用了四种具体事象:"小鸟""松鼠""蛇""星星"。而实际上从背阴地走到白草山那一段山路有着无限丰富的事物:说不上名称的各种树木,数不清型式的各色野草,无穷无尽的各类爬虫,漫山遍野的各样石头,等等等等,这些都被我舍弃了。其次,为了符合文章的修辞法则,我甚至违背了经验的直觉。例

---

① "猪"为野猪。野猪之所以排名第一,是因为当它被激怒时攻击人的危险远在其他野兽之上。

如对于"蛇",彼时彼刻,从背阴地出来的紧张心理并未完全得到缓解,我根本没有想到"蛇是最美丽的动物",如果彼时大蛇挡道,我同样十分恐惧。我平素看见真实的蛇,也不认为它是"最美丽的动物"。但后来坐在摩哈苴小屋里书写田野日记时,怡然自得,这句话突然灵感式地跳出来。我觉得这种表达方式很好,符合"文似看山不喜平"的作文法则:这一段舒缓纡徐,方能反衬前后的紧张心态,使整个文章呈优美的"S"形。而且,"蛇"作为审美对象在中国文化中表达为一种人性美与道德美的意象。《白蛇传》中说到,有个叫许仙的人,救了两条蛇,一青一白;后来白蛇化作女人来报恩,嫁给了许仙,青蛇化作丫鬟也跟着。可见,我的文学素养及审美倾向无疑对此处的叙事起了重要作用。后来上课引用此材料的时候,学生们说,文章中"蛇是最美丽的动物"一句最好。但我心里明白,这并不是对实际事物的"客观"呈现,而只是我作为写作者的"诗学"叙事。

经历了上述三个事件,我失却了"寻觅对蹠人"的目标,我自首荒唐。

第三节 选择段绍升

在"自首荒唐"之中,我得到了某种否定性思想。我在此前去摩哈苴彝族村、捞车土家族村等地做田野工作时,脑子里装着经典人类学的观点与方法。但在"参与观察"与"访谈"过程中,经过开头一段兴奋之后,我渐渐感觉到我很虚伪,是一个如贝特森所说的"伸长鼻子去探究异族的事情"的怪物。我在窥视当地人,在偷窃着当地人的东西,心态丑陋。我厌恶我的做派,并对自己的人格充满怀疑。我用经典的方法的确获得了丰富的传统意义上的田野材料,但是我对这些材料的真实性产生了质疑,因为这都是我"问"出来的,不是他们自动说出来的。对研究目的的自责,使我想逃离这种"田野工作"。后来,我干脆听之任之,率性而行,不再设置问题,也不预期结果。我告诫自己:如果找不到与当地人内在需要的契合点,进而重新确立我的研究旨趣,我甘愿放弃我的研究,因为我无法在心灵的煎熬中度日。

1999年底，我获得了一个可以外出做一年田野工作的宝贵机会，我随机性地决定去云南。我没有进行任何准备，甚至连地图都不带。不带地图，既减少了背包重量，更减轻了思想负担。我感到轻松如意。我之所以去了大理喜洲镇，完全是由"汽车高傲的方向盘"决定的。年轻的司机说他相当熟悉当地文化，热情地表示可以带我去最理想的地方。他转动方向盘时高傲、得意且神圣，于是我就被送至大理市喜洲镇。这是许烺光20世纪40年代工作过的地方，他在这里完成了《祖荫下》①。

到喜洲后，我在选择资讯人的时候，没有如拉比诺式的从边缘到中心的过程，也没有如怀特式的认为从领袖人物入手是了解结构的最好方式。② 我不认为在社会生活中某一个人、某一个事件是最重要的。任何人，任何事情，都是一个聚合点，都是一个社会关系的网结，都可以向四面八方延伸。文化阅读可以从任何时间、任何地方、任何人、任何事件开始。选择什么报道人，要看他是否适合你，看他是否愿意邀请你进至他的小屋内，看他是否愿意向你敞开心扉。而在实际工作中，偶然性则更为常见。我的第一个资讯人张天伦（1923—2009）是老资格的喜洲人，时年76岁，无儿无女，家境异常贫寒，住着两间低矮黑暗的小屋。他对外地人来了解喜洲文化一概欢迎帮助，且拒收任何礼品。我曾怀疑他故作高尚，后来改变了这一看法。与张天伦接触的田野工作，我只是听他自由讲述。当时我对"裸述"已经有了朦胧的认识，这使我在他讲述时极少插嘴。因为我发现，只要我问话，就会改变他的讲述方向和讲述内容，其趣大异。

在交谈过程中，张天伦希望我到周城看一看，他说那里与喜洲颇为不同，是过去给喜洲人赶马的乡下人。于是，我在喜洲镇很短一段时间后，转至喜洲镇下属的周城白族村③做了700多天的田野工作，

---

① ［美］许烺光：《祖荫下》，王芃、徐隆德译，台湾南天书局2001年版。
② ［美］威廉·怀特：《街角社会》，黄育馥译，商务印书馆1994年版。
③ 对于周城村的概况介绍，参见《对蹠人》系列民族志第二卷《地域社会的构成》第三章，中国社会科学出版社2018年版。

其中包括2000年为期一年的完整周期。

　　思想的进程总是蜿蜒曲折的，当我1999年底走入周城村伊始，我对研究方法的思考还不甚清晰，"被"进行了一段时间的宗族研究。因为在宗族问题上积累了中西学者的大量研究成果，存在着理论对话空间。远望可见普里查德对非洲努尔人的研究，近视可观林耀华对福建宗族以及弗里德曼对中国东南宗族的研究，眼前的则是许烺光对于仅距周城5公里的喜洲镇的宗族研究。我仔细阅读了《努尔人》①《中国东南的宗族组织》②《金翼》③《义序的宗族研究》④和《祖荫下》，发现可以找出一些对话点。周城白族村较之中国东南地区的福建、广东更是"边陲"地区，但这里的宗族并非不受国家的影响，而是受到巨大影响。尽管祠堂的存在，宗族裂变分支却具有均衡性特点，没有出现弗里德曼所说的"支"作为"中间裂变单位"。此前，我对摩哈苴彝族村、捞车土家族村以及平峰汉族村的田野工作都进行过宗族的调查，材料丰富而具体，可以作为周城白族村宗族研究的策应。我所发现的宗族的民族性特征是明显的，且在当下乡村政治生活中的表达各不相同。即使与许烺光笔下的喜洲宗族相比，周城宗族亦颇为不同。更有，我所接触到的段氏宗族很适合专题研究：它有一个著名的祖先神话《段隆的故事》；有一座家族龙王庙；有一座先祖墓碑；墓碑上刻有一篇明代记载家族历史的墓碣文；有一个每年农历六月十五日合族祭祖的大型仪式；有一个被官方赐建的宗族祠堂；各家保存有完整的家谱。

　　在我"被"进行宗族研究的过程中，主题依然被学科中的传统紧紧束缚着，方法也主要采取询问与观察。很快，我重新感到被捆绑的滋味，而且发现在学科史中被逻辑所确定的宗族主题与现实生活差距太大。我当时困惑的是：我在摩哈苴与西藏的经历中已经觉醒为什么此时又犯迷糊？我非常苦闷。我亟须一次真正的自我启蒙。启蒙就是

---

① ［英］埃文斯－普里查德：《努尔人》，褚建芳等译，华夏出版社2002年版。
② ［英］弗里德曼：《中国东南的宗族组织》，刘晓春译，上海人民出版社2000年版。
③ 林耀华：《义序的宗族研究》，生活·读书·新知三联书店2000年版。
④ 林耀华：《金翼》，生活·读书·新知三联书店1989年版。

"人类脱离自己所加之于自己的不成熟状态。不成熟状态就是不经别人的引导，就对运用自己的理智无能为力。"[1] 在这种觉醒后的苦闷中，在希望找到突围的方向与寻觅新的路径中，"主体民族志"的灵感忽然降临。一根火柴点燃了柴堆，它便熊熊燃烧起来了。我在此前田野经验中的"不提问、不对话、专注倾听"的经验顿时被呼唤出来，将其"前推"至主导位置上，被灯光照得透亮，提升出了一种既具有理性反思意味又具有个性特征的田野工作方法——"裸呈"，将当地人讲述过程中"开头不提问，中间不追问，过后不补问"（讲述前不提问，讲述中不追问，讲述后不补问）的"三不主义"作为践行原则。

　　我与段绍升第一次接触是 2000 年 7 月 1 日下午。那天我只开了一个头，请他愿意说什么就说什么。此次讲述的内容包括家族祖先、家族现状、家庭教育、父亲与祖父的经历以及个人经历等方面的概要。就这样，我之与段绍升，以及段绍升之与我，恰好在那样一种时间、那样一个地方、那样一种心境、那样一种场景中偶然相遇了，其后，我们共同开始了长达连续 15 年的田野工作。段绍升不是像拉比诺所遇到的阿里、马立克等人为金钱而工作，我们有着各自关于"人"的理念。对于相关的话题，我们都有兴趣，我们正好可以同行。周城村是中国白族名村，是一个面向全球化的超级村庄，有着 2000 多户，人数近万，经济精英、政治精英与文化精英不在少数，而我偏偏遇上了段绍升，也就选择了段绍升。我与他，斯二人，只一回，就这么简单！

　　一旦你开始明了追求的是什么，你就能把自己的内心已经明了的全部可能性调动起来。在最初的田野工作中，他讲一段，往往等着我提问，并希望我将他的讲述修改整理得更好。我反复申述并努力说服他的是：他要说的是他自己，如果我提问，所讲的内容就不是他自己要讲的。我希望他为自己而讲，讲自己想讲的，而不是为我而讲，讲我想听的。而且讲个人经历，只有当事人能讲；讲当地文化，也只有

---

[1] ［德］康德：《答复这个问题："什么是启蒙?"》，载［德］康德《历史理性批判文集》，何兆武译，商务印书馆 1990 年版，第 22 页。

当地人能讲；任何人都无法替代。他讲出来就是最好的，我不能修改。当他逐渐明白了我的真正意图后，颇为兴奋，因为我的意图与他原来要将自己的经历写出来以教育子孙的夙愿正相吻合。于是，他有了自信，放开了思想，自己寻找话题，毫无框框与顾忌的"裸述"开始了。

在这一过程中，我的情性与行事方式也使他有所感动，从而使他逐步消除了那种不平等感。2001年8月14日我被当地授予"周城荣誉村民"称号，我从不搞特殊化，完全就是一位当地的本色村民。早上吃饭是在小街子上买一个五角钱的饼子，边走边吃。有时在段绍升家吃午饭，他开头要做新的，我说头天的剩菜剩饭就可以。于是两个人吃得很香，又节约时间。村里那辆小车本来接送外来者可以使用，而我这么多年进进出出这么多次，从来没有开口要过一次车，只是偶尔在回武汉时搭乘便车至大理。有一年暑假去周城，因道路改造而迷路，我很焦虑，电话打到村委会，内心当然希望派那辆小车接我。但当时任村党总支书记的段绍升的长子段晓云根本就没有想到要派车，只是给我指路。那天绕来绕去很晚才到达周城村。……所有这些，使他感到我是一个实实在在的可以信赖的人。

> 朱教授，我为什么积极地愿意为你配合？你的行为不感动了我，我就休息我的，我哪怕去找我的老朋友吹七吹八，是你的行为感动了我。因为你是从武汉跑到我这儿来，这就是多干活。我就想，人家为什么，干什么，人家的级别怎么样，我得要考虑考虑。[①]

自从2000年7月1日发端以后，"裸述"已经成为我的学术意识与田野方法的自觉追求。2001年讲述了3次，到了2002年寒假，我们的工作进入良好的状态。这一年寒假中，段绍升自由讲述10次，内容涉及个人生活、家庭、宗族、宗教信仰、世界观、国内外大事的

---

① 2002年1月29日下午。

看法等。在 2006 年暑假的田野工作中，从 7 月 11 日起段绍升开始自由讲述，一直至 7 月 28 日上午结束，共讲述 13 次。围绕着婆媳关系、父子关系、夫妻关系、邻里关系、兄弟关系、兄妹关系、亲戚关系、宗族关系、子女教育、个人生活史等 13 个专题，段绍升已入佳境，讲述如行云流水一般，深度沉浸与陶醉在事件之中。2007 年寒假，段绍升又自由讲述了共 23 次，漫无边际地讲述了 30 多个问题，包括大地测量队、人生感悟、退休情怀、教书生涯、庆祝解放、镇反、土地改革、互助组、合作化、人民公社、食堂化、"文化大革命"、人际沟通、公安干警、宗教信仰、神话故事、现实人物、平生快事、社区精英变迁、教育子女、对死亡的看法、集体化年代的感情、私人经济、关公精神、和谐社会构建、结老友、接受日本《读卖新闻》代表团采访、接受印度代表团采访、夫妻割草，等等。就在这一年寒假，讲述已经基本完成时，段绍升陈述了他这些年来的讲述动力：

> 说句实在话，朱教授来采访，一个是朱教授对我的一种启发，你这么认真，你工作这么负责，你生活这么简朴，对工作是那么样的投入。再讲到，朱教授与我的关系来讲，这个也就可以说是双赢。一是你需要这样的材料；二是我也需要。我自己觉得我的一生，现在干什么，回忆回忆吧，把我们的经历给后人看一看。当然我想的只是我的自家人的后代，看一看。我如果把他们叫拢来，我给你们讲故事，讲故事，怎么讲得了那么多？而恰好有你这么一位教授，来能够和我这样谈，实事求是的经历把它弄出来，多好呢！我不是为名，也不是为利。我不要什么利益。但是我觉得这样还过得更充实一些，而且更有意义一些。如果确实你把它弄成一本书，这个是我的一个心愿。了我一个大的心愿，是我的一个乐趣。比我——，如果我先一步富起来了，富到给后代子孙能存几十万，甚至几百万，与这个相比，那个钱有的可能对下一代有好处，也可能会有坏处。因为他觉得爷爷给我们这么多的财富了，父母给我们这么多的财富了，他可以不劳动，他可

以不动脑筋，这就会非常有坏处。但是成了著作存放起来，当然别人不一定有我们这样感兴趣，我们家有这样一份，我的后代子孙一定会感兴趣，喔，这是我父亲的一些话，这个是我爷爷的，他到时看一看，可能比看其他人的要深刻。只要对他有这样的启发、有这样的意义的话，这个比财富百万千万还要强。所以又是我的这一边的想法。所以我们两个这样一结合就是双赢，双赢的事情才能发展，如果单方面的不可能。这个话我说得实实在在，我不是说你朱教授这样，我就是为人民服务，为国家贡献我的什么，光是这样不是，我有这样的利益所在。[①]

然而，没有料到的是，这一年的上半年，他得了脑血栓症。我一直怀疑与讲述过于紧张相关，对此深深自责；而他却不断地解释说"不是这样，不是这样"。

2008年暑假，我将此前他的讲述录音整理好的材料交与他审阅，那是一篇没有经过任何删减的原稿。他看了以后，说了如下一段话：

> 如果说朱教授把它作为对我的那些采访的材料，作为研究方面的需要，那么你怎么用都可以，因为我说的是真实的情况。但是如果是出书，这个就不能用真名。这是一个。
>
> 还有我们家庭的一些事，最好也不要在这个里面弄出来。既然真实它有正的一面，也有反的一面。我认为这是实事求是的东西，但是他自己看，哦，好像把他的丑事说出去了那么他就会产生反感，相反为了这个事我以后就站不住脚了。这个对我有看法，那个有看法，我何苦这么做呢。
>
> 尤其是社会上的事情主要就是人和人的关系，它就必然要牵连到一些人。那么这些人的事，说了就说了，但是出书，如果我们这些地方都能够看得到的书，这个就不要了。如果把它出出来，对我不利。

[①] 2007年2月9日上午。

还有一个。你是为了整理我说的话，开头的封面，称《回忆录》①，我不希望有这样的说法，好像把它说得——把它说得土一点吧，或者是与我的交谈，或者是回想，真实经过的回想，随想之类的话。《回忆录》，这个是伟人，大人物。我还够不上这个，人家看了也会对我有反感，不会得到好的评价。

还有一个，如果说觉得这些不好处理，这方面的书不要出也好。我现在的想法。因为你看你在周城待了几年，最后弄出来的这个东西好像弘扬我们段家。当然我知道你是以一点来说明社会上的事情，我是理解的，但是很多的人能不能那样理解，尤其是我们这个村里人看到朱教授出的书，喔，原来是这么回事，难怪段书记对他那么客气，是因为他们要弘扬段家。这个对我们不利。我记得，那次赵勤在场，我们在老三饭庄里面吃晚饭的时候，我就说过。那是你刚刚出了《周城文化》那个书那个时候，我就说过这个事。总的我认为，现在这个社会还在朦朦胧胧的阶段。因为我们中国社会是从人治，就是封建社会靠人治才转过来，转到现在的法治。但法治刚刚开始，执法人员要依法。所谓法不责众，法要支持弱的。如果说，对我们这些人产生一些看法，产生一些忌妒，在某些方面就好攻击。我不希望弘扬我们，你要知道这个指导思想。对我们以后在这个社会上相反站不住脚不好。我们就这么平平常常地过，至于人家对我们的评论怎么样，我们用我们实际的东西。你说我富裕，我是靠劳动。朱教授你来那么多年，你可以看到，比如晓云②，他也不去其他地方，他就是勤勤劳劳，靠艰苦的劳动。如果我们能富起一点，我们内心本身不怕，但是人家会产生忌妒，尤其出成书，就更忌妒。到知识分子能够看得懂的人都会产生忌妒它的影响面就更大，对我的危害就会更多。我认为是那样。这个你要懂我这个心理，这是我的观点。至于你人类社会学上你研究的参考，我不拒绝。我已经话都出口了，说了那么多年。对我来讲，我吃亏没有呢？没有

---

① 我交与段绍升的稿子封面上写的是《段绍升回忆录》。
② 段晓云为段绍升长子，时任周城村党总支书记。

吃亏。所谓说话要说给明理的人，你这么一个大教授，我把什么肺腑之言都跟你说了，我觉得说了就痛快。不然那样的话我对谁说？哪个人能有那么大的耐心听完我那么多的故事。我觉得我说得很痛快，把我自己这一生总结了一遍。也很感谢你。能够遇上你最顶级的知书达理，能够听完我的故事。你想想，你就这样的事情，你叫谁来来来我给你讲我的故事，人家哪个愿意来听我的故事？

嗯，白纸黑字不得了。①

这是一种尴尬，更是一种警醒：社会已经明确地告诉段绍升不能这么无遮拦地讲述，必须考虑到社会影响。这种权威至高无上，我与段绍升都得臣服。段绍升认为讲述变成文字会影响他的社会威望，使他反而站不住脚。村庄的人看到了，也会因为人际关系的复杂，使他处于不利的地位，他希望"就这样平平常常地过"。于是将讲述交给子孙起教育作用的兴趣没有了，先前那种为国家和人民做一点事的崇高感也没有了。我当即表示："所有的事情全按段老师意愿。"我的坚定想法是：一个人类学者的研究成果应该以当地人的利益至上，并以此作为衡量标尺，而不能将他们的个人利益放在首位。民族志者需要一种为"他者"着想的态度。

后来的几年，我停止了工作。我不愿意仅仅是面对学术界用匿名的方式出版这部民族志著作，我觉得我不能愧对当地人。我希望我的工作对段绍升有益，对当地人有益。2009年寒假，我作为武汉大学社会学系主任，带领我系50多名本科生去周城一边进行实践教学，一边进行田野工作。此时段绍升的身体已康复，我没有请他讲述。其后2009年暑假、2010年暑假、2011年暑假几次去周城做田野，我都没有请他讲述。打印的材料在书柜里存放着，是否继续这项研究，决定权在于段绍升。

在2012年寒假我在周城村的田野工作期间，段绍升对我说他已

---

① 2008年7月2日。

经彻底恢复，连药都不吃了，像以前一样地参加体力劳动；并且表示如果将他不愿意写入书稿的部分删掉，他很愿意用真名出版。于是，他于2012年1月29日写了一份同意用真名出版的信件（见附件），连同他写的《段绍升年谱》一起交给了我。直到此时我才决定继续完成这部主体民族志著作。2012年的6月30日，我正式开始写作。2013年寒假当我再去周城做田野工作的时候，段绍升又讲述了两次。这一年暑假的8月26日他又写了一份同意用真名出版的信件让我的博士生何菊和杨雪带了回来。2015年寒假我去周城做田野工作时，他说身体非常健康，我们就又开始工作了。他说他想说的已经说完了，希望我能主动提出话题。于是我与他共同商量，还是就他感兴趣的、熟悉的、愿意讲的问题随便聊天。这一年寒假的讲述内容包括"天地神仙""小屋高楼""讲述体会""舟车路桥""伏牛乘马""风花雪月""锄头镰刀""苞谷小麦""好笑好玩""知己朋友"等。讲述持续了8天，每天讲述一次。我考虑他的年龄与身体状况，希望每次不超过一小时，但他每次总要讲到一个半小时以上。就在2015年1月28日我离开周城前的那次讲述中，他完满结束了连续15年的讲述，同时也将我与他的关系作了一个总结与概括：

  我说这一生当中，你是我的最好的朋友。其次是李贵仁。
  我这个人如果对你有反感，我也可以说。既然是朋友，我正正式式地说，我这一生当中，2000年从水管所退下来了，我干啥呢？我没有事干。那个时候，我说没有事干，我去玩麻将、玩牌，我又觉得不对。我也正准备写一下我的这一生，能够遇上这么一个社会变革。解放以前国民党统治时期，以后共产党的革命，以后解放，解放大军进云南，又到西藏等等，这些历历在目的事情，现在不可能再出现了嘛。以后就是土地改革，镇反运动，三反五反，历历在目的事。互助组，高级社，合作化，人民公社，"大跃进"，以后又是"文化大革命"，又是正本清源，又是改革开放。经历那么多的，如果把他说成是皇帝——我们中国古代是皇帝，算起来是好多个皇帝了。这些经历不要把它说成是恼火了，我们这一生，那个苦了就苦了，已经过去了。现在想起来经历了那些前无古人、空前绝后的那么一段，这个应该是荣幸的。应该把它总结下来。我也曾经动笔要这样的写。我哥哥也问过我，你打算怎么过。我就跟他讲，这样实事求是的我怎么想怎么想就把它写下来。但是说得容易做得难，想到是我怎么想就怎么写下来，但真正动起笔来那个还很麻烦呢。正在这个时候，恰好遇上朱教授这么一位，这个可以叫作天意嘛。也对我有这样的想法这样的总结感一点兴趣。这个你说我享多大的福！这个福气多大！这样下来，我这一生最知己的朋友是谁？是朱教授。

我的那些朋友和我接触得比较多了，从小到现在；但是他们和我相处，真正的交流交谈的时间，没有哪一个比你多。这个实事求是。李贵仁，每年都要有几次给我电话，每一次电话5分钟，一年四次他也就是20分钟。他如果两年回来一次，每年和我有几个小时的接触，加起来也就十多小时。包括我儿时到现在的朋友，读书那个不等于相处，到后来，有一些交流的话，那个才算上相处的话，加起来也就是几十个小时，100个小时就算了不起了。但是你和我交流，不是100个小时，是几百个小时了。所以你是我这一生最知己的朋友。[①]

这是自2000年至2015年连续15年讲述之后段绍升最后的总结，也是他对我们之间关系的最后定位，同时这正是我的心声。

以下第三章至第十四章为段绍升讲述的直接呈现。

---

① 2015年1月28日。

第三章 "读书""开荒"

第一节 "读书"

1. "我自己跑去读书"

我1938年生,属相是虎。生在战乱年代,出生也就比较苦。1938年父亲去抗日参战,家庭里就爷爷奶奶我母亲和幼小的哥和我。……我爷爷缝纫不做了,让给我妈妈做。(他)做了一个客栈——段氏客栈。剑川、洱源、丽江跑大理、下关做生意的人经常来住。妈妈做裁缝,主要是做卖衣服,到洱源、三营、牛街去卖。半路上又遇上强盗把衣服抢走了,家里的缝纫机又被小偷偷走了,祸不单行,家里就更苦了。那时我是六七岁。我看见妈妈这么苦不得不帮做一点活,就开始割卖草,割了以后卖,我们家没有马。还上街去卖水,再大一点就卖香烟、火柴,嘴里就叫:"洋火、纸烟""洋火、纸烟"。有一次遇到小偷,把我卖了一天包包里面的钱偷走了。在街上卖东西的一位老妈妈给了我一碗饭吃。于是更大量地帮助家里面砍柴,那个时候客栈里的客人来了自己煮饭,他要用柴烧火做饭。我去砍柴,哥哥去读书。①

为什么呢?因为解放以前,我爷爷是主心骨,我哥哥读书的情况

---

① 2000年7月1日。段绍升讲述材料虽然章次并不按讲述时间顺序排列,但每章中的大节(用"第一节""第二节"等表示)内的讲述材料则严格按时间顺序排列,两次注明日期的中间都是同一日同一次讲述,各小节(用1、2、3、4……表示)之间如果是同一次讲述,则不单独注明日期,仅在此次讲述完毕处注明讲述日期。如下文"为什么呢"到"与这种感情是分不开"都是2007年2月15日讲述,故在只在第2小节结束处注明日期。下同。

下，他们就不供我读书了。我爷爷还经常拍拍我的屁股说——我的乳名叫愿参，说我们这个阿愿就是适合干农活的，以后他要背300斤都背得动。我一想起我爷爷的那个话，就觉得不对头嘛，就干那个体力活，背300斤多苦。我经常看见卖柴火的人苦的样子，手冬季开裂得那么厉害，幼儿时候的印象很可怕。手、脚那个样子就像山上松树上结的果的那个壳壳，没有一点光滑，开裂得那么大的一口口，还出血。我见人家背着柴，后脚跟不敢往下踩，他那个疼得太厉害了。用松树脂烧烫滴在开的口口上，糊起来。啊唷，我长大了，我爷爷说我要背300斤，就像那些人，就有点可怕了，就尽量地想要读书。我也看过他们背大石头，过去是人背马驮，人背有个专门背石头的架子，看了很可怜。

……小娃娃走拢玩闹的几个家庭，有一个和我同龄的姑娘叫培玉。培玉的爸爸叫段王明，也识几个字。他就用一小块板子，弄成黑的，也弄了几支粉笔，——我们这儿有石灰岩，蝴蝶泉下边，就像粉笔一样的东西，不是正儿八经老师用的粉笔，他教我们，就是"一二三四五，六七八九十，东西南北中"，社会上经常用的那些字。他教，我们就要模仿着写。我还经常受到那一位，——我喊他伯伯的表扬，还骂他的姑娘：你看，他读得来了，写得来了，你们还写不来。这引起我读书的兴趣。

后来我的同龄人，一个是我同辈，叫美兴，学名叫段珠，这个人现在西安有色金属研究所，应该退休了吧。还有一个是我的叔叔辈的，大我两岁的叫七八，到学校里面学名叫段志升——我的那些小同伙，去读书。我相当羡慕。过去不是秋天开学，是春节过后。他们去读书要拿着一把香，学校现在的位置是银相寺。我想去读，我没有香火，回家拿我妈妈可能不许我去，我爷爷要让我背300斤呢更不会让我去。我就到西边开着一个小铺子的那一家，就是树银他奶奶，我就说：阿奶，借给我几对香。她说用它干啥，我说去读书。她说读书要有学名，你有吗？我说有，我爸爸给我取了一个学名，叫绍升，我哥哥叫绍光。她觉得很好笑：白族话"绍光"是一根竹子，绍升白族话是"抓手"，手痒就抓手，说我哥哥应该改名叫"抓脚"。那一天以后，我就暴露了我的名字。以后她一遇着我就"抓手抓脚，抓手抓脚"，用白族话就是"绍升绍光，绍升绍光"。那时的书包，不像现在幸福，有背带，而是夹起的。夹起的书包是怎么做成的呢？是自己动手，买上几张棉纸。我那时买不起棉纸，就用哥哥已经写过字的纸糊上几层，裱起在墙上，晒干了，就比较结实了，就像牛皮纸那么结实，就对折对折，里面可以装笔装书。

读书，家里到底出过学费没有我记不清了。我跑去读的时候，当时的校长张群生，——错杀的那个，他还摸摸我的头，说你爸爸在哪儿？那么个大人物，那么亲切。我硬着求学，爷爷和妈妈也就不得不让我读了。读了一小段以后，我妈妈说我们家里供不起了。我还是在坚持着，一共坚持了几个月。以后恰好遇上爷爷病倒了，手脚一夜之间就动不得了。那时求神拜佛，不见好，一病几个月，死了。如果以现在的医学，不会死，他死的时候，才63岁。

他死了我不得读书了。我记得头上还戴着孝白布，白布拿下来，捆在衣服上，早上去割草。我要去读书，我还得继续要去读书。我早上割草穿的草鞋，草鞋都没有换，脚杆也很粗糙，那个孝布系在腰杆里面，就跑到学校里面去了。一年级班在楼上，我从楼梯上去，我的那些同学都在。啊唷——，他们看着我这个样子，腰杆中捆着一条孝布，白布，把它勒起来，脚上穿的是草鞋，帽子都没有一顶，就这样光着头。这么就进去了。大家好长时间不见我，一见我这个样子，就"哗——"笑起来了，笑得不可开交。把我笑害羞起来了，想哭。但是在那么多人的面前哭不好意思，夹着书包向后转一搭伙就回家了。

从那一天以后再没有去读书了。而且哥哥又要读书，我再读书，就只剩妈妈一个人劳动了。觉得很可怜，只有是在家帮妈妈。

2. "我十二年"

一直到解放，我们家又有革命军人证明书，也划的是贫农，我已经12岁了。到1950年的时候，学校的校长、老师来我们家动员。我妈妈说供不起，校长老师说不要你们家的钱，由政府供他，学校里面供他。有一位老师问我：你几岁了？——后来那位老师是我们的班主任，做了我们几年的班主任，叫陈国良。他问我，你几岁了。我说，我12年。他说，"岁"和"年"本来好像差不多，但"岁"和"年"又有点不同，应该说12岁。至今都好像历历在目。

通过那一天，又改变了我的命运。所以连那几句话都记得着。第二天，我妈妈也答应我，就进去了，不仅不出学费，而且每月给我2万5（当时的面值2万5就是2块5），后来的一分就是100块，就等于2块5。但2块5的价值不低于现在的100块，要40倍。

所以我对共产党的感情有这么朴朴素素的爱。对伟大领袖毛主席也就成我心底里面……只要党和国家需要，或者说，只要为了毛主席，我自己的性命我都可以不惜。从小就有这种心理。所以人家招兵我就很羡慕，1955年我就强烈要求当兵，但目测身高不够，说长大了再去吧，现在还不行。一直这样发展过来，一直到教书，哪怕是民办教师，这样低水平，也能够本着这种心理，要认真负责。（这）与爱国心理，与我的成长，我的命运与党和国家的命运是联系在一起的，与这种感情分不开。[①]

第二节 "开荒"

3. "上了花甸坝"

我们这儿1950年初解放，西藏解放之前，我们云南解放。1952年土地改革，县长签名发下来的土地证可能是1953年的时候。1954年逐步有一些互助组了。我父亲就是1954年回来的。互助组土地还是归各家，北方叫它换工队。那个组，你做了多少工，我做了多少工，以工换工。互助组和换工队就是一样。一个工10分，你做了半个工，就记5分。或者你个人的价值可能等于10分，但另一个不抵你，就给他记9分，再差一点就记8分。我们队一开始就不是以天数来算，而是以分数来算。我当过记分员，把他的工记下来，让大家说他值多少分。土地是他自己的，种什么作物也是他自己选择的，谷子该不该割也是他自己决定的。大家帮他割，割完以后，比如说今天只

[①] 2007年2月15日。

是一早上给他割了，每人得 3 分，10 个人就是 30 分。他只需要比别人多出 3 个工时就抵他割谷子的分了。不论是哪一天，只要在整个季节里面。如果他这一丘农活一共用了 1000 分，他自己没有出 1000 分，那要下一年来弥补它。本来是工换工，记劳动量，但有些人懒洋洋的，他不愿意出力气，他只是混日子，这个不行嘛。所以要看他的劳动量，在实践中就出现要评成工分，就是所谓按劳取酬，按劳动量来享受报酬。

但是不长时间再进一步了，把土地都投进来了，所以把原先那些设想也就打乱了。

我所经历的，与国家基本是一致的，但我们①走进集体相对比整个村子来讲是提早了一点点，早了半年一年。因为我父亲也订了一份《云南日报》，基本上紧跟，就组织了互助组。他又听见说花甸坝，他去了一次。那些年私人有牲口，有大牲畜，大牲畜干什么？他们上山砍柴砍竹子那些，有的远一点去了花甸坝，就议论花甸坝那个地方草怎么好，竹子怎么好，柴火怎么好。他听了就想：既然这么荒着，土地比较紧张，我们能不能找出路？他就有那么个思想，就跟着他们上去看了，说，完全可以。你们不信到那边去试种。他举了很多例子，说北方怎么冷，怎么冷，冷到什么地步，农活怎么干。大家也相信他，结果上了花甸坝，就试种洋芋、试种荞子，成功了。

所以我们那个组过得很充实。他的动员工作也有那么个条件，他带回来一点转业费，那个时间的转业费也不多，三四百块钱。第一件事是买了一台缝纫机，因为我们家的缝纫机没有了，被小偷偷了。以后就开了缝纫铺。既然那个铺子老人讲故事、晒太阳是一个集中休息的地方，就有很多人来我父亲旁边歇息。他就有条件给他们搞这些宣传，看看报纸有什么消息就跟他们讲。最后大家的思想往他这边偏了，说他说得有道理，好像是大势所趋，响应他号召的人也比较多。组织起来，有互助组的力量就上山试种。我都很兴奋，那段恰好是我应该读中学的时候。我们家里面养不起牲口，但互助组里有骡马，参

---

① "我们"指段绍升的父亲段继谟所领导的这个互助组。

加进来就把牲口带进来,一共是8匹。我很喜欢赶马,所以也跟他们上花甸,也和他们一起开荒,那些都参加了。开荒时候我最小,(大家)说,这个冷,你回去做饭,你会不会做试一试。我一做饭大家都很欢迎,我做的饭他们说好。因为我小时候家里面开客栈,做饭是家常便饭的事,所以我觉得很不困难。大人们对我做的饭菜赞不绝口,我也觉得很轻松。他们那么辛苦,我只是给他们做做饭就行了,还享受同样的工分。我没有继续去读书,也是那个时候那种场景影响,思想上很兴奋,很高兴参加这个,很乐意地去参加。

4. "试种成功了"

1954年底,也就是1955年初,春节过后开始开荒,开荒后就烧荒,烧荒了以后就种。大概在农历的二月种洋芋,到1955年8月15洋芋就可以挖了。那么大!因为那些是处女地,那些草、树林的叶子,好像土质都很肥沃。成功了大家都在喜悦当中。我们的马帮打扮得好好的,赶马的那几个,他们还有那么一句俗话:人狂钱马狂铃。就是牲口给它套了一个铃铛,它就会高兴一点,就有点嚣张的意思。确实,我们那个恰好组成一个马帮,"咕隆咕隆"的,还有一个锣,"咚——咚——"。到花甸一共三几十个人,有8家有得起马,10匹左右,很有声势。

这个就感动了上级,人家知道就反映上去。当时的县委书记郭有勤,知道这件事,他对这件事相当感兴趣。他指令乡里面要组织人看一看,所以有意识地召开会议。我们村里面,上丘下野还有一些代表。下午两三点钟花甸的下来了,马帮驮着洋芋、苦荞下来了。他组织了人有意识地看,在南广场,让大家看。那样成功了以后,我父亲又是一个退伍军人,他①本身也是部队下来的人,认识我父亲,对我父亲的行为引起重视。他说你们要组织起来大量去开发。那个是几千亩,那么好的地方怎么不开发它?

花甸坝互助组试种成功了,县里面重视了。我父亲就有那个眼光,我们赶紧把范围扩宽,好一点的(地)马上占领。就削了一些

---

① 指郭有勤。

木桩桩,钉下去了,等于我们要占领500亩。但是才钉下去,北京最大的集体运动就来了,要搞高级社。那个是叫快步地进入社会主义。高级社周城整个一个社,就组织开发队,开发花甸坝的队。才组织就轰动全县,县里动起脑筋,搞精兵简政,骂娘的就放到花甸去,就像发配到西伯利亚一样。也有自愿报名的,单位对他有看法,或者家庭有问题的,也上去了。最后搞了个花甸农场,事逼人为。那时变化很大,几天是一样,几天又是一样。一小段时间叫作社,入社入社,入了社以后马上又是高级社。高级社组织开发花甸,县里面也参与了,县里就成立了大理县国营花甸农场。1955年毛主席关于合作化的那一篇讲话,说有些人小脚婆娘走路,说走快了走快了,批判反对走合作化道路。以后就大搞社会主义了。

现在花甸坝不多了。那个时代,尤其是食堂化那些年代,它起了一定作用。过去曾经是各个生产队都有种的。发动社员到那边背回来,20多公里的路一篮洋芋都愿意背,但现在就没有人愿意背了。后来以种药材为主,现在取名大理市花甸药材厂。本身那个坝子有五千多亩,现在真正种的可能有没有1000亩。主要以药材为主。原来开的都荒芜了很多很多,只留着厂部周围,有水利条件、土质好那些才留下来种的。[①]

---

① 2007年2月6日下午。

第四章 "大地测量队"

第一节 "参加大地测量队"

5. "读书不如串地方"

我爸爸1954年回来了，我有这个条件，受我爸爸影响。他有一句话，叫作"赚钱不如串地方"，不，不是赚钱，是"读书不如串地方"。这有两种说法，一是"赚钱不如串地方"；一是"读书不如串地方"。读书不如绕一绕，转一转，到处转一转，不是转一个地方，而是千处百处都转一转，看的东西多，见多识广。那么一句白族话很好听。——两句都存在。我父亲一出门就是16年，第一次见面我16岁了。他1938年出去，1954年底回来的。受我父亲这种要串一串走一走见识就多一些的影响，我1950才开始读书，到1954年高小毕业，就遇上父亲开发花甸坝，我就参加了。又有部队测量队（后来叫测绘队）招生，招考，就参加部队，1956年。第一大地测绘队属于总参。也跑了一些地方，后来转业。1956年初，1月5日出发，1957年8月回来。因为这个测量队要搬到包头去，好像我们这批人愿意去的去不愿意去的就可以不去，多数转业到工厂里面。我迟走了一步，遇上了1957年的"反右"斗争，遇上运动他们说暂时不去，就跟我们做工作，到大理报到。隔了几个月才通知到公安局。首先是武警，后来转为地方公安干事。

我在测量队的时候跑了很多地方，虽然只有一年半，跑了云南、四川、贵州。云南跑了保山地区、东川地区、昭通，因为工作的需要。贵州毕节、黔西、贵阳也经过了。四川的会理。在贵州和四川之间那些地区的气候与我们云南大大的不同。那是十八九岁的年龄。不会像现在去了一个地区就等于去旅游去观赏山河的思想,曾经觉得很苦。

6. "我的第一个组长"

我的第一个组长,那个山东人,他对我很严厉。我们的工作都要在制高点,就是山头上,搭一个帐篷生活。主要的艰难是找水的问题。因为在制高点很少有水,多数都是要到山沟沟里去挑水。他说,你去挑水,我来做饭。我比较小,他是参加解放战争的那么一位。他还说把我的衣裤给我洗得来,我就帮他洗了,到山沟沟里面。一边洗,一边想,我的爸爸妈妈我都没有给他们洗过衣服,唯独这个家伙叫我帮他洗衣服,我也只得帮他洗,而且还要挑这么远的水。所以一面洗一面听到山中的鸟叫,一面泪水就往沟里滴。回来在手里面抓着,到了山顶上也干得差不多了,晾一晾马上就干了。他有一个部队发的挎包,他就说:小段,挎包就归你。我好高兴。

后来我才知道那个人其实对我挺好,对我最好的就是他。他跟我主动地说他是区队的共青团的负责人,他要我写申请,他愿意当我的介绍人。张士铎①和我分开的时候,我们约好回大理。我不守约定,原因就是刘长利和我谈话,要我留下来,说你是很有前途的,我们一定把你留下。下一步,1957年,转到包头去,现在正在讨论你们这些人能不能正儿八经地编入部队,原来都是工人。我很高兴,好像很有吸引力,所以我同意留下了。

经过那么多的山山水水,经历了很多艰辛。其中有一次,请了一些民工帮背东西。其中一个人貌相像我的堂叔段继高这个人。因为像我的叔叔我就和他比较亲近。但偏偏这个人背包撞了一块岩石,连人带背包掉下去了。我跟在他后面,大大地喊了一声,以后马上跑下去。高高地跌下来,跌在下面的路边上。我把他拉起来。他说不怕不怕,没有事,我休息一下。他脚杆上划破了,那时也没有工伤,赔给他什么的,他本身还感到把我们的东西摔烂了不好意思。我觉得怎么

---

① 周城人,与段绍升同时考入大地测量队。

样才让他得到安慰呢？我就把从家里带去的土布汗褡衣服，用布纽扣的那种，还有一条士林布裤子，这是作客才穿的，把这个送给他。明天早上就过江了，我建议说他脚都烂了，怎么走，另请民工，按全程付工资。现在想还是对不起他，但那时我也不是说了算的人。这件事印象很深刻。

在测量队还有一件印象深刻的事。组长和我们两个人，那天天气不好。我们这个工作要靠天气，这个山头看到那个山头。那天①有雾，超出了我们的预计时间，粮食什么就不够了。山下有一个坝子，组长说想办法到村子里买东西，如果买不到就到坝子里去买。今天去明天才能回得来。我说就在那里怎么明天才回得来？我不相信。那时我们也有自卫武器，就看着坝子往下跑，也不按他们指的路跑。我早上八点离开我们的窝棚，走了一公里到那个叫白泥湾的村子，我跑下去是吃中午饭的时候，区政府请我吃了饭，——那些年军民关系都很好，他们还把路线告诉我。（买了东西）只是朝着山顶走，还有太阳就到达了。把个组长高兴得不得了，感到我这个人太能吃苦了。

又有一次，搬家有个路线图，中间路过什么地方，可以休息吃饭。按照那天的路线很不远，好像午饭都不必带。经过原先标有可以吃饭的地点，只有一户人家，那天那家请了工种苞谷，在山上种，帮他做活的人我们也看见了。我们到他家，一个妇人在家，背一个娃娃。她灶上有饭，但她说没有。她只会说没有没有，和她商量不通就没有办法，明明看见饭菜都吃不着。问地里种苞谷的那些人下一个村子有多少公里，说几步步就到，墚子过去就到了。摸黑还没有到，但路边有一户人家。我们一叫，他们就热情地开门。一进去，他们正在吃饭，在火塘边点着灯吃饭。说来吃饭，先让我们吃。吃了以后太感动，给他们开钱都不接，硬硬拿给他还感谢。我拿了两个毛巾一双鞋都给他了。那时那个鞋很不喜欢穿，穿了出汗，会痛，我宁可穿草鞋。②

我们村中有两个被录用，另一个是张士铎。我不得不对妈妈说。

---

① 段绍升 2016 年审读时改"那天"为"那几天"。
② 2002 年 1 月 29 日上午。

我爸爸同意，一个男子报效国家。我妈妈相当痛苦，但她提出一个条件，把未婚妻关玉叫来。

为何不读初中又到大地测量队呢，因为这是一个前途，是对我自己负责。我 1956 年 1 月参加大地测量队，1957 年 6 月回。一年半的时间。当时的政策是可以安排工作，但不能保证，我愿意回地方上等待，一直参加农业。到 1958 年正月，我结婚，婚后 1958 年 8 月大理县公安局要人，民警队。这不是人事局安排过来的，没有档案了。所以算我 1958 年 8 月 6 日参加工作的。我没有去追这一段历史，尽管可以增加工龄。我 1959 年在公安局入党。[①]

第二节 "开阔了眼界"

7. "和二万五千里长征基本一样"

经历的事情多了，最艰苦的一次是在贵阳和毕节之间，我们要去的那一支山，叫公鸡山。远远地就能看见它像一个公鸡头，白白的，上面积满了雪。但走呀走，一直都走不到。我们的工作是这样的，有一个中心点，是测量点，有三四个分点，供给他光线。好比说中心点在苍山，有一个点在玉龙雪山，一个点在鸡足山，一个点又在巍山，这是比方。用回照器提供光，测量员用的是经纬仪，测量高差。回照器只有笔记本大。那天晚上十点多钟才到了目的地。最下面的是比较高一点的森林，上面是灌木林，再上面是竹林。爬呀爬，也没有路，拉着灌木林，硬着硬着爬上去的。因为气候太冷了，有一副手套，我爸爸给我的他还没有用过的毛线手套。拉呀拉，到目的地的时候，上面有人知道我们来了就喊呀叫呀，他们生了火，到烤火时我才发现手套都不见了，什么时候掉的也不知道。手都麻了。又过了一天，我顺着路去找，下去时一只不见，上来时发现了一只，捡回了一只手套。

大队测量队很有价值。能吃苦耐劳，这与我童年成长过程有关，尤其与我第一步走向社会参加部队测量队很有关。因为那样的苦现在

---

① 2006 年 7 月 13 日下午。

回想起来谁都吃不下,现在的人想也无法想象,只是与二万五千里长征的差别就是没有打仗。路上不是说后面有敌人追,前面有敌人堵,天上有飞机,下面有炮火。但是从行军,我们爬的山,翻山越岭和二万五千里长征基本一样。因为测量队本身要求到制高点。而且我们在那个上面还差不多吃不上饭。因为那个时候不懂空气稀薄火烧不着,最恼火了。最后只有想了办法到山窝窝里面避风的地方离我们的帐篷有很大一点,才把饭做熟。

在大地测量队的测量路线:首先是塘子铺后山,再到漾濞县的松子树梁子,再到永平县大光山,再到保山县的道人山,再到保山县的狮子头。贵州、四川的山头的名字就记不起来了。贵州印象最深的是公鸡山,就是那天把毛线手套丢了。那个山远远地像是一个公鸡头。

8. "开阔了眼界"

大地测量队对我的意义,是开阔了眼界。下关都是第一次去,到昆明让我高兴得。年幼的时候听人家说省城就了不起了,昆明觉得很了不起,再加上云贵川很多地方。如果说我们这里很漂亮,那么就知道比我们这些地方更了不起的地方——下关、昆明,更了不起,更漂亮;如果说我们这里很苦,那么看到山上的那些人家才知道我们这里的讨饭的人都比他强。尤其是受了艰苦的锻炼,再艰苦也要坚持。[①]

[①] 2007年2月4日上午。

第五章 "指腹为婚"

第一节 "指腹为婚"

9. "指腹为婚"

和荡村，沙坪上面的山坎坎里的一个村寨，离沙坪大约有两公里。苏汝宗和我父亲两个是好朋友，投考的时候他们也是相约的，考上了。他是国立师范的毕业生，知识比我父亲要高，他考军校的时候成绩比较好。他在学校是拔尖生、高才生，就留在当时云南的大军官卢汉旁边，当了独立警卫营的营长。他们两个分开了。隔了两三年回来探亲。他就跟我父亲讲了这个事，他的爱人已经身上有孕，说我们为了要永远好下去，现在就定下一个条约，如果生下一个是男的，就给你家老二搭老友。在白族地区有这样的结盟、同盟，就是结拜兄弟的意思，一般不反悔，以后就永远好下去。如果生下来是个女的，就给你老二，指腹为婚了嘛。家里边的人不知道。结果生下来是个女的。那个时候是战乱，他们两个时而通信时而不通信，时而见面时而好长时间不见面。我是1938年生，那个人小我4岁，1942年生。我爷爷1946年底去世，1947年才真正安葬，因为迷信下葬不了。他们两个为了这个事通了一次信，知道我父亲的父亲不在了。我父亲的朋友就是和荡村的这个叫苏汝宗给他家里写信，说这么大的事情你们去送礼没有？我们已经说好了定了亲，我已经把这个姑娘给人家了。

安葬的时候他不知道，到1947年烧包节来补。1947年农历七月十三烧新包，一般是七月十四。① 十三那一天，苏汝宗的爱人拿了一些烧包的礼品，最重的礼品是送一只鸭子，祝人家平安的意思。我们白族的鸭子的名字叫作"啊"，它和"平安"同音。还要送一些棉服和纸衣。她没有来过我们家，可以说我的岳母，带着她的姑娘，（笑）1942年生，到1947年她才5岁，这么一个小姑娘。就领着。我们不知道。

这个里面出的笑话是什么呢？她没有来过我们家。苏汝宗的父母亲到过我们家，他们就跟她说，说在一条街，从两棵大树过去，你就知道，一看就看见，今天在做这么一个事，在大门口都看得出来。她根据这个线索过来了，确实看到那么一家，请了和尚念经，门口烧了大大的香，很热闹，大门也很讲究，还盖了一坊新房子，就进去了。那么那一家不是我们家，是我们的后院，现在是做裁缝的那一院。两家都是烧新包。她在堂前面带着那个小姑娘，磕头，送的东西当然有人给她接。接了以后呢，他们那一家是两兄弟，我们应该喊他爷爷，我们的爷辈。这么两个人，那时是40多50岁的人。他们就互相问，老大问老二，你怎么结了邓川那么一个亲戚，我都不知道，这是一个重要的亲戚嘛，送了这些礼，是比较大的亲戚。那个老二说，是你的亲戚我怎么知道，又不是我的亲戚，我没有这么个亲戚。既然不是两个人的亲戚就来问。说我们是几兄弟，你们到底是送给哪一家，她们就说我们是送给段继谟家，提我父亲的名字。哦——，不是我们的，是前院。他们就把她领进来了。那个事现在我还历历在目。

本来是伤心的事，但这个事带来一些喜庆，大家都笑了。大概下午4点多钟，又在那家已经吃了召午②。那时她是5岁，我是9岁。他们说是给你讨来媳妇了，这个是你的媳妇。当然我也知道这么可爱的一个姑娘。我只知道害羞，后来就觉得好玩。我们两个打打闹闹地玩。她也曾经逢年过节就来我们家过上几天，比方说本主节、火把

---

① 白族风俗：在"烧包节"祭祖，如祭当年去世的人，叫"烧新包"，时间为农历七月十三；祭其他故去的祖先，叫"烧旧包"，时间为农历七月十四。

② "召午"即"晌午"。

节，在我们家过一过。我们家也按照讨新媳妇的应该过的那些礼节也给她们送去。比方说冬至节要送糍粑，火把节、本主节要去叫她来我们家过节。这一直延续下来了。

10. "在我们家里待了三个月"

一直延续到我参加工作，1955年底。这个时候我已经17岁。考试的时候是1955年底，我报到参加工作的那一天是1956年1月6日，这我记得很清楚。原先我不让我妈妈知道，我爸爸知道。我爸爸支持我，我估计我妈妈不会支持我。因为我小小的我妈妈把我拉扯大，而且那个时候我们家只有三口人。我哥哥那时在昆明读书。到后天我要出发，今天我才把这个话，一面吃早饭，一面给我妈妈说清。说我报这么个单位，他们说是个好单位呢，跑得最多的这么个单位，测量队，测绘队。我父亲是支持，说让他去吧，让他去吧。我妈妈不同意，说娃娃都没有，就这么两个枯枯燥燥的怎么过？她就想出来说，要不，你这样，把你的媳妇叫来。我父亲说这个不行，叫来在我们家就有点违反……童养媳。这个办法不行。（我妈妈说）不要说童养媳，她父亲不在家，她妈妈那个时候改嫁，她的姐姐和她在她叔叔家生活，这种情况下我们把她拿下来还是可以的。

我妈妈就上去喊她了，就是现在有一股烟子的那个地方。① 烟子那个村叫花树村，烟子背后那个村就是河荡，在沙坪。她还小，我十七八岁，她小我4岁，她十二三岁。她婶婶去喊她说明这个情况。她的婶说，你妈妈来叫了，你跟她们下去好了嘛。她大概在她们旁边生活惯了，小小的这么一个人，就要到别家去，这有点想不通应该可以理解。她不去，她哭起来了。我妈妈说既然她哭了有点压迫这个不对，说不去算了不去算了，就回来了。（我妈妈）把这个情况跟我说，吃晚饭的时候。她叔叔婶婶都支持，她哭了。我就有点气愤，我说既然她哭了，我也不要了。你们向她去声明，我不要了。

1956年底，我妈妈生了我的妹妹，就是现在在市二院的这个是

---

① 此次讲述是在我与段绍升去仁里邑回周城的途中一边走在田埂上一边讲述一边录音的，此时段绍升用手指了一个沙坪方向。

我的妹妹。那时她们还是以亲戚关系送下的礼，鸡啊，鸡蛋这些，也知道我们家没有人招呼产妇。她叔叔婶婶就跟她说，你这回下去好好招呼你的妈妈，你妈妈愿意要你招呼多长时间你就在那里招呼多长时间。以后据说在我们家里待了三个月。

1957年我回来，从部队测绘队转业，家里就跟我说这个事，她下来招呼了三个月。她本来也不提回去，但是有一天早上，我爸爸那个人也比较开朗，一面吃早饭，一面跟她说这个问题。说如果说你们的婚姻关系，是因为你父亲和我指腹为婚而形成的，如果以现在的观点讲，是十足的包办婚姻，那么，你们现在可以重新考虑，你们愿意了，绍升喜欢你，你也喜欢绍升，那么这个婚姻关系可以成立。如果不喜欢，我们的包办可以解除，应该跟你们说明。我父亲一边吃饭一面好好地跟她说清这件事。但她理解为我们家不喜欢她，那一天早上吃了饭她就回去了。

就像故事一样家里面把这个事说给我。我说这也可以理解，我当时已经18岁，到1957年我已经19岁，又出了门，接触了一些社会的东西，我思想比较成熟的。考虑这应该理解她回去，因为我爸爸说了这样的话。到底她喜欢不喜欢我，这个可以重新考虑。但是她既然来我们家里面招呼我妈妈三几个月，我应该感谢她。她那个时候各方面的情况看下来，我也应该喜欢她，她是一个高小毕业，有一点文化，人也可以。我第二天买了一些糖糖果果，到她们家里去，征求她的意见，就是把这个事情说好的意思。

第二节 "门槛"

11. "她就坐在门槛上"

但那天也富有戏剧性，我是已经好多次到过她家。我卖火柴、卖水的时候，因为她们家隔鱼潭会很近，我卖完了到她们家，住在她们家，对她们家我已经很熟悉。我一去，她们大门关着。里面有人，我从门缝里看进去，正好看着我的这个未婚妻。她的名字叫关玉，姓苏。当然那些时代不像现在，未婚妻你随便喊她的名字也不好意思。

她叔叔的儿子我知道他的名字叫关胡，我在大门明明看见关玉在，但就"关胡关胡"地叫。她说谁呀，我说我。她一打开，她看着我，说你回来了。那些话现在还历历在目，好像才发生一样。我说叔叔他们在不在，她说他们到田里去了，不在。这时她有点害羞，里面就只有她和我。她坐在堂屋格子门下面，缝着鞋子。那时布鞋要手工做，她正在缝着鞋帮。格子门只开了一扇，她坐在门槛上，恰好把那个门堵住了。

我那个时候就有点反感，我这个人性子有点急。这个人怎么不讲理？太不客气了吧！她如果给我一条板凳，或许让我进到她家里的堂屋里面，应该这样。她为什么连这么点礼都不懂？她就把开着的一扇门偏偏坐在门槛上把我堵住了。她表示出不欢迎一样，没让我进到堂屋里面。我有点反感，我就在几秒钟当中就气愤起来，脱口而出跟她说，我说关玉，我今天来，既然叔叔他们不在，我就不等了。我向你声明，我们的婚姻关系是包办。从今天以后你考虑你的，我考虑我的，我们不存在这个婚姻关系。这个亲戚关系，爸爸他们上一辈有这个关系我们可以保持，但婚姻关系就把它解除了。我们也没有到什么地方登过记，所以我们互相说明就行了，我向你声明。我就记得她马上就淌下了眼泪。她说"我知道你们家不喜欢我"。她只是说了这么一句。

我在门缝里看见她的时候，她也就那么坐了，她也就坐在门槛上。格子门开了一扇。格子门如果两扇都开了，她就坐在门槛上其他人也进得来，但只开了一扇，其他人就进不来。我从门缝里就看见她，就是这么坐。她开的门，走在我前面。我在门缝里看她就是这样坐了。她只是一个人在家守家，一面做着针线活。我是这么认为，她不欢迎我。她把门卡住，坐上了，不让我进堂屋里面，所以我就反感，就脱口而出说了这一句。我说，我向你声明我们的婚姻是十足的包办婚姻。①

上午说到，我向她声明，你我的婚姻关系是属于包办婚姻，我今

---

① 2002年1月30日上午。

天向你声明要把这个婚姻关系解除了，以后你考虑你的婚姻事，我考虑我的婚姻事，我们互不干涉。我们也没有作过婚姻登记，我们也不需要到什么地方去说明，我们互相说明就行了。她就跟我答应说："我知道你们不喜欢我"。她只说了这么一句。我说不管你怎么想，我要走了。我一走，她也不留我，好像也没有话说。她就已经淌眼泪了。①

12．"一句气话改变了我的一生"

我走到大门口，恰好遇到她叔叔抬②着锄头回来了。她的叔叔叫苏如吉，这个人现在已经80岁了。他一见我，看我往大门出，他是要进。我的奶名叫愿参，这是我父亲在书信上给我起的，是他愿意参军的意思。他说，愿参，你回来啦。我既然几分钟之前给我的那个曾经是未婚妻的关玉说了这话，我就在大门口向他说明这事。那个叔叔跟我答应，这事由你们自己决定，你们既然这样决定了我们也没有办法。但你既然下来，怎么也要吃饭，吃了饭再走。他这样说。关玉，我的那个未婚妻也跑出来了，她把大门关上了，她用她的身子把大门顶上。她向我说，你怕我们给你下毒，你一顿饭都不吃？你就要跑！我们不会给你放毒！

她说这一句的时候，给我有很多很多的想法。她有这样的情，她有这样的意，我刚才也是产生错觉，我应该理解她。那个时候才这样想，内心里面想，但是我话已经出口了。她留我吃饭，我就留下了。那是1957年的时候，还不是食堂化的时候。她家里做给我的是糯米饭，就像八宝饭一样的。弄了一点核桃、米、红糖、放了一点猪油，香喷喷的一顿午饭。就这样，就把婚姻关系解除了。

我一直在想这件事。她小我4岁，我19岁，她才15岁，我就好像以她是一个成人，是一个大人，以我的水平来要求她，这有点过分了。但既然话已经出口了，解除就解除了。

从我内心里一直有这样的思念……从那以后，我如果遇到她们村里的人，打听打听她的下落，打听打听她的情况。但再也没有见

---

① 上午是我俩走在田埂上讲述的，下午在段绍升的屋子里面先又重复说了这一段。
② 周城人说"扛着锄头"为"抬着锄头"，与汉族地区不同。

过面。40多年了！她就在她后面一个村庄，嫁到。呵——，据说她还是经历了一些坎坷。她曾经跟到江尾，跟江尾一个人还没有结婚，到1958年"大跃进"，她又当工人，到昆明那些地方去，不知道当什么工人。她基本上人还是可以的，所以又有一些，她另有所爱，可能有这些情况。她跟的这一家有点不高兴，把她退了。她后来才又跟在她们村庄后面的那个村庄，那个村庄不属于沙坪，属于绿逶西边的一个村庄，白族话叫"壳门"，意思是大沟村。那些村庄不是很富裕。

一句气话改变了我的一生！

她的父亲后来回来了。卢汉的部队也是起义的部队，《解放云南》里面就说了卢汉的故事。当然那是搬上舞台的戏剧性的故事，那里面也出现了独立营，当然那不是苏汝宗。他应该算是起义人员，三反五反时算是旧人员。他回来以后在我家与我爸爸谈起这件事。他这么说，转过来要政治学习一段时间，相互核对起义时武器情况。卢汉给他的任务是碧鸡关这一片的武器由他来接受，总的负责，多少挺机枪，多少冲锋枪，多少吉普车等等。到时候对不上号，如机枪一共是280，现在转到解放军手里只有250，其他的到哪里去了？他也说不清。后来入狱，就是坐班房，那是冤枉。他的刑期不长，五六年的时间。但是后来跟他平反了，留队生产，在一个富源县一个工厂里面劳改，在里面成为一个正式的工人。大概到1976年、1977年，他不在那个工厂，回来了，而且成为一个得国家工资的正儿八经地承认他是起义人员的这一个。是朱家璧给他作的证明，是云南这一片比较吃得开的司令员，他现在不在了。他回来以后经常来我们家，他对我评价也很高，看问题还是不错，他给我这样的表扬。就像我们今天看到的陈老①，也是笑哈哈的。他1984年去世的。他等于一个团级，独立警卫营的营长，上校营长。

他们②经常遇上我，称兄道弟，叫我哥哥、哥哥。那个③现在可

---

① "陈老"指当天上午去仁里邑拜访的一位长者。
② 指关玉的哥哥等人。
③ 指"关玉"。

能就不认识了。40多年了！尤其是女的，女大十八变，变成什么模样就不知道了。我那时的一张相，问孙孙他们知道不知道，包括晓松①他们，也都不知道。②

---

① "晓松"为段绍升二子。
② 2002年1月30日下午。

第六章 "武装民警"

第一节 "我破了很多案"

13. "转业"

到了1957年7月，西南测绘任务结束，要转到包头去，就把这一块招的测绘工人这一批转业了。本来都有工作安排，但我们转的时候正遇上"反右"斗争，暂时回到县里面，1958年春天。1958年6月又被招进大理市公安局，那个时候叫民警，武装民警，也就是现在的武警，在局里面曾经任文化辅导员，1959年底又调到大理市公安局治安股当干事。为了照顾家，又调到喜洲派出所任干事。①

14. "我手上没有出现过逃跑的"

我印象最深的，放风的时候，我站岗。我就在岗台上，犯人在看守所的院场中比较宽的那么一块地上，比四合院的院场还要宽的一块地上，他们吃了以后就蹲在一边。中间就飞来一些麻雀，就吃他们吃掉下去的那些食品。岗台比较高，岗台上正好有一块石头，有核桃那么大。我看着几个麻雀，——那是1958年底，1959年初，那时还是有点闹，——我就用一块石头一下打过去，打几个麻雀了么。"叭——"的一下，就把其中一只麻雀正好击中它的头，就动都不动的打死在那里。他那个人会应付：你们看看，大家都来看，我们这个管理员——他们把看守、站岗的都叫管理员，我们的管理员多么厉害，隔那么远就一下把麻雀打得准准的，哪一个如果想跑，你跑得

---

① 2000年7月1日。

掉？他手里面有枪，不要说枪，就用石头都把你砸得死。他就树看守的威望，就利用这点机会讨好我了么。因为我受过部队测量队那些教育，就比其他人注意个人的形象。我站岗的时候就有那个威风，要把那个显示出来，所以我手里面再也没有逃跑的。那些年，看守所里也不是很好，带出去劳动逃跑的也不少，我手上没有出现过逃跑的。

后来我在喜洲派出所，抓了一些小偷，他们都不承认。（我）有意地把他们关在一起，窃听。窃听也是一种侦察的方法，看他们怎么交流。窃听的结果，其中（有个人）说了这么一句：其他几个你不怕，就怕周城的那个家伙，那个家伙厉害。他问你草鞋怎么打成，——互相举例着嘛，你就说是草打成。他再问你不要把它说乱了，你就紧紧地记住这一句，你如果说七道八他抓住你的空子以后你就没有办法，你不得不交代。他会抓你的空子，把你逼得没有办法。他说其他的几个都不怕，就怕周城的段继谟的儿子那个家伙。几个逃犯被关在严家大院的第二院的东坊房子，我们有意识地把他们关在一起，他们就开始交流，实际上他们是同伙。

现在想起来，老是破不了的案，在我手里，我觉得也不是那样，我破了很多案。其中询问当中，别的人手里他不承认，到我手里，我也不打也不骂，一段时期他就会老老实实地交代，当然头回二回还不行。有一个盗窃国家粮食、套购国家粮食的，在喜洲派出所的范围，他是湾桥那边江心庄的人。谁问他都不吭气，他就是回绝。那些年公安人员有十项注意还是十项纪律我记不清，就是不许刑讯逼供，不许打骂，这些都有规定，基本上只是执行不执行而已。那些年代内部一些规定与现在也差不多，打骂在纪律上不允许。我是要遵守纪律的，不敢违犯。我只是采取什么呢？民警把他带进来，我在询问时，当然我要显得威严一点：你暂时不要进来！我只问你一句话，上一次我问你的话不再问你了，你说了就行了，新的事情，我给你问的那些事，是与不是，你现在答一句！你想出来没有？他说没有。那没有新的事，是不是？他说没有。我说，没有现在你就可以回去，但是你给我签个字，这是第二次询问的时候你没有交代，你只要承认这个事实就行了。他就觉得有点怕了，他签了，回去了，他觉得很轻松。第三次又把他叫来，你想了没有？他说没有。我说我是问你第三次了，某年某日提问你这个问题你没有答出来。等于那个时候给美国飞机窜犯大陆的警告，警告可能起作用。我也就采取这个的办法。那个还顶用。一段时间，最多到四次五次他就马上交代了。说这一次我是想起来了，过去我不是不老实不坦白，我把它忘了；或者说是我考虑的什么问题，这个事不得了不敢交代，现在不管了，我交代了！①

15. "香烟换红糖"

那个时候说我们周城人投机倒把的多，可能公社里面汇报周城的投机倒把的多，1961年、1962年的时候，要给周城一个打击，州委州政府经济办公室派了两个人深入到我们这里来。他为了要报功，要抓到证据，就设了那么一个圈套。他们有一天就到现在的小街子，就是朱教授每天买粑粑吃的那个位置上，有一个老妈妈在那里摆着一个小摊摊，那个时候不像现在的场面，就是一个篾子编的那个小桌子，上面摆着几包香烟。那个时候香烟是供应嘛，那个买一支，那个买两支，那个买半包。是黑市的，只能摆一包两包，——那两人说这个也是一种投机行为。她还卖着一点红糖，敲成一小块一小块，给娃娃卖，那些年什么水果糖都买不起。他那两个就走拢她，说你这些东西从哪儿来？说是有人给我卖。说是哪些人？说我不知道，我在这儿，他们只要拿来，价钱合适，我就买下，以后哪个人给我买，我就卖。这么一个老妈妈把她抓起来好像也没有证据，她说的这个，也没有依据。他们就说，既然这样，我们有你要不要？她说你有什么？香烟。他们两个出了个主意，换不换？用什么换？用红糖换。那些年红糖也是供应的，好像一二类物资，叫作。我们需要红糖，我们有香烟。香烟换红糖，香烟换给你，你换给我红糖。你的香烟有多少？几箱，我们是昆明来的。几箱？他们就讨价还价起来了，说那么多红糖我拿不来。正好那边有一个晒太阳的——那个人现在还在，接近90岁，在旁边就说，你不怕，可以答应，和他换。他用白族话跟她讲。那几个人满口说汉话。她说到哪里拿？他说，你不怕，你给他讲好，我给你

---

① 2007年2月9日上午。

出主意。说讲好了，划得来的那么一桩生意。按他们讲的，一大条香烟，或一两条香烟才换一斤红糖那一种，她当然就很划得来。

那个老妈妈去找另外一个人，说有一台好买卖，他们来换红糖，换给我们香烟，金象香烟，那个是云南玉溪卷烟厂比较好的一种香烟。换给我们一大箱香烟，你能不能弄一点红糖来？那个人也找不着红糖，他又找了人，那个人确实有红糖，她是到江营那边买过来的。那是相当缺乏的东西，哪一家生了病，或者生了娃娃，需要一点红糖，她们一斤两斤地卖。她就背下来一篮。说他们住在马店里，就是现在派出所的位置上。

他们去背红糖的时候，那两个人有一个就跑回公社里面，那时的周城公社比乡镇一级的要小一点，比村又大一点。就是现在喜洲镇的上片，包括文阁村、永兴村、周城村、仁里邑村、桃园村、上关村，这六个村。他跑到公社的政法公安部，公社里面的组织机构也叫部，管治安的叫政法公安部，叫部长派几个人。部长也来了，要现场抓获犯罪分子。那两个人老老实实背过去，他们旧社会的时候就是商人，解放以后也参加工商联，公私合营到公司里面。这个是一般的买卖嘛，以过去的观点，现在的观点，但唯独当时这一种就叫作投机倒把。实际上他们没有香烟，他们的红糖拿过来了，就把他们逮捕起来了，叫作当场抓获投机倒把分子。

我当时的身份，跑各个公社的，就是一个特派员的作用……这个事是属于我的范围里面的。他们把他关下去了，只知道他们抓获了两个现形的投机倒把犯……我就给局长反映了。我说局长，我们看守所里快住不下人了，上面有这种政策，当然天时地利人和，我知道有这个政策，有这个机遇。我就给局长反映，我说我的看法该逮捕的就逮捕了，达不到逮捕就把他放掉。局长说好，我也正想这个问题，我正想把你叫回来清理案件，那边的你负责清理。第一起就清理这个，我觉得太冤枉了。就这样把人家关起来，还把家里的一些红糖、布匹都没收了，这按当时的政策也是违法乱纪。我把这两个人叫过来询问他们。结果他们把那个过程说出来完全一致，整理好了材料以后马上就放了。局长对我也很信任，就签同意承办人的意见，释放。但要教育，因为他里面还是有投机倒把的思想。

这是"文化大革命"之前的事了，又回到公安时期的事情了。很乱。①

第二节 "把我树成英雄"

16. "1962 年 3 月 13 日晚上"

1962 年 3 月 13 日晚上，那时周城公社包括仁里邑、文阁、永兴（包括上兴）、上关、桃园。上关给公社通报，有人赌博，要求公社去抓。公社办公室主任来叫我，深夜两点多钟，我不得不去。我问问情况，那个大队部报了案没有人了，没有人接电话。那时我只有一张②单车，当然有手枪。那个办公室主任李立功说要跟着我去。他也有一张单车。我们才走出了一小点，发现公路上四五个人，背着东西，像军人一样。我们一问，他们就跑进庄稼地里去了。我想放一枪，三点多钟人家睡得好好的，放一枪会惊醒。就没放，以为是偷瓜弄菜的。

一到上关村边，有一个饲养房里有火光，怎么回事？那里有一个人。我问你是哪儿人？他说是建设队的。我想不对，首先就想到把他控制起来。我又没有戴手铐，看到他腰杆里系着帆布裤带，让他解下来。我把它接过来，就势把他捆住。一看他有一张纸，是处方用笺，后面写着火炬农场。火炬农场，关劳改犯的。"你是从火炬农场跑出来的，以为我不知道？"正好确实是那么回事。他不仅是一个逃跑犯，逃跑的时候还犯下更重的罪行，他把看管他们的武警劈死了。武警在没有防备的情况下，他就发动……但是没有人响应，跟着他跑的只有一个。他把武警劈死了，劈死以后夺取了步枪，把子弹也抢了，逃

---

① 2007 年 2 月 9 日下午，段绍升在讲述中经常说"很乱"，是因为我没有给他提问题，他想起什么就讲什么，并没有按时间顺序来讲。一个问题讲得不充分，过一段时期以后又讲一次。或者这个问题已经讲过了，几年后又讲了一遍。他自己感觉到的时候，就说："很乱。"

② 周城人称"一辆车"为"一张车"。

跑。在追捕他的时候，他又把那个（追他的）打翻了。到底死还是没有死不知道，当场被打翻了。他才刚刚抢枪的时候，就有一个犯人喊起来了："刘百能抢枪了！刘百能抢枪了。"他用枪把叫的那个刺死了。当场就弄死了两个人。最后他们就组织了追捕。他在山上跑来跑去，那个晚上刚好遇着我。那些年还是有力气些，这个坏家伙，我手里有枪，就怕。我让他把腰带解下来，他递给我，我就把他的手扭着，就用那个腰带把他捆起来了。

他是不是真的逃跑犯也还不知道。首先把他拿到大队里去。我们还有没有完成的任务，就是抓赌的事。那已离他们大队部不远了。那个地方有个台阶，他不走。我就把他提起来。那个时候我年轻，提得起来。他就把腰带挣掉了，他就跑，朝我们周城方向跑。他没有枪。他们追捕的时候，击毙了另一个人，那个人带着枪。他们两个还很有策略，我在这边掩护你，你跑，两个轮流着。最后他们把带枪的那个击毙了。

……正好，他跑，我的单车骑过来，摩擦起电，灯很亮。我子弹上膛，一直没有打。开一枪，又怕他如果是个疯子，就完了。那个时候，他到底是什么人，弄不清嘛。"站住！站住！"他不站。我只有打他的大腿。接近他的时候，"啪"一下，枪是这么一响，正好我坏了的子弹，没有发出去。（笑）他听见这个声音，他就往麦田跳下去了。田里面单车就骑不成了，我只有把单车丢下。他在田里跑，跑跑跑不见了。我把单车提起，那个李立功就过来了。我说，你把这个车给我摇。他就在公路上用我的单车给我摇，给我照明。我走到哪里，他把灯照哪里。我就下去，下去一丘田，不见；再下去一丘田，也不见。不见了就折回来，刚好，他睡在麦垄里面。哦——，对，想起来了：抓他的时候，带子还没有脱。捆他的带子还没脱。我抓住带子把他提起来。到公路边的时候，他这个时候才挣脱（带子）。一挣脱他就反过来把我的枪抓着，抓着一头。那时已经把那瞎火的一发退了，重新上去一发。如果我一扣，正好对着他的心脏，他就完了。但我不知道他是这么个厉害的凶手。我不怕他，他也不怕我，我们两个就这么扭打起来了。他的手抓住我的枪，我一只手抓着他的手,用脚踢他。一边踢一边说:"你这个家伙还敢抢我的枪!"那个老李在那边听见了,他摇——,摇——,摇——,在那边摇。(笑)他说:"噢——",就过来。他一过来,帮我把他围腰抱住。两个人把他一下按倒在公路上,砸他的头。他①那个人相当气愤,说:"叫你跑,叫你跑!"(笑)我说:"行了,行了。"想起单车上有捆行李的细绳子,好像电线那么一点。就把他重新捆起,带到大队里面。

这时大队里面只有一个人,我们把他捆在大队部里面的石牌坊柱子上。他们大队干部已经把赌博的都抓住了。我就把情况问了一下,把名字记上,说:"听候处理。"等于随叫随到,让他们先回去。就这样随便处理了一下。

还得要回来,这个家伙到底是什么家伙,要弄明白。把他解了,拉到办公室,就问他。我说,你到底是什么人?你叫什么名字?他说,你明明知道,你还问我干啥?我就说,我知道,但还要你自己说。他说他叫刘百能。你干什么的?他说你已经知道。他认为我知道,我实际上不知道。他拒不交代。(笑)我问为什么要抢我的枪?他说这个道理很简单,你何必问。枪在你手里你可以制服我,枪在我手里我可以打死你。(笑)他说得很坦率。(笑)如果我夺过来,我就打死你。(笑)他不含糊。

到四点多钟,给局里打了电话,是这么一回事,碰着一个人。他只交代了一个名字。那个接电话的人也不知道。以后给局长汇报,局长说:"啊——,这是个大家伙!"(笑)马上就派了车出来接我。

……但,不久我就回家了。②

---

① 指李立功。

② 关于段绍升从公安局要求回家照顾母亲,有两则补充材料:2000 年 7 月 1 日讲述:"到 1962 年老大出生,家里面我的母亲有病,我的哥哥在宁蒗,我的父亲在花甸坝,家里没有人照顾。加上困难时期各行各业支援农业下放一批干部,我不属于下放之列,但我自己写了四次申请,回来了。"2001 年 2 月 4 日讲述:"那时全部按工分,有多少工分就分多少粮食。这样母亲有病,我的父亲不在家,只有她和我的小妹,小妹是 1956 年生的,1962 年还不到读书(年龄)。恰好是我父亲出席群英会,我哥哥是丽江地区的红旗突击手,出席了北京的群英会,卫生系统的。除了我以外,两个先进人物了,到底谁来照顾这个家庭?所以只有我回来。但上级不同意,为了母亲,我反复要求,回来了。"

17. "把我树成英雄"

局里面就把我树成英雄。那个办公室主任是笔杆子，他还写得神乎其神，左一个英雄，右一个老段。有点戏剧性。他们要树我为英雄，反映到上级，局里说不简单，说确实是个英雄。

但那时我已经要离开公安局，正是要求回来的时候。局长下乡，副局长向局长汇报（我要求回家的事），他们觉得很可惜。我这个人就是为家庭回来的，那一段时期，我有很多故事，因为我破了很多案子，他们对我很欣赏。

……如果我在公安局，"文化大革命"可能要被弄死了。因为我一心扑在工作上。那些坏家伙"文化大革命"砸烂公检法就可能弄死我。那个年代，我什么也不怕，确实不怕死。

还有一个（不怕死的）例子，在大队部的时候，1966年还是1967年抗美援越。舆论说把整个云南腾出来，让它成为大后方，来一个大包围，就说建民兵营。我是副大队长，支委，我报名！年轻的都有点怕。当时我记得银行行长赵华在这边负责组织，说小段不能走，年轻一点的可以走。有一个说，爸妈老了，他不去；另一个说，我的娃娃很少。提出了这些客观情况。这是国家需要的时候。我们这里要组织一个排，我当支前民兵排排长。（后来）公社通知排长另行安排，我被安排在公社组织的一个连队负责。我对治安主任杨耀华说：我们是朋友，我牺牲了，我的几个娃娃，你要帮我照看。后来事情又转变了。苏联和我们作对，暂时没有去成。但曾经有这么个想法。①

---

① 2006年7月24日。

第七章 "集体化年代"

第一节 "在生产队做工分"

18. "超支户"

承包之前的集体化年代是在生产队做工分。那时不搞扎染。1962年至1981年、1982年，我一直在家。我母亲、我妹妹、我、我爱人，还有四五个娃娃。有的生了，有的没生。我的家那时是8口人。1972年我母亲又去世了，我妹妹也出去了①。

那时我每个月做的工分，有400来分。400分已经相当努力了，每天满工是12分，30天出齐才360分，为什么有400分？因为有时晚上去守夜，去看水，我还给他们交一点副业款，那是当民办教师的时候。我1971—1982年当民办教师，我的工分全年加起来5000分。我爱人又领娃娃，又操劳，她只能有两几千个②工分，也算不错了。共7000多分。再加上肥料工分1500分，加起来8500分。那么每个工分的工分值，我们这个队还相对好一点，每10分的工分值3角多到4角，就算4角，包括粮食的价格在里面。这些工分要参加生产队的分配，政策有年代不同，不断变化。1965年大概是三七开，60年代③基本是三七开。就是生产队的粮食7成按人头分配，3成按工分分配。我们这些娃娃多的户，占了便宜，粮食分得多，7成按人头。

---

① 段绍升2008年审读时改为"我妹妹也读卫校去了"。
② "两几千个"即"两千多个"。再如"三几十斤"即"三十几斤"，"五几十家"即"五十几家"。
③ 2016年段绍升审读时在此处增加了"后期"二字。

我们家按人均粮食，娃娃不到 5 岁的这种叫小口，大人叫大口。大小口加拢来我们的粮食小春每人平均 120 斤，大春大约人均 200 斤，加起来 300 多斤，这包括杂粮在内，苞谷蚕豆等。基本上够吃，一年全家 3000 多斤粮食。再加上副产品麦秆也要算钱，稻草也要算钱，苞谷秆也要算钱。粮食的价格以国家的价格为准，平均一角一斤，3000 斤就是 300 多元。副产品加上 100 多元。8000 多工分就算 8000 分，我做的工分共计 320 元，① 我家做的一年价值就是 320 元。而我分的粮食 3000 多斤，价值 300 多元，加上副产品就是 400 多元。我常常是"超支户"，超得多的那一年超 180 元。一年到头才苦得 300 多元钱，超 180 元。那是不得了了。

那怎么办呢？账是平衡的，既然我超支，有些人工分多，他们分进来的粮食少，只能是应得户来搭，把我的账靠拢他们。一户搭不下来，二户来搭，那些人来负责我。工分比较多，劳动力多，叫"应得户"。人家苦出来，我不能拖着给人家。所以每年养出来的猪家里吃不起，就要你好好准备着，超支时把猪一卖，给人家交。好多亲戚都争着和我搭配，因为我有准备，能养出猪。我的老伴最会料理家务，喂猪喂得很好，没有喂死过猪，很不成器的小猪猪她都喂得好。一年只能喂两头猪，4 角多一斤，这是交供销社②的价格；另外的是 8 角，平均 6 角。两头猪只能卖 150—200 块，一头猪 60—70 公斤。那时的规定是交一头吃一头，交一半吃一半。交给国家叫认购任务。如只喂出一头就瓜分一半。一半是 4 角一斤，另一半是 8 角一斤，两个平均 6 角左右。

那一年情况好一点，我给娃娃们说，好好喂猪，今年一定杀吃一头猪，给娃娃们早早许了愿。娃娃见人家杀吃猪，我们为什么不杀吃猪？我们没有办法，但今年只要好好喂猪，喂好了以后，我们自己家要杀吃一头猪。娃娃们盼，到年底，我把这事忘记了。要交超支款的时候，我们队里面搞副业的来我这里买猪，我把两头猪都卖给他们了。猪赶到院子里时，老四哭起来了。你说要杀吃一头，现在人家把

---

① 每 10 分的工分值为 4 角，8000 分值为 320 元。
② 2008 年段绍升审读时改"供销社"为"食品公司"。

两头都赶走了。那个时候我确实把对娃娃们的承诺忘记了。我就跟买猪的商量，我说我答应给你们两头，但现在有这个情况，我确实给娃娃们承诺过，所以能不能把小一点这头留下？他们说行行，那一头就不称了，把那一头留下。那一年确确实实地杀吃了一头猪。

两头赶都赶出来了，但赶到院子里时，老四哭起来了。我说给娃娃们承诺不实现不对，在其他方面再想办法也要把这一头猪留下杀吃了。①

19. "我养过马"

我养过马。1962年底到1963年，一年半，我喂了两匹马。有一匹买的时候180元，养了半年以后，把瘦的一个喂成大的一个，卖成350元，净得170元。卖了又买了一匹，买时140元，又卖了350元。两匹马不是同时买的，第一匹2月买，8月份渔潭会上卖，卖成350元。又在渔潭会上买了一匹140元的小马，又到第二年三月街上卖，还是350元。河南人来买，卖了个好价。那个时候，有个好政策。

但到1964年就来了个"四清"，我是一个党员，就过不了关，这个就是走资本主义道路，反复地检查、接受其他党员的批判。那以后就不准养。我是遇上人家不干涉的时候，这两匹马产生的效益，我就把我祖父盖的房子翻修了一遍，花了500多块。②

20. "做裁缝承包"

1968年，我就不在大队了，不再当干部了，就参加生产队劳动。我怕我家里这些娃娃生活维持不下来，这是一个。还有一个，当时这个当权派③下来，他就可能是一个坏家伙。有的人能正确评论，但有的人出口就伤人，把我们看成九种人④。我也⑤不愿意和他们在一起劳动。这两方面的原因，我就给他们承包副业。我要取一个名称，做

---

① 2016年审读时段绍升将这两行字画了一个括号，似乎是多余的意思。但口语中的重复有着特别的修辞效果，参见第二十章中所引热奈特关于"叙述频率"的思想。
② 2002年1月28日下午。
③ 段绍升"文化大革命"中担任周城斗、批、改领导小组组长，因执行压制造反派的右倾路线而下台。
④ "九种人"指：地、富、反、坏、右、封、资、修、下台干部。
⑤ 2016年审读时改"也"为"就"。

裁缝承包，每个月交 42 块。本身生产队的工分值是 4 角，我要交一块才给我记 10 分工分。每 10 个工分是 4 角。以 28 天的出勤计算，每天交一块五，算下来是 42 块每个月。我没有缝纫的基础，再加上当时那个年代，每人每年的衣服布票 4 尺，只能够缝缝补补，能有几个做新衣裳？我晚上在家做裁缝，白天我要干其他活，上山砍竹子、编篮子、篾箩箩。

我本来缝纫基础不太好，但是我要努力地跟上形势，我就参考人家好的拿过来看，再买一些书籍，把洋的东西、汉族的东西与我们白族的东西结合起来缝，也受顾客的欢迎。人家今天拿来这一块布，去作客（要穿），有时晚上不睡觉也要帮人家赶出来。受群众欢迎就是东西说什么时候拿就什么时候拿。我和我爱人邀去到人家家里做活，也尽量多做一点。一般人一个工只能缝一套服装，我能缝两套。尤其是围腰，人家缝三个，我们两个七八个都缝上。人家看到都高兴，那么一大摞都缝出来了。后来布票也多起来了，缝衣裳的人也多起来了。尤其那些结婚的家要给缝嫁妆，把我们专门请到家里去缝，因为产量高，对人家负责也受人家欢迎。当时的报酬原先是一块二一天，后来加成一块五，再后来加成两块。我们两个帮人家去做活，百十块（一个月），人家还热情款待。4 块（工钱），加上两张嘴，等于六七块，就觉得划得来了。早晚还要在家里苦一点，加工一点，我们两个配合起来，晚上产量也不亚于到人家家里去缝得那么多，又可以有四五块的收入。这样算起来就成了 10 多块。

21．"在花甸烧炭"

最没有办法的时候 42 块完不成，我也曾经上山烧炭。那个鸡窝炭，好卖。7 块 100 斤。用柴疙瘩，树木的根根烧。为烧鸡窝炭曾经有过这样的笑话：我从花甸一次背回来两袋炭，不是一天背两趟的意思，是一次背两背，这一次背不动的时候，我歇一下，我又去背那一背。这样办法背下来两背，还有太阳。其他人也有这样的行为比较[①]普遍。回到家天黑了，我的老四恰好在台坎上，他那时两三岁。你可

---

① 2016 年段绍升审读时改"比较"为"但不"。

以想想我的样子，很苦，现在看不着那个样子了。一进来他吓了一跳，说妈妈妈妈有个要饭的进来了，快点出来、快点出来。我说小波小波你不要哭，是爸爸。我把背篓放下来，他才看清楚了。①

1970年左右花甸坝守种的洋芋和药材可以得高工分，同时可以有时间和条件烧炭，我就报名了。我说开荒挖出柴疙瘩，能不能烧，得到批准后，我烧了很多，收入比他们高。请马帮驮，我收入4块，他们要3块，100斤炭一共卖7块。驮100斤要3块运费。有一次我自己去背，背了两背，240斤，从花甸坝下来轮流向前移动。天刚亮就下山，到文阁村（喜洲上边的一个村子）是晚上7点多钟，走了14个小时。到天黑时才回到家。老四说：妈妈，妈妈，一个要饭的进来了。我说，不是，是爸爸。那段时间苦，苦难是一种幸福，因为通过那段苦的过程，后来干什么都不觉得苦。以后一边当教师晚上搞缝纫不觉得苦。娃娃的成长，正是这一段苦给他们榜样。②

22. "没有办法的时候就去砍了几棵树"

我从公安局回来后，我得要以一个农户的方式来生活。我得要喂猪，我要另做一个猪圈。以现在的经济来看，这太简单了，但那时每天维持生活都难，哪有搞一个猪圈的能力。房子要有椽子，椽子每一根七八角，比现在的七八块还要高，我买不起。我就跟那些偷砍木料的人商量，到底多少钱一根，我说买又买不起。他们说你和我们一起去就行了，我们砍你也砍。我说我弄不来整理一个材料的过程，要有木匠的手艺。他们说我们帮你弄。我说我这个人当过干部，而且我对护林还很严厉，人家把我抓起来不得了。不好意思。他们说怕啥，现在你不去砍也被砍光了。你护林时还没有多少人去砍。但这几年，你不在那里了，这个社会上谁也把它管不下来了，"文化大革命"的后期那一段。你看山砍成这个样，你还管那么多？所以我就跟着人家去砍，就等于砍伐森林。所以我这一生当中，虽然没有做个贼，偷人的东西，但是那个有点违法的事我干了。不仅是盖猪圈上的那几棵，那只要用十几棵、二十几棵。但是我不低于砍过百十棵。后来我烧炭的

---

① 2002年1月29日上午。
② 2006年7月13日下午。

时候，知道怎么弄了，可以自己弄了。烧炭条件更好了，谁也看不着，在深山里面。一面烧炭一面把它砍成橡子就烤，烤得轻飘飘的，烤干了。

我老伴说太危险了，你烧炭砍木料的事不要干了，人家抓住你还好笑。我说怕啥，我还大着胆子自我安慰。如果把我抓住，我还敢敲个锣，大家不要向我学习，因为为了养儿育女，为了这个家庭没有办法的时候就去砍了几棵树，很对不起大家。大家不要向我学习。嘭——！嘭——！人家会同情我，因为我没有办法。我就跟我的老伴说。到这一步当然要从最坏处着想。当然我也有这方面的知识，人家不会让我去坐班房，不会到那个地步。最多以我这个人来教育大家，敲个锣。不要向我学习，偷砍木料。

就是那一段，干那样的事觉得很不好。就是那段时间，我觉得不是办法。[1]

第二节 "东方红，吃饼干"

23. "5 尺玫瑰红"

"四清"运动以后，1966 年我们村子有了电灯。才高兴了几天，连灯泡都买不到了。黑市上有，有人也偷偷地卖。一般一个灯泡四五角，他卖到两三块。明明有电灯，开会时只能点煤油灯。大队里面我们商量要买一点灯泡，听说大理州的南甸县有灯泡。大队就派了过去的、比我们老一点的干部老苏和我，再加上大队会计，也就是文书张敦，小我一岁，老苏大我们十来岁，来[2]那个地方去买灯泡。

那一次带了 800 多块钱。一到那里，就在南甸县城百货公司里面逛了一下。一看到有一些灯芯绒，一个是紫色的，蓝色的，还有玫瑰红的！这几样我们这个地方见不着，看着相当高兴。我们带了一些布票，我们就先买了。我是要给我的几个娃娃缝一点夹克衣，就买了一丈五的灯芯绒，也买了 5 尺玫瑰红的灯芯绒。那个时候白族妇女缝上

---

[1] 2007 年 2 月 1 日。
[2] 2016 年段绍升审读时改"来"为"到"。

一个那么样的一个领挂，就相当高级了，所以就买了那么一点。老苏、张敦各人都买了一点，又是蓝的啦，紫的啦，玫瑰红少不了，每一个人。在我们这个地区结婚的人才能享受得了。5尺啊！能够享受5尺玫瑰红的，不要说那样，照样出布票、照样出钱，能够一次就分配到5尺的玫瑰红就算了不起了。那个地方能够买得着当然高兴了。我们几个人没有自己的钱，很穷，那些年，就借用带去的800块钱。老苏把挎包摆起在柜台上，把800块钱暴露出来了。那几个卖百货的就怀疑起来了。几个售货员互相交换眼色：我们几个值得注意。但他也对我们无奈，当时他可能去请示能不能卖，800块钱就算了不起了。当时还是卖了。

　　但我们到旅社登记就有人跟踪了。证明在我手里面，我是副大队长，还有一个文书，还有一个干部。证明上写了段绍升等三同志到……写了几个地方去采购，请给予方便。我们登记时他就看我的证明，我就感觉到，今天晚上可能有麻烦。当时马上想起周城有一个在（当地）公安局当武警，是一个分队的指导员，我们村里面的人。因为是继我之后的人，他对我也比较好，他地位也比较高。好像我听说他调到这里来了，吃了晚饭以后去找，恰好出去天快要黑了，在半路上遇着他了，遇上我们要找的人。我们就把这个可能产生的麻烦告诉他。他说不怕，既然你们几个怎么伤他们的脑筋就让他们去吧，这个不管。但你们要来买灯泡你们有没有看着？我们说看是看着了，但他不给我们卖，说每人只能卖1个。我们是要买几箱，问他有没有办法。他说好，我给公司里面说一声。他是特权人物，在那个地区，给公司领导说了。我们买了几箱，每一箱12个。

　　那天晚上，走了一天，有点疲劳。老苏说我们睡吧，我说我们再吹吹壳子，我们睡下去人家来喊我们那个有点不好受，我们再继续聊一聊……那天我们吃晚饭时，就是一个乞丐，吹笛子，吹《日落西山红霞飞》，他在地上摸骨头吃。他是个瞎子，没有人管他。很同情。他歌也吹得那么好，但是没有人管……正在想，这个时候有人来敲门了，问：你们几位有没有一个叫王绍山？我说没有，我叫段绍升。哦，是段绍升，你把它写一写。可能是证明上出了问题，证明上可能草写一点，登记的人可能看成王绍山。他利用旅社里面的人来查，说对不起，我们把字看错了，很对不起。没有事了，睡觉了。

我们回到家，说有人打回来的电话，说你们大队里面有没有一个王绍山。恰好碰上那个人不动脑筋。出现一个绍字，就应该想到，但他说没有王绍山这样一个人，连姓王的都没有。（笑）以后就上来把我的名字写上了，他们又打到喜洲派出所。打到派出所就好办了，他们派出所的人都熟悉我。后来派出所的人开玩笑问我：你们到底干什么了，有一次他们来调查你的事。

24．"东方红，吃饼干"

第二天就各样买了一点，好像那一次还买了一床毯子。就步行从南甸那边到弥渡，以后就到红岩。说明天早上我们几个怎么走法，车是不行了。老苏说他知道这边的路，不到中午就可以回到下关，我们回到队里吃晚饭。即使是步行都可以回到周城，但要早走一点。

我们第二天早上天还很不亮就起床。走走走，他说他熟悉，他比我们大，那个老苏。他走到山沟沟里面去了。原先他说从山沟沟里面才翻，翻过去。但走得太深了，因为一面走，一面吹，在月亮光下吹牛。比我们大一点的老苏，他吹的牛是他小时候的爱情故事。他给我们两个吹，说他年轻时候的风流故事。那个走走走，走得很深。我说到底是不是不对头？走了很长时间，快要天亮，都还不准备爬山坡，就一直在沟沟里面走。那边也有几户人家，我说是不是问一问路？那个老苏也感到不对头了，回忆起来了，说晚上也看不真。

那些年，只有信任解放军，尤其是我们晚上问路，就怕人家把我们当坏人。因为说解放军人家才相信，要不人家把我们当坏人。我说，我来问话，你们不要出声气。我说老乡老乡，他那个狗叫，他答话了，说你们是干什么？我说我们是解放军，（笑）——就说假话了嘛，我们要到凤仪去，路往哪边走？他说你们从哪边来？我说我们是从红岩那边来的。他说，啊——，你把路走错了，你要往回走，要往回走很长一截。以后你注意有一条朝上爬的很长一条路，那边你才能到公路上去。

这样才把路走对了。

爬呀爬，肚子饿了。我们准备了一点饼干。老苏就说，小张，把我们的干粮拿出来吃吧！那个张敦就说，东方红的时候才吃。现在就是东方红了嘛。还有一个太阳升了嘛，到太阳升的时候再吃。

几个人就吃那一点饼干。①

---

① 2007年2月9日下午。

第八章 "对唱"

第一节 "相爱在深山,深山也羡慕"

25. "对唱大量的是一种陶冶心情"

通过对唱认识成为婚姻的是少数,对唱大量的是一种陶冶心情,是婚外恋,婚外情。过去社会风俗习惯有它的道理,集会,对唱,其实有男女谈情说爱,让没有娃娃的人有得起娃。丈夫有问题,通过这种方式有娃娃。为了未来发展,有娃娃。她在自己家里不生,她在那种情况下就生了。[①]

我有一段时期喂马,到坝子里割草,就唱一些曲子,曲子里面有一些很动听的话。谈情说爱,风流的曲子。有一天,我看左右没有人,有时乱哼也达到一个水平,人家给我这个嘴,再加我的马生病转危为安,心情好,我就大着胆子唱着曲子。她那边唱,我也要同样的曲子回话。大家站起来看,少说也有20—30个人,一个生产队的。后来对唱也成瘾,说得很融洽。以后又常常唱,大家都知道我能唱,以后我只要一拉着马,就要和我唱,我就和他们唱。有些小伙子也跟着我去,能创造一些句子唱。

她[②]也就知道了,她说去挑水听到我的声音,晚上回来弄了大大的一碗酱菜,说你的嘴辛苦了。

尤其有一次上山砍柴,山脚下有一片平的地方,她们又唱起来

[①] 2001年2月4日。

[②] 指段妻。

了，我们又对唱："我俩相爱在深山里，我俩相爱在树林中，这个①山看着也羡慕，这片树林看着也喜欢。"我们村的一个新媳妇回来遇上我的媳妇，说他们唱得很高兴，说唱出了相爱在深山，深山也羡慕。

我借了人家的钱，买了马。一次，她们唱，我拉着马，马不吃草，她们也不知道，我心里嘀咕，她们在戏弄我。尤其是我跟她回答的人，长得很漂亮。她是招亲，男人是很俏皮的人，手艺很好，过去曾是我爱人的男朋友。这个人唱这个打动我。说你还蒙在鼓里，你知道不知道，我就唱：我们说我们的，不要提家里的事。"相爱就说相爱的话，不要提家常，他们是他们，我们是我们。你如果爱我，不要在人家面前说相爱的事。"唯独与这个人多对唱了几次。那天就弄了大大的一碗豆丝拌辣酱，说你费了很多口舌，要吃一点咸的东西。以后这事就不了了之。

更刺痛她的是在后来，我在大队部时砍柴，在深山老林里高声对唱，那个歌词唱得深情：相爱在深山，高山也羡慕。有人带回来告诉我媳妇，很刺痛她的心。

作为一个女的，不会主动去追求别人，或许她也曾经有外遇，如果是偷偷地，在我们不相识之前，他们是朋友，后来他们有来往只是怀疑，也就不计较了。我听说这样的真实故事，一对夫妻感情很好，老婆外恋，实际上只一段时间。丈夫追问，老婆为了忠诚，一是一，二是二，说得真真切切，丈夫精神失常，气坏了。打又不能打，妻子对你老实。有些事过了就让他过去吧。我有这样的认识，过了就过了，不自找麻烦，只要以后不继续存在就算了。

那时我是大队干部，对我有影响，工作组还和我开玩笑，我爱人就很相信，连工作队都那么说。他们推波助澜。这是1965—1967年的事。

后来斗批改小组的组长，也有人以此整我，说我们是生产队，如果以后成立对唱队，他可以当队长，现在是生产大队，他不适合。②

---

① 2016年段绍升审读时将"个"字删去。
② 2006年7月15日上午。

第二节 "拉着马来找你"

26. "拉着马来找你"

1962年我买了一匹马，我的马儿不吃草了，我发愁了。那马走得很慢，好像很痛苦的样子，看着的人都同情。那天早上吃了早饭我就把它牵到田坝里面，那个思想里面是非常担心非常痛苦的了，但是人家恰好在那边唱白族调，她们也不知道我心里这样的痛苦。她们的歌词是针对我，我也听出来了。既然针对我，首先我是不敢回答。后来我也不管了，我就给她们回答了。一唱，就打响了。那个时候年轻的妇女现在都成了老妈妈莲池会的人了，她们有的还记得我那个时候跟她们唱的。因为我手里拉着马，我就唱拉着马来找你。名义上是拉着马，实际上是来找你。从南坝找到北坝来，北坝又往回找，找来找去才找着你。当然用白族的调很押韵，把它翻译（成汉话）有这个意思。所以她们现在遇着我就说：哥哥拉马来找你，哥哥拉马来找你。实际上我那时不是去找人家，我那个马让我拉着不要让他倒下去，倒下去就完。不是我家自己的钱，买那个马都还是借来的钱。那个马要死了，我就很没有办法。在那种痛苦的情况之下，恰好找来了男女对唱的欢乐。我一生在那之前，我还没有真正享受过，会抒发那样的感情，它就会把人的疲劳和苦闷都消除掉。恰好那马好像也通人性，既然我也欢乐起来了，它也就慢慢吃起来了，到下午它就吃得很有味道起来了。看起来它的痛苦没有像过去那样，我也就更高兴起来了。

我牵着马，遇着她们一群薅谷子的，她们的唱词都针对我的。我也不会唱，我对唱了两句。她们站起来，说我这个人还会唱！她们又唱，我又和她们对唱，我的马儿也吃起草来了。过去是自个儿唱几句，那个对唱就要创作，觉得很有意思。那一天一炮打响。

27. "你嘴巴淡"

下午也就跟她们再唱。有一个歌手，她现在不在世了。我最记得我在沟边拉着马，她唱了一会儿以后，她要回家接召午，一般回家接召午的人，也要回家喂奶，她有婴儿。她跟我说，你不要回去，我会给你送午饭来。（笑）跟我对唱的那个，其他的都是陪伴，以那个为主。她唱的那些话都是针对我，我唱的也是针对送午饭的那个。啊呀，那个人啊，至今我没有忘记，她就那一年，刚好那一年她得了什么急病。我遇着她一次，我看着她的病态，问她有什么病？她说："哦，差不多见不着你了。"她还跟我深深地很有感情地说了那么一句，眼眶里要淌出眼泪来，还眼泪汪汪地跟我说了那么一句。

以后就再也没有见着了。不久，她确实死了。

也就是和那个人对唱，我前面说过，我媳妇也听见了。那个时候村委会下面没有房子，一眼就可以望到田坝里面。而且那个对唱的声音可以在大门出去的巷巷口听见。这个人她在下面薅谷子，那一天没有拉马，好像是专门割草的样子，专门割草。我还有伴，几个。因为那边有一个他们开荒的地方堆着一堆沙包包。她们在田里，我们在沙包包上和她们对唱。就是那一堆沙位置高，所以公路这边听得到。她（我媳妇）晚上的时候就给我拿了一些我们喊豆食，用黄豆加上各种调料和辣椒浸泡出来的酱菜，弄了一碗。我说你怎么弄得这么多，我们本来只用一个碟子嘛，小小的一个小盘子。她那天弄得特别多。你怎么弄这么多？你嘴巴淡。她针对我，说你今天吼了这么一天，对唱了这么一天，你既然那样叫了那么一天，说话说多了嘴里也想吃东西，（笑）所以也就应该吃一点辣的。意思是不是用骂架的方式，用这个来表示对我的一种打击。而且她知道了，和人家唱的是一些另有所爱的话。（笑）

那一次是到山上砍柴，一面砍柴一面回几句。正儿八经的对唱的程序不可能，因为你要劳动，要自己把自己的柴弄够。断断续续地你不能唱得很理想。柴已经背下来了，大家伙已经在山脚基本上完成任务了，歇。他们把背的柴休息一下才回家，那一段时期就常常在那边对唱，解除疲劳。就那一天唱词里面就唱，爱你爱在深山上，爱你爱在山沟里，连山也羡慕。①

---

① 2007年2月22日上午。

第三节 "一见面还笑笑"

28．"心肝各藏各的好"

那些年很苦，但最苦的时候是最快乐的。

还有一个快乐的例子是在花甸坝。就是我守荒的那一年。我是守，但还有一段时期要集体来种，集体来挖。那回我们到集体挖的时候，又有仁里的也在那里开荒，挖药材，挖洋芋，隔我们一点。种药材、种洋芋是他们的主业，他们还有一个马帮运木炭，那一伙人要背木炭到他们的窝棚恰好要经过我们那一块地。那一伙里面就有好几个女的也爱唱白族调。每天下午都经过我们，歇下就唱起来，一唱起来我们就和她们对唱。我和她们对唱，其他几个给我考虑词句。我的叔叔段继生，那个人也没有文化，但学了很多大本曲曲调。大本曲是一本一本的，里面有很多优美的歌词，他很会灵活运用，而且也很会动脑筋拼凑词句，他拼凑的词句很好。她们说她们唱多了，但没有像我们和她们对唱那样优美过，所以请我们专门到她们那里去唱一晚上。我们跟她们说这个做不到，因为你那边有领导。如果那边领导同意我们去唱，就请领导过来请我们去。

确实她在唱词中说她做得到做得到，一定请领导来请我们去唱。我们以为这是开玩笑，不可能。哎，确实她们回去不久，过了几天，他们的领队的过来了，叫杨卫宝，是仁里书记的爸爸，也和我是相识。他是大队干部时我也是大队干部，又是古亲古戚的关系。她们说让他来请我们才过去，确实他亲自过来了。那个是 1970 年吧，那一年我已经不在大队里面了。他走了以后我们就商量，确实到她们窝棚里唱。我们和她对，这个一般叫风流曲，风流调，一般就是谈情说爱的。他们那边有男子汉，以后她们家里面知道了不好。所以说过去还是过去，但我们采取另一种唱法，唱大本曲。我叔叔会唱大本曲，又叫上一个上段①的人，他弹弦子很好。他在那边放羊，把他叫来。我

---

① 段绍升所属"下段"家族，"上段"为另一个家族。

们说既然邀请我们，我们就过来了，但是那个对唱不唱一点谈情说爱的话就没有意思，觉得很枯燥。那个队长说不怕，不要实际行动就行了嘛。那天晚上唱大本曲。

　　现在回想起那些确实是很优美，很好。那一次在仁里唱，我们跟她对唱，有些人后来还用我们的歌词。就是那一次创作出来的，临时编出来的。她说确实爱你，我们跟她回答是你这是假话，不是真的。她就回答：哥哥如果不相信我就掏给你心肝。我们回答：

　　　　妹妹说把心肝掏出来，
　　　　吓了我一跳，
　　　　心肝真的掏出来，
　　　　让我往哪儿靠。
　　　　锁在柜里怕虫蛀，
　　　　放在外面怕鼠咬，
　　　　只要妹妹有情意，
　　　　心肝各藏各的好。

　　把这翻译成汉话很枯燥，但白族调很押韵。当时听到的人说其他场合没有听过。

29."一见面还笑笑"

　　现在没有对唱，因为没有那种条件、场合。现在搞旅游产品，人们生活节奏那么快，那么紧张。如果她在家里搞扎染，即使她有这种习惯有这种爱好的人，她盖了新房子，在村子边边上她想唱，就自己唱几句，没有人真正和她对。但这种情况很少，都是拿个录音机，录了那些东西来唱。那个也是假的东西，不是真正发自内心的。而我们那种对唱，比方说仁里邑和我对唱的那几个，我到现在还记得她们，她们也记得我。一见面还笑笑，打个招呼，没有什么关系嘛。对唱沟通感情。虽然是口头上的爱，口头上的情，但曾经有过那口头上的爱，口头上的情。现在台子上唱，听的人多，很枯燥，不是真正的对唱。

　　（正月）初一那天在蝴蝶泉，他们在舞台上有一段对唱，唱成汉族调的对唱，恰好他名字叫祥云。唱了以后回来，他年轻人走得快，他们两口子在"万蝶来"①，我们还跟他开玩笑。他们说唱得好玩不好玩，我们说好玩。他们旁边的一个说：你们不要说，阿叔这个是对唱的高手呢！她还记得。她那个时候还是一个小小的姑娘，她曾经听过我对唱。那个也已经是五十多岁了。②

---

① "万蝶来"为周城一字扎染铺的名称。
② 2007年2月22日上午。

第九章 "善有善报"

今天上午想说善有善报、恶有恶报。到底是唯心主义还是科学的呢？有些事说不清。唯心一点，但大的方面是科学的。我有许多善有善报的感受。

第一节 "放映员""小伙子"

30. "放映员"

"文化大革命"中相当乱，道路都不通了。1967年初，有那么一个人是公路工程处的放映员，那时组织毛泽东思想宣传队，他带着机子放映都走不通了。他在丽江那边公路工程二处，修公路，工人很多。他的机子有些问题到昆明去修，回来时回不来了。他有几个好的电影片，其中有一部是中国第一颗原子弹爆炸成功。那时大队搞勤杂的来找我，中午一点多钟，说：段社长，有一个事请示，有一个人赶马车，请求在这里住一晚上，他饭都没有吃，能不能接受他？那个放映员是广东的，说话都别扭。他走不通路，他讨生活，想办法把电影片运到丽江工程上去。他走不通，就一段一段走，赶小马车。我说好。你放电影要多少钱？他说无所谓，一般60块一次。我说给40块。他说行行行，多了。我说：你走不通就在这里待几天再走。第三天他还是走了，走的时候他来告别，说：我打个欠条，他那时没有粮票，住了两三天，一天一斤粮票。我说我让你放电影有3000多人看，在小街子，挤得满满的。这个大村子何必要几斤粮票！

31. "小伙子"

一段时期我没把这事记在心上。过了半年以后，这件事一点印象都没有了。我们这里通电灯一年多，那时叫楼上楼下，电灯电话。这时灯泡到处买不到，五六角钱一个灯泡，黑市卖五六块。生产队那时经常开会、打场，点不起灯泡。他们听说丽江有灯泡，说那个地方有个销售店有灯泡。派人去买，我和张敦去买。我们步行到邓川，10多公里，遇到一个货车，到洱源三营去拉煤，满满的一车人。它不停。那边有部队的车在营房门口停着。那时有造反精神就吃得开，我们跑过去赶紧上车。有人下车，张敦还去跟他说，上边的人拉我们一把，意思是对他说他倒不好回答，上来就上来了，领导问他，他就说强行搭车。这样我们就到三营。

三营到牛街，还有一段路。这段路步行，与拉我一把的小伙子同路。他说要到丽江去，他的目的地是鹤庆，他到鹤庆师傅家。我们说到丽江路走远了，他说没办法，他是昆钢人。他说他师傅的姑娘只要我愿意就给我，他这天去认识这个姑娘。我说你空手？他说我提了两大包，到堆仁这个站，一下火车，就跑到公路的卖票处去买票。到下关的票买上了，过来一看两个包不见了，就成了这个样。幸好小钱包还在，他的钱包上还有小姑娘的照片。我们说话很投机，那天晚上住在牛街的一个旅馆里。出去以后他看见部队的车子，他就和他们商量，他们说不行，那车子走的时候，他爬上去就走了，我们没有爬上。我们三个人就分开了。

第二天还是去牛街，来了部队的车，他们同意上车。（头天）有个人悄悄说：明天早上5点要出发，意思是5点以前在那里等，就可以搭车。第二天我们5点就起床了。

这个车只到剑川，在剑川运粮食。我们在剑川又步行了20多公里，到白汉场。我们吃饭时又遇着那个小伙子。我们还交流了一些，讲了一些礼节上的事。睡了一晚上。到丽江城要翻越一座山，公路要40多公里，小路可能只有20多公里。一路上有小伙子在，解除了很多疲劳。丽江到鹤庆的路超不过30公里。班车也有，小马车也有，他就离开了我们。

32. "又是那个放映员"

在丽江时,火药味相当浓。大街上的人手中拿钢筋,戴钢盔,一边喊口号。到处都是战斗队,一边走,一边喊口号,很有节奏,步调一致。我们说,以买灯泡为名不行了,人家把我们抓住,会把我们当成投机倒把分子了。就说是到丽江工程处慰问工人,住旅舍时有人盘问时就这么说:我们是贫下中农的代表,慰问工人。在旅舍时就碰上了那边的工人,云南省公路工程二处的工人,也有周城人。当着这些人的面我们也这么说。他们指路怎么走,他们单位在什么地方,我们要经过黑白水。丽江到那边是72公里的路。要经过黑白水,有30公里。说我们只能住那边。晚上吃的东西怎么办?在丽江买了丽江粑粑,就是①喜洲的泡酥饼,我们这边没有做到这么好吃。半途上遇到从丽江回工程队的小伙子,工人,他们没带干粮,有个保山的工人,我们就和他们分着吃。

一直到太阳快落山的时候,到达黑白水。有一个老头在那里开了代销店,小食馆。我们就跟老头商量,住这儿,在这里吃。他说住可以,但吃饭的问题连我自己都成问题,你们自己想办法。我们还留了几个粑粑,只能吃晚上,明天早上没吃的了。隔壁有彝族寨子,他们吃洋芋,我们想去买一点。去的时候看到窗台上有香烟,是"红步兵""金沙江"。那时我烟瘾大,只抽袋烟。我们问有没有香烟卖,他们说有。我们一人买一条"金沙江",两块八一条,有烟抽就很痛快。

正在愁吃饭的时候,听到马车刹车的声音,一到我们住的地方就停下了。跳下来一个人,是赶马车的人,大声问我:你怎么到这里来了?我一看,原来又是那个放映员。(他)说既然你们住这儿,我也住这儿。我们说吃不上饭,他就说:"老倌,做5个人②的饭,我今天给你放电影。"那老倌也很高兴。我们也不怪老倌刚才拒绝我们吃饭的事,在那个年代他也留着一点。那顿饭还有腊肉,以后再没有吃到那么好的一顿饭了。我说不收他的粮票时,没有想到好报。放电影

---

① 段绍升在2008年审读时改"是"为"像"。
② "5个人"为:放映员、段绍升、张敦、工程队的两名工人。

把银幕挂在对面,说你们累了就躺在床上看吧。那个老倌也看,还有超不过 20 个彝族人,一共有 20—30 个人在看电影。

第二天,我们走我们的。我们和回连队的小伙子①一起走,不走错路。这个人是保山地区的人,(保山地区的人)分在各个连队,做饭的都是他的老乡。那个是星期天,食堂里做着肉,我们想吃啥就吃啥。我们和他一起吃粑粑,我们也没想到回报,那天的生活问题就得到了小伙子的回报。他还多走了两公里的路,把我们送到周城人多的那个连队,大概有 10 多人。

第二节 "买灯泡变成了慰问团"

33. "说得他们流眼泪"

我们到那个连队,说,我们来慰问工人。连队②说这个不得了,说这么恶劣的情况下,还派人来慰问。说,明天专门组织报告会,欢迎你们。你们要去③视察。也确实是,他们在工地上欢迎贫下中农慰问团,标语是:向贫下中农学习!向贫下中农致敬!还为我们演出。那些年代军事化管理,连队不是当兵的。

我们见事应事。指导员、连长开始讲,我也就讲。我在讲话中还讲到过去修滇缅公路时的苦难,说得他们流眼泪,还有"二战"时期的故事。这是在球场上开的欢迎会。

买灯泡变成了慰问团,我们一打听,还有周城工人没见着,到哪里去了?他们说分在三处去了,在宁蒗县。我们受到欢迎,我们看到他们受到鼓舞,就想再去慰问其他工程人员。而丽江的那个地方灯泡也没有卖的了。

34. "那是一条黑汉"

到三处要走水路。有人带我们到金沙江边。我就给张敦说:那天写去工程二处慰问工人,而我们现在到三处去慰问,我们带了一些空

---

① 即昨天从丽江到黑白水遇到的小伙子。
② 段绍升在 2008 年审读时加"的领导们"几字。
③ 段绍升在 2008 年审读时加"工地"二字。

白介绍信，写上：

> 证明
> 兹证明我周城大队贫下中农代表段绍升、张敦两同志前往丽江、宁蒗等处慰问工人，请沿途支持为盼！致以
> 敬礼！
>
> 喜洲公社周城大队（章）

在半途中休息时写了这一张。他是文书，他的字迹写得好些。

那么大的金沙江，可以摆渡的地方很宽。渡口叫什么不知道，没有船。后来看到对岸有船，我们远远地高声喊，我们要过江。他就过来了一张船，撑船的是一个高大的汉子，黑黑的。下水三年黑，烧炭三年白。那是一条黑汉。问你们有没有证明，我们说有。我们以为他只是装个样子，他说不对，你们两个要老实，你们到底是干什么的，说我们是假证明。我们已经到船里去了，他说，你这是先盖的章，后写的字。我说你这个老兄，的确是这样。你看得正确，我们的文书开会去了，丢下几张盖了章的条子，我们出发才写的。你工作很负责。我们说恭维话，他露出了笑容。张敦很细致，说老段你注意，到江心，丢掉我们就完了，说你离他一点。

过了江，他也真的很好意，不收钱。我们送他一包香烟，他很高兴。他还指路，说到宁蒗县金棉乡的乡政府住，还说要小心，这边的人过去出过土匪，你们要提高警惕。

路上遇到放羊的，放羊的挎大刀！打招呼，说给一支烟。我们就给了几支。老张很紧张。

那天晚上住在金棉乡政府。与我们这边编制不同，我们这边是公社，他们那里称乡。

35. "也是个小伙子"

金棉到宁蒗路也难走。第二天早上，我们出发，走了半个小时，发现我们走的路上有脚印，是军鞋，很新鲜。我们想赶上这个人。赶赶赶，就看见前面的人。他背着篓篓，串亲戚的。他是宁蒗县城的

人,是汉族。由他带领,相当愉快。他也是个小伙子,我们用香烟来讨好他。他说我还要绕一下,到我姑妈家去一下,你们跟我一起去吧。那时正好是吃午饭的时候,肚子饿了,这个人就带我们到他姑妈家。可是没有人在。他说:不怕,我来做。他到处找东西,大米饭、腌菜汤,相当有味道。以后我还跟他说,我们还想买点灯泡,他说他对公司里面的人熟悉,我去说一说,看有没有。

由他带路,走得就快,他确实住在宁蒗县城。我们说能不能去打听一下有没有灯泡,他一打听,确实有,限量供应,一人只能买一箱,我们就买了两箱。那天晚上住旅舍里面。

第三节 "送行"

36. "报告会"

在宁蒗那天晚上我们两个做了一件事:到丽江慰问什么都没有带,这回要买上一点,我们到新华书店买毛主席老三篇①。就只是买了百把本老三篇,一本超不过5分钱,一百本超不过5块。那边林业局的车子比较多,公路工程三处是一个处级单位。我们先到军管会去报到。军管会有一个办公室里面,姓祝的这么一个人,跟我们说,能不能住一晚上,我们说不,我们要到连队去。我们的人在六队,离战河七八里路。说我们有点行李,毡子、灯泡寄在你们军管会这里,我们想到处级单位,会受到热情接待。我们认为他收下就行,然后再步行到六队去。

他那边连队的指导员,是空军部队的政委,对他很怕,至高无上。我们去了以后见他,引起政委(指导员)的更大的重视。他们军管会的头头说,有这么一件事,你们知道不知道。说好像说了一下。他批评他们不像话:不送他们②。

我们受到热情的接待,在连队吃好的。连队有一个礼堂,欢迎我们的报告会在晚上举行,还有电灯,显得气派很大。事务长是周城人

---

① "老三篇"指毛泽东的《为人民服务》《愚公移山》和《纪念白求恩》三篇文章。
② 段绍升2008年审读时改为"怎么不用小车送他们"。

杨耀龙，那个人很聪明，说：我们这里的领导都不简单，领导是空军的一个政委，他今天晚上举行报告会，你们不要给我们丢脸。

他那个主持比二处更有声有色。吃晚饭后人都集合在礼堂，人坐两边，中间有路，现在想起来就像梦幻。两边坐满了人，他们领导来带我们去时，一进去就呼口号："向贫下中农学习！向贫下中农致敬！"他们呼口号我们就鼓掌，招手，像毛主席接见红卫兵。我们还用口号回应："向工人学习！向工人致敬！"我也作了报告。报告自我感觉很成功。这次讲，我就有了胆量，不时得到欢呼声和口号声。

37. "送行"

我们的人有两三个在马帮队，有一个叫思昭，在那边当马帮队长。我们只是想顺路打个招呼，那边说派人送我们，因为车不通，派马帮送行。我们说不要。我们本来不吃饭，要到战河去吃饭。他们要我们作报告，我们说没时间了。这个连队人不多。搞运输的。后头又欢迎我们，又用马把我们送到战河，只有三四公里。

到战河这边我们就到招待所里住。但招待所里的人说不行，说处里招待所不住外人，你们到外面去住。我们想：受到热情的欢迎，怎么住都不让住？我们就到军管处说住哪儿好？（军管会）知道这事后，大发火。原先不许我住的那个老婆子马上就接受了，亲自给我们端洗脚水。

我们住的这一格三张铺，是比较高级的房间。旁边住的一个人，他说叫张国山，说是原来这里的当权派。说：昨天晚上你的报告我听了，讲得挺好挺好的。我和他交流，张敦用白族话说：老段老段注意，不要和这个人交流，① 免得惹出麻烦。我说这有什么关系。

军管会说多住几天，我们要走，我们巴不得明天就回去。他们说好，小车开会到昆明去了，明天派大车送你们。我们说专门不必。他们说顺便到下关去买点菜。于是派了一黄河牌大车，驾驶室可坐两排人。军管会领导陪我们吃了一顿早饭。开车的老李，说你们就叫我大老李。临走的时候军管会的领导给我们送了《毛主席语录》袖珍本，

---

① 段绍升在 2008 年审稿时增"这是个大家伙"一句。

我们觉得很宝贵,再加上把毛主席像章别在我们胸前。

38. "用弓鱼、乳扇招待他们"

要路过宾川县城要住一晚上。我们说到大理的周城,在蝴蝶泉边,《五朵金花》出现以后的事了,已经有名气。那个驾驶员跟那边招待员说,送客人到蝴蝶泉。我就想起这个问题:我们是贫下中农的代表,受这么热情的招待,这么个大老李(送我们),不能让他们吃一顿饭?大老李还带了事务长,是上兴庄的人。我就想,直接到蝴蝶泉,我爸爸在那里。正好戏剧性地遇到桃园学校组织聚餐,背出一篓弓鱼。我爸爸说他去和他们商量,分上三四斤。那边说卖给你们不敢,你们拿点去煮。当时就用弓鱼、乳扇招待他们。他们也比较满意。这样的接待在大队部做不到。吃了中午饭他们就到大理买菜去了。

我们步行从出发到战河回来,回来的那天是第 10 天,还是第 11 天记不太清了。

回到我说的善有善报:一是放映员,解决了吃饭问题;二是碰着几个小伙子都有好报;三是我灵活地把买灯泡变为慰问,对当时的民工们起到安慰和教育作用也是善事,而用车送回,也是善报。①

---

① 2006 年 7 月 27 日上午。

第十章 "民办教师""做卖白族服装""水管所长"

第一节 "民办教师"

39. "敬人者人敬之"

1972—1982年到九年制学校当民办教师。……民办教师每月420工分,再加3块补助。后增加到6块,到1979年增到9块。3块可买米8斤,也能买一个月的最低价香烟,一角四一包。我去了以后就当二、三年级的班主任,以后正式恢复高考,让我教高年级政治、历史,五年级、六年级及初中。(后来)为什么放弃教师?娃娃长大了,走上社会,父母要给他们完成婚姻大事,要花钱,当民办教师怎么解决得了?加上改革开放,有翅膀就能飞了,要完成我这一生的任务,上为父母完成了,要完成下为儿女的任务。妈妈死在我怀里,爸爸死在我怀里,我完成了。①

我1972年1月到学校里教书,大队里安排,再加当了几年教师的我的老朋友、老同学杨贵堂的推荐,让我去当民办教师。那个时期恰好碰上张铁生事件的时代,那个年代学校里比较难办。

校长马守敬是回族,洱源人,那个人很有魄力。他开会时用白族话说:我们是干什么的?我们是教书的。在路上遇着人,问你去干什么,你的答复肯定是你去教书。既然是教书,不管它三七二十一,我们不管社会怎么乱怎么搞,人家的娃娃进来就是读书,我们就是教书。他那么一说,给我壮了胆。后来和他相处几年感情很深,敬人者

---

① 2006年7月13日下午。

人敬之，人心换人心，至今互相想念。在那种情况下的一种感知，既然是教书就教好书。他还说了一句，人家骂娃娃做了不好的事就骂没家教，我们是在这里搞教育工作，就是搞教养。从没有教养到有教养，一个是在家庭里面，现在人家去劳动，把教养的责任交给我们，我们就要把教养的事做好。如果不去教养，叫作误人子弟。我觉得应该按他的话来做。我们学校那几年在县里是比较好的单位。

还有你教得好不好，对人家的娃娃负责不负责，社会上娃娃的家长有反馈。所以你就更加认真负责。我本身学历就那么低，水平就这么低。我喊"同学们"，确确实实从心底里面喊出来，"同学""同学"，同时学习，首先我要学。要认认真真备课，我先学好才敢上课堂。

那几年刚好遇上贫下中农管理学校，管理小组里面也有老农民，我原先觉得是莫须有的东西，但有一次会议上我改变了看法。有一个地地道道的农民，解放初是贫农，农民协会的会员，很本分。有一次开会把他邀请进来要给老师、学生们讲讲话，我很为他担心。可能是儿童节，那个时候就是一千多学生。九年制学校，全校集合，加上四五十个老师。把他请来，校长还礼节性地说请李组长讲讲话。我暗想，你最好推诿。他说好嘛，我随便讲上两句。他上台讲，他手里面还拿着烟锅头，一面抽烟一面讲。他说：你们是做什么？"小小一学生，读书要用心，手把三寸笔，到处不求人。"我就是没有像你们一样的读书机会，所以我就受欺侮，就是穷人，我只有到处去服侍人。所以你们要好好听老师的话，好好学习。他说得很朴实。贫下中农领导小组也不是要弄什么。那些年代出的那些事，多数人也不是那么乱。

40．"人心换人心"

我教书11年换了3位校长。第一位是马守敬，第二位也是回族，叫马培超。相处了一两个星期以后，他找我个别谈话。他开口就说：原来是这样，是一个好老师，各方面都很好。本来你的主张各方面在人们的心目中很有威望，我就不信……看起来我来这里要把这个学校办好，还得请段老师帮忙，多为人民做好事。我们之间越处关系越好。但可惜只待了半年他身体就不行了。他在会上说，我这个人不行了，我快要死了。没有检查出来的时候就当着大家四五十个人说：我快要死了，死了就好了。我这个校长，5角钱的校长。和我一样的人55块，我是55块5，谁买这个校长来买。他说我死了家里就好了。我抽烟，我一个月只交给老婆25块钱。但我死了一个娃娃享受18块钱的补助，还不在家里吃，所以这个划算。隔了一段时期后一检查是癌症。

那个校长去世以后调来一个老校长，叫张士刚。年龄也大一点，说话办事都很老练，1979年调来的。那个人有他的风度，一个月都没有说过话，也没有召开会议。一个月以后他才讲话，讲得很风趣，也很客气。就觉得他说话很受听，大家对他很尊敬。到1983年我和段德道老师要求辞职的时候，他感到不理解。那个时候上面有一些文件说要提高教学质量，学历不高的，小学教初中，那像说的是我一样，我教初中的政治、历史、生物。那个时候政策说这部分人提出辞退也应该欢迎，因为那时高中毕业生也有了。那个校长说你真要辞退我也留不住了，你能不能把你的老二调到学校教书。小松进去就等于换我的位置。

在学校是人心换人心。我就得那么一点工分。刚进去的时候，除了工分以外，每个月享受3块钱的补贴，后来6块、9块，再后来12块。到我们提出来辞退的时候，是16块。我们是辞退，不是国家干部，还谈不上辞职，是辞退。那时已经改革开放，还没有包产到户，工分还起作用，即将要包产到户了。那个时候家里的生活怎么维持？要改作业、备课，我还得做裁缝，明天要上的课备好了再做裁缝。一般信任我们的人，知道我从学校4点以后就回来了，下午就抱来布。要对着他裁剪，哪样不够，哪样剩余。以后晚上就在自家的堂屋里做，我把它缝好。那些年我一个人起码顶两个人：又要不误人子弟，把学生作业改好，要实际的功夫；又要做裁缝。人心换人心，校长也给我同情，也给我时间，他们知道我星期天帮人家到家里去缝。那些年只要打发姑娘，缝衣服多一点，就请裁缝到家里去缝。我们有两个原因：一是我们不休息，产品多；二是我们的娃娃多，他们图个吉利。他们用我们的手缝服装，他们也会像我们一样娃娃多。我也就提出来，一个星期要上多少课，星期六下午不要有课，星期一上午不要有课。为什么呢？我们帮人做到人家里去吃早饭，就11点钟，上午的课10点40分就可以上完。所以我提出来就等于可以集中3天时间做缝纫，先后3个校长安排课时都安排成这样，11年当中基本都是这样。星期六下午没有课，星期一上午没有课，有时有一点就和人家调一调。①

第二节 "做卖白族服装"

41. "缝成小金花的服装"

（做白族服装）什么时候开始我说不清楚，我所知道的，我们小小的时候，就看见老人们穿扎染这种服装了。

后来发现好多人也喜欢，尤其是来旅游的。段继灿那时办了一个幼儿园，好像省里市里都比较重视。少数民族地区、白族地区的农村都办了幼儿园。段继灿和我商量，说，上面照顾，有点款，缝一点节日服装，你觉得幼儿班应该缝什么？我说，我们是白族，应该缝成我们民族服装，小金花小阿鹏。段继灿同意，那时他是幼儿园的第一位老师，也是幼儿园的负责人。以后，男娃女娃都缝了一些白族服装，那服装是我设计的。他们那儿上级提出来的，说你们一定要给娃娃缝一些节日服装，到节日时，有人来参观，看的时候要像样。一般城市里（幼儿园）有统一的服装，裙子什么的。我说穿裙子不行，就是把它搞成民族服装。那时我记得一样缝了20套，男的20套，女的20套。一缝出去相当受欢迎。上级来人相当感兴趣，很受赞扬。这样一受赞扬，我们就多缝一点，一边缝的时候，一边人家就来买。一看到

---

① 2007年2月4日下午。关于段绍升要求辞退回家的补充材料：《大理县教育局民办教师辞退批复》全文："喜洲公社：你社报来民办教师段绍升同志，因家庭困难本人申请不能继续担任民师工作，经研究同意辞退，根据省教育厅财政厅等四个单位联发（1980）20号文件规定，该同志从1970年开始担任民办教师，民师教龄13年，现发给生产补助费211.9元。希通知本人到公社报销点领取。此复，大理县教育局，一九八三年七月廿五日。抄送：周城完小"。

的人都喜欢，给朋友赠送。买给大人不一定喜欢，既然到白族地区，小金花的服装买他一套，送给朋友，爷爷买给孙子，这种情况很多。我们一面在家里加工幼儿班的服装，人家来了看见就问能不能卖。如果给人家承诺的服装卖这就不行，职业道德不符。但是我既然是我手上设计的，包括布、材料都是我买的，既然人有买去，我就可以原原本本缝。那时也受那个启发，我们家从那时起经济上起了比较大的变化。全家都很高兴。

过去我们两个包括晓云也帮缝，不是缝旅游产品时，全家每天晚上还要熬夜，收入10多块、20多块。这就算了不起。但是一转向市场经济，一套服装它的利润就不得了。我的成本30几块，包括围裙、衣裳这么一套，一卖100块。利大于本，全家都很幸福。我们不知道国际市场价格，本来是20块钱东西，我们喊50块，这是压着心叫。陪同的人就说，你们是傻瓜，你们怎么不喊100块？他们这些人100块还嫌便宜，你们怎么只说50块。在喊50块前，她们用白族话说："喊高一点，高一点，他们有钱，你不怕，喊高一点。"我本来喊25块，最高喊30块，但她们说"喊高一点、高一点"，我就说50块嘛。人家50块就拿出来了。那些陪同人说，你们这么傻瓜，人家有钱，你怎么才说50块围腰。50块就觉得不得了了。那时的围腰与现在不同的一点，用手工刺绣。

42. "独家经营了三个月"

我们家于是转向缝白族服装，到蝴蝶泉去卖，独家经营了三个月。最先老二去卖，老二开学，以后老三卖了几天。他卖得的钱，又要跟信用社打交道，存款，钱不够又要向信用社贷款。信用社负责人发觉，这个人很聪明，字写得也不错，你愿不愿意来信用社干，他回来和我们商量。老三是缝白族服装，与信用社打交道被发现不错，是个人才，人家把他吸收到信用社去了，今年又升了喜洲信用社主任。[①]

到了改革开放的时候，就是1982年，我的老大从部队里退伍回来了，我的老二高中毕业以后当民办教师，他们接触改革开放信息比

---

① 2002年1月28日晚上。

较多些。他们提出来说专门给他人做嫁妆的事就不要干了，我们可以做卖白族服装。不要布票，这个不是犯法的事了。过去做卖服装是犯法的事，你的布票从哪儿来？这个是套购，是会犯法，会追究责任的。不要布票以后就不会追究责任，就可以到公司里买布来加工。但到底怎么样，不敢，心里很虚。

后来我的这个老二，他在寒假，说你们给我做几套白族服装，我去卖。他选择在蝴蝶泉卖。第一次缝起三套白族服装，他早上去，我们吃早饭的时候十一二点，他就骑单车回来了，说卖完了。那次记得三套衣服每套100块，那个时候100块就不得了，整个家庭都很惊喜。而且他不是拿回来300块，是320还是340，比300块还多一点。多的原因是什么？他说一去的时候，人家说能不能拿你这个服装穿一穿照一照相，他说可以，5块4块，给人家出租。照一张相你照了以后就要给我5块，那个时候尝到这个味道，相当高兴。

也就是在那个时候，我们这里的幼儿园在上级的指令下，要做一点幼儿园像样的节日装。昨天说到，也就是我们家族的段继灿，来和我商量。到底要缝成什么形式好，我的建议如果与城市里一样穿裙子啊什么的我们再打扮得好也不如城市里的，我们要有我们的特色，我们要打扮成小金花小阿鹏。他也同意我的看法。我去把幼儿班的量量身体量量胸围，一个一个量量就做。以后缝起来一个人一套，大家都觉得好。以后我在家里做了40套，小阿鹏20套，小金花20套。大概是1983年底1984年初。

这要有一个过程，不可能一下子缝起来。而是按老的方法缝，那种老的方法相当认真，一劳永逸，洗烂了穿烂了针线都不会变。速度也就比较慢，不像现在把花边接上以后，随便缝上几针就算了。这么40套有个加工的过程，在这个过程中，有些游客经过。那时刚刚改革开放，对于日本人、外国人有人陪同，起到保卫、监督的作用，该去地方才领他们去。就像我们家，他们就信得过就来，一看我们缝的这些娃娃服装，他们很高兴。说能不能给他一套？当然那些幼儿园的布都是由我去买的，所以我就敢卖。一卖就打开了局面，很受欢迎。这就发觉，我们不仅能缝大人的，尤其是要多缝娃娃的。因为游客一来，他要买大人的带回去，他不可能把家里的人变成白族人，但买一套小娃娃的，成了小金花，他就……当然价格也没有成人的那么贵。大人的100块，小娃娃的20几块一套，受欢迎。在实践中发觉的，缝成旅游纪念品，迎合旅客心理。到蝴蝶泉去卖，独家经营了三个月。

老二卖以后，老三卖。老二教书去了，老三卖。有一点款就要存到信用社里面去，那时家里有几百块就了不起了，如果买布料要贷一点款，也由老三去办理。信用社的人提出，老三晓涌这个人可以，字写得不错，办事能力有，所以又把他招到信用社去了。这是良性循环。家里不搞这个东西，不接触信用社，他们也发觉不了他这个人。现在成了喜洲信用大社的主任。周城也属于他管，周城是一个分社。①

43. "在三月街上打开场面"

扎染有它的历史根源。只记得我们童年的时候，就看见我们的家乡的人，尤其是老人，奶奶穿的都是自己染的布，从棉花整个过程都是自己加工的。买来棉花，把它纺成棉线再织成布。这里很多复杂的染，整个过程都是自己加工的。染，普遍用板蓝根，加工很多过程。基本上这个村子普遍都会。上坝②种出来的蓝质量比较好，所以苍山脚下百分之五十都种上蓝，板蓝。没有"根"字。实际上用板蓝的叶子。这个全村普遍都会，至于说扎花，因为花造价很高，所以虽然出自于我们这儿，但不是普遍用得上，都能普遍都穿上扎花的衣服。"扎花"是生了第一个娃娃的人，用一块四方的布，用抱娃娃的布，抱被，扎上一个八卦图，好像他能够享福，神鬼不浸。但那也要有钱人家，富裕人家才做到那一步。一般妇女扎花的头巾，不是整圈地扎，只能扎一小路，露出的部分才扎上那么一点蜜蜂啊、蝴蝶啊。腰带上也扎上蜜蜂啊、蝴蝶之类动物图案，不像现在裤子衣服都用上扎花的布。我们扎染为什么那么多，因为那个时候也是远销周边的地

---

① 关于幼儿园这一激发他的创造性的事件这里又讲了一次，下文还讲了一次。一共重复了三次。

② 周城村位于苍山、洱海之间，"上坝"指周城村至苍山的田地，"下坝"指周城村至洱海的水田。

区，丽江、剑川、兰坪。现在远销到外国，日本、加拿大、新加坡。我们家从我爷爷开始做裁缝，多数也是做地方的土特产品。那是男的穿……女的穿大襟衣，前面短后面长，后围裙。

到我们手头，逐步逐步进化，尤其是《五朵金花》搬上银幕出名以后，对我们这儿的服饰有一个大的提高。好像白族姑娘统称"金花"，这些金花姑娘过去也不是普遍地那么讲究，搬上银幕以后好像个个都希望自己要成为金花那样的典型打扮，银幕把它统一起来了。是从内到外、又从外到内这个过程。文化人把它开发出来，谁穿什么服装，《五朵金花》的服饰就造出来了。当代白族姑娘穿又要好一些，在那个基础上白族地区服装有一个大的提高，比过去先进了一步。我们裁缝自己要紧跟，同步发展。我爷爷过去经常讲：三年不改样，饿死手艺人。你不跟上形势，人家穿现代的，你只能缝过去的式样，谁请你？就是搞技术也要紧跟形势，所以我们就紧跟，就钻研。[①]

我们段家在三月街上打开场面的就是白族服装。段继灿看见他缝的幼儿班服装很受欢迎，他脑子很灵：我要到三月街去卖。我们只给他完成了40来套，那时我们思想不灵活，就是1984年。我们只限于自家缝，我们不发给别的裁缝去缝，没有那种思想。所以我们老两口只给他缝了40来套。他在三月街打响了。现在灵活起来了，如果有人跟我订货100套，就像段继灿订货，我几天之内就完成。但是不一定我来缝，我给张师傅缝20套，李师傅缝10套。但那个时候的思想不那么灵活不那么开放，就是自己缝，所以缝出来不多。三月街以后，蝴蝶泉这边有人来竞争了。有人看见三月街上白族服装好卖，小金花小阿鹏服装好卖，就有人在蝴蝶泉那边卖起来了，就和我们开始有竞争了。

三月街段继灿那么一冲，我们给他加工的。我们第一家在蝴蝶泉卖服装是1983年底。到1984年三月街只是三四月是我们独家经营，有三几个月的时间。我的老伴回来跟我讲，乱七八糟地卖：我们卖25块一套的，他22块就卖了，我们卖18块，他14块就卖了，这怎

[①] 2002年1月29日上午。

么办？我说这是市场，大家都来到一个地方，你不能把他控制起来，这是人家的自由。他要请裁缝，他划得下，我们也划得下，只有跟着他跑。后来他比我们卖得低，我们比他更卖得低，因为我们是自己缝嘛。

44."做起木料生意"

1986年我批了房地基，为了把房地基搞好，我得亲自在那儿弄一弄，专门请人不一定按我的思想。我要把这块地弄好，我又要搞一样什么东西好呢。有人卖木料，剑川那一头，逐步就产生了卖木料的思想。试试，卖木料，一试，卖木料比做裁缝的收入还更好一点。这时是建设高潮，所以木料最好卖。就做起木料生意，在我那个房地基上。所以晓云的那套房子，与我在那里卖木料的基础大大有关。那时浇灌还不普遍，一般喜欢土木结构。

卖木料不是我走在前头，已经有人先卖了。但我因为卖服装有了一点经济基础以后，盖了房子。盖房子时我要买木料，我就发觉人家做木料生意的也不简单，我就基本上对这个有了一点认识。尤其我有了房地基以后，房地基整理好是一个过程，就在那边要把房地基搞好，一边试一试做木料生意。一做就成功了，觉得这个比在家里做裁缝时的收入还更可观。而且那个时候做裁缝竞争的人也越来越多起来了。

1986年底、1987年初开始，一直到1991年，这一段恰好碰上建设高潮，农民的建设高潮。改革开放以后七八年，他已经逐步地（富起来），那个时候提倡万元户。有的有七八千就可以盖得起房子了，不要说万元户。那是农村的建设高潮，我恰好碰上那个阶段卖木料。而且我观察，那时各地过去生产队的打场，可能全国各处都有，集体的打场卖给私人了，他们要卖它。林区的那个打场，比方说我们上面的丽江、剑川、中甸一带的生产队的打场，私人把它买回去，就不适合私人去住，他就要出卖它，我就买那些人家出卖它的那些木料。打场本身是大的房子，一般不适用于居住，就要把它拆掉。那些木头是作为旧木料来处理，它低价地卖。因为他处于林区，他既然拆了，他自己到山上去砍，那个时候也比较泛滥。他到山上去砍，也比较低价，他只要用力就可以砍得来。他的这些（旧房子）又产生了一定的经济效益，他就把它拆来卖。我就去买这些他们要拆卖的打场、粮场（的木料）。一个生产队就要那么大的一院。"文化大革命"以后，巩固大集体，好像是牢不可破的，——谁想到这个不要了，所以盖的粮仓比较大。林区的那些他宁可卖，也不再自己用了。所以我买了那些旧的木料，当时价廉物美。它不那么陈旧，可以再用。而且又不变形，很受欢迎。所以生意那几年我做得很红火。

老大老三盖房子，我给他补助一部分，一个是柱子、椽子。最大的木料是柱子，最小的木料是椽子。还有一个，既然我有个木料摊摊，他们就是优先的了。而且我不能给他们卖价，而是给他们买价。有一些比较好的，我觉得划得来的，你们的房子上应该用，我已经把它划好在那里。就不知不觉地把木料凑齐了，又不知不觉把瓦准备好，盖的时候很不费劲就盖起来了。两个人加起来三几万，当时的价，当然现在这房子不低于十万。

那时老三老四都要结婚了，结婚以后我的思想就是要给他们分家，那么得给他们住房。农村里面得要有三个房间，第一是住房；第二是圈房；第三是伙房。[①]

第三节 "水管所长"

45. "水管所是事业型"

后来他们要搞一个引水工程，集体的，1992年底。要让我去出任这方面的负责工作。我本来不愿意出任一些职务，但这个事有利于老百姓的生活，所以既然人家要我出来担任这样的工作，不得推辞了。所以我1992年12月30日开始，就接任水管所的领导，让我去当这个所长。我说我可以去水管所工作，我尽我的力，但我要求，是一支步枪，四个手榴弹，意思是当一个战士。他们说只要你去好说好办。他们在大会上一宣布，在党员大会上一宣布，让我当水管所所

[①] 2002年1月30日下午。

长。我没有办法，作为一个党员，我只得以党性这个角度服从这方面的需要，就放弃了我继续做木材生意的工作。那就是我一生中最后一站，工作上的。一直到 2000 年最后一天。

……这是第三次给我的工作。第一次影剧院很红火的时候，也比较乱，他们说要请我当影剧院的经理，我婉言谢绝了。我这样那样推了一些东西就把它谢绝了。他们又曾经要我去当奶粉厂的厂长，我同样把它谢绝了。这些是企业性的，影剧院也好，奶粉厂也好，要抓经济，企业型。但水管所是事业型，不管你穷富，谁都有权利享受，也是大家的福分，弄好了是大家的幸福，弄不好是大家的不利。所以一个党员对人民对党的事业要负责任的心态一心扑在工作上，兢兢业业地，周城两千多户，一共安了两千五百户水表，多出来是因为有的有两处房屋，有的有铺子。所以现在好多老百姓，每年过春节耍龙在那些时候少不了称赞我这件事，把过去缺水、吃脏水、吃井水那些日子过完了。他们歌颂我，实际上我在这个位置上有这个条件，有这个机会，完成了自来水的工程。我当时答应就只能完成这个工程，这个工作完成我也就了断了。干着干着，把有线电视的管理和电的管理往我身上推，就脱不了身。一直到 2000 年，我才脱出来。这是我反复给他们提的。①

我辞去民办教师之前，大队的这几个领导干部对我都很客气。尤其是我辞去民办教师以后，他们就想让我出来工作了。我们周城建立了农民文化宫，在农村里面是一个不小的建设，不小的建筑。他们分析来分析去，也有上级的人给他建议，说这个里面你要派一个强有力的干部，要德高望重，又要能制服一些坏人，要有一定的威慑力，这么一个角色。不然的话放电影这些娱乐场所就常常出治安案件，常常乱。他们推敲来推敲去，杨直全当时是书记，张富仁是副书记。把这些困难，建立了农民文化宫，前所未有，周城人那么多，找不出合适的人，只有段老师最适合。他们两个亲自到我家里，说通过两委会的决议，要请你到那边去当经理，到农民文化宫当经理。说明他们对我

---

① 2002 年 1 月 30 日下午。

的一种重视。我把它谢绝了。

我民办教师都辞了，为了我的家庭。上为父母下为儿女，虽然为父母的事为完了，那个时候，但为我这几个娃娃正要准备结婚那些事还未完成，我一定也要办得像模像样。该讨媳妇的要讨上比较理想的媳妇，该结婚的要让他结婚。人家提高生活水平，我们也提高水平，我自信我可以做好……所以我要静悄悄地完成我的任务。在我的人生当中，我大的为国家的事情是空想，但是我不要给社会上造成负担；按民间的，按一个人起码的道德，起码的知识，就是上为父母，下为儿女。我得要把我应该完成的事情要完成。我就说谢谢你们了，因为我辞去教师的原因是胃不好，有这么一回事。不然，你们党的领导，上级，我是一个党员，要服从你们的需要，你们认为我有这个能力，我应该尽我的能力来做。我不能将我心里想得那么多的东西向他们解释清楚，所以就用这些婉转的话把它谢绝了。

后来又建立了奶粉厂，而且这个厂基本上要出产品了。这个是一个大的企业，在我们这个村来讲，是大的企业。他们感到这个乱得很，还是要用一个得力的人当厂长，他们又想到我了。那是段熊到我卖木料的窝棚里面，那时喊镇，周城镇，现在村委会的级别，实际上没有乡的权力，是乡的派出机构。那个时候的喜洲镇就喊区，区政府。那是1986年，段熊当镇长的时候，他到我的窝棚，——我在那边房地基弄了一个窝棚，卖木料。他到我的窝棚里面，吹吹以后，就说办好这个厂很重要，但关键是要有一个得力的厂长。他说，段老师啊，周城人那么多，就是没有人才，现在我才觉得。像你这样的人找不着，所以我请你还得要去当这个厂的厂长。

对段熊的答复，我说你既然说得这样，我能不能考虑考虑再回你的话，他说可以。我为什么这样的事要一个考虑的时间呢？我当时想问他，既然让我当厂长，人事权有没有？但我又怕他产生错觉，说我这个人野心勃勃，安排人我都要一把抓。我宁可问我的老大，他那个时候是副镇长。我说，现在我也不懂，你们这些改革开放以后，奶粉厂厂长他能不能安排他要的人马。他说人事权还是有，但要由镇上管，不是说厂长自己垄断过去。我说既然这样，你给我向他们回话，说我不能当，你还是说我有病，就算了，把它推了。他既然说得真真切切，我也倒是自信，因为我一不贪二不沾，我全心全意扑在工作上，在这种情况下，我不会办不好。但是没有人事权，我要用正儿八经有才能的人，人事权没有，让他们来安排，从上至下都有这个毛病，不是任人唯贤，而是任人唯亲，这是一个很常见普遍的现象。他的亲戚啦，没有一点本事，你给我安排安排呀，等等之类。他们就把那些人安排拢来，你如果多说一点，他又告状。在他旁边受他的气，折过来对你本身不利么。工作难于搞好，你有天大的本事也难。所以我也把它谢绝了。

46."给我一支枪四个手榴弹"

但是后来，也是段熊来找我。他说我们现在要办这个水厂，基本上和上面沟通了，三家合一，州水电局投资一点，省农村水利处投资一点，我们投资一点。我们投资啥，就是投资劳动力么，投资土地么。三家合一，现款由他们两家给我们供应了。但是这样的事要把他搞好，管好，得要有人，所以我又想到你。他说得很真切，说家庭是很重要，但也要有一点奉献精神，怎么怎么……我动了心了。我当时就给他说，我说既然这样，也不要你一个人说了算，但是我可以给你一个信息，既然你们有这样的决心，而且也要给周城的吃水问题解决它，是跨一个台阶。这是个好事，是一个大事，我愿意。我可以参加实现自来水的工程，我在里面就可以出主意想办法，尽我的最大能力。但是我跟你说你们如果同意就给我一支枪四个手榴弹，说的笑话。我不是当官，一般人就行了。

他才出去几个小时，他们一班人都来了。他们很高兴，段熊做了我的工作，已经把我做通了，那是1992年12月30日。他们说既然这样，明天你就上阵。

那天上阵恰好州水利局的局长苏文良也来，就开起车子到处跑，就投入工作了。他们在党总支扩大会议上就宣布要搞这样的大好事，现在就由段绍升老师来担任水管所长。这个工作参加一晃眼就是七八年的时间了。我本来实现了以后我就说我该辞去了，他们说不行，又把管电的事交给我，又把实现闭路电视那些事情交给我。那个时候还不是水电所。我把水利这方面实现了，把自来水工程完成了，而且完成得很好，得到省里面、州里面有关部门的表扬，而且拨款也很顺利。省里农村水利处的处长裴康荣，说哪个县以县为单位，县级都投资了，就不像你们这样说搞就搞。

感动了上帝，由此包括州里面管理这方面的领导也知道我了。省里面每年开一次年会时，现在叫作城乡供水总公司，我也参加过几次会议。每次会议上都让我发发言。有时到外面去开，有时在玉溪等地，还组织到泰国考察，点名一定要去。因为我姓段，那些局长叫我段王爷段王爷，天龙八部里有段王爷。我是与他们相比，小得不能再小的级别，我是农村的村一级下设的一个单位，他们还知道我。榜样的威望是无穷的，这个我有深深的体会。我当所长期间，绝对不搞什么瞎指挥，就是要深入，就是要参与，至今我问心无愧。

我当了几年的所长，到2000年，我给他们打招呼，我不能再做了，我要让位于年轻人。我最后的工作能够为周城人民做了一点点事，或者再放大一点，是党的工作在农村的需要，作为一个党员也尽了我应有的能力。做了那几年我很愉快。现在水电局那些领导遇到我，问退休了给你多少钱。我说我们农村里面有啥钱，我本身是一个农民嘛。问细一点，规定每年当过干部的每年加给他5角，我30几年的工龄，加了17块。再加上其他的一样15块，加起来是每个月32块钱。比起别的村寨，别的农民已经享受得多了。15块是所有的65岁以上每月补助，60—64周岁是8块。17块是在农村先后工作的工龄，加起来是34年，每年5角，就是17块。①

---

① 2007年2月11日中午。

第十一章 "实现了心愿"

第一节 "了我一个大的心愿"

47. "家庭的一个亮点"

2000年从水电管理所退休,自己提出来退休,把位置让给年轻人。退下来以后确实在家里面休息了。退休后没有事干,我自己给自己出了这样的题目:我应该干什么?都提倡老有所乐,老有所养,老有所为。老有所为,应该怎么为?比方说,我看见现在老年协会提供场地,打麻将,多数都是打麻将,有一些图书都没有人看。我在那边看报还没有伴,只有我自己看,很少有和我一起来看的人。有一些书报,《老年报》《云南日报》《大理日报》《参考消息》《春城晚报》,好像都还比较齐备。但看的人却没有,相反我倒成了一个尴尬。因为麻将那些我不喜欢。不喜欢的原因是多种:一个我从来没有……好像一搞那些东西就有一点赌博,赌博我不感兴趣。再加上逼使我不能参加的一些原因就是现在麻将场面很红火很熟练的那些人,正好是我当治安主任,——副大队长兼调解治安主任的时候,我当领导的时候,他们被我教训过。那些年代他们搞聚众赌博的时候,我就对赌博相当痛恨。我觉得赌博是社会上一个治安事故,因为我对这些工作都很认真负责。只要有赌博现象,就会产生偷啊,抢啊。一般最主要就是家庭不和,他参加赌博,他就懒,不参加劳动,没有参加劳动的时间。那些年我还专门办了赌博人员的学习班。现在我和人家同桌的这么坐,我又赢不来人家,因为我不熟悉么,被他们暗暗地嘲笑。我何苦呢?所以我也不参加。至今我都不和那些人在一起打麻将。干什么?

要干一点有意义的事。我这一生比较坎坷，说过来也可以说是一种幸运，是一个空前绝后的一个时期，如果我能把我这个时期的东西写下来多好呢。一个我在写的时候就耽搁我的时间，我就集中我的精力，就把这个日子消耗得快一点了嘛。至于说后人看不看，值不值得看，那是一回事，但起码我消耗的日子过得有意义一些。所以曾经有一段时间也着手写着一点。

恰恰这个时期刚好遇到朱教授来搞社会调查，也一步一步深入地搞我们段氏的调查。遇上我，和我聊啊聊啊，我觉得很有意义。最后觉得我的这一生当中最后能够，——可以说我人生的终点的时候，遇上一位教授，这么一位来搞社会调查，能愿意听我的这个经历的这么一位大教授，是我的一个幸福，是个幸运，也必将是我们这个家庭的一个亮点，一个很大的闪光点。所以我把我①这段的生活过得很充实，很有意义。②

48. "了我一个大的心愿"

说句实在话，朱教授来采访，一个是朱教授对我的一种启发，你这么认真，你工作这么负责，你生活这么简朴，对工作又是那么样的投入，从那么大的范围里面弄到有说服力的材料。再讲到，朱教授与我的关系来讲，这个也就可以说是双赢。一是你需要这样的材料；二是我也需要。我自己觉得我的一生干了什么，回忆回忆吧，把我们的经历给后人看一看。当然我想的只是我的自家人的后代，看一看。我如果把他们叫拢来，我给你们讲故事，怎么讲得了那么多。而恰好有你这么一位教授，来能够和我这样谈，实事求是的经历把它弄出来，多好呢！我不是为名，也不是为利，我不要什么利益。但是我觉得这样还过得更充实一些，而且更有意义一些。如果确实你把它弄成一本书，这个是我的一个心愿。了我一个大的心愿，是我的一个乐趣。比我……，如果我先一步富起来了，富到给后代子孙能存几十万，甚至几百万，与这个相比，那个钱有的可能对下一代有好处，也可能会有坏处。因为他觉得爷爷给我们这么多的财富了，父母给我们这么多的

---

① 2016 年段绍升审读时改"把我"为"觉得"。
② 2007 年 2 月 4 日。

财富了，他可以不劳动，他可以不动脑筋。这就会非常有坏处。但是成了著作存放起来，当然别人不一定有我们这样感兴趣，我们家有这样一份，我的后代子孙一定会感兴趣。喔，这是我父亲的一些话，这个是我爷爷的，他到时看一看，可能比看其他人的要深刻。只要对他有这样的启发、有这样的意义的话，这个比百万千万的财富还要强，所以又是我的这一边的想法。所以我们两个这样一结合就是双赢，双赢的事情才能发展。如果单方面的不可能。这个话我说得实实在在，我不是说你朱教授这样我就是为人民服务，为国家贡献我的什么，光是这样不是，我有这样的利益所在。①

49. "你为我们做了好事，我们不会忘记你"

"周城"，与忠诚老实"忠诚"同音。有那么一个优美的故事，朱教授已经听说过了，就是本主杜朝选做了好事，我们追认他为本主。因为他救了两个周城的妇女，那两个妇女要嫁给他，杜朝选说他不做这样的事，他不能接受。那两个就跳进塘子里去，就是蝴蝶泉那个塘子，飞出来一对蝴蝶。那是历史的很远很远之前的故事。

而近代又有那么一个故事。就是周城农业上的水逐步少了。过去我们的二世祖成为治水龙王，这比杜朝选范围更小一点的我们的祖宗的故事。一直到现在水的问题同样金贵，同样难以解决。要扎扎实实解决农业用水的问题，在新社会里面下了不少工夫。到我在大队的时候，60年代，县水利局，现在是市了，派了专门住我们这儿改造水利问题的一位工程师，他叫杜敦。我们说你姓杜，我们的本主也姓杜，你要做好事，要蹲下来。他曾经是一个科长，50年代初的时候，后来搞技术。他在我们这儿时间比较长，先先后后好几年的时间。他的爱人因病去世了，就丢下年幼的两三个娃娃，中年丧妻也很恼火。他在家里出现这些烦恼大事的情况下也仍然在我们这儿坚持工作，他在我们这儿的工作见成效。把一发大水就冲田地的周城河治理好了，可以说是根治了周城河。也还想办法挖了几个河沟，他作指导。还把南沙坝、北沙坝变为良田。没有土怎么办？他出了个主意：我们试一

---

① 2007年2月9日上午。

第十一章 "实现了心愿"

试，既然洪水把土带下来把庄稼都埋没了，现在同样让水听我们的话，把山上的土带下来，带到沙坝上。以后把沙坝挖成一丘一丘，用水把泥土带进沙田上，它干了再带一层，干了再带一层，带上几回可能就会成为厚厚的一层土。结果按他的办法成功了，把一个南沙坝一个北沙坝都改造成当今种的良田。现在宾馆后面我天天都去的那边原来是沙坝，被水冲了以后把良田埋没了，以后成了沙子和石头，那么几个坝，后来就把它改造了。

也还曾经想这办法想那办法在海边修水泵站，过去电路没有通的时候用柴油机解决不了问题。他现场指挥在旗山和鼓山之间修了"换新天水库"。就在"文化大革命"期间。那时三句话不离毛主席教导，"敢教日月换新天"，就叫"换新天水库"。就是正在修"换新天水库"的时候，起码有几百人上马了，先后有几万人次。在那边的时候他是一个光汉子，他对我们有贡献。我们周城人积极地跟他说，你找吧，在我们周城人当中。我们过去杜朝选救了我们的人，那两个就成了他的两个娘娘，每年还接他，本主节的时候。你是活着的杜朝选，你也姓杜。就确实给他选择，有几个当中他选择了一个，所以就在周城安了家，那两个现在都在。杜敦已经接近八十岁了，但他的工作还是不错，退休以后人家还请他当正儿八经的工程师。而且建筑方面也有一定的知识，所以建筑路也请他当监理。一直到2005年，他都还在做建设的工作。而且在我们周城安家落户以后他也生儿育女了。周城的这个老婆，招他为婿，做我们周城的女婿了。周城姓杜的就他一个，还有一个很早很早之前的杜朝选。你看是不是戏剧性吗？我在搞自来水的时候，就要到处支持，州里面的，市里面的，县里面的，省里面的，那些外地人，我就给他们吹这个故事，说我们周城人就是很讲道德，就是很"忠诚"。你为我们做了好事，我们不会忘记你。

比方说，朱教授你来我们这儿，你要为我们做一些好事，我们周城人给你这个"荣誉村民"，把你吸引到我们这儿来，这是对你感谢的一种表示。我们要办理水利工程，搞自来水饮水，也就尽量地宣扬我们这些故事，实例。只要你为我们做了好事，我们不会忘记你。你永远在我们周城人民心目中。我看,也会感动一些人。①

第二节 "一生中也忘不了的事"

50. "我父亲见到了毛主席"

最感动的是,有到北京的那次机会。当然与朱教授的发起分不开。

教书的时候就有《我爱北京天安门》的歌,看着娃娃一面唱歌一面扭着头,一面那样兴奋。我也确实爱天安门,因为毛主席在天安门城楼上说:中华人民共和国成立了,从此中国人民站起来了!那几句话就起到那么大的威力。就是从那一刻起,中国在国际上就屹立了。所以对于北京——我们的首都,对于天安门觉得很神圣、很神秘。

而且我家里面,首先我爸爸成为一个劳模,出席过北京群英会。看见毛主席接见劳模,我知道我父亲去出席北京(群英会)。那个时候,广播里面,还是实况广播,我正在站岗,1958年,我正在看守所的岗台上站岗。岗台上挂着一个小喇叭,报出来毛主席接见英模代表,我父亲在那里,我父亲见到了毛主席!而且从他们坐的位置旁边过去,是这样,接见他们的时候。我也知道我父亲出席这个会议而且见到了毛主席,连我在岗台上听见这个声音的时候,都高兴地跳起来。这是1958年底。

我父亲出席北京农业战线的英模会回来,也在县城里面召开报告会,我也听见了。受到毛主席接见的那种激动人心的场面,他也把它说出来了。

后来我家里面我哥哥,1959年又出席文教卫生战线上的群英会。我哥哥被评上出席北京国家级的劳模,评上先进分子,模范,至今还享受那个……他们能够都到北京,很羡慕。我哥哥去的那一次没有受到毛主席的接见,只是周总理见了我哥哥他们。而且周总理从印度访问回来,陪同的是当时的外交部部长陈毅。我哥哥回来讲的时候都觉

---

① 2007年2月14日。

得很激动人心。周恩来接见他们,陈毅还跟他们讲了话。当时中印关系都很紧张。他说,陈毅跟他们说:"你们这些小伙子,要争气。我是顶门户的,什么都不怕,只要把我们国家建设好。这一次跟着周总理,我去印度,他那个国防部长说,你看我们这个差得很,我们不敢侵犯你们,我们也没有这个能力侵犯你们。我就顶过去了,总理还不开口的时候,我就顶过去了。我说,我们也不会侵犯别人,但只要别人侵犯了我们,我们也不怕。"他把陈毅给他们讲的既普通又激动人心的话跟我讲。啊——,觉得很羡慕很羡慕。他们能够到北京,很向往。

到90年代,我的妹妹也有了个机会。我的妹夫写了一些有关中医方面的文章,中华医学会邀请他去了,我妹妹也跟着他去了,也去到北京。

我看我们这个家里面,我爸爸、我哥哥、我小妹,我们三兄妹当中去了两个,唯独我还没有去过北京。所以我当时就暗暗地下决心,老子一定要去上一次北京,要做好一切的准备,哪怕是喂上几头猪,卖了也要上北京。(笑)这是我的一个心愿。

51. "那一年我的机会来了!"

那一年我的机会来了!朱教授也曾经打来电话,到北京,说这是你的心愿。我过去说最大的心愿就是去一次北京,朱教授也在北京①,去了以后更方便一些。机遇还好在那个时候我小学的同学,——感情还是比较深的一个同学,在西南航空公司。他是当权的,是工会主席李桂仁。他每次回来,都说你们来玩,飞机票可以减价,或者我掏钱,都要去上一趟。我是想去,但是一个人没有意思。他说,好,你建议吧,你来看吧。我说赵勤是年轻一点,还有张骞那个人,因为他们有一定的感情。他说对对对,再考虑上一两个人。我说,不了,三几个人就行了。我当时考虑:如果一张小车有一个驾驶员,一个领我们的,加拢就是五个,到那边比较方便一点。他跟我说的时候大理飞机场开通了,但成都往这里的班机还没

---

① 我那年在北京大学社会学人类学研究所做访问学者。

有开通。当成都班机开通的时候，他给我说，这回有机会了，你要去。他给我们买好票。

过到成都以后，由我的老同学李桂仁安排。那天晚上很高兴把我们安排在蓝天宾馆，是西南航空公司的宾馆。他工作忙，他的老大陪我们，第二天到处游一游。后天去九寨沟，他是这样安排的。我伴那几个就说好好好，我不出声。他说你的看法呢？我是这样，不瞒你说，九寨沟什么七沟八沟的我们在山上走怕了。这就是一个山沟沟么，听了都有点怕。我是最想去北京，因为是我这一生的心愿。他说好好好，可以么，可以么。你们几个呢？他们说老段说出来，我们都有点不好说。北京——，好好好，你们明天玩，到北京的天天都有。我去帮你们看，后天走也行，再后天走也行，你们看。我们说最好明天去，从北京回来再玩。再加上北京又有杨映辉，也曾经是我的学生，他读初三毕业班的时候，我教政治，他对我有比较好的印象。他说我这几天很忙，听说你来了，我要亲自去接。所以他到首都机场亲自来迎接我们。

52. "一生中也忘不了的事"

又和朱教授联系。那天我们住到蝴蝶宾馆，听见朱教授在电话里面的回答很兴奋，很高兴，到了。我专门到街道边那个口口，因为那个宾馆有点背，不在正街上。朱教授问我大一点的建筑物是什么，我就到路口等，西单的百货商场。所以那一天，朱教授在百忙中理解我们的这种心情，而且也不愧是我们周城的荣誉村民，就像在他乡遇故知，好像老乡见面一样，那么热情！

那一天朱教授就和我们去了天安门广场，也就是那一天上了天安门城楼。首先看了那个电视上看惯了的那个红旗。如果能看上升旗那个场面就好了，但是时间很不够用。天安门城楼进去，那一边也很宽敞，部队在那边操练的样子。看看时间五点多，正在操练的时候。一会儿他们排队出来了，像电视上看过是升旗降旗的仪仗队的样子。恰好我们通过天安门城楼的时候，那支部队"咔——，咔——，咔——"很整齐很威严地过来了。我就知道这个是他们可能去降旗，对老张说马上把这个镜头摄下来，我旁边有仪仗队的这个镜头。他弄

第十一章 "实现了心愿"

来弄去七弄八弄没有照成功。（笑）朱教授也陪同我们。

……人的海洋。但有军人在那里维持秩序，往那边靠这边靠，当然只得听从指挥。第一天到北京就看了降旗仪式，心里很兴奋。毛主席的那一张像，就是天安门城楼，就在我们背后一点点。我的老朋友张骞就说出了我们的心里话，他用白族话说："啊——，我终于已经站在天安门广场上了！啊——，毛主席啊！"（笑）那一回，我们也觉得很激动。他腰间用一个我们这里扎染布做的腰带，腰带里肯定有一些钱。这么大的一次远门，他也准备了一点。鼓鼓的，好像一袋子的钱。赵勤说：呵！这个是相当典型的农民上北京天安门的激动的形象！要把他照下来，到底照成功了没有，还没有见着。两手叉腰，小肚子挺起，有一个钱袋挂在他前面，那么一个镜头还没有见着。但在人民纪念碑那个是有了，朱教授还和我们在一起。

尤其激动的是登上了天安门。改革开放以后我觉得现在国家各方面都很灵活，过去是很神圣，天安门城楼普通老百姓怎么登得上？虽然人挨人的挤过去，但已经登上了，相当兴奋！

那天晚上在宾馆里面睡觉的时候，就一直回忆今天我终于能够到这个地方，登上了天安门城楼。但是自己一直在想：就怕是一场梦。到底是一场梦，还是真的？我跟老张说，不是梦，是真的么？他就笑。梦想成真！

所以这一件事，让我到北京的最大的愿望实现了。

当然这比我想象的还要好，到天安门就了不起了，朱教授陪同我们那一天。第二天，朱教授的学生小梁又陪我们，他也领我们，我说清华北大是人们很向往的地方。他说那个简单，也不用买门票。到了清华的时候，大门才进去，我的老朋友张骞，因为他的孙女和我的孙女立花是老友，那个人也很幽默，一进清华门时，就喊出来这么一句："阿花，你们下课啦！"我回一句："艳春，你老友和你不读一个系是不是？"觉得很开心！小梁又领我们去逛颐和园，那一天又有点下一点小雨。我们又去了圆明园，看了以后深有感触，那个太伟大了！虽然剩下的废弃了，但可想而知，那个年代就有那样伟大的建筑，而被帝国主义就那样把它破坏了。最后的感叹是赵勤一句话，他也是手叉腰喊了一句："狗儿巴子的帝国主义，现在再敢来吧！"（大笑）那是发自肺腑的感叹。那个年代我们中国贫穷，穷就受人欺，家和国一个道理。人不奋斗不行。奋斗起来了，你得要像模像样。我们的国家现在富强起来了，你帝国主义不敢了吧！赵勤的那句话说出了我们的心声，为我们的祖国的富强而自豪。但也深深地回想起那个时候受人欺的场景。我想圆明园以现在国家的实力，重建起来不成问题，但是那个旧址就是那样在摆着，让一代又一代的再看看，不要忘记我们的过去，那个比把它重建了要有意义。

第三天朱教授又陪我们，在百忙中抽出来陪我们去长城八达岭。毛主席诗词里面说不到长城非好汉，他们还搞了一个"好汉碑"。到好汉碑那里照一张相还要两块钱。下来以后，想象秦始皇修筑万里长城的情景。过去把秦始皇说成是坏的家伙，其实他不简单。不单说秦始皇，也是说我们中国的历史，我们中国人那样的创造、那样的智慧，为了保卫国家下了那样的决心。应该想到几千年以前的那些事，就会觉得我们中国确实伟大。

回到北京城的时候，那天的时间确实很不够用了，因为安排的老李给我们弄好了机票，第四天下午就回去了。上了长城，但是时间不够用了，朱教授说一定要去故宫看看。我们说不感兴趣了，朱教授说不行，还得去一去，否则以后会遗憾的，跑着去给我们买了门票。还是去了，故宫。现在电影里面出现的慈禧太后，中和殿啰——，七殿八殿，太大了。我们跑跑跑跑，但心里面想，我已经到了，到了故宫了。我本来想数一数，——光是香炉鼎都数不过来了，一排一排的。立在那儿的本来想数一数，到底有多少个，但是数不来了。还是赶紧跑跑跑，跑了那么一圈，用了不到两个小时就跑完了。天要黑了，看起来他们快要关门了。遗憾的是时间不够。最遗憾的是毛主席纪念堂没有去。

天安门那么气派，也可以看到很多外国人，也给他们看看，这就是中国，没有对不起你们的地方！但是也有不好的地方，40万泡泡糖，不往垃圾箱里丢，丢在天安门广场。太不自觉。那天早上意想不到的是，虽然毛主席纪念堂没有去成，但人民大会堂去上了。但就是时间短，到了就是一种心理的平衡了。

这是一生中也忘不了的事，实现了心愿。[1]

---

[1] 2007年2月15日。

第十二章 "宗教信仰"

第一节 "神鬼我不相信"

53. "我见过两次鬼，但我解开了"

神鬼我不相信。我见过两次鬼，但我解开了。

有一次1954年底我爸爸回来了，1955年的夏天。我家没养牲口，借了一匹骡子到山沟里去打碓。天黑了，就我一个人加一个骡子。那条路过去有很多坟墓，天阴又黑，快要下雨，听见村子里狗叫。一会儿见着火，一会儿不见，我汗毛都竖起来了。我看见了一个小人人，我手中抓了两块一公斤大石头。"打——"，我大叫一声。原来是真人，他就答话，是我们村里的侏儒，说接他的老婆。

第二次，在1971年"文化大革命"时，大队把所有的缝纫机组织成加工厂，叫副业厂。我爱人是成员之一，随着我家缝纫机去做了。我家老五刚生，我晚上去完成任务。深夜四点我回家，晚上月亮很亮。出来在公路东边，影剧院南边，有很大的一股水。看见一个女的，黑里褂，白衣裳，蹲在那里洗衣服。我（已经）走过去，一想，——怎么有这么一个人？我折回去，一看没有人了，又是汗毛都竖起来。我明明看到头，手还在动。我又去看，喔——，实际上不是一个人，是对岸的香椿树与田埂组合起来的影像，有石块，两块白色的石头，有一点风，就成了那个人了。

我一生中现在都无法解开的神秘的东西：大概是在1949年还是1948年，就出现了山上的云一小朵一小朵，成为人。很多的一群人，在山的半腰移动，往山沟沟里下去了，到旗山与鼓山的背后的山那里又不见了。很多，有几百几千个小人。一共看过两次。一直到开发花甸坝那一年，方向相反。1955年绕山灵那天，也就是那一群小人从消失的沟里返回到蟒蛇箐又返回到天龙洞。不是到天龙洞，是到蝴蝶泉后面的沟沟里面。前面那一次，我在我们家的老房子后面看到的，人很多。有各种说法，不知道是不是一大朵云变的。我们看到的是一个一个小人，有人说天兵天将，有人说是自然现象，我解不开这个谜。①

54. "对佛爷爷的信仰就开始产生了动摇"

幼儿时期见着我们家族里面有一个我的爷爷辈的人，他每顿饭时都把第一碗舀起，高高举起，说南无阿弥陀佛，他还说些什么我记不得，之后再坐拢吃饭。因为他们家里是我们周城这一带唯一的食馆，在公路边，像模像样一点的食馆。旧社会的时候，他孙孙是我的同龄人，现在西安有色金属研究所，也退休了。我们是一个家族的，也在他家吃了不少饭，经常看见他那种行为。他们家的楼上窗户里边有一些佛爷爷，实际上是铜的，我们那时以为是金子的，小时候看着很神秘。

但有那么一次那个院子烧起来了，他倒是到公路边的食馆里面去了，他以为是其他在家里面的同院的人把它烧起来的。他抬了一个棒棒，跑上来，说谁把它烧起来的，就要把他拉到火里面去一同烧死。他很愤怒，就这么叫，一面救火，一面叫。救不起来了，整个院都烧完了。那一次，可以说是我儿时最恐怖的一次。最后查对起来，结果是从他那个佛爷爷前面的香炉烧起来。在家里的人听见像飞机一样的声音，——过去抗日战争的时候经常有飞机，就是美国的飞虎队，也曾经有过受伤的飞机掉落在我们这一片。他们听见"嗡嗡嗡"，以为是飞机，再听听又不是，一打开门西边那房子，就是那个佛爷爷的那个位置上已经烧红了。把整个院子里的人都叫起来，发动起来，也已经没有办法救了。因为他那个房子已经很古老，再加上是土木结构，木头的东西易燃。他认为是其他人失了火，说谁烧起来就拖出来丢在

---

① 2006年7月24日。

火里一起烧死。核对下来就是那个香炉引起的火灾，大家就说是他把它烧起来了，既然这样，大家就要把他丢到火里边。他也害怕了，逃掉了。

从那件事开始，就产生对这些迷信活动的思考，觉得不可信。如果说那几个佛爷爷威力无比，应该得好报，但恰好是他那个地方烧起来了。儿时当然也不敢发什么议论，心里想这些不起作用，所以对佛爷爷的信仰就开始产生了动摇。再加上长大一点到学校里受老师们的教育。再加上银相寺，有很多佛爷爷，我们教室也有很多佛爷爷，在佛龛下面摆桌子上课，老师上课说不要怕，这些是泥塑的。后来要扩大一些教室，就推翻了。最神秘的是魁神，楼上，有一个魁阁楼，上面是魁神，下面是财神。那个样子我至今还记得很清晰，财神也要推倒，那些事我都参加了。尤其是魁神要拉下来，用打井水的绳子就把它套起来，一拉就跌下来了。还有，也是为了腾出教室，因为学生人数多起来了，就把第一道大门两边的两个佛爷爷，实际上就是哼哈二将，推倒了。推倒的时候我们都参加了。

紧接着银相寺后面一点点，那西北角又有一个寺庙，就是北本主庙。有柏子树，很高，很密，大概有五几亩都种满了柏子树，学校要把这个寺庙利用上。旧社会的时候已经占用这个北本主庙，当区政府用，也当过保公所。那里杜朝选也在，北坊的房子楼上楼下没有佛爷爷，就利用它办公，也住着一些保安之类的。每年春节要唱戏，把城里面的戏班子请下来也住在寺庙里面。我们学校要扩建的时候也就利用上。我就记得杜朝选、大娘娘都是用木头雕刻的。每个佛爷爷中间是一根木头，周围是草绳，其他是泥巴。木头挖空了，放一些宝器，是一些银制品，不是金的，不大，比较小，价值就值现在的几十块，不是很贵重。所以从那个时期开始就逐步对这些东西不信。把它推倒了，也不见得有什么事。而且杜朝选庙里都是木头雕刻的，背到学校里来，有一个炊事员，现在我都还记得，体质比较好，就拿大斧头砍，我们在旁边看。他什么都不怕，而且用来煮狗肉。

那一年出了一点分辨不清的事。就是农历八九月份即将收谷子时，所谓十月农忙，到农历的十月份才收谷子。即将收谷子时下了一场冰雹，把谷子打落在地里，受的灾比较厉害。恰好遇上那么一场灾难，有的人就说那些事①搞坏了。

在那样一种环境下成长，主要还是信仰了学校老师的教育，是唯物主义不是唯心主义。

55."神汉"

我们同村的有一个，周城对他也比较迷信的一个，就等于是神汉，信他的人很多。他门口常常停着高级轿车，甚至部队里面的车都有。他说得很灵很神。他是我的学生，我当民办教师时，他是三乙班的学生之一。他对我还是比较好的，他读书的时候学习成绩是中下，但是做好事他是第一人。比如我说教室打扫得不像样，要重新整理，哪一个吃了早饭，来把他弄一弄好不好，具体的哪一个来做？第一个举手的就是他，而且他实实在在地完成了。又如有一次，我们那个很简陋，用石头砌成的单墙倒了，这个要把它砌起来。他说：段老师，我来砌，我吃了早饭以后马上就把它砌起来。我出来一看，确实是。我问哪个砌的，他说：是我。他就怕我问到他信什么教，他脑子很灵，马上主动地给我答复。他说："段老师，'教'不一定是什么教，我这个很奇怪，我只要一说就算，是一种脑子的灵感，是神圣的东西给你的一种灵感。他来，让我给他祈祷，给他求，他出了什么事，什么原因？哦——，这个肯定是遭了火灾，所以我就要在火灾方面怎么来认识上说一通，恰好正是他家出了火灾。这个人他可能娃娃死了。我就这么……"他又说："啊——，这几天忙得很，天上开会。"他漏出了这么一句。我说，天上开什么会？他说，基本上人都齐了，就等他。他在我面前还装神弄鬼地说了那么几句。问他天上什么人开会，他说，马克思、恩格斯、列宁、斯大林、毛泽东、周恩来、朱德、陈毅，他恰好说了九个人。"还等你？是十个人的会议？"他说："是是是。"（笑）

对于他的那种信仰，他自己也说不清是什么教。那个就是迷信的东西，他自己也说不清。我想，你是他们的士兵都还不够，他们

---

① 指推翻神像的事。

的卫士还不够，通信兵也不够，人家还等你？但他这种也有对社会好的一面。因为一般找他的人，就是家里出了不愉快的事的人，他弄来弄去，不一定一句话就说得准确，他这样问那样问就会套出来一些话，他有些套话把人家套出来了。比方说他是跳到水里面去自杀，他就会说，啊——，这个人现在已经活到36，本来18岁的时候就应该死了。他是不是那个时候病过一次？他们就细细一想，当然这个人可能十七八岁的过程中也可能有点事。但是你们对他太疼爱了。"因为我舍不得你们，"他以那个人的口气说，"我如果现在不这样死的话，以后就会给你们带来什么什么灾难"。人家的心理就平衡了。他虽然死了，给我们家里还带来个平安，好像这样就给人家起到平衡作用。或者人家里有病，无奈了去找他。他说有解有解，好办，你们到红山本主那里去敬香，因为红山本主的兵对你们有一点干扰，你们只要去那里敬一次香。他又得了几个钱，也给人家心理上平衡了。

　　这种我根本不信！但为什么有史以来，历代都有这种历史记载？对封建迷信都反对，但一直还存在。它存在的原因何在？为什么在老百姓心里边根深蒂固，世世代代不可磨灭？总的来说对人们的心理平衡起到作用，对社会的稳定起到作用。但也有对社会动乱起作用，也有这样的事例，当然那一种就要用法律来制裁。但只要对社会没有起坏的作用，对人们的心理起到平衡作用，你有你的一点信仰，也是可以的。

　　56. "不跟他们走，思想也苦恼"

　　我去过几次红山本主庙，因为儿子媳妇要去，他们跟我说："爸爸你和我们去。"我如果不信就不去，就不和他们打成一片，不对。而且他们有一种寄托，有一些唯心思想的人对家里孝敬老人这些起码稍稍有些好处，不是说绝对的坏，也迎合他们的心理，但我基本上不磕头。如果他们弄不开，没有人给他们在佛爷爷面前说一些讨好的话，祝贺的话，我可以顶替。我也给他们说一些哀求的话，就给他们万事如意啊，心想事成啊，空手出门抱财回家啊，养鸡鸡就像凤凰，养猪猪就大如象等等那些，弄上一些，（笑）这样起到安慰的作用。

家里面有大一点的事也到本主庙去进香。我思想里面不信,但是人家去,我硬翘翘地一个人不去,就和家族的人搭不拢了。所以我为了迎合人家的心理也去。人家这么叫我也这么叫:

> 打开猪头,段氏门中吃不愁用不愁;
> 打开鸡蛋,段氏门中大发大旺;
> 打开鸭蛋,段氏门中平平安安;
> 红干那,绿干那,段氏门中金银财宝堆满仓。

有时我也顺口说一些。因为他考上大学了,我们这儿也请一些客,敬一点香,也说一些话:求学者,金榜题名;求官者,步步高升。

如果不和他们打成一片,偏偏要这样,不跟他们走,思想也苦恼,也搞得孤独。包括老大①在农村里面生活,他也要和人家打成一片,不得不参加这些活动。但他不宣扬。基本就是这样。

也有例子,有一个人从机关里回来的,他很认真,信马列,封建迷信不信,磕头也不磕,好像丢了共产党员的人格。最后很孤立很孤独。这一方面我父亲的认识和我有点不同。他是唯物主义者,不信。死了人,我们是不是问悼一下?他说问悼可以,他最害怕磕头。有一次我和他交流:我的看法是这样,这是一种礼节,死人了,做给活人看。我们是尊重人家,这是一个礼节,死了就平等。我们正统的礼节鞠躬,或者行礼,但是老百姓磕头也是礼节。人家都磕头,我们在那里敬礼,我们在那里鞠躬,相反就不好看,就尴尬。人家磕头我们也磕头。他沉默了,微微地笑笑。大姑妈死了,他去,我说这个一定要磕头。(笑)他说就怕跪下去站不起来。(我说)我负责招呼你。我们就到角盈村去了。哦——,我爸爸那个人,他过去唱戏都唱过,他的那一套做起来,作揖啦,磕头啦,样子做得多认真!就像一个演

---

① 时为周城村党总支书记。

员，多标准，一般人都不像他那个。恭恭敬敬，不磕就不磕，磕起来相当标准，很稳重，是一个舞台动作。（笑）①

第二节 "老公公出现了"

57. "老公公出现了"

这段时间我们段家的事还有什么一些故事性的东西，当然这是偶然的巧合，2000年六月十五，农历的，你也去了②。我是在最后，最后扫尾的时候，家族里面我的叔叔也在那里收拾。我说你先去嘛，我在后面再等一下。我看见他在那里收拾东西，我认为我来收拾，他是我的长辈。他说不必，他还有事。我说你有什么事？他说他要给龙王爷，——就是我们那个老公公，要挂一个红。他家里这几年不顺。他请算命先生，巫婆神汉，到底是那些人说什么我不知道，他说请人看了以后，看出来要给龙王挂挂红，谢谢（龙王）。他们好像得罪了龙王爷，他的娃娃，小孙女长一些疮，一摸水皮肤就马上反应，这么一回事。为了达到他的心理平衡，我也给龙王爷祈求，我说龙王爷，我们的老公公，你要给我们行行好，我们的叔叔家，如果有什么得罪了你，你饶他算了。我那个说法，有一点对他是一个安慰，我也为他说好话。

原先这个已经承担了，为了这样一些事情他逃跑了。③ 那一天我叔叔在那边要挂一道红，说他家里面什么事。那个确实是得罪了我们的龙王爷，像他那种态度，对我们的祖宗不忠了嘛。（笑）当然我说这个事，也不是说……，我本身那么多年的共产党员，受党的教育，我也不信神。这些东西在一个地区有这么一种信仰，它有一种凝聚力。而且从我们这儿朱教授你们都知道，包括我们整个村的本主杜朝选，他是为民除害，我们把他树为本主。我们这个村谁也不姓杜，有个姓杜的人为我们做了好事我们就要把他追称为本主，这对后人有好处。对你们，包括其他外来人为我们这儿做好事的人，都有一种启

---

① 2007年2月12日上午。
② 指我参加2000年农历六月十五日段氏家族在山上祭二世祖段隆的龙王节。
③ 指他叔叔家庭中一成员，原来承担了修建祖庙的任务，后来又不修了。

发，周城还有这个异姓，你只要为人家做了好事，对你还要这样地追念。这是一种美德。我们这个祖先，他不是一个恶棍，他不是一个大恶霸，他是一个勤勤恳恳的农民，他开垦了良田，他开辟了水利，这个怎么不应该受到后人的尊敬呢？这个当然要受到后人的尊敬。勤勤恳恳地劳动，为地方为后人做好事。这是故事当中的故事。

那一天的这个事发生在你们走了以后。挂红挂一个红带子，烧香，祈祷。他跟我说的这件事。我本来也不相信这些事。但……

（他不修）怎么办呢，还得继续修。有些人忍不下这口气：他不修我修，不像话，难道就少你不成。结果就由出姓的一个兄弟把它完成。那么如果讲迷信呢，这个人很顺当。那个时候他的儿子还没有毕业，毕业以后很好，讨了一个媳妇也很好，是大理人。家里各方面的发展都很顺当，就是后来把它完成的这个人。①

过去龙王庙是一个小庙，有一块碑，有一个把我们的祖先的碑背回来了，那家就生病了。后来1973—1974年背上去了，又竖起来了。……（又）有个放牛娃，把神像的手弄下来了，后来就生病了。看出来是这个事，又规规矩矩修好了，那家请人去修。听着的人说祖先的英灵还在。

（修庙）第一天从祖先牌位往下挖时，下边有30公分的小蛇，红色的。段继兰看见，说是我们的老公公。他们就去敬香，就用筛子把它拿在盘子里面。段应龙说：老公公出现了，我给你们讲故事，讲朝珠花的故事。讲着讲着不知什么时候老公公就不见了，本来放在盘子里的，很神奇。个个磕头。火把节那天，段继兰还提起这件事。那条小蛇红色，脊梁上长满了刺一样的图案。

第一次塑神像，请人塑了一座，庙修好了，就搬迁神像，那一天仪式很隆重。我没参加。他们说我们老三去背神像，老三后来发展很好，在我们这一带叫他财神爷。②

58．"解不开的两个梦"

1970年，我们生产队去云台山林业局做副业，在永平县与漾濞

---

① 2002年2月18日下午。
② 2006年7月24日。

县之间。那一段时间我已经在花甸坝守荒，副业队那边出问题了，死了人，出了大的工伤事故。他们连夜回来，到大队里报告，请求大队部派人去解决。派什么样的人才能解决得了，就跟董茂南商量。董茂南就马上就给他们答复了：说我们大队没有这样的人选，能够把这样大的事情解决好，要去做这个工作，没有魄力不行。你们队正好有这样的人才，他就说只有让我去才行。我叔叔说他现在去花甸守荒去了。说你们今天晚上派人去（叫）。他们派了四个人（来找我），在家里坚决保密。据他们自己说，他们出发时已经晚上十二点多了，每人一个手电筒。他们赶到花甸坝时大约四点多钟，又还不到接近鸡叫的时候。他们就在门口叫喊，我惊了一跳，四个人喊我的名字。一听见叫我名字的这些声音，我一骨碌爬起来，感到出了大事，是我们家自己的事。因为那个时候是我的老五即将分娩的时候。我自己给自己壮胆，出了再大的事，我也得撑着，我也得要把这些娃娃……，我要镇静。我坐在床上，我说你们不怕，天大的事都跟我说得，不必绕来绕去。（他们）说是人家要我们来通知你，说你不要急，有一封信你看了就知道了。他们有一个人给我点着灯，我就坐在床上看这封信。说是副业队出了事，大队要让你去，只能你去才能把问题解决得了。

　　接信后马上下来，有人在喜洲车站等。有的人帮我们炒饭，等于弄吃了一小点早点，以后就摸黑打着电筒又出发了。大约凌晨五点不到就出发了。心里急，在这种情况下走得比较快。我们不是往周城这边走，而是往喜洲那边走。走到车站时候太阳才刚刚出山。生产队里也派了一个指导员和那边死者的儿子在车站等我。他们说到公社要一个证明，但他们还没有起床，我就想，既然这样，我穿的那件衣服在花甸守荒，又烤火又烧饭弄得乱七八糟，就像乞丐一样的那么的破破烂烂，要去给人家打官司弄得太不像话也不行。我就给他们说我回去一趟换衣服。那边回到家又要走五公里。但是我就跑到路中，以那个年代的那种精神，不管它三七二十一跑到路中堵了一辆到剑川运木料的车。也给那个驾驶员说清楚，本来我站在路中他有点发火，我说对不起，对不起，因为家里面出了人命的事了。他车费也不要了，马上就回到家了。

（那时）我老伴即将分娩老五之前，老大到老四又都是娃娃，都是睡在一格里面。那时刚刚准备起床。听见我敲门，她吓了一跳，问我回来干什么。她说梦见我的岳父出事。——实际出事的是她叔叔。我的岳父是老二，那个是老五。是否有感应？我也就解不开这个谜。她一说出来，我说，啊——，怎么说得这么像！我都有点很奇怪，因为她不可能晚上出动，这消息他们还没有说出来，连我看了那封信他们都说你把它烧了，连看花甸的人都不让知道。但是她就会梦见这样的梦。

所以我一生中解不开的两个梦，一个是我爸爸死的时候的梦；一个是我要出发回去换衣裳时候我老伴的这个梦。

我爸爸是在1979年12月10号左右去世的，就是晓云当兵之前身体不行好几个月了。尤其晓云当兵那一天开始，他就一粒饭都没有吃。晓云当兵那几天我姑妈在这里观察到我父亲身体情况不妙了，就回去说："不久了，饭都不吃了。"我姑爹叫杨淮清，思想很灵活的这么一个。他就来跟我说，把你父亲搬到堂屋里来。他说，俗话说：食者则生，不食者则亡，他不吃了就完了。所以就得把他搬到堂屋里面来，就是寿终正寝，死要死在大堂上。我说，姑爹既然这样你要帮个忙。我过去就跟我父亲说过，他跟我答应说："好，我把这个铺子腾出来你们好做裁缝。"这个话就意味着搬到堂屋里是我想用那个铺子而不管他。我就对我爸爸说，爸爸，我不是（这个）意思，我不能在铺子里面缝，我是个民办教师，我正儿八经开铺子是不允许的，我就适合在堂屋里面缝。但是我觉得你的身体有点担忧，我征求你的意见，你喜欢在哪儿？他说我当然喜欢在铺子里，因为路上有一道门，我的那些老朋友喊我一声就进来了，所以我天天都有伴。我到堂屋里面就没有伴了，人家要经过我们的大门，就觉得严肃了，就不愿意进来了。所以我喜欢在这里。而且我作为一个老倌，在这里方便一些。我说既然这样，你就在这，但我有一个要求，不要把这一面的门把死，我能推得进来。万一你身体不舒服我进来看一下。

所以是这样，我不敢跟我爸爸说，只有请姑爹向他说。我姑爹那个人也很聪明，他问长问短，用他的意思才把他搬走。他说："阿哥，你这两天你可吃了一点饭？"他如果说没有吃，喔，既然没有吃，就有点不妙，是不是往堂屋里搬。但是我父亲偏偏这样说："饭倒是没有吃，但我还吃了一小点饼干，再加上我喝了一点酒。"这个酒就是粮食制成品，也等于是粮食一样，所以不等于没有吃饭。我姑爹就觉得进攻不了，就又说："你又想着什么事情呢？""什么也没有想。""有梦到什么梦呢？""啊——，梦倒是梦了一个，到底是昨天晚上还是昨天我都记不清楚了，可能是心理作用，梦着我死了。我明明知道我死了，把我入殓在棺材里面，装在堂屋里边也知道。"就对我说："你哥哥也回来了，你哥哥就一直到堂屋里面来哭，你的嫂子不进大门，就在大门外哭。在大门外哭我也知道，可能是心理作用。"

又隔了三五天时间，我爸爸确实死了。星期六我去帮人家做活，广播里问我在哪里，马上回来，家里面有事。小松还在读高中，到外面去喊，就在大队的广播里面喊。我回来他又缓和了，又好了。我们借那个机会才把他搬到堂屋里面。礼拜天他又好好的了，说不怕，你去帮人家做活也不怕。那天我小妹已经在家了，她是个护士。我就去帮人家。到礼拜一，第三天，他不在了。他不在了我一直给亲戚说我父亲给我说过一个梦，我看我哥哥回来不回来。结果我哥哥回来了，我嫂子没有回来。结果真实的情况和他的那个梦差不多。一个是我的哥哥回来了，但是我嫂子没有回来，那时是在宁蒗县，她也是在外面哭了。但不是哭我爸爸，是哭她自己。为什么呢？她是妇产科医生，我父亲安葬的那天她还在上班，我父亲安葬是三点多钟，她也哭了，是哭她自己。她给人刮宫死人了。这是医疗大事故，不该出的事故出了。

我一生当中，活灵活现的梦解不开的梦就是这两个，很灵。我哥哥说，父亲这个人不得了，他死了以后还惩罚我们。[1]

第三节 "这种也有对社会好处的一面"

59. "老有所乐"

老妈妈（参加方广莲池会）她有一个玩的东西，正好返老还童。

---

[1] 2007年2月21日上午。

人从生下来就会动，几个月以后，要有一个玩的东西，他表情上就高兴。老的在家没有事干，就缩下去了。但集中拢来，有说有笑。那个小木鱼、小铃铛敲起来，当当当，同一个音，她这个敲得不对，互相指正一下，很整齐。七八十个人，敲得很整齐，好像提了神。当然那个经书如果你去研究它，句句是好话，都是教你去做善事，不会教你去做坏事。善有善报，起码是报答父母这些哲理。过去我对迷信活动反感，但是现在慢慢考虑，我敢于这样说。那天我对老协会说，老协会的摊摊还不如方广莲池会的摊摊，因为那个组织①不会向村委会要钱，组织起来很高兴，都有活动场所，她们又不搞赌博。他们②用十几万块钱的投资，花很大的力气组织，把最要紧的地盘都占了，那么一排（房子）如果租给人家作为市面的买卖，一年不会低于一万块。还有八间没有租出去，少说每一间二百五，一个月，四间就是一千，八间就是二千，十个月就是二万。这样的好的地皮让老协会占去了，而且把市场上的管理费给他们还不够。她们莲池会只是在边边上，房子还要自己去修，多可怜，怎么不支持她们呢？我的想法是应该支持她们。我不为支持封建迷信活动来树碑立传，我是认为老有所为，城市里面我看电视里面练保健操，农村里面不可能。搞那个活动她们还很积极，个个都穿得整整齐齐，下面的都绣花。……九月九③那个活动比较大，不低于接本主，她们这样组织也不花村委会的什么钱。自己花钱，她们愿意。现在老龄化，越来越多的人，如果都到老人协会，就是那么老套，打打麻将，其他没有事，与这个相比，老有所乐，老妈妈这个行为，比打麻将的行为，要好一点。我看那个老协会，就是老倌倌的世界，没有老妈妈。农村里有旧的习惯，男尊女卑，既然是老倌倌在场，老妈妈不愿意去。他们是打麻将，我们这里农村里的老妈妈又不打麻将，所以好像弄不拢。不仅是我们这里，只要入了莲池会的人，就不得入老协会。好像没有资格：你那个是迷信，我这个是科学。科学就是打麻将？我对这个事，实在有点不服。

---

① 指方广莲池会。
② 指老协会。
③ "九月九"的宗教仪式活动是"朝九斗"。

包括洞经音乐会，是一种文娱活动，为什么不可以呢？老妈妈，老有所为，她有一个走得拢的集体活动多好。有什么事情村委会派人去给她们讲一讲，她们也爱听。

60."心里的平衡"

有那么一些东西，如送鬼，好像既然有人来，你得把人家好好送出去，你不要得罪它，减少你心里的负担。今天有一个客人来了，得把它好好对付出去，就不会惹下麻烦的事。我们家这些送鬼的东西没有送过，但我说的这个意思，古人为什么有这个行为，而且好多人信它？你不要说这个乱七八糟的东西信它干什么，也不必，各人有各人的信仰。它为了达到社会的安定。这些的产生我想不是愚蠢的人发明出来的，而是聪明的人发明出来的。比如敬山神，敬本主，好像看到地方的官员，你不和它吵，不要和它闹，好好地敬爱他。我们的白族话，是给他们送一点什么东西。你事情办不通，你是不是没有敬山神？这样免得产生统治者与被统治者之间的矛盾。以这个来给人们提示，这可以达到社会的稳定。迷信与反迷信一直存在，过去我看过一个刊物上写过。有一个人到寺庙里，他们请他写对联。那个文人根本不信迷信，和尚在念经，敲木鱼，他写："诵经能超生，难道阎王怕和尚；纸钱能赎罪，菩萨岂是偏心人。"我们这里经常跑大理城隍庙，——城隍的级别可能是县官，敬城隍。我经常跟她们说，你们敬城隍，城隍等于是贪污。（笑）你们拿了那么大的公鸡，拿了那么多的东西，你们去敬他才给你们好处，我不去敬就不给我好处。你们谁错了谁去敬，就免你们的罪。那么我是个穷光蛋，敬不起，阎王就要惩罚我？这个不好。我就跟他们开玩笑。他们说你说的道理是这么一回事，我是根据那个对联的意思，社会上这些东西很复杂。①

人家有病请人看，就说有鬼，那都是无头鬼。就像社会上的流窜犯，要送。我们家没有送过，我想想……基本上没有送过，我们家不信。但好多人都信这个，要送鬼。我有一个朋友，他信，但他也不送。他给我这样说，他说这一段我们家不安宁，家里有鬼，请了个神

---

① 2002年1月29日下午。

婆看，她说我们家有三个，三个鬼。（笑）怎么办，得送。他的娃娃们说要送，他的爱人也说要送，既然看出有鬼非送不可。他说不送，我就是不送，他说你一送，它干惯了，这些鬼。（笑）结果我就是不送，结果隔了三天，那几个鬼饿得不得了，——他住西坊房子，他说那几个鬼到他三妈那里去了，北坊房子去了。结果他们北坊马上送。一看，他们家有三个鬼。他说那三个鬼实际是我们没有送。他跟我说得神乎其神的，他说我们家就是不送，就让它饿个够，不让它吃东西。它本来往西坊去，后来跑到北坊来了，就是另一家。以后我二婶家，马上就送，好好地送。结果她更糟糕了，一送，原先是三个，后来又进来五个。（大笑）他说五个送出去又进来七个。他说不要送，我们家不送，就不敢来。因为他不送，鬼就不来骚扰他了，他们家也就没有事了，病也不病了。但是北方不得安宁。因为这一家马上送，它就觉得西边这一家欺侮不了，北边这一家好欺侮。鬼把他没有办法。那个人很好玩现在不在世了。他是相信有，但是在相信有的当中，他就来一个以恶制恶。你恶我比你更恶，你要吃，我就不给你吃。①

海东有个红山本主，我经常跟他们开玩笑，既然是红山的本主，我们还要去敬他？如果敬本地的山神土地还差不多，他是管我们这一片，保我们的安宁，我们又不是红山，我们是苍山，去敬人家的本主有什么意思？他们说那个很怪，管辖的范围很广，我们这儿对他很信奉，每年四月十五去敬。过去我爷爷1946年病倒在床上，没有办法，他们说要去那边敬一敬，就请我的外公帮我们去，还有我爷爷下面有一个兄弟，我们叫他二爷二爷的，也帮我们去。那个时候交通不方便，今天去，敬了以后就回不来了，住了一晚上。我记得那么一回事。但是我们也好几年没有去，解放以前就去了那一次，当然也没有把我的爷爷救活回来。敬还是白去了，我的爷爷还是1946年不在了。这是事实，但心理上还是得去敬一敬。

年底还敬山神，不知那天朱教授看到没有，还是有些人的。那是

---

① 2002年1月30日晚上。

一个月的时间，天天都有人，还有好几处，每天都有四五十家这么敬，那么敬。家家户户都少不了公鸡，少不了肉，少不了鱼，鸡蛋、鸭蛋这样去敬。①

我们本主两个都敬，大年初二两边都敬。村里重大的事情以隆重的形式敬北本主，南本主用几个老妈妈去敬一敬。我们家族隆重的仪式敬南本主，不是距离的原因，从距离来说，南本主庙还远一些。但本主节全村又都敬北本主。②

我想把这些东西想出来的，是聪明人。想出来的人，他肯定不信，是为了社会服务的方法。如送鬼，有几个客要送走，否则就不得安宁。社会上不三不四的人找麻烦，只能忍让。如要饭的，你还是说一点好话，少给一点。你指责他，骂他，那么就可能为你家带来不好的后果。他来收拾你，小事成大事。所以对社会稳定有它的作用。③

61. "真正有一种信仰的人他不做坏事"

小时候吃饭的时候，泼饭，不爱惜粮食，下雨雷响就怕，妈妈就会说，不怕不怕，给老天爷说，我们错了，这次我们泼饭了，以后不了，雷就不响了。就想老天爷泼饭也知道。还有，小时候也爱学大人，用镰刀削一些东西。没有什么玩，喜欢玩陀螺。小时候娃娃玩的东西也不多，好多东西要动手制造。但我现在想正因为制造，自己要学着做，哪怕剁着手，在实践中磨炼，过去的人，什么都懂一点，与那些有关。削那些陀螺的时候，哪边方便就哪边剁。在门槛上一剁，哦——，这了得。门槛你剁一刀我剁一刀就剁烂了。但是他不这么说，为什么不能剁，只简单地说上一句，你在门槛子用砍刀剁，下一辈子就要缺鼻子，就是鼻子长不拢。（笑）那个难看，所以就剁不得了。用这样的方法来很灵，谁也不敢了。一些小动物，抓了一个蝴蝶，一个蜜蜂，就把它弄死。尤其是蝴蝶，好看，我们这边蝴蝶泉，那个时期的蝴蝶比现在多得多，我们幼儿的时候，也爱抓蝴蝶，跑来跑去地抓。老年人说这个蝴蝶飞来飞去多好看，你这个抓一个把它弄

---

① 2002年2月18日下午。
② 2004年8月8日中午。
③ 2006年7月17日上午。

死,那个抓一个把它弄死,所以他就想一个办法:哦——,做不得,你弄死蝴蝶你妈妈就会挤不出奶来,就很害怕。尤其我,我爸爸出门了,我吃奶吃到五六岁,就想吃一口奶。我就抓不得了。它就起到了对小动物的一种保护作用。以后好像打雷,就害怕,就跪下磕头。以后吃饭就不敢泼饭,把饭吃完,把碗"打扫"得干干净净。敬饭得饭吃,敬衣得衣穿。而且观察到,真正有一种信仰的人他不做坏事,做善事。

也观察到大的(人物),比方说我喜欢看《参考消息》,喜欢看各种各样的报纸杂志,也跟踪张学良,发觉他信仰基督教。他那样的人物是受我们共产党欢迎的。西安事变①蒋介石把他困起来,他一直还在活着,一直活到一百零二岁。如果他没有信仰可能不会活到那么久,对他的身体有好处。包括宋美龄也是信仰基督。那些发达的国家,先进的国家,美国和我们互相沟通的时候,1972年,尼克松访华上飞机之前,还在草坪地上做祈祷,上帝保佑。他那样一个发达国家那么一个总统,难道不如我的水平吗?他肯定还是有什么在里面,他的认知肯定比我强。再折过来,张学良那样的人物,难道他的认知比我还不如?这不可能。但他有了信仰他还能愉快地生活,还保住了生命,活到一百岁以上,而且生命力还极强。我们这个大村子至今还没有活到一百岁的人。所谓哪一家出了百岁老人,那是虚的,九十五六岁死了,就加给他一些寿,就是一百岁的老人了。为什么一个宋美龄、一个张学良活到这么高龄?你如果说他们的生活好,那么一些领袖、一些伟人也应该享受得到,或者说经济基础雄厚的人也可以,为什么高龄就很难做到?

社会上的生活逐步观察,逐步对它又有了新的认识。例如杜朝选,那个时候我们手上把它弄倒了,后来人家还是把它树上了。再听听杜朝选的故事,又有了那样的感觉:他是为民除害,做了好事的人就要得到后人的尊崇,这个是弘扬正气的表现。再加上看见社会上的不伦不类的事,如果信仰上帝的人他就不这样做,或者他正儿八经信

---

① 2016年段绍升审读时在此处增一"后"字。

马列，他也不这样做。但他什么信仰也没有，他既不懂马列，也不信宗教迷信，什么都不信。

62. "对社会和谐稳定有好处"

现在提出要搞和谐社会，怎么和谐起来？我的想法是，要有一种信仰，用正确的信仰来指导他的思想，对社会有好处，这些信仰弥补了法律的不足。

又比如说，我们这儿过去祖传的一个村子除了两个本主庙以外，还有龙泉寺。过去不理解匾上的"三教同元"，对它不认识的时候只知道是封建迷信的东西，后来对它产生了兴趣。我们的先辈们三教同元里面的内涵很深，佛教、道教、儒教三教都合在一起。过去我不敢这么说，现在正确不正确是一回事，这与当地的各党派的联合很相似。佛教有自己的教规教义，道教有道教的，互相之间不是完全统一，但大同小异。大同在什么地方，就是如何做贡献，做好事，就是善有善报，恶有恶报。不是不报，时间未到。有这样的认识以后对社会的稳定多好。小异：教规有一点矛盾，那是各人的理解不同。我们的前人塑造这些东西，又崇拜文昌，又崇拜关公。崇拜关公就会讲义气，讲忠诚，讲诚实。与现在归纳为诚信又有什么区别呢？所以社会的组成是很复杂的，用这些东西来统一人们有好处。

这是在社会实践中的感知，以后才对它又有新的认识。我就说信哪一教不管，只要他把那一教信得真真实实，他就按照那一教的教规教义来行事，那么对社会肯定也是有好处的，对他本人肯定也是有好处的。你不要不伦不类。

所以更崇拜伟大领袖毛主席、中国共产党。本来他是唯物主义的，为什么第一部宪法把宗教信仰自由制定到宪法里面？这个对社会和谐稳定有好处。如果只要你不相信的就要扑灭，对社会没有好处。例如伊拉克，（美国）好像就是想扑灭它。伊拉克与美国那么强大的武力相比，它算老几？但是给美国、给英国造成了很大的麻烦，造成了几千亿美金的损失，人在伊拉克死了三千多。为什么呢？因为有那些信仰的人为那个信仰而死，今天自杀性爆炸明天自杀性爆炸。如果能以和谐这一种，沟通这一种，他有他的信仰让他自由，多沟通，一次沟通不了两次,两次沟通不了三次,逐渐走拢了就好了嘛。过去我们与美国之间打倒美帝国主义,后来反对苏修,现在和好了。和好了多好呢,和则双赢。美国也是。我们有很多产品出口给他,他的很多先进的东西把它弄进来,你信仰你的,我信仰我的,以和谐来沟通。所以我的认识就是宗教信仰应该让它存在。不是提倡,让它自由地自生自灭,如果它不对,就会灭亡。如果它这个很对,对社会对人有好处,就会发扬光大。现在才更能体会毛主席主张信教自由,有它的道理。①

---

① 2007 年 2 月 12 日上午。

第十三章 "家庭"

第一节 "我爷爷"

63. "买房地基"

我的爷爷叫段士林，有七兄妹，四男三女，我的爷爷是老大。他是倒插门的，说明家里很穷，讨不起媳妇。他到仁里杨家倒插门，出姓。出姓的人常常受欺侮，他受不了这个气，就离开仁里跑回家了。他跑到缅甸、腾冲、芒市这一带。他是1884年生的，他在19世纪初，一九一几年的那一段到云南与缅甸的交界处，当时的缅甸是法国的殖民地，有缝纫机。他在那里学做裁缝，就是做衣服，他手艺很好。几年后，他也买了一台缝纫机，我的爷爷就带了这台缝纫机回到周城，开了第一家缝纫店，不到仁里去了。他把我的奶奶也带到周城了，在大青树下租了一个小铺子，也就是现在的周城街。因为我爷爷的缝纫机是独一无二的，因此，铺子比较红火。他带了好几个徒弟，他成了大师傅。

他就想办法买房地基，但人家不卖给他，你出去了，不卖给你。就是欺侮他。后来他找了一个亲戚，商量好了，由亲戚出面来买他看好的那块地，他再买下另一块地交换。那块地是四合五天井，比较宽畅，我们这块地①三坊一照壁还不够。我的爷爷以大换小也要换过来。那片地契早上写好，我爷爷的地契下午写好，我爷爷出的钱多，他为了争口气，以大换小也要换下来。我爷爷走了那么一段弯路才买到那

---

① 指段绍升现在所住的院落。

么一块地，这就是他争气想尽了办法。①

他买了这块地方很有远见，为什么？那时公路（指214国道）还没有修成，这是大马路，叫作官道，大官道，国家的官马大道，也就是茶马古道。也有马走，也有抬轿子的，抬官人，都要从这条路上走，也有马车走。是很长很长的丝绸之路，到西藏那一头去的丝绸之路，通过这边。就是老四的铺子外面的这一条路，这条路现在是一条街，但这是很长很长的官马大道的一部分。那一头起源于什么地方不知道，终于什么地方也不知道，我只知道通往西藏那里去。后来我们家开过客栈，也出租给人家，卖皮条、卖布，也在里边做工艺、做首饰。

根据这样的思维，我批房地基与别人要求不同，所以要了那一块。我哥哥都想不通，他看我在那里挖，说其他的多好，你都不要，你怎么要这块。我说，这块交通与发展经济有好处。这边有一条路，214国道。结果把它盖起来后，老五提出来开食馆，试一试，一面做裁缝一边开食馆。一试，比做裁缝更爽快，成功了。这与我们祖辈、我爷爷的那种思维有关：要活，要紧跟市场经济。看那一块地没有请阴阳先生，凭我的想象要的，一个是交通，一个是既然在路边什么都好办。

房地基第一次是我爷爷的选择，茶马古道。第二次是214国道边，也是我爷爷的选择。第三次是我的选择。我爷爷的选择，关键是要交通，我的选择也是交通。我要的那个房地基是最坏最差的，人家都想不通，因为高矮不整，还有沟要改道，整房地基花的力气要大。其他的人不敢要，花的力气太大。那时划了好几块整整齐齐的，这里面随便的一块都整齐，除了我那一块。我既然要这一块，这个沟要调整过来，这个力气相当大。挖出去要四米深，三米宽，一个沟还要加上我自己的墙脚，所以要三米宽。那个力气就不少。

64．"粮食和金子的故事"

我细细想，我家要肯定的是我爷爷，我爷爷很厉害，他有经济头

---

① 2002年1月28日下午。

脑。从小我爷爷对我影响最大，我父亲不在家，我童年受的教育来自爷爷，他是我的启蒙老师。他给我讲过一个粮食和金子的故事。过去有两个人去做生意，要过大海。那海很大，这头坐上船，拿一小块土，种上菜，到那一边菜就好①吃了。这两个人一个是卖粮食的，一个是卖金子的，卖金子的这个不得了，卖粮食的人没有什么了不起。但走着走着，走了一段时间，卖金子的这个人粮食没有了，就问卖粮食的说，我用金子向你换粮食。卖粮食的说，我的粮食不是一般价，用升来量，你的一升金子换一升粮食。卖金子的说不换，他勒紧腰带再坚持了一天。坚持不住了，说，好好，换。卖粮食的说，现在我的粮食涨价了，不是昨天的价，你三升金子换我一升粮食。卖金子的感到更舍不得，咬紧牙关坚持，头昏也不换。结果死了，饿死了。他们是同路的，卖粮食的就把他丢到海子里面去了，金子也归他了。那个人一颗粮食都没有吃上，死了。我爷爷跟我讲命最要紧，他舍不得就饿死了，活该。

我大了以后再想他那个故事，很有意思，我觉得人要灵活，你抱着金娃娃不放，觉得有价值，把自己的命丢了，你如那时说：好好好，我的金子和你的粮食放一起，我们共同来……，或者说我把全部金子拿给你，你只要把我命保住。金子那些财富是人创造的嘛，人都保不住还要金子干什么。他舍命不舍钱，结果他自己的命丢了。而贩卖粮食的有点不道德，但也说明粮食的高贵。②

我的爷爷从无到有发展起来，他到三十五六岁才有我父亲。他对我父亲相当宝贵③，生了个宝贝。再加上当时的经济条件，他第一家缝纫，也还有一些土地，生活比一般的相对好一点。我父亲除了读书以外，他在家庭里面这个人就有点了不起的样子，他有点④自信。他虽然是一个独儿子，本来那个年代家庭环境各方面他不应该去当兵，但他接触社会事情比较多，所以他背着我爷爷奶奶参加军校考试。考

---

① 段绍升 2008 年审稿时改"好"为"能"。
② 2002 年 1 月 28 日晚上。
③ 段绍升 2008 年审阅时改"宝贵"为"疼爱"。
④ 段绍升 2016 年审阅时改"有点"为"很"。

上以后，他才跟我爷爷奶奶说，我奶奶死活不让他走，他在我奶奶不知道的情况下偷偷出了门。他出门的时候，我刚刚才出生7天。1938年9月份出的门。

因为我父亲不听他的话，对我爷爷打击比较大。他很不愿意做裁缝，不想像过去那样没日没夜地苦干，他有点灰心，他只把做缝纫的活路教我妈妈做。1932年，就盖了这坊新房子，就是我们现在住的。但是他虽然比较灰心，还是有他的办法，他开了一个客栈。我母亲以缝纫为主，他开客栈。来住的人，——我们小小的时候记得，来住的人每天晚上都有。多数是鹤庆、剑川那边的人，因为剑川的木器比较出名，来我们这里比较好卖。剑川的人背木器到大理卖，往回背正好来到我们这里住一夜的人很多。

在客栈的启发下，我爷爷又觉得做生意还有可做的，什么都可以弄一点。他很灵活。比如说渔潭会离我们近一点，在过去交通不便的情况下，要用马帮运，有的运来的木料棺材板，卖不完往回运就划不来，他就买下了，一大批一大批地买下来，是鹤庆、洱源这些山区运来的。渔潭会上不仅是这个，还有石板。他们一般用海运，海上，从苍山脚运到洱海边，上船后运到上关，运到沙坪，用洱海的木船运到沙坪。过去的渔潭会是在沙坪。他们卖不完，运不回去，结果我爷爷又以比较低的价格买下来。剩余的石板，叫作扫脚货。他跟那些朋友讲，我弄了些扫脚货。死了人的人家需要时再卖，价钱就高一些。那些棺木板，他又请了木工做成现成的棺材，就把它摆起在现在的路口老四开诊所的这两格，以后慢慢就有人来买。也是我们村、我们这一带独一无二的棺木铺，他这样做就把自己的经济盘活起来了，他有了一定的经济基础。所以如果有些人遇到困难，家有田地的这些人常常来问，卖田给他。他很不愿意买。只是有一次，有个跛子苦苦跟我爷爷讲，他们家买了一个人帮他们去当兵，要把他们家的田卖了才能解决这个问题。我爷爷只能给他答应买成活契，不是死的。后来就买过来暂时属于我们，而是活的，你有能力的时候把田赎回去。就像给我爷爷借钱的抵押。我爷爷手头就这么一次买过八分的活契田，八分的那么一丘田。因为他觉得我们家盘庄稼的能力不那么强。两年以后，那家也有点好起来，就把田赎回去了。

他有棺木铺，也卖一些石板，他积累了一些钱，本来可以把北坊的房子盖起来，以后扩大他的客栈，（但）他那点经济基础都借出去了。到底借了多少钱，我妈妈不知道。一直到1947年（我爷爷）死的时候，也就不了了之。我爷爷死的时候欠了债，隔了半年多我父亲才寄回来一点。那时还得差不多了，又剩下一点，我母亲再把她的嫁妆卖了些，才买了那一亩三分八的上好田。

65. "按我爷爷的那个方式……我们家就成了地主"

因为我父亲出门，不听我爷爷的话，他认为做裁缝没有一个得力的助手，他灰心丧气。我父亲在家时帮人家加工（服装），也到街上去卖。如果我父亲老老实实听他的话，在家里我爷爷怎么安排就怎么做，很可能成为一个周城数一数二的地主、财主。所以这一段历史，从一定意义上讲，我父亲虽然没有给我们留下什么财产，但是因为社会的原因，这也是对家庭的一个贡献。为什么呢？他如果认认真真听我爷爷的话，为家庭服务，按我爷爷的那个方式，要把它发展成缝纫的大的家庭，带一些徒弟，请一些工，做出来的服装到街上去卖，这就势必壮大了我们家的经济。那个时候一壮大，就会盖一些房子，买一些田地。既然买了田地，又没有人种，他就要雇工，我们家就成了地主。我的爷爷曾经有一个很贫穷的徒弟，孤儿，连缝纫机都是我爷爷帮他弄，他的媳妇都是我爷爷给他操办，他那个人都成了地主。如果我父亲认真地追从我爷爷的意旨，成为一家地主无疑。那时是讲阶级斗争。……这就成了对我们家里的一个好处。①

我父亲观点与我爷爷很不一样。抗日战争爆发，他要去当兵。我父亲1916年出生，祖父1884年出生。黄埔军校在昆明的分校边训队招考，我父亲被录取。父亲1938年离家，那时我才生了7天。我父亲出门对我爷爷打击很大，对我奶奶打击更大。我爷爷给我父亲又到庆洞神都去讨了一个名字，叫爱金柱，我奶奶每天"阿柱""阿柱"地叫。看到马帮就说："阿柱回来了。"几年都没音讯，只是听到战

---

① 2002年1月29日上午。

讯，所以神经乱了。大约1942年祖母去世，是我4岁的时候。我爷爷还是做他的裁缝。只要人家问我父亲有没有信，他就要叹口气，还向人家发火："你为什么提儿子的事？"遇到好一点的人，就叹口气说：不听话的儿子！爷爷希望爸爸成为一个好帮手，如果我父亲主持家庭的发展，就很好，但没有。后来我们对我父亲的尊敬还有如下的想法：如果我父亲在家发展，那么我们家一定是大地主，我们以后就都不是这个样子了。[1]

第二节 "我父亲"

66. "考了黄埔军校的昆明分校"

我父亲做一小段裁缝，抗日战争时，他就考了一个黄埔军校的昆明分校。1938年出去，只是几个月就上战场了，到东北，打日本鬼子。任一个小排长，以后连长、参谋、上尉参谋，一直到抗日战争胜利以后。国内战争，他首先是站在国民党部队那边，1948年以前在国民党的那一边，也曾经是一个国民党员。到1948年锦州解放，那时候，他那个部队里面有一个搞地下工作的，地下党员给他打个招呼，他1948年又加入了中国人民解放军，又参加了解放大西南的战役。抗美援朝他是首批出国的，志愿军。一直到1954年，朝鲜停战后，有一批转回来。他本身是要转到齐齐哈尔机械化制糖厂当一个科长，因为家里面不同意，如果赞成家里要往那边（齐齐哈尔）迁。他在抗美援朝时是一个管理股长，独立卫生营的管理股长。在朝鲜战场立过军功，可能是三等功，他那些军功章都有。他读过高小，还是一个知识分子，他的字写得很好。

67. "国家级模范"

（转业）回来他就发觉花甸坝可以开垦，他见多识广。我们这里感觉（花甸坝）冷，他从东北回来，（说）应该开发。他是1954年回来的，1955年组织了互助组去开发。他没有任什么职，他把退伍

---

[1] 2006年7月13日上午。

的款拿出来，试种洋芋。最成功的是洋芋和荞子，一下子就轰动了。县委县政府很重视，当时给了他很多政治荣誉：县人民代表、州人民代表，当各种各样的模范。他是属于国家级的模范，见到毛主席，见到周总理。1959年群英会，他出席了，见到了毛主席，见到了周总理。花甸坝曾经组成大理县国营农场，让他当场长。也曾经当过大理市林业站的站长。

蝴蝶泉的石牌坊，是我父亲从很远很远的地方搬上去的。那个石牌坊很漂亮，红卫兵去了，就把它搞乱了，我父亲出来给他们制止。他是当过兵的，打过仗的，他也不怕，给他们制止。他们围攻他，把他竖的牌坊就破坏了，现在的不是原样了。（他）本来有点酒瘾，那一段时间喝得很厉害，以酒消愁愁更愁嘛。没有碰上那一场"文化大革命"，他可能还能好好过几年。因为他思想想不通，今天听到某一个又被打倒，明天听见某一个又被抓走了，我们家里的人接触面比较广，信息比较多。他也不仅是为了那个牌坊，整个大形势，天空中有乌云，心里面有闷气。（他）63岁去世。[①]

68. "十九集团军特务团参谋长"

1963年以后调到蝴蝶泉，那时（蝴蝶泉）没有开发，他当管理委员会的负责人，一直到1979年。当时搞了《五朵金花》，把蝴蝶泉弄出名了，人家重视起来，就把他调回来要开发它。《五朵金花》是1959年吧。那个时候的蝴蝶相当多了，现在没有了。

如果不是"文化大革命"，本来我父亲还要活几年。因为他是国民党过来的人，那个时候清理阶级队伍，他是国民党的残渣余孽，而且他在当时有一定名气。从一定意义上他是受我的害，因为我当时在周城大队当副大队长，治安主任。我曾经在过公安局，是公安干事，他们就任命我当斗批改领导小组组长。这些说起来话长。那个时候武斗厉害，我思想里面是比较清楚的，乱起来不得了，把人家整死了血债不得了。我就想办法回避武斗，军管来督促我们要搞，说我们保守。他管到公社，派了几个军人来到我们这里。我把赌博的、贩卖大

---

① 2000年7月1日。

烟的这些人抓拢来，当时我认为（抓）这些人错不了，把那些人搞了一个学习班。结果得罪了那些人，那些人回去以后就乱七八糟地攻击我了。我没有错，他攻击不下，就抓住我父亲，说他是国民党员，说他是特务团的参谋长。这个他又有根据，是我的外婆的墓碑上这样写着："十九集团军特务团参谋长段继谟"。这个就不简单了，是那么个特务团。实际我父亲就是特务团的参谋，他是一个交通参谋，他也曾经跟我们讲过，但他不是参谋长，而且特务团也不是人家想象的那个"特务"，实际上后勤事务就叫作特务。我们很久没有通信了，只知道他是参谋，到底是哪一级的参谋也不知道。我外婆不在的时候，是1946年、1947年的时候，比较乱。我父亲在北方和家里通不了信，地方上写墓碑的那些人好像要把他的地位抬高一点。比方我老大是总支书记，后来的人说他是党委书记，有这个可能性。那个时候坟墓搬家，我们隔壁那个院，当时是生产队的打场，人家把墓碑背回来就铺在地上，当石板。"文化大革命"中一看，——就是我抓来那些人，就抓住证据，说：他父亲是个大特务，他还来教育我们？就查他，要揍他。后来毕竟我们这些人在地方上也没有做坏事，还是正气占了上风。有些民兵去了，半路上就回来了。

69. "旧社会把人变成鬼，新社会把鬼变成人"

我父亲这个人虽然他后来成了一个英雄模范，而且是国家级的，出席了群英会。他参加志愿军，在朝鲜战场的时候，他写回来的信，要听党的话，要树立为人民服务的世界观。他自己都这样说：旧社会把人变成鬼，新社会把鬼变成人。他是深有体会地说的。

为什么这么说呢？他出去16年，解放之前，他加入中国人民解放军之前，他曾经在锦州另有所爱，找了一个小老婆，而且已经生了一个儿子。正好是战乱的时间，锦州解放那一段，他生的娃娃死了。再加上他加入中国人民解放军，军队里面政治学习，学习的时候不能多妻制，过去不正常的东西要转过来。他就和锦州的那个协商，脱离了关系。他也才跟他们说明他这儿有家以及他有两个儿子，才与锦州的那边的解除了婚姻关系，才一心一意与我们家、和周城这个家进一步地加强了家庭关系的联系。他才受到很多教育。

在他一生中,他跟我哥哥和我的书信来往当中,就觉得他是一个很正统的人。有时学校老师发觉了,还把他的信在全校的师生大会上宣读。上学的时候,他在朝鲜战场上写信回来,说他在那里打仗的情况,教育我们在学校好好学习就等于支援他们消灭美国鬼子。那么一封信,老师还把它拿去贴在黑板报上。

后来他回来了,他转业了,开发花甸等那些事例,他当然成了一个很好的人,在蝴蝶泉又作了很大的贡献。1962年一直到他1979年去世这一段,一直是蝴蝶泉管委会的负责人。那时由大理县文化局主管。虽然后来他的一切表现,一言一行,都觉得他是一个很正派、很好的人,但是他那个体会是比较深刻的:旧社会把人变成鬼,新社会把鬼变成人。没有解放过来,没有加入到解放军部队里来那段,他曾经是鬼混去了,娶小老婆,和家里有一段时间都失去了联系。战乱是(一回事),主要是他个人好像对这个家庭不那么热爱,他另有所爱了。大概就是1946—1948年。他自己直接和我们讲也不好意思,他朋友给我们讲。那是抗日战争胜利以后,部队里欢天喜地,全国都是欢天喜地,就觉得应该要享受享受,要享乐享乐,他才有那么一些东西。

我刚才说的这一段是对我爷爷、我父亲实事求是的回忆。个人即使是英雄模范,一直是那么正确性也不是,在这个社会里有它的阴暗的一面,他们都有阴暗的一面。后来的一切的表现,(我们)很尊敬他,我们的内心(感觉)他做得比较好,他对我们的教育是如何树立为人民服务的世界观。1962年调到蝴蝶泉搞管理,一直到他死,这一段他的思想是把蝴蝶泉建设好。他不是盲目地干,而是想规划好,他曾经请了一个右派分子,是一个大知识分子,在二中教书,叫金林老师,帮他作规划。他把那位老师领到我们家,住了相当长的一段时间,给他作了很详细的规划,也画了一些图。哪儿搞成水池,哪儿栽花,规划都有。

他也弄了一些蝴蝶的标本,他对工作相当负责。他发觉那边喜洲要拆除一个牌坊,叫百岁坊,是大理石做成的,人活到一百岁就树牌坊。他听见这个拆除的消息,可能请示了有关领导,组织了一些周城

第十三章 "家庭"

的劳动力由喜洲把它分块抬到蝴蝶泉，重新把它竖起来。就是现在的石牌坊，那个样子很好看。1964年的时候竖起来，1966年遇上"文化大革命"。他们就说要把百岁坊取消掉，红卫兵把牌坊角打烂了，给他的刺激很大。他对红卫兵也没有办法，好像只能支持。"文化大革命"到底怎么回事他理解不了，他就饮酒。他的酒越喝越多，古人说以酒消愁愁更愁，在我父亲身上表现得淋漓尽致了。

有那么几个创作的知识分子要挨批斗，从下关步行绕来绕去跑到我父亲旁边，一边搞创作，一边安全一点。但是被发觉，可能有人通风报信，就有几汽车的人拿了武器把蝴蝶泉紧紧围住，让我父亲把那个人交出来。那个知识分子朝山上跑，他们一发觉就要开枪。我父亲跑到外面一块大石头上就喊话："你知道不知道是什么人？山上贫下中农在那里割茅草！"——我父亲愤怒起来声音相当大，才把他们开枪的行动制止掉。在那种情况下，来围攻的人都拿着武器，他敢于喊话，当地的人传为佳话。我父亲是个英雄，不怕那些造反派，敢于跟他们喊话，把那种行动制止掉。他是打着保护农民的（旗号），山上有农民，贫下中农在上面割茅草、积肥，——那时开口就是贫下中农。

我父亲到底是我受他的连累还是他受我的连累也说不清。我当时在周城大队任副大队长，兼治安主任。因为认为我在过公安部门，到"文化大革命"期间，我是斗、批、改领导小组组长。我与同事互相商量周城不要乱起来，我们不理解，有时也不得不表示一些形式，（但）千千万万不要弄死人，不要搞得太厉害了，不要把人整死。上面当时有五十四军，据说五十四军是典型的林彪的部队。军代表说我们这儿保守，右倾，斗不起来，到底是什么原因？当时有人赌博，他们赌得很厉害，对社会的安定不利。我有个概念赌博输了就偷、抢，我就说办学习班，实际上是以赌博的人为主，再加上一些搞毒品有一定的证据的人办了一个学习班。尤其对那些赌博的人的教育比较严厉，那些惯赌我亲自捆过他们。在那些军代表面前好像是搞得轰轰烈烈了，我们这儿的阶级斗争就这样轰轰烈烈搞起来了，实际上斗的是搞烟毒的、搞赌毒的。我说：谁把周城搞乱了，就拿谁开刀。那些人也不可能长期关押下去,只是办学习班。放出去以后,他们成为攻击我的一个力量。那些人说,外面都整的是大干部,这个村子里的小小家伙对我们这样。他们不可能说"我们赌博他抓我们",他们贴了大字报说我父亲是大特务,以革命群众的旗号,说段继谟是杀人犯。我看了这么严厉的大字报。我父亲就喝酒了。他有点很痛苦的表情,思想压力比较大。我怕他出问题,因为旧社会过来受冤枉也不少。他们有一个依据就是我的外婆死了以后搞了一个比较讲究的坟,坟上(墓碑)就用我父亲作为他的女婿的名义题写了什么集团军特务团参谋长。①

标语打倒杀人犯段继谟,打倒大特务段继谟。那时我父亲在蝴蝶泉,他们组织抓我父亲来斗,派两个民兵去抓。那两个民兵与我有一定的感情,说,一抓回来就不得了,以后怎么和我说话。他们就到苞谷地里待了一会儿,回来说:段继谟不在。我父亲免了一劫。我也和我阿爹谈过话,问他大字报你知道不知道?我说:即使你是历史反革命,我们始终是你的儿子,你要对我负责。我怕他想不通。他说:你用这种眼光看我?人家把我抓起来,我更好说话,现在让他们去说。②

但我们父子之间也吵过架,他还打过我。他买了一台缝纫机,国产南华牌缝纫机,他手艺比我妈妈高得多。有一次他出去,要让我把缝纫机摊上的苍蝇赶走。我觉得苍蝇有翅膀怎么赶得走?(笑)他回来时,还是那么多,就发火了。他是当官弄惯了,下级不敢跟上级顶。他说还跟我犟,他就打,用扫帚打。我就说他是国民党旧军阀的作风。这对他的刺激比较大。

他也打我妈妈,我誓死捍卫我的妈妈。有一次还把他推倒了。他骂我妈妈:"你这个疯子",因为我母亲经常说到外遇这些东西。他还召集家族里的人要制服我。我那时16岁,身体可以,把他弄倒了。他1916年生,1954年回,还不到40岁,但他没有做过体力劳动。他召开家族长会议,我不参加,就躲起来睡觉。他们就劝他一些。我把他弄倒,就犯了家规。我是出于捍卫我的母亲。他对我的感情从来不

---

① 2002年1月29日上午。
② 2006年7月13日上午。

那么深，这与年幼时缺乏接触抚养很有关系。我父亲这个人说打就打，有军人作风。

我爷爷1947年去世。爷爷死，奶奶死，我父亲不在家。我妈妈承受了那么多痛苦。《一江春水向东流》我看过这个片子，流泪。同情我的母亲。我为了我母亲放弃公安工作回家了。

又有奇遇。我爱人到蝴蝶泉卖服装，1985年、1986年的时候。有那么一个老人，长得很漂亮，向人打听有没有一个周城村？知道不知道有一个段继谟？说，有啊，那个就是他的儿媳妇。她就过来问。我爱人告诉她，（段继谟）已经死了，她一下就昏过去了。①

70. "冷冷我年过五旬"

我父亲是1955年开始开发花甸坝，一直到1962年，我也回家了。他身体各方面也不适，所以他提出……县里成立了苍山林业站，让他当苍山林业站的站长。虽然是一个新的单位，也没有个坐落的地方，就把它安排在我们村子的隔壁，上兴庄背后的严家坟，是喜洲严家的坟地。那个时候他思想上开发花甸坝的轰轰烈烈好像不存在了，他的思想比较低落。1962年底，我也在家，他也在家。大年三十，我提出来说，阿爸，我们家堂屋里乱七八糟，迎新春中堂弄上一点，对联也写上一点。他说：好。他就写了中堂。就是现在的老寿星这个位置上。西坊房子，他用一张白纸，写好了周转弄上红纸。写：

> 花甸八年是瞬间，抗美援朝光荣回。
> 内战五年凯歌奏，抗日八年雪花飞。
> 回忆晚年笑出泪，冷冷我年过五旬。

他原先写的"冷冷我年过五旬"，他说你看看么，倒叙历史，我写了自己的生平。我问"抗日八年雪花飞"是不是指东北？他说我的内心里面是双重意思，一般认识就是东北也行，但我里面还有：雪

---

① 2006年7月15日上午。

花化了，不见了。抗日战争相当艰苦，当然他那时在国民党那边，但还是艰苦，出生入死。但好像有劳无功。那几年党中央大的领导也承认这个事实，但地方上各方面的宣传基本上不那么承认国民党的抗战功绩。我又问"冷冷"是不是有点太悲观了一点。他说，好，我就改吧。他想了一想，他说："自恨年老空悲切"。我说这一句也不很好听。那个是1963年迎新春。

又过了几年，一直到1965年迎新春，我跟我阿爸说这个再换它一换么，你再重新写上一张行不行？他说好，就重新写上一张。他的字也写得很好，比他的老战友写得要好得多。那一张就惹出麻烦来了，在极"左"的时候，"文化大革命"前夕。我们这里搞了一个"四清"运动，是1965年。我书读得不多，但我政治上有一点点敏感。如果他写得有问题这个我会有我的看法，我觉得没有问题。他写了：

丽日初升照全球，万朵鲜花映山红。
时至百花齐开放，霜煞萌芽等东风。

因为那个时候他们把我结合在四清领导组里面，支委。我们家来来往往的工作队很多，我们家又在路边。他们把它看成是有问题的对联，有问题的字词。我也不知道。就有那么一天，四清工作队的副队长，当时也是大理白族自治州的副州长，叫张树芳，这个人戴眼镜，看样子是知识分子，年龄也比较大，五六十岁的年龄，老同志。他就指着中堂说你们看吧，看了以后再说。那三位就细细地看，默默地看，念。沉默了一段时间以后，起码15分钟以上。那位把他们领进来的副州长，说大家说说你们的看法，怎么样？有一位戴眼镜的就很严肃又带一点点笑容，但是很认真地说，我的看法不一定正确，对不对大家分析。我不知道作者是谁，但我认为作者是进步的。他第一句结论是这么一句，他说丽日初升照全球，初升的太阳在东方，歌颂我们的祖国，歌颂我们的伟大领袖毛泽东。最后一句说了现在出了修正主义，就是苏修，他就是"煞萌芽"了么。作者从开头立意上就是进步的，后来落脚说西方对我们东方，在那边横行霸道，我们要把它征服，有这样的意蕴在里面，所以我说不成问题。其他几个说我们完全同意，我们的看法一致。好像看起来，发表意见的这个是权威的了。以后他们几个下了结论以后，副州长说，我也说么，这个同志我知道他，叫段继谟，是一个很进步的人物，我了解他。他们有这样那样的看法都不对，我的看法就是这样。以后他才给我解释：小段，他们几个是省文联了，而且是几位主要的一些同志，云南省文联。如果没有遇上那么一种级别的几个文人，那可能这个弯子就绕得更大，更麻烦了。从那一次州长那几句话，这个事反映到他那里了，把它反映成有问题。这个事发生在我们家。那个是极"左"的时候。①

第三节 "我们老的两口"

71. "背靠背相互保护"

我们老的两口一直生活在一起，共吃同住，这样就互相关心。人都到老了，有些关系没有处理好，就相反成为孤独，得不到儿孙们的尊敬。有这种情况，到了老了，碰手碰脚，好像老不死的家伙，社会上有这些东西。我的观点是这样，人家对她有什么不好的评论，我是她的保护人。我说笑话的时候，现在到了拼刺刀的时候，背靠背。她靠了我，我靠了她。谁要进攻她，我在这里保卫；谁要进攻我，她在那儿保卫我。背靠背互相保护，不然受到欺侮自己去跟人家说就自己数功劳，也不好。我受到欺侮，她保护，就去说，你们不要看你爸爸这个老头子，这个老头子那个时候你们小的时候他怎么做怎么做。她为我数这些功劳，就会比我自己说要好得多。如果儿孙们欺侮我的老伴，我就要保护她，说你太傻，太不应该了，你的妈妈，你的奶奶她已经苦了多少。你们小时候我们垫稻草、垫席子，你们撒尿她给焐干了，光是焐干的稻草你们背都背不动，其他的功劳都不说，就是她把你生下来以后把你养大这个过程，你现在一碗一碗端给她吃都还不了。我这么一说，比她自己数功数劳要好得多。所以背靠背地团结在

---

① 2007年2月14日晚上。

一起，互相保护。天下的父母们、老人们不要分离，到最后团结在一起可能会起到互相安慰、互相保护的作用。保护是多方面的，除了生病时互相保护之外，主要是思想上的保护比身体上的保护重要得多。我观察这个社会实际，我们亲身的看法也是如此。①

72. "贤妻良母"

我们1957年认识的，我在部队测量队和回到公安局之间，她小我1岁，1939年生，属兔。她是长女，她父母本来要招亲，有些人要上门，她看不上人家。她不愿意招亲，要出嫁。她是一个织布的好手，我妈妈对她的评价很高，加上她当时的长相，我对她有兴趣，我主动去找。在当时都是包办婚姻，这时我主动，受别人重视。既然她有可以出嫁的意思，我说能不能给我。她说，要征求父母的意见，我说，我去做你父母的工作。我约了一个朋友，他能说会道，——我们至今都很好，去找她父母。到她家里，她父母也很喜欢我，但他们喜欢招亲。我说我哥哥不在家，不能上门，说你们别担心，相隔200米，我承诺许愿，我不会把你的姑娘讨来就不管你们，你们同样是我的父母，有责任，有义务看护你们。我岳母一直持反对意见，岳父说可以。她有一个小弟弟，他能不能长大成人？岳父说：出现特殊情况，你能不能来这边。我满口答应，大胆承诺，不会让这个家庭空着。这就实实在在给你，什么彩礼都不要。你不用彩礼，就真真切切给你；你用彩礼，就不给你。他将钱原封不动交给我了，我就收了。

火把节那天，她第一次进门，那个时候，我的姑妈来几个，没有来更多的客人，她背上小妹去看演出。

我们是1958年正月十六本主节结婚。人民公社开始，大理州人民代表、大理县人民委员会委员、县委书记赵庆要我父亲新事新办，不能请客，不送礼，只举行个仪式，县委书记赵庆来当证婚人。那时互助组（现在生产队长一级）都来参加。

婚后，响应"劈开云弄峰，倒出花甸水"号召，当时搞了一个云弄峰引水工程，要用许多劳动力，我爱人也被调到山上去了。我被安

---

① 2002年1月29日下午。

排在民兵队当民兵,再后来又把我抽调出来治血吸虫,派了医生,让我去配合消灭钉螺,参加"血防队"。

后来她们被抽调到外边当工人,到弥渡和凤仪之间的九顶山铜矿当工人,她们去的时候经过大理古城,她来找我。两人一起吃了一顿饭,都没有在一起住,又分开了。后来又调了几个地方。1958—1962年分开,一直到1962年才有我的老大。①

我爱人和我的关系一直是我对她很大的忍让。我想,她没有文化,是地道农民家庭的女儿,没见过世面,又不识字,局限于社会与家庭影响,凭她自己的感知。但她虽然没有文化,思想却比较灵敏,说头就知尾,对事物观察比较敏感。这么多年,也有碰撞。在处理重大事件时说话、处理问题上比较适合,对我起到较好的辅助作用。但她性格比较固执,很要强。她不会赞扬人。我印象里晓云出生那一段,我带着小舅子赶三月街,大儿子晓云是三月三生的,三月街是三月十五至二十。我到街上第一个想法就是给儿子买点东西,买了一个小勺子和一顶帽子,那时布匹相当贵重。我认为买回来她会很高兴,一看,就说得一无是处,很不顺她的心。40多年的事,我没忘记。

我是本着必须要把这一辈子过完的思想,自从有了第一个儿子,我的心就定下来了。我们夫妻关系巩固……我爱人的印象,是勤俭、节约小气,常常是遭到儿女的反对。走了味的饭菜她也舍不得丢。她说:我不让你吃,我吃。她一个人吃,也不对,于是只有共同吃。我们相处50年,我想最后有一个好的结果,只有互相同情。我病了一场,她是会照顾的,心肠不是坏心肠。社会是大舞台,人生一出戏,既然如此,就看演得好不好。人人都是演员,她不会演戏。②

---

① 2006年7月15日上午。
② 2006年7月17日上午。补充材料:2001年2月4日讲述:"困难时候几个小孩有没有饿肚子的时候? 有,但我老伴确确实实是贤妻良母,很会当家。我们利用这块地,种一些蔬菜。这么一小块都要利用起来。你看,把面弄成泥鳅一样,有时做泥鳅汤,又做成猪耳朵。娃娃也很感兴趣,有的时候吃泥鳅汤,有的时候吃猪耳朵。她把味道搞得很好,也确实好。现在想起来都想吃。粮食吃得不多,但吃得很饱,瓜瓜菜菜。这是在家里面的地。不是自留地。房顶上也种,有这个习惯。娃娃说,街子上买的菜不香,妈妈种的菜很香。"

我当时定亲时对岳父的承诺，如果他们有什么事，当成亲父母的事。岳父和我们的关系很好。食堂化时，生产队办了菜园，我当时是公安人员骑单车，手枪挎着，提着公文包。他叫我愿参、愿参，很荣耀，说今晚一定回来吃饭，杀了兔子以最高的待遇来款待我。我对他也很尊敬。到1960年底，岳父病了，着凉了，上吐下泻，好乱。恰好我在家，我把他背回来，十一二点背回来，他一路上说，我不行了，医不好了。他叫我愿参、愿参，我把他抱起来。他们家很多亲戚拢来了，医生说要准备后事。那一年我岳父才49岁。他说你结婚时给我许愿是什么，我说我要照应你们，你放心。他说你这样说了，你要好好地看他们。很像电影中的那样。一是我有那样的承诺；二是我岳父临终时有这样大的嘱托，所以对他们家很看护。1961年我岳父去世。

岳父不在，怎么办？我说那时就说好的，我要看护他们，成为必然。我岳母要说什么事，哭鼻子也要跟我说，喜事也要跟我说，买一头猪也要我去买，卖也要我。包括大姨妹出嫁，小姨妹出嫁，包括他舅舅的婚事都是我操办……我认为（是）我应尽的义务。1978年我岳母得了急性肠胃炎，比较危险，我岳父也是死于这个病。我对老大、老二说，我们有父子几人，你的舅舅只是一个人，我们要为他分担，所以要做到时时刻刻要有人，这是我们的责任。①

73. "我们爱我们的"

我的这一生，最苦的时候也最快乐，还有一个小故事。我现在想起来都很好笑。

大概是1963年，我们的山河不像现在已经通过治理，如果下大雨洪水也不很冲田了，因为我们把沟都搞好了，但那些年没有搞好。虽然集体一调动就是几千人几百人劳动力放在防洪工地上，就只能把沙子石头往两边挖。那些年想了一些办法，正在水冲的时候，就调劳动力去割刺篱笆。带刺的那些特点是比较长，比较软，但它能够把水挡住，不冲到田里面来。割刺时戳手，是比较艰难的工作，生产队就

---

① 2006年7月19日。

想了一个办法，物质刺激，割一百斤，给十个工分，而且补助四两大米。

　　为了争取合理的工分和额外的补助，我和我老伴，那时我们都年轻，只是二十几岁的人。她还年轻，我也年轻，这么两个就一起去割那个刺篱笆。喔——，到处都给人家先割了。走啊走，一直走到上兴庄，上兴庄的后背也被人家割走了。我们再往前，一直到永兴村的后面，走出去三公里多。那么一个地方在田坝边发现一些刺篱笆，我们两个在那边割。有一个田间管理的上来了，看见我们两个。我的爱人一边割一边哼一点白族调。他一看，这么两个年轻人，高高兴兴地来到这么远的地方。干的又只是割刺篱笆，不是很重要的工作。他看见这么简单的工种又跑得这么远，那个东西到处都有。他以为我们肯定不正当，是婚外恋的两个情人。他就骂，你们乱七八糟的人来到这边干什么，你们两个肯定就是不正当。你这个女的，你的男人不喜欢，你和别人爱，所以就偷偷地来到这里。骂我说你背叛你的老婆。我们两个暗暗地好笑。我老婆有意地逗他，就哼几句白族调，意思就是：妒忌就让他忌妒吧，我们爱我们的。我们爱怎么做就怎么做。我也哼了几句。他更认定了这两个就是不正当的。这也是我们两个一生当中觉得很好笑的。他骂我们，你们周城人就是乱搞。实际上我们周城这个村比较大，任何时候都比较活跃。

　　那些年的那种苦，你看只是为了四两的粮食，走了那么远的地方去割，取得的是乐趣，不是很痛苦。如果现在看起来，应该很苦很悲伤，但相反却很快乐。①

第四节　"五个儿子"

74. "榜样的威力是无穷的"

　　（几个儿子）书没有读上，就读到高中，但做起事来还是比较②吃苦。为什么呢？我说穷人的孩子早当家。我们那个年代相当苦，这

---

① 2007年2月27日上午。
② 2016年审读时在此处加了一"能"字。

些孩子成长的过程都比较苦。做什么事没有吃苦耐劳的精神是不会成功的。

他们有很苦的时候,但是更主要的是,有一句话叫作榜样的力量是无穷的,我和我的老伴都很苦,白天要去出工干活,光是生产队的工分不够,凭工分分粮食也不够,还得要奋斗。我们家传下来的就是做白族服装,我爷爷,我妈妈,我也可以做。那个时候,每人都只有几尺布票,能做多少?怎么办,就砍竹子,把它剥成篾,编篮,箩筐,那些我也会编。有一段我给洱海水产公司订了一个合同,给他们编鱼篮,那个时候洱海的鱼也比较多,那个时候洱海水产公司收购鱼,收购以后要晒干,再往外运,往外运需要篮篮,装那个鱼。我就给他们订了个合同,编装那个鱼的篮篮。晓云那时才六七岁,很懂事,他给我编那个盖盖。编好以后还要背到水产公司,沙坪,晓云他就背他那个盖盖,盖盖轻。背到沙坪,五公里。而且每天下午我带他们去割草,用多积肥料来争取工分。就把这些娃娃带起,去积肥。用什么刀砍柴都比较熟悉。①

我回来以后教书,做裁缝,娃娃看着我们的行动。那时上山砍柴,没有煤。娃娃小小的看见父母很苦,他一觉醒来看见父母还在做裁缝,他就很乖,个个都很听话。尤其是晓云,很懂事,就把这几个都带动起来了。

我对焦裕禄印象最深的是"榜样的威力是无穷的",这句话在我一生中体会实际上也是最深的。村子里面评价我教子有方,实际我有什么方呢?主要的方就是:那个时候有困难,应该为社会上做工作,光是工分生活不了,那么晚上回来还要做裁缝,一晚上一晚上地干,娃娃都看见了。那个时候烧柴是个大问题,就要上山砍柴,娃娃也跟着我去。他看见了,爸爸也是这么苦,这么做人,也不向谁伸手,也不叫苦,也不叫累。爸爸已经做到,昼夜劳动,为家庭操劳,在社会上也不做什么坏事,娃娃自己产生的印象就是这样。所以我说的话就很起作用,不会说不听。我的这个思想怎样产生,就是焦裕禄的那句

---

① 2000年7月1日。

话，榜样的威力是无穷的。

　　还有一个，不说空话大话，不说过头话。这也是一种威望的来源之一。比如我这几个娃娃，我一个一下都没有打过。我说的话怎么起作用，是我的榜样的威力。我如果说给他，说今天要去割草，猪没有吃的了，不去就不对了。空话大话满街都是：你如果不听话我打死你，你不做好饭我就杀了你。这就是空话大话。没有哪一家因为娃娃没有做好饭就杀了，也没有哪一家因为没有割满一篮草就打死了。说是说出去了，最后他那一篮草没有割回来，也没有追究他，也没有打死。那他就知道我的爸爸说的是空话，就不起作用了。比如我的娃娃有一次捉猫。隔壁有一只母猫，她下了小猫猫。大猫带着小猫在房头上爬来爬去很好看，娃娃的心里要去抓那个小猫，这个心理可以理解。而且那一年那一只老猫样子也很好看，黑白分明。我们家南坊房子是草房子，那猫最喜欢在草房子上玩。娃娃要去抓猫，我就规定一条，不许上去，哪个如果上去我就要打。隔了两天，老三向我汇报了一件事，说二哥上去了，现在正在上面了。我在家做裁缝，我出去了看见他正在房头上。那时比现在高，下面还有一个沟，现在路面又垫高了一点。那上边掉下来不得了。我就出去了，他看见我出去怕得不得了就跳下来。我说了打，打得重了一点也不行，就用一根细竹子打了一回，我五个娃娃就那么打过一回。那些猫就是爬房头，（笑）带小猫爬房头。那小猫就是好看，连我都想抓那么一只小猫，说句老实话，（笑）但是不允许。

　　为了教育儿孙，我本身曾经也很喜欢抽烟。但是我觉得抽烟不好。那年1997年春节，耍龙，到我们家来耍。老五很忙，没有时间录像。老大拿了老五的录音机，试一试行不行。老大说，爸爸你讲讲故事，我试一试。我想既然录像，也要讲点有意思的事，那就讲我的童年。在讲当中，娃娃①坐在我旁边，我对立东②说有的人有你那么大，就操起烟抽，那些不能学，连我都想把它丢了，抽烟不好。那是说出来了。晚上来看白天录的耍龙，加上前面家教的那段话，看成功

---

①　"娃娃"，2008年段绍升在审阅时改为"孙儿们"。
②　"立东"为段晓云之子，段绍升之孙。

不成功。那一段录得很成功,老大录得很成功。而且说的那个"连我都要准备把它丢了,这个不好"也在里面。从那天晚上我看到那个以后,就不抽烟了。①

而且有那么一句话,十年树木,百年树人。想想百年树人在我们家族里面有反应。比如我爷爷他到底有没有文化知识②我不知道,但他那个人讲的话很有深度,他也很懂得社会道理,也很懂得为人,有些格言。在他那种教育下,在那个时候把我父亲供着读书。我父亲能有一点知识,进入黄埔军校的分校。又在我父亲的影响下,他写回来的信有些我还记得,他跟我哥哥讲,你要成为好的带头人,俗话说"家无读书子,官从何处来",你不好好读书,以后要受人家欺侮。那是一种格言,民间的一种话。要努力读书,认真读书,在这种教育之下,我哥只要有条件的情况下,就认真读书。他又在我父亲的基础上进了一步,他的层次比我父亲更高一点。他又教育他的下一代,2001年春节时他们回来了,段云琴③是我们周城的第一个女硕士生,南开大学的。包括他的儿子、他的大姑娘云南民族学院毕业的,现在在教书,当然④不是很出色的人才,又成了这个层次。这是百年的工夫,才能培养出到了这个层次的人。当然能够到朱教授这个样子,是与前辈的前辈的前辈也是分不开的。⑤

75. "五个儿子,都很顺我的心"

老大晓云的乳名叫云峰,云弄峰下出生的。他读书的时候,我给他爷爷⑥问:我说他的学名应该叫段什么?他说就叫他晓云,不要用大小的"小",用拂晓的"晓"。照这样推下来,老二的乳名叫云松,云弄峰上一棵松,他也离不开云字,但那儿叫晓云,这儿叫晓松。老三出生的时候,"文化大革命"了,风起云涌,(叫晓涌)有风起云涌的含意,那是我取的名字。(老四)晓波,……那个时候乱了,到

---

① 2001年8月2日下午。
② 2016年审读时将"知识"二字删除。
③ 段云琴是段绍升的哥哥段绍光的女儿。
④ 2016年审读时改"当然"为"虽然"。
⑤ 2002年1月28日晚上。
⑥ 指段继谟。

处都有风波。（老五）晓平，小平第二次打倒，他（晓平）生的时候，我把他取晓平。那个时候（邓小平）估计起不来了，觉得太可惜了。因为刘邓路线到底是怎么回事，我对它可以说认识过，我觉得刘邓路线不错嘛。他搞的三自一包，四大自由，应该那样社会才会发展起来，但是太可惜了，把他打倒。当然那个时候，我也不那么清晰。（老五）晓平1970年生的，老四是1968年生，老三1966年生，老二1963年生，老大1962年生。①

五个儿子，都很顺我的心，五个儿子怎么教育出来的？一是穷人的孩子早当家；一是有个好的长子。长子1962年生，老大比我稳重，他暂时不答复。我工作责任心比老大强，但老大善于适应环境一些。如果老大是我的性格，要么早就上去了，要么早就被下台了。老二有一点我的性格，人家称有一点大将风度，老二心很实在，发毛毯给妈妈，在兄弟关系中不计较个人利益，说话直爽。盖房子老二让老四。老二的人生目标，他不愿意当官，说：我口快，心急，急躁。老三性格受家庭影响，比较灵活。老四，内向，思维细致耐心。②

儿时与他们的接触很多，幼小时候我在诊所里，他们读书我在学校里，与他们当朋友。与他们一起去割草，到海边弄那些小鱼，既是生活的需要，又是游戏性的劳动，他们也觉得很好玩。用编的笼子到海边抓鱼，像网一样，虽苦有乐。下午我教书结束了，就和他们在一起，上山割草积肥。到星期天以砍柴为主，早早起来上山，那时的山不像现在，光秃秃的，所以要走得很远。他们幼小身体都很好，虽然生活苦，加上劳动，我爱人能调配生活，面耳朵、面泥鳅，小孩也参加做，也就喜欢吃，虽然里面都是菜蔬，但却吃得饱。五个儿子都长得很胖。榜样不是自己说，而且实际的劳动中受到教育，记得牢，他们对我不是很害怕。③

---

① 2002年1月31日。段绍升的记忆不够准确：长子段晓云1962年4月1日生，次子段晓松1963年9月10日生，三子段晓涌1965年9月12日生，四子段晓波1967年9月12日生，五子段晓平1971年6月28日生。
② 2006年7月14日。
③ 2006年7月15日上午。

几个儿子的夫妻关系都处理得不错,几个互相都比较忠诚。他们的婚姻都是一半包办,一半自愿。首先是我们决定的,我们选择也不是独一无二,而是好几个,因为我在诊所里,当干部,在学校,接触面比较广,三代历史都说得出来。人的素质、品质都与家庭有很大关系。哪一家的姑娘比较好。我们作出考虑,决定权让儿子作决定。至今为止,我们认为选择对了。这五个家庭有一个稳定的夫妻关系才有一个好的发展,我知足。五个家庭都发展得差不多,我乐在其中。我不羡慕那些拿国家工资的人,他们可以过日子,我也过日子,我病了,他们五个儿子都来,该尽义务的都尽了。①

老大、老二、老三,读了高中;老四初中毕业后读大理卫校,中专;老五初中毕业学裁缝。老大当兵前是集体生产劳动,也做过副业,建设房屋,一天到晚搬砖弄瓦,背沙子,背那些石头。老二也干过,在蝴蝶泉铺路。老三跟包工头到接近缅甸、老挝的镇康去干过。老四参加铺路,先后去了两次,加起来一年不到。老五在村子里跟包工头参加一条街道路铺水泥路面,接近一年时间。我给包工头说,不要特别对待,就是要给他吃一点苦。我回忆起来,娃娃,认真参加锻炼,对他们一生有好处。"文化大革命"中那些年代,毛主席指示:知识青年到农村去,接受贫下中农的再教育。知识青年上山下乡,我觉得没有错,现在在国家的主心骨正好是那一代人。他们与工人农民打成一片,制定出这些政策,与真正深入到工农中去是分不开的。当然也耽误了他们。②

一个人榜样的力量是无穷的,这一句紧紧地抓住。尤其是我人生里面并不是绝对的好,人家喜欢的我也喜欢。例如在年轻的时候和人家对唱,唱来唱去说来说去就会有一些感情。到了学校里面,要为人师表。也想到我家庭里面,我的娃娃知道我有什么洋相,我有过一些不正一点的思想,不正一点的来往,不行了。娃娃出来,他到了这个年龄段他会观察。所以你不能图个人的高兴而高兴,一切都要为子女着想,不能给他坏的印象,不能给他坏的榜样。要把自己走上正正规

---

① 2006 年 7 月 17 日上午。
② 2006 年 7 月 28 日上午。

规的行为，过上正正规规的家庭生活。①

第五节 "一个家庭不乱"

79. "房产的分配"

我们这个家我爷爷他盖了西边的这一坊房子，檐头都没整好，一直到父亲这一辈都弄不起来。到我手上，我整起来。当然我父亲这一辈不是没有本事，是社会的原因。我们这个房子叫三坊一照壁，但南坊的房子不够，基本上可以叫三坊一照壁。西边大。靠山最大。第二是北，再是南，东。如果我的这五个儿子都住在一个院的情况下，老大一定是住西坊，老二也是住西坊，老大一格半，老二一格半，老三、老四住北坊，也是一人一格半。"半"是堂屋是共用。左边为大，坐西朝东，北边就是左。老五就住南。②

为了他们几弟兄的房产的分配，我是一小部分一小部分来，分别征求他们的意见。先征求老大的意见，这样分配行不行？他说他没有意见，再在适当的时候征求老二的意见，在不同的场合个别征求意见，也让他们把这个意思向他们的媳妇说，一个家庭他高兴了他爱人不高兴也不行。慢慢地收集他们的意见，问他们说了没有，他们说过了，说提出来什么东西。

老五结婚时，我把分家征求他们意见写成材料，到最后宣布的时候，我召开一个邀请家族长参加的那么一个会议，他大伯③也回来了。他大伯听了我的安排，说你这个说得有个紧迫感、危机感。我们本来看看你好好的家庭，你这么一说，都知道有一个紧迫，"紧迫"是他们都要结婚了，"危机"是住处没有怎么办。又说绍升，你们两个的房产都没有，什么都没有，怎么办？我说我给老二分的这一份西坊住房，老大那一边去了，④ 这个房子是我爷爷手上就已经盖的，但后来

---

① 2007年2月12日下午。
② 2000年7月1日。
③ 即段绍升的哥哥段绍光。
④ 老大、老三搬出去另外批了宅基地盖了房，老五上苏家的门。原住宅只有老二、老四和段绍升夫妇居住。

翻修是我们两个翻修的,包括南坊房子也是我们两个亲自盖的。随便装潢装潢也可以住。而且我们还习惯这种房屋,我们生儿育女是在这个老房子里面。所以我们两个就给他们宣布,我们就是要住这个房子。我们两个还有一个的时候再说,我们两个都活着的话,我们喜欢这个老房子。如果说要搬到什么地方去住,我们两个同样都要在一起。有些农村里面或者城市里面,几弟兄,他把父母分开了。老大负责妈妈,爸爸到老二那边去,衣食住行一切你们负责,这样对他们好像有照顾,其实一日夫妻百日恩,他们互相照顾,互相看护,互相恩情。我跟我的朋友常常提这个问题。我在老人们面前说,如果以后哪个家族要出现分这种情况,把两个老人分开绝对不合理。你怎么分配都行,给老人怎么照顾你想其他办法,不能把他一拉两半地分开。有的现在经济条件好,盖起一坊房子,他要去抓经济,他就没有人守,他也有这具体情况,所以让爸爸过来就好了。爸爸就是养一条看家的狗狗,"汪汪汪"地叫,用狗来做他的爸(笑),也大有人在。

我那个时候有个分单,是我写的,给你看一看。虽然我的字写得不好,但是用我的原笔更好一点。①

77. "除夕家庭会议"

我们这个家,还兴除夕家庭会议。平时各忙各的,除夕举行一次家庭会议,主要是先由我对整个大家庭提一些指导性的看法,总结过去,指出未来的奋斗目标。2001年也是在一起的,吃饭以后开了一个会。老大说,我既然退了,就没有工资收入。我们老两口他们也没有管,现在既然退下来了,老五已经出姓了,就不让他来负责,其他四个一个要负责一点。他的建议每户暂时负责500块(一年),一共2000,一次性的。不够,有什么老人的集体活动,去什么地方,又单列地给父母一点。行不行?征求其他几个弟弟的意见。他们说是不是少了一点。他们讨论。晓云说当然少,他们有什么的时候就单列拿,但是首先定下来,这是起码的基础。

以后我代表我们两个表示,你们既然有这个心就行了,但是我们

---

① 2001年2月4日。

现在不要，我们能生活。我们没有的时候再开口，什么时候需要你们的钱到时候再说。因为我卖木料的时候有一点基础，虽然给他们一些支持，给他们结婚，这些过程也用了不少的经济，但是，那个时候也有点基础。那时存款利息比较大，比较多，我就一年一年存款，利上加利，又有一点。加上水管所这八年，我的爱人扎布还是有一点收入的。再加上我们两个生活开支不大。你可以观察，我们的生活，农村苦的年代过来了，我的老伴，她主持这个家庭还是很简朴的。你深深地体会到，前天晚上吃的菜，昨天还在吃，没有变坏就还在吃，只要对身体没有坏处。所以节约着，开支不大。一天我们两个买半斤肉，半斤肉也吃不完，就买两块钱的肉，一斤大米我们两个吃两顿。生活开支不大，比较简朴。你看，尤其我们吃着吃着他们端来一碗，就吃多起来了。这是相亲相爱，这样就行了，也没有过高的要求。当然看起来，从我的体会，本身要有一点需要的。如果一点都没有，用得干干净净，一点基础都没有，你要靠儿女给你拼，每个月都恭恭敬敬地拿给你，有不好意思的一面。你吃什么弄什么，就过得很自然。至于说你愿意端一碗，我接受。拿什么东西，吃不了，就给他们说明。这样就互相尊敬起来了。你如果一个月到了，就像上税，或者交什么任务，一定要交。日子一长，就会产生一点意见。①

78. "什么是家庭"

我这一生到现在接近七十岁了，回想起这一生的坎坎坷坷，酸甜苦辣过来。我曾经说过，我们这个家庭的命运是与祖国的命运紧紧相关的。祖国有灾难的时候，我们家也有灾难。祖国得到解放，出现了新的变化，我们家里面也同样得到新的变化。尤其我这个人对毛主席、共产党的感情可能更深。②

家庭，什么是家庭？我有这样的发觉：现在的家庭是夫妻为中心的家庭。就像《易经》里面说的阴阳，如果没有夫妻的结合，它也不会有社会的存在。同甘共苦、共同劳动的夫妻，不奋斗就吃不上饭，今天不做活明天就没有吃的了，这种家庭夫妻的感情就相当深。

---

① 2002年1月30日晚上。
② 2007年2月15日。

就是吃南瓜，就是吃苞谷饭，也要留给你爸爸一点，你爸爸去劳动去了，你们几个小的少吃一点。

我家里面都有一段毛主席语录贴在堂屋里面："忙时多吃，闲时少吃，早干晚稀"。有那么一段我就把那个贴在餐桌旁边。我的老二还问我，这几句什么意思？我最后说了一句就是：你们这些娃娃，这些闲狗狗，这些小狗狗少吃，不能多吃，不做活就要少吃。顺口说了这么一句。娃娃小小的，可能三几岁，我就跟他们说。以后那一天他吃了一碗就不吃了。问他为什么不吃，他说，爸爸说我们是闲狗狗要少吃，我不吃了。既可怜也可爱。

我又说到哪边去了？夫妻之间了嘛，就像我劳动，她一定给我弄大米饭，白生生的，他们都吃苞谷饭，把好一点的饭留给我，把好一点的菜也留给我。我娃娃、我爱人也确实可怜，我又尽量地留给他们一点。这种感情比现在吃都吃不完要深。从来也没有出现过因为吃不上饭自杀，相反因为改革开放以后丈夫到外面去闯，一闯发起来了，万元户了，他在外面另有所爱，家里面老婆气了服毒自杀了，好几例。周城没有这样的例子，永兴、仁里已经有好几例这样的例子。有了经济基础，家里婚姻关系就合不拢了，我们周城大有人在。[①]

[①] 2007年2月22日上午。

第十四章 "人生感悟"

第一节 "一种反思"

79. "什么叫幸福"

朱教授你对我这个人比我的亲戚、比我的兄弟、比我的长辈、比我的子女,对我的了解都还更深,因为我的儿女我不可能把我的事情一件一件跟他们讲,也没有那么个时间。但是有那么个机会,朱教授来采访,我自己的感觉,把我们这一代人说成可怜、辛苦,还不如把它说成我们这一代很荣幸,因为是空前绝后的时期。①

人生感悟,我只想做一个堂堂正正的人,不能做低下的人,靠自己的智慧在社会上生存。人靠自己的双手来创造,就往往幸福。

人就是有百万、千万、亿,不为社会,有什么意义呢?

人比动物高,动物都为儿女。母鸡见了老鹰就要躲起来,但它为了小鸡就和老鹰战斗,甚至可以牺牲自己。一切为了下一代,也才有了社会。

我这一生儿女发展好,很满足,榜样的力量是无穷的,也是为了下一代。如果国家有难,那就不惜牺牲自己,甚至牺牲家庭。②

人为了下一代,为了生存,一切斗争,为了生存,为了下一代。(为了)生存与下一代中,意义与动物不同。为了大多数生存,为了社会的存在,所以宁可牺牲自己。有些人为了个人生存,有的为了大家的生存,所以什么都可以贡献他自己。如我爸爸做得不错,他放弃

---

① 2013 年 2 月 17 日。
② 2006 年 7 月 13 日下午。

了爷爷的期望,选择了为大家、为国家的利益,上了战场。区别一个人生存的价值,是光是顾自己,还是顾大家。实际上,只顾自己,自己也保不住。我们国家兴,我们家就兴;国家衰,我们家就衰。国家的利益重于个人的利益。当有舞台时就为社会服务,没有舞台时就为家庭,实际上也是对社会的贡献。我为大众服务,三人为众,这是开玩笑。为家是不给国家造成麻烦。有一个老人说:像你几个儿子这样听话,还要设置县政府、州政府干什么?只要每一家、每个人不给社会造成麻烦,只要每个人做到这一点,事情就好办了。如朱教授将录音磁带壳上撕下来的纸放在垃圾桶,那么一点东西就表示了一个人的层次,知识分子比不识字的好得多。

  国家利益重于家庭利益,先有国家,再有自家。我们五个儿子越来越好,因为国家有了一个稳定的社会。①

  我今年69岁,接近70岁的人了。回想一生,好像我们这一代人把它说成比较艰苦,还不如把它说成是幸运,因为它是空前绝后的阶段。我耳闻目睹的和亲身经历的事都是很了不起的事情。国民党怎么样,后段我们也见着了。解放初期人们那么兴奋地庆祝解放,后来土地改革,"反右"斗争,合作化,等等这一些,尤其是"文化大革命"自始至终过程,都经历了,又经历了改革开放这段了不起的阶段。有些人说我们这一代划不来,好像我们没有怎么享受。但恰恰相反,我们过去的经历现在的人用钱都买不来,他不可能有那样的经历了。所以我觉得比较幸运,也就有很多的反思。

  对于过去时代各种各样的运动,有正确的、有错误的,大的革命过程里面难免要出现那个。前人没有经历过的东西,前人没有走过的路我们来走,出现错误是必然的,也应该理解。如果一个人不应该得那么重的病,但是他得了那么一场大的病,这个病对人体不利,但折过来,既然他已经过来了,对他的一生又有一种免疫力。那些年那些阶段出的那些乱事把它挺过来了,到现在,那一段对这一段作了贡献。没有那些错误的东西,就不会得出现在的好的结果,中国的发展

---

① 2006年7月14日上午。

也不会有现在这么快。中国的国际威望一年比一年高，越来越高，这与过去接受那样的（教训），就像一个人有免疫力他什么都经受得住，他有现在这样好的结果。这是我的一种反思。①

80. "什么叫幸福"

我细细地考虑一些事情。什么叫幸福？幸福和痛苦恐怕是一种感觉，或许叫作一种心理上的平衡，这个也是一个新的词汇。心理平衡就感到幸福了。既然是心理上的平衡或不平衡，客观让你不平衡的情况下只能是靠主观、内在的思想因素调节去平衡，它就会往幸福方面考虑，就幸福起来了。比方生活、工资不要往上比。你要看人家一天五块钱都挣不到，你能够吃饱饭，就相对比别人幸福了。如果往高处比，人就会自己不愉快起来。比如我到现在没有拿国家的工资，如果光是自己觉得不满足可以使自己不愉快起来。为什么？为什么？这是应该的嘛！一个是自己的选择，这个选择没有错。既然没有错，为什么要去想没有得到国家的工资划不来，亏了？这个不应该嘛。还有一个是从学校里面退回来，现在在村里面担任文书的段德道，我们一起要求。那个时候包产到户，那个时候得补贴不多。如果我们继续下去，我们自己不要求，不提出辞退，那么也就转成公办了。而且后来很多人对我的评价，说如果你不回家，你在那儿一转一调动就当那个地方的校长了。人家对我的估计，当然也有可能。但即使不是这样，起码可以得一千多块钱的退休金。但我从另一方面去看，我没有错。我提出辞退没有错的原因，因为我当时考虑的就是娃娃们都已经到接近结婚的年龄了，我得考虑给他们组织家庭。所谓"上为父母、下为儿女"的概念是什么呢？"上为父母"为到把他们送上山，"下为儿女"起码得帮助他们成立家庭。没有媳妇为他讨媳妇，要让他结婚，生育了有娃娃了，第一胎的时候要做三朝，取名的仪式。作为父母为就为到那个地步为止，才能对得起自己的儿女。我是一个一个帮他们完成了。我应该盖房子的时候盖了，应该给他们结婚的时候结了。至于现在我得不到国家的工资，这是自己选择的，应该，你要面面俱到

---

① 2007年2月1日。

这个不可能。这个不怨天不怨地，自己这样走的①就觉得愉快。好多人还为我不服，说不应该么。我也不给他们解释，只是笑一笑了之。我们两个加起来每月40几块，都还够用了。因为大米不需要买，娃娃们给我们供，菜蔬这些自己种一点，他们也还给我们一点，水费电费他们也不让我们出，衣裤这个买一样，那个买一样，都用不完。所以知足者常乐。

所以幸福和痛苦不这样去领会它，本来已经够幸福你自己还感觉得痛苦。你往上面看，人家有几百万、几千万，几百万、几千万用他干什么呢？你还偏偏要羡慕人家的财富，这个确确实实做不得，因为生不带来，死不带去。我目睹过很多人活的时候为了他的那一点钱把它看得比命都重要，他舍不得用，抓钱的时候他不惜一切。弄到经济的时候他不惜一切，但死了两手空空，谁也是一样。我的这个老五，他有个爷爷，朱教授也可能见过，他也很勤劳，也舍不得用钱。老五他们经常给他一点钱，他也不接他也不用。到他死了以后入棺的时候都往他手里塞钱。老五一面哭，一面说你活的时候给你拿钱你就不用，现在你要给我接，拿出一百块钱你要接。所以没有意思。我自己就这样安慰自己，知足。

81. "稻谷里面的稗草年年都有"

还有一个，是人在社会当中这个人有这样的好处，那个人有那样的好处，谁都没有完人。总起来看，人的特点是他的优点和缺点常常靠拢。比方说我这个人，性子急，很干脆果断，我当干部的时候是副职，愿意找我的人多，因为我这个人很果断，他们的说法是有能力、有魄力。但最大的缺点是粗枝大叶，没有做到请示汇报。我解决的事基本正确，但把人家架空了。人家对我有看法是主观武断。所以优点和缺点靠拢。又如我的这个老大晓云很沉着，办事和我不一样，但我感到他有些事情应该解决的都没有解决，社会上②对他的看法是那个人解决不了问题。

社会上的事情交错在一起，对这些东西怎么认识？稻谷里面的稗

---

① 2016年段绍升审读时改"走的"为"想"。
② 2016年段绍升审稿时在此处增"也有些人"。

草年年都有。小麦里有那种燕麦那种东西,年年都清除年年都有。永远没有清除完的时候,只是某一个时期少一点。那个时期执法严厉一点,社会上的坏的东西就少一点。我们要种的东西很难生,我们要清除的东西它很容易生,干旱也不怕,旱涝都能生存。①

那么一生,乱乱乱乱,酸甜苦辣涩麻,什么都有,掺在一起,但是酸的是什么,苦的是什么,甜的是什么,他好像分不开。②

82."一生中我最相信实事求是这个词"

一生中我最相信实事求是这个词,也是我思想中比较深刻的一个词汇。我对什么事情都本着这个态度,最后对我有好处。比如我曾经是一个公安人员,我曾经是地方上的治安主任,而且也曾经是"文化大革命"那么乱的时期的斗批改领导小组组长,那个时候书记、副书记都靠边站了,就是要这个组长说了算,但是我本着实事求是,尤其是生产上面有些具体的东西,我跟当时的书记董茂南,当时的大队长张信仁他们都说。对四类分子,所谓守法教育,我也说这个话。你们这些人当中,有些过去当官的,所谓国民党的残渣余孽,这个是时代形成的。我如果在你们那个年代,要么我会成为一个受人剥削的帮工,但我不甘心那样的位置,如果有 匹马我就想有两匹,有两匹就想有三匹好赶,赶马不离三。土地的话有一亩我就想有两亩,有两亩我得要想二十亩。既然这样我就做不完,我得要请人,请人就是剥削了么,以后我也会成为地主。所以我在你们那个时代,我不会不愿意成为一个大地主。这个是平平常常,你们思想上不要多想。只是你碰上了这个年代,这一场运动好些大的领导都没有办法,你得要规规矩矩,说话你要管住自己的嘴。你不管住自己的嘴,造成麻烦,我们都没有办法。所以那样的话他们也都会听。所以只要我一发话,他们就静悄悄地听。有一个伪乡长,他说,我听过的话在周城人当中我是最佩服你,在我印象当中你是第一。还有一个就是我们劳改的队长,那个讲话也是一个实事求是,但还不如你。他把我抬成这个地步,这是

---

① 2007 年 2 月 4 日下午。
② 2007 年 2 月 7 日上午。

一个反面的人给我讲。实际上我也不打人。①

83. "国家的、国际的大理"

过去毛主席时代，干部和群众要四同，只要四同以后就互相沟通了。现在回想。连那些四类分子因为做活大家在一起，经常和他们接触，到底怎么做，伤一点脑筋的事大家都动脑筋。他们看到我们做的事是实实在在的事，他们也愿意实实在在地做，这样就有互相沟通的机会，互相理解的时间。所以斗地主，你把它当成敌人，好像说话都不和他说，越是这样就越有隔阂，但只要在一起，有语言的交流，在一起劳动，互相之间对峙的状况就会改变，会消除。所以大到国家关系，我们这些领导人相当正确，和他们交流。今天这个出去，明天那个出去，天天都这样子，常常搞外交活动，就消除了那些紧张的局面。在我们的实践生活当中，小事看大事，看到国家的、国际的大理。什么是正确什么是不正确，可以分析一些。

现在我们国家的领导人，穿梭式的（外交），不是光一个外交部长的问题，国务委员，常常是有这个经历的人，有这方面经验的人，还在发挥他们的余热。把整个世界都缓和下来多好。照这样来看，如果美国也采取我们的态度，你对伊拉克萨达姆独裁，你坐下来和他们谈，多交流，包括萨达姆这个人他做错了事，他自己会感到嘛，他也就不那么凶狠了嘛。当然这个人看起来也很独特，伊拉克人对他还很崇拜。伊拉克如果一直采取谈判，和他沟通，你想他的石油，你给利益，你得到他的石油，这是双赢。任何事情你只想单方面赢利，做生意做不通，做任何事情都站不住脚。你如果得到了，那个只是暂时的，人家还没有醒悟过来的时候你得到了。所以从这些上看起来，我们国家现在的政策，确实在整个世界举足轻重。泱泱大国，在里面我们往哪边摆，就像天平一样，哪边重量就大大地增加了。能够得到全世界的认可，包括布什他也不敢小看我们。这些大国，西方的强国，对我们都那样友好。

这些折过来，到我们家里面的生活方面，也得要采取双赢才能得

---

① 2007年2月9日上午。

到发展。你损人利己,你只是暂时的;你要实实在在地给人家有好处,人家才能信任你。就像我这几个娃娃开食馆,基本上都成功了。为什么?人家饿了来吃,你得对人家认真负责。实实在在的东西,你才能得到利益。你只能是采取双赢,两边都得到好处,大家都得到发展。①

第二节 "一种担忧"

84. "最担忧的是当代青少年的教育问题"

还有一个,可以说是一种担忧,思想里面。当然朱老师你们也是搞教育的。我最担忧的是当代青少年的教育问题。现在教育质量比过去高了,层次各方面都提升了,大学的比例比过去多得多,知识分子数量一天比一天多,用知识来治国,是大好事。但我担忧的是道德品质。我们中国经济这样发展,这样一年比一年高,即将要接近发达国家的水平。这么大的一个国家,这确实是对世界的贡献。以后这个国还要更强盛,经济上的发展这个不担忧了,担忧的是人们的道德品质。国家更大范围的我们好像说不来,但眼睁睁地看着周围的人们的生活表现来看,还不如过去人的那种道德。我们这儿是旅游地区,老五开着饭庄也接待游客,我实事求是地说,有外国人,大量是我们中国人,偶尔也有台湾人的团队。但所谓他们说的大陆人的表现还不如台湾人,也不如新加坡人。新加坡人也还说华语,很多人是华人的后代,但那些人表现的文雅程度比我们要好一点。具体说,表现丢这些垃圾,我们中国人吃饭桌子下面乱七八糟。外国人,都还自己把它收拾得下面没有垃圾。虽然这是很小的事,但反映人们的思想素质。

具体到我们家里面,我的这些儿孙,当然没有一个高层次的知识分子。但我的老伴和我养育他们的时候相当艰苦,吃饭的时候也不断灌输思想道德品质,所以他们在社会上站得住脚,几个儿子很勤劳。但正因为他父辈的努力,当然主要还是要靠社会,所谓"大富由天,

---

① 2007年2月9日上午。

小富由人"。天就是大的社会背景，有了好的社会制度，到了这一步。治理国家要社会不断进步，这方面的人要加大思想教育的力度。因为生活好，俗话说"一代新鲜一代蔫"，一代发展起来了，他就富起来了，给下一代带来幸福的生活，幸福的生活他就懒下去了。现在比过去好得多，有这样好的社会，人们怎么要驾驭这个社会比现在还要更好，主要得有一个正确的思想，有一个良好的品质，才能按人们预想的来发展。

现在的青少年想少干活多拿钱，少付出多享受，甚至不想干活要拿钱，这种现象我很担忧。不像过去的人要想多拿钱我得多付出。

因为国家母亲经历了大乱，受了那么大的伤害，它的每一个细胞都同样在艰苦中挣扎，那么我们是其中的一分子，那是相当艰苦的。这就是苦难。苦难最后结的果相当好，就是儿子看着我们艰苦地劳动，艰苦地生活，在社会里面这样地挣扎，他们看着了，就同情父母，所谓穷人的孩子早当家。家里面穷，孩子很懂事。尤其是我的老大，比如我是副大队长的时候也参加劳动，人家接中午饭的时候，家里没有人，他们就只看见6岁这么个娃娃，就是晓云。他们说：晓云，你要回去做饭给你爸爸要送来。他知道我的爸爸在田里面劳动，现在家里没有人做饭，我要给他做，所以他6岁的娃娃，就自己烧火，自己把那个面，站在灶台上揉呀揉，烧那个麦秆火。以后把它送下来了。到田边，我接到那个粑粑的时候，圆又不圆，方也不方，乱七八糟的，而且还有手印。送饭的一看到我的表现，就说，今天我不对了，你们家里没有大人，我只看到晓云在外面，我就喊了一句，这粑粑可能是晓云一个人干的。我一听她这个话，我觉得很好吃，也很感动。6岁都还能给我做这个粑粑。那时逼得他这样做。而现在12岁也不会做。因为社会条件、家庭条件不再那么艰苦了，相反，好的东西引出坏的结果，坏的东西引出好的结果。现在是好了，就怕引出坏的结果。依法治国是一个方面，但更主要的是在深层次当中。其他国家那些人很文明、很礼貌，那些他们是怎么教育的，值得我们研究。[①]

[①] 2007年2月1日。

85. "第一担忧的是大自然的变化，生态的变化"

我们国家这么强盛，这是最鼎盛的时期，但思想里面也有一些担忧。一个涉及环保，水利水源的变化。不是我马上就有这种想当，我很久很久之前就有这个担忧。我经常和几个老朋友说：现在就怕病，现在的社会太好了。我们的前人任何人都没有享受过。我说我们赶紧活它几年马上跑，在我们后面的人可能没有现在好，你看水都没有了。我把它归纳成三样：一是生态，自然的变化，产生的担忧。二是生活变化了，对儿童的身体成长，对他们身体素质的担忧。三是对社会道德的担忧，对毒品侵害的担忧。担忧很多，大一点的就归纳为这三种。[①]

我跟我的老朋友说，我们这是幸福了，我们把幸福过完，只要保持晚节不要出乱就幸福了。但是我们过完了以后，跑了以后，离开了这个世界以后，后人可能还不及我们。这个不是开玩笑的话，我说这个是有实际思想的担忧。

第一担忧的是大自然的变化，生态的变化。当然绿化现在是恢复了，我们背后苍山上的绿化都好起来了。过去下一场大雨，沟沟里面淌下来的都是红泥巴水，就是红水。为什么呢？山上没有树。现在下它三天三夜也不见红水，背后山上的植被有了。说到这些，我们这一代人也自豪，我们这一代人也曾经作过贡献，治山治河，那些起作用了，在山上挖了一条横沟，再加上撒了一些树种，它现在已经慢慢旺了，比方说我们段隆的龙王庙，隔壁那些水冬瓜树那么粗，那么大，那么高。那些过去没有，也就是在"文化大革命"初期，"四清"以后，我记得也就是我当副大队长的时候，年轻一点，但不是我这个人出的主意，想的办法。上面拿下来一点籽种，松子啊，云南松啊。1965年、1966年、1967年那些籽种都拿下来，也拿出来水冬果的籽种。我是带队的人之一，我们撒下的籽种都已经那么大，那么粗。

植被的问题解决了，但担忧的是水位急剧地下降。过去段隆龙王庙，也不是现在的那股，要比现在大得多，有现在的两倍。水库来源

[①] 2007年2月12日上午。

的那股水也有现在的两倍。蟒蛇箐，我们这边有好几个箐，里面的自然水那些都大大地减少了。水的减少还不在于山上的减少，村子里的水也减少了。过去打井水。周城有26口井。龙泉、南登、石佛井就相当深，始终有水，够那一片的喝。在相当旱的时候就不够了，只有到村背后舀自然水淌下来的水喝。我们小时候看到大充有大充的一条沟，石佛有石佛的沟，就舀那个自然水喝。那个不卫生，但总是把喝水的问题解决了。现在村委会的这一院，过去就有水，院子里就有一塘水。我们的院子也是一样，也有一塘水，用一个瓢把它舀得上来。我们那个巷巷里边到处都出水，就是村委会上来到我们家的巷巷里面。我们家背后过去的一条沟那一股在214国道的东边还有一个水碓，不是用的山泉水，是地下水。当然打碓也有一点苍山水，因为我们的位置比西边低。西边盖房高的地方就弄了一个地龙，就是盖房的时候在房子下，铺了一条暗沟，这样房子就干燥。沟里就有水。旱季少一些，雨水季节有的出五六个月，有的八九个月，有的出10个月，只有最旱最旱的时候才不出。我们家庭院盖房子的时候挖墙脚就挖出地龙，就是暗沟水。

　　我所看到的水变化太大了。过去我们上山砍柴，到山上去割茅草，一小块就有一个地名，一小块就有一个山名，哪一个位置上出水，我们都比较熟悉。只要上山的人，水任何时候都比较重要。做起活来，他喝水，就是到出水的地方去喝么。而现在的那些水多数都不见了。古佛洞上面有一个小溶洞，上面滴下来的水，形成各种形状的岩石，就形成像牛肝牛肺，——我们这儿的人把它叫牛肝牛肺处，那边就有水，我都亲口喝过很多次。现在那边古佛洞的塔被人破坏了。我领着立东去看，那边干干的。过去滴滴答答滴下来水，现在没有了。总的一句水的变化太大了！我们过去栽秧山脚下都栽秧，只是产量低一点，因为水冷。现在这一片不栽秧了，都是旱地，因为水供不上。而且还专门从洱海抽水，不向洱海抽水，我们这个田坝里面种不成的要一大半。现在我们种的庄稼三分之一的土地自然水都供不下来。也就是说，现在的水源没有过去的三分之一多。远的不比，就说60年代到现在就有这么大的变化，洱海的水位比现在最高的时候要高两米。我儿时去捉鱼是很开心的。看着它的水位高的时候高到仁里的古戏台下面有水，桃源的古戏台都有七八十公分水，现在比那个下去好深。这样下去怎么了得！

更大的一点是什么？让我更担心，珠穆朗玛峰都矮了一截。为什么，说是过去测量的上面有冰，现在融化了。南极的考察也是这样，一年比一年融化得多。过去说山有多高，水有多高。我在测量队的时候最想不通的一个问题，就是这个。我们觉得爬呀爬呀，到制高点怎么了得，到哪里去吃水？哎，爬到那个地方，仍然有水，隔着制高点不远，就有一个地方要出水。有些山树根下淌出来，而且那些山都是灌木林，水出得很多。现在才知道有比那更高的山峰。现在安了自来水管，知道因为你的房顶还没有水厂位置高，所以压力下它就出得了水那么一个道理。几十亿年，几百亿年，水的流动它会有地下河，好像有毛细血管，把地球想象成一个动物，通过那些毛细血管就从这里出来了。就像我们苍山的水可能来自比苍山更高的山峰的冰雪融化得来的，所以才给十八溪那么大的水。没有机械化的时候，人类的生存想种种办法，除了人踩的碓，再进步一点就是用水磨、水碓来代替。基本上水碓水磨到处都有。现在把碓磨推得动起来的水不多了。我们那边是蝴蝶箐，再过来一点是蟒蛇箐，蟒蛇洞那个箐把它叫作蟒蛇箐好像知名一点，实际上它叫白石涧，山沟沟里面都有碓磨，说明水力很大。现在你照完全式样弄一个，水不够了，推不起来。最最担心这样的变化。

那天我看见报道，大西洋水位涨起来了，冰山融化了。我也在想，大的气候宇宙的变化，是太阳的变化，带给地球的热温度高起来了，如果是这样是很难战胜的。但据说好多是人为的。有一个报道，说法国总统提出一个方案说要建立地球村，比联合国还要发挥更大的作用，全球都要来关心环保，只要人为能控制的就要控制。现在你这儿试验那儿试验，以后对空气不利的要通过地球村的批准。他的那个观点，我作为一个小小老百姓同意希拉克的建议，作为在地球上生存的人，我同意他这种观点。只有全球都来关心才能行。

86. "光是讲科学,不行"

世上的事情说不完,但有些事情光是讲科学,不行。有些东西也是说不清道不明,老天爷存在不存在,好像不存在是肯定了。但老天爷这个我们就把它想成一个大的环境,你人为地破坏,他就要惩罚你。到了老天爷惩罚你的时候,谁也抵挡不住。那些年小小的麻雀都消灭了。有过一个故事,过去一棵稻谷从根到顶都结满了。有那么一个人,不珍惜粮食,所以老天爷就把它收回去了。结果麻雀哇哇哇集体叫:不是我们的责任,是人搞的。所以老天爷就给它撒下一把,就那个顶尖上一点点上结籽。我们连麻雀都不放过,说一只麻雀一天把一两都干得掉,就算十只麻雀一天吃一两,一百只麻雀一天就吃一斤,一年要吃多少!算下来麻雀的罪恶不小,所以要消灭它,四害。现在麻雀都不见了,现在虫也消灭不完,这样虫,那样虫,奇奇怪怪的虫。过去小时候也没有那么多虫,也没有用过农药,虫很少。现在越用它,虫越来越多。大自然里一物克一物。老鼠是鼠害,但有猫。虫里面,虫吃虫,也有麻雀把虫抓吃了。现在麻雀在我们这一带①绝种。这两年还有一点,有一次我数了一下还有三几十只,在电线杆上一路地排起来。但人们不爱惜它,我看见我的一个朋友领着孙孙用弹弓瞄准打麻雀。

连燕子应该没有什么罪恶,小燕子的歌也多,它的故事也很多。说燕子又叫了,燕子又回来了。立春节一过,我们家有两窝燕子,立春节那天就出现了,很准时。过去老房子有两窝。妈妈当家时都有,那两窝。那个歌说:"不吃你的谷,不吃你的米,借你房子躲躲雨。"以后看见燕子飞出飞进,过一段时期以后,一窝小燕子出来了。就打算用棍子去戳,老人说喔唷,戳不得,戳了以后就得了癞痢头。癞痢头谁也怕,所以动不得。过去燕子也很多,现在连燕子也少了。栽秧看见燕子低飞,就说有办法,要下雨了。②

87. "不如过去那种感情深了"

现在人与人的交流农村也不如过去了,不如过去那种感情深了。

---

① 2016 年审读时在此处增了"几乎"二字。
② 2007 年 2 月 12 日下午。

我看有这么几个方面：

因为生活生产的改变。例如过去生活中必不可少地要去挑水，打水。我们这么大的村子就靠25口井①，平均下来100户一口井，大的那些百户，小的也要四五十户。到这个井上打水的人，就在这个井的周围，所以早不见晚见。今天早上打水，下午打水，有的一天几见面。一面打水，——我们的井又很深，要慢慢地打，耽误一点时间，一面打水，一面把家里面发生了什么事，心里有什么苦涩互相说说。也把心情压抑着的抒发出来，常常受到人家的解释。——哦，既然你婆婆这样说，你要正确看待，她骂你几句，虽然骂重了一点，但还是喜欢你的，对你有好处。我们小时候，我的婆婆骂的那一种你还没有听过。这就互相解释，互相之间一步一步就有比较深的情感。或者家里有什么困难，有什么吃不上饭的事，——不怕不怕，我家里还有几升米，我可以借给你几碗。这样互相交流的机会多，他感情就比较深化。而现在吃水天天都要吃，只是在家里面了，就不出门了。过去每天为吃水问题都要出出进进，每天都要挑几回，常常在井旁边遇上。这是一方面。

还有就是劳动生产的改变。过去集体生产的时候，如果说平时有说有笑的人他今天出工怎么不出声气了？就会一定有人问他，今天你有什么事，有什么心事？他首先不说，觉得说出来害羞，也不愿意说。但是这个问那个问，他不得不说。一说出来，也受大家的解释，也就把气消了。以后也就有说有笑，一面劳动。人多的情况下什么话都有。虽然那些年工分只有那么一点，现在说起来可怜得很，相当贫穷，但是不是贫穷的亲戚都是哭哭啼啼，在家里面有点苦，出去还是笑。集体生产在一起劳动的时候很有意思，有说有笑。很多人说话很幽默，我也喜欢接触那些农民，我好多东西是在他们那边学来的，一个人一点点，一个人有一点点。不知不觉就觉得他们很可爱，有什么困难他们都互相帮助。现在不是这样。

再有，交通改变了。过去我参加工作的时候，我们这边到喜洲的

---

① 上文说周城有26口井，与此处矛盾，是记忆本身不精确的表现。

马车都没有，到大理要到喜洲才能搭得到马车。一般赶街的人根本不要考虑搭什么车，因为本身的收入低。马车的速度和人也差不多，所以多数都是步行。步行比方说赶沙坪街，要走4公里多接近5公里路，一面走一面遇上人，阿舅或者是侄儿子、阿老表等。就算不是亲戚，一般互相也称呼你赶街我也赶街我们一路走。他就在一个多小时两个小时的行程中，不可能静悄悄地走。一面走要一面说说话，聊聊，一聊就拉近了关系。而现在赶街现象少了，没有过去多，因为到处都有物资，交通方便。即使去赶街，车子一坐，在班车里面也不好吹牛，也不好聊天。就是聊也就几分钟就到了，说得不那么深，不像过去那一种互相把心里面的话，或者你们家里面发生的事，我又怎么看，又互相怎么解释，这些说得这样细，说得这样深入，这样的机遇没有了。

  还有，过去农业生产上也没有什么农用化肥，也没有除草的这些药，就要靠薅锄。小春麦子种下去以后，麦苗一出芽，马上就要去薅里面的杂草。亲戚朋友单干的时候我们这边叫请工，白族话正儿八经翻译到汉话里面就是"换工"，我今天去帮人就叫作我去换工。不拿钱，以工换工。既然是换工一般多数是亲戚关系，还有一种是合情性，既然互相都愿意换，你家需要劳动力的时候我主动去，我家需要他也会主动往这边跑。所以那种情比现在赤裸裸的就是拿几个钱要深。薅草，薅小麦，薅一道二道三道，有的四五道。所以田坝里面互相之间，这么一天一起劳动不可能静悄悄的，几个人在一起，就有说有笑。

  所以那些年就出现男女之间年轻人或者同龄人对唱啊，而且那是出自真挚的情感，不是现在的舞台上逢年过节那种不真实，那个只是演出。我倒是享受过真真实实抒发感情，就是对唱。那个也确确实实是互相之间很默契，互相之间感情都比较深。虽然是假戏真演，假的，她和我不是真正的情人，但既然对唱起来好像最真正的那些语言就在里面，确确实实弄来弄去以后就会成弄假成真，互相之间起码也会有那一种感情。回想起那些年我倒是很怀念集体生产五六十年代的那一种场景，一群一群地没有效率，现在说起来，不可能再倒转，但是很优美。互相之间有说有笑，相反过得很快乐。如果现在光是说它的收入是多少多少，吃什么，就觉得很苦很苦，可能天天都过得愁眉苦脸，哭哭啼啼了，可是，那些年比现在还欢快，还欢乐。①

88. "因为他经济实力强，把他没有办法"

对于社会的看法，大到联合国，小到我们的家族，那么一些事情的处理，大同小异。家族有家族长，联合国有秘书长。我体会一下，我为什么说到联合国一直说到家族，（因为）大道理是一样的。（本来）谁不讲理，就要受到指责，谁讲道德，就要受到表彰，但是现在的结果是什么呢？谁的经济基础最高谁就说了算。就像美国，在国际上称霸，联合国这样事情、那样事情，他不服从就不服从，你能把他怎么样。家族里面也是这样，他经济基础发展得好一点，他的儿女条件都好一些，他就不依你家族里面。

现在好多事情，联合国秘书长和家族长基本上有相同点。本来谁都知道谁理亏谁有道理，但因为他经济实力强，把他没有办法。我有这种感觉。② 明明知道他是理亏，有一方，不讲理，按照道理上、法律上、道德上不正确，另一方正确。但那一方的人很强，他的势力，他能说话，他经济基础也高，他请客在家族里面也比较多。家族里面对他的概念就有变化了，不正确的就不敢得罪他。

联合国秘书长和家族长一样，他说的话有时也不一定起作用，因为势力强的人不听他的话他也无奈。③

---

① 2007 年 2 月 22 日上午。
② 2008 年段氏家族（下段）第二支的家族长段士景去世之后，20 多户推举段绍升任家族长。
③ 2013 年 2 月 17 日。

> 一与它本身相反，复与它本身相似。
> ——［古希腊］赫拉克里特

> 昔我离去，近处远了；今我归来，远处近了。
> ——自题

第十五章　归去来

民族志者是一个什么样的人呢？经过长期的田野工作洗礼归来之后，此时的他是否具有新质呢？

有两位人类学家提供了经典例证：一位是结构主义人类学家列维－斯特劳斯，另一位是被称为"自我人类学家"的高更。

第一节　《奥古斯都封神记》

因为民族志者具备"去了那里"的经历，他认为只有他才了解当地的文化，于是，他很可能自封为"神"。列维－斯特劳斯从南美考察归来以后，曾对旅行本质进行了探索。他写了一个思想短剧《奥古斯都封神记》①，颇具隐喻意义，剧中两个主角是奥古斯都与桑纳。

奥古斯都是罗马皇帝，拥有最高权力。但罗马的贵族院想颁给他一项比皇帝更高的荣耀：通过一项仪式，让他成神。对此动议，奥古斯都自己"关心他的权力要如何巩固的问题，最后终于可免受阴谋和内讧的困扰"。但卫士想到的是"加薪"，警察首长想到的是"一个

---

① ［法］列维－斯特劳斯：《忧郁的热带》，王志明译，生活·读书·新知三联书店2000年版，第487—497页。

替神化了国家元首服务的警察队伍本身就也跟着化为神圣",教士们想到的是奥古斯都成神之后"会把地上人间的权柄转到他们手中",一群淫荡女人亦各自有所思有所求。也许这个问题过于巨大,奥古斯都似乎还有狐疑,于是与一只神鹰对话,神鹰告诉他取得神性的好处是不会再感觉到他目前所感到的那种厌恶之情,"会有能力忍受一只野兽靠近身旁而不感到厌恶,能够容忍野兽的臭味,忍受野兽将覆盖在他身上的粪便。"在这种对话中,奥古斯都"开始意识到自然与社会之间的关系所存在的问题",决定和儿时朋友"喜欢自然,不喜欢社会"的桑纳见面。桑纳所说的和那只鹰所说的一致。此时,桑纳推测奥古斯都想做的就是"成功地把自然与社会结合起来,而且取得前者作为后者的额外奖赏,而不是必须要弃绝社会以拥有自然"。果然如此。奥古斯都找桑纳帮忙,让桑纳把自己谋杀掉,正如桑纳本来计划要做的那样。这样做奥古斯都将能享受书本上的、雕像上的和崇拜上的官方不朽。但是,最后,奥古斯都却违背了自己的诺言,做了安排,增加双倍的贴身卫士,使得桑纳无法接近他。

  桑纳是个流浪者。"桑纳一直都给奥古斯都的事业带来破坏性的影响,桑纳是个疯子,只有和野蛮人在一起的时候才会快乐。"他已在外流浪了十年,在十年的浪迹生涯中,他除了想念那个青梅竹马的恋人卡蜜尔以外,什么也没做。那时候如果他开口的话,早已娶得卡蜜尔为妻。奥古斯都会非常高兴地把妹妹卡蜜尔嫁给桑纳。不过,要依照社会习俗的律法来得到卡蜜尔,对他来说是无法忍受的事情;桑纳要经由向整个既成秩序挑战的方式得到卡蜜尔,而不是通过既成体制。因此他决定取得隐遁者的声望,使他能迫使社会摊牌,使社会让他得到社会本来就准备赋予他的女人。当他回到社会之后,他明白他的基础只不过是个大谎言,对于他的恋人卡蜜尔,他设法让她了解旅行家的故事都充满苦难,且都徒劳无功。……"我所看到的大地和这里的大地近似,草叶也和这片草地的草叶一模一样。"桑纳对一切都失去兴趣,包括卡蜜尔。这一点连卡蜜尔也已经领悟。卡蜜尔和桑纳断绝了交往。桑纳得到一个最后完整的证明,证明一项他早已意识到的失败。

在这个短剧中，奥古斯都是与桑纳具有不同人格精神的人，奥古斯都"从出生开始即被挑选出来要过高级的社会生活，享有其中的种种荣耀"，他是高度社会化了的人。而桑纳的天性特征则相反，他的禀性是厌弃社会，他通过十年浪迹而成为自然人。奥古斯都的"在这里"是在"社会"之中，通过"封神"而"去了那里"，即去了"神"（自然）那里。然而，奥古斯都在"自然"（神）的王国里周游了一下，马上又重返社会。他的社会本性并没有改变，继续做他的世俗皇帝。而桑纳本性崇尚自然，因为卡蜜尔的关系，他回到社会，但依然不能适应社会而重新成为自然人。桑纳刺杀奥古斯都失败了，他回归自然再去游历也不能做到了。即使被赦免，他却被留在社会之内，然而并不能改变他的自然天性，他仍是一个与社会格格不入的人。桑纳与奥古斯都生性不同，他们"在这里"的基点是相反的：一个立足于自然，一个立足于社会。"在这里——去了那里——回到这里"的公式，在桑纳那里，是"自然——社会——自然"的过程；在奥古斯都那里，则是"社会——自然——社会"的过程。在这一过程完成之后，"我"还是"我"，"我"只是把"那里"的意义保存或融入"我"，但并未发生本质的改变。奥古斯都依然当他的皇帝，他被封以后的"神性"只是丰富了他的皇帝的内涵而未改变其社会性；桑纳留在社会反对社会仅是与原先流浪者的形式上的不同，其"喜欢自然"的性质亦未改变。

多么不可思议啊，折腾了半天，还是回到了原点。那么写这个思想短剧的列维-斯特劳斯本人经过"去了那里"的田野工作之后有没有改变呢？我们看他关于"旅行的本质"的说法：

> 经由一项令人惊奇的哑谜，我的探险生涯，并没有向我展现一个新世界，反而是造成把我带回到原来的旧世界去的结果，那个我一直在找寻的世界在我的掌握之间消失于无形。……一旦最后一个音符被听见以后，达致最后一个音符的前面所有的音符都被映照明白，具有新意义：那些前行的音符所在追寻的，再也不会被视为是随意而为了，而是一种准备工作替那个想象不到的结

束方式做准备。或许,这也就是旅行的本质吧,是一种对我自己脑袋中的沙漠的探察,而不是对那些在我周遭的沙漠的探察吧?①

"旅行的本质"(即"田野工作的本质")就是对自我本质的探索。自我原先就存在那里,被规定了的,只不过开头没有被认识,而田野工作协助完成了这一认识过程。到异文化中去,只是一种自我探索的路径与策略,列维-斯特劳斯是在南美找到最野蛮的蒙蝶人以后,悟出这个道理的:

> 我以前很想接触到野蛮的极限;我的愿望可以说是达到了,我现在面对着这群迷人的印第安人,在我之前没有任何白人与他们接触过,也许以后也不会有白人和他们接触。经过这一趟迷人的溯河之旅之后,我的确找到了我要找的野蛮人了。但是,老天,他们是过分的野蛮了。由于我是在探险旅程的尾声才找到他们,无法花真正去了解他们所需要花的时间。我手中有限的资源,我自己和同伴们疲惫至极的身体状况,更因雨季而引发的热病变得更糟,使我只能做短暂的停留,像在丛林中上学一段短时间那样,而不能待几个月做研究。他们就在眼前,很乐意教我有关他们的习俗与信仰的一切,但是我却不懂他们的语言。他们就像镜中的影像一样地近在眼前,我可以触摸得到,但却不能了解他们。②

这是一段颇费疑猜的叙述。对于经典民族志者而言,如果能找到最野蛮的野蛮人,那是何等好的机会,何等的幸运!他可以宣布:"这块地盘是我的,我就要在这里开始伟大的工作、得出伟大的结论了!"列维-斯特劳斯找到了野蛮人,他本可以这样做。资源不足,可以重新聚集;时间不够,可以下次再来;身体疲惫,可以休息调

---

① [法]列维-斯特劳斯:《忧郁的热带》,王志明译,生活·读书·新知三联书店2000年版,第489—491页。
② 同上书,第429—430页。

养。本可以下次再来,但他没有这样做,因为他对人类学目标的理解出现了变化。他已经看到了此前人类学的陷阱与歧途,指出这门学科"用一些被某些人视为理所当然的习惯来使事实上相似的其他人感到惊讶"的做法是骗人骗己。

那么列维-斯特劳斯所探索的"自我"是什么呢?他到底是桑纳还是奥古斯都呢?

> 为什么我跑到这里来?我到底是希望些什么?我的目标到底是什么?人类学研究的本质到底是什么?它是不是像其他正常的职业那样的一种职业?它和别的行业的区别是不是仅仅在于选择人类学工作的人,他们的工作室和实验室和他们的住宅之间距离相隔好几千公里?或者是,选择人类学工作是一种比较激烈的选择,表示人类学者实际上是把他自己所生所长的整个制度都加以怀疑?我离开法国,中断我的大学学院生涯已经五年之久。在这五年的时间内,我以前的同事里那些比较明智的人已开始在沿着学院的阶梯往上爬;那些对政治有兴趣的人,像我以前那样,已经成为国会议员,不久就要当部长。而我自己呢,仍然在沙漠荒原中踱来踱去,在跟踪几个病态的残余的人类。到底是因为什么人,或因为什么事情,使我中断我自己存在的正常途径?这一切会不会只是我自己所玩的一种手法,一种聪明的旁门左道,其结果能使我重拾旧业,而且是带着额外的优势,会被人承认的优势?①

列维-斯特劳斯不是桑纳,却与奥古斯都相类似。他是从文明社会出发,经过田野工作,最后还是回归到文明社会之中。他最后的确是"重拾旧业,而且是带着额外的优势,会被人承认的优势",乃至于当上法兰西科学院的院士。"在这里——去了那里——回到这里"其实就是一个"自我——变异——复归"的过程。无论是表述也好,

---

① [法] 列维-斯特劳斯:《忧郁的热带》,王志明译,生活·读书·新知三联书店 2000 年版,第 488—489 页。

行动也好，列维-斯特劳斯都是一个"自我复归型"的田野工作者、写作者和人格实践者。然而，与其他许多人类学家不同的是：他不仅是一位清醒者，也是一位坦白者，还是一位自嘲者。于此，《奥古斯都封神记》成为列维-斯特劳斯反讽式的自我隐喻。

第二节 "伐木丁丁"

另一位田野工作者高更去塔希提也是对"自我"的探索，故而被称为"一位'自我人类学家'"①。"高更逃向太平洋，显然是为了寻找那种失落了的单纯。然而，他在自己身上却发现了野蛮与罪恶。"②在高更认识自我的过程中，我们清晰地听到远在塔希提的"伐木丁丁"③之声：

> 我们到了目的地。两边的峭壁分开，树丛纠结一起，形成一道墙，墙的后面有一块高地似的，遮着看不见，但可以猜知。不少黑檀木张开巨大的叶子，我们两个野蛮人抡起斧子砍向一棵壮丽的大树，必须把它摧毁才能得到符合我的欲望的树干。
>
> 我狠狠地砍，双手出了血，带着一种压抑的野性，欢跃地砍着，不知道要摧毁的是什么。我随着斧声的节奏唱起了歌：
>
> 把欲望的森林整片连根儿拔，
>
> 驱除自恋之心就像秋天伸手摘莲花。
>
> 把古老的文明积淀清除干净，我回来时心里很平静，感到从此成了另一个人，一个毛利人。我们两人快快活活地扛着我们的重担；我还可以欣赏眼前我这个青年朋友种种优美的姿态，这次毫不心慌，他结实矫健，就像我们扛着的树。树发出一阵阵檀香——"诺阿诺阿"。

---

① ［爱尔兰］泰特罗讲演：《本文人类学》，王宇根等译，北京大学出版社1996年版，第23页。

② 同上书，第19页。

③ 语出《诗经·鹿鸣·伐木》。

> 下午我们回到家,已经疲劳不堪。他对我说:"你高兴吧?"
> "是的"我说了,在心中又说了一遍:"是的。"
> 我从此心神恬然。①

在这段引文中,高更把自己抒写的心态完整细致地呈现了出来。高更的"伐木"同样是一个隐喻,在此过程中,他完成了蜕变。他砍倒了欧洲文明驯化出来的那个老头,他砍倒了情欲的森林。他自戕了,他死了,与文明、与恶最终告别了。此后他获得了新生。在这场对垒中,文明的道德败坏没有占上风,他胜利了,而且获取了健康,淳朴的生活显示出魅力。他终于脱胎换骨,成了另外一个人,一个野蛮人,一个毛利人。诺阿,诺阿②,这是返老还童的芳香!"伐木"为自戕的隐喻:斧柄是树木制成,又用于砍伐树木,这是"以木克木"。泰戈尔在他的一首诗中清楚地表达了这一意蕴:"樵夫的斧头,问树要斧柄,树便给了他。"③ 高更的"伐木"是"自戕"的隐喻。伐木经历使高更取得了对性别与性的重新认识,性本来应该是自然的,也就是"无性的""本性的",但在文明社会中却处处都是"性"的。在砍树的途中,他从青年男子身上领悟到了这一点。"把情欲的森林齐根砍掉",隐喻完全清除了文明社会中的性观念,即奸淫的观念。

高更是通过毁灭自我(旧我)来创造自我(新我)。他痛骂自己"非常丑陋,非常疯狂""该死",是"野蛮与罪恶"的集合体。我们看到的是:第一个高更是丑陋的、罪恶的,第二个高更将第一个高更杀戮了。高更是将文明社会的奸淫观念带入塔希提的,后来他杀死了这种观念,连同一起杀死了原来那个自己,祛除欧洲"文化的阴影"。他在伐树途中身体下到凉冰的溪水里,赤身裸体地与大自然接触,洗去了文明的灰尘。大自然也接受了他的身体,倾听了他心中的

---

① [法]保罗·高更:《诺阿·诺阿》,马振骋译,上海译文出版社2011年版,第42—45页。
② "诺阿,诺阿"意为"香啊,香啊"。
③ [印度]泰戈尔:《榕树》,冰心等译,人民文学出版社1987年版,第136页。

声音，欢迎他，将他当作了儿子。他达到了无以名状的快感。高更对自我本文化是一种真正的厌恶，他对自我的罪恶彻底揭露之后寄托于新生，这是一种深刻的人性动机。他有时也骂塔希提人，但这是他那个"旧我"在骂，与马林诺夫斯基的《一本严格意义上的日记》①迥然相异。

但是，峰回路转，事情并未结束。就在1893年，高更离开了塔希提，离开了深爱他的塔希提女子苔拉，回到了法国。对于这一段离别之情，他写道：

我该回法国了。迫切的家庭义务招我回去。

再见了，你这殷勤好客、美不胜收的土地，你这自由与美的国度！我比来时长了两岁，却年轻了20年；我比来时更像个蛮子，却拥有更多的知识。不错，这些野蛮人，这些无知的化外之民，教给我这个文明老头的东西太多太多了。他们传授给我的是关于生活的科学和关于幸福的艺术。

航船离开码头向大海驶去，我最后一次回头看苔拉。这之前，她已经哭了好几夜。现在，她筋疲力尽了，心情依然沉重，却平静了许多。她坐在码头的石沿上，双腿下垂，两只结实的大脚刚刚触到下面的咸水。一直戴在耳上的那朵花，落在双膝上面，枯萎了。

远远近近，其他女人也无声无息，显得疲惫而呆滞；她们什么也不想，只是凝望着把萍水相逢的情人带走的轮船上冒出来的烟柱。我们站在轮船的驾驶台上，拿着望远镜瞭望；过了很长时间，似乎还看见她们的双唇张合着，那一定是在吟唱这首古老的毛利歌曲：

"南方来的微风啊，东方来的轻风，你们在我头顶上会合，互相抚摸互相嬉闹。请你们不要再耽搁，快些动身，一齐跑到另一个岛。请你们到那里去寻找啊，寻找把我丢下的那个男人。他

---

① ［英］马林诺夫斯基：《一本严格意义上的日记》，卞思梅等译，广西师范大学出版社2015年版。

坐在一棵树下乘凉，那是他心爱的树，请你们告诉他：你们看见过我，看见过泪水满面的我。"①

从这一段叙述来看，高更的塔希提田野似乎并没有使他脱胎换骨成为另一个人，他前面的所谓"伐木"显得虚伪和滑稽，因为他毕竟还是回到欧洲去了，虽然是满带着留恋与忧伤。他似乎走的仍然是奥古斯都与列维－斯特劳斯同样的路径，"自戕"并不彻底，"涅槃"也未达到，他背叛了苔拉对他的那份深刻的纯情，他也并没有真正变成毛利人。在这里，高更遭遇了批评："这位自我标榜的野蛮人，……把那已经消失了的东西重新构造了出来。他同时还构想了一个情妇，给他讲述着古老的神话故事。然而实际上他根本不能与他的情妇进行交谈，因为彼此都不懂对方的语言；而且，无论如何，这些神话故事早已消失。我们开始觉得，他与那个塔希提文化的接触和相遇更多地是在本文的层次上进行的，而不是直接地、未经中介地发生在现实之中的。"②

但是不必忙于下结论，事情很快出现了反转。研究者的批评的根据是高更1891—1893年写的《诺阿·诺阿》这个文本。在回到欧洲两年以后，1895年高更重又回到塔希提。这一行动在更高的层次上证明了他是欧洲文化的真正另类。这一次是彻底的，因为他再也没有回欧洲。高更的内在本质是反欧洲文化的，他第一次是为了逃避法兰西和"恶的文明"而离开欧洲的，第二次又是为了同样的目的而回归塔希提的。他与桑纳本质相同，区别仅在于，后者身体重返"社会"以后，而情性仍然留在"自然"之中；而前者则达到了身心统一地实现了自己的情性。他的作品是他的人生的最好注脚，欧洲文化的因子在他的作品中虽有所表现，但是无可否认的是，塔希提文化因子才是他作品的主调与灵魂。作品的野性既是塔希提的野性，也是高

---

① ［法］高更：《诺阿·诺阿》，郭安定译，中国人民大学出版社2004年版，第115—116页。
② ［爱尔兰］泰特罗讲演：《本文人类学》，王宇根等译，北京大学出版社1996年版，第15—16页。

更的野性，还是二者的完美融合。将此看作模仿希腊画的"西方传统的回声"①的批评是不确切的。

高更开辟了"在这里——去了那里——回到这里——又去了那里——最后死在了那里"新的田野工作路径，"来了又去，去了又来"的模式突破了传统。他的灵与肉都归根于塔希提。他是较之于欧洲文化中的"文明人"具有异质的"新人"。列维-斯特劳斯并不想变成真正的野蛮人，他的目的只是寻找野蛮人，无论找到找不到，他都是要回法国去的。高更却自觉地选择了野蛮人，选择了塔希提。他不仅于1901年在马克萨斯群岛的阿图那郊外买了一块地，自建"乐屋"，而且最后于1903年死在那里，临终前几个土著而不是欧洲人陪在身旁。②高更从塔希提1893年回到欧洲，只是一种自我的短暂犹豫与进一步对自我测试的方式。当他再一次证明自己是欧洲文明的异类、本质上是反欧洲文明时，他对自我的探索达致真谛，于是，他决计重返塔希提。他的本性与塔希提文化相吻合，他回归了他的灵魂所属地。他死在那里正是死得其所。

第三节 "电灌站打水员"

以上两个经典例证的解读是自我分析的导言。民族志者对自我分析是十分必要的。"我们可以建构出一些工具来摆脱相对性，至少是部分地摆脱相对性。在这些工具中，最重要的工具是自我分析，它被视为不只是学者观点的知识，同时也是学者在这些知识于历史既定的事物里头的认识工具。"③

我承认，我一直弄不清楚"我是谁"。我经常不解我为什么是这么个头脑被安排在上方的动物，一个十分怪异的形状？除了形体上的

---

① ［爱尔兰］泰特罗讲演：《本文人类学》，王宇根等译，北京大学出版社1996年版，第22页。
② 参见［法］保罗·高更《诺阿诺阿》，马振骋译，上海译文出版社2011年版，第126—128页。
③ ［法］皮埃尔·布尔迪厄：《所述之言：布尔迪厄反思社会学文集》，陈逸淳译，麦田出版社2012年版，第77页。

困惑之外，更为苦闷的是，我不能解释我的精神世界。我曾写过一篇短文进行"自我的拷问"。

电灌站打水员

那是1968年，我是一名知青。第二年麦子黄了的季节，我被指派到大队的电灌站当了一名"打水员"，负责8个生产队的灌溉。电灌站位于荒野中一群坟茔的那一边，坟茔共有56座——有一次我专门数过。打水员只我一人。作为一个既接受过现代教育又自小耳濡目染鬼神信仰的高中毕业生，我并不知道自己到底是否相信世界上有一种超自然的存在物"鬼"。但即使存在，我并不畏惧。

我到电灌站打水的背景竟然是由"鬼"而生。因为电灌站闹鬼，原先那个姓田的打水员坚决要求调离。他长方形脸，经常穿着一件质料上等的卡其布大衣从我们村庄走过，村民们就称他"田大官"。田大官日日夜夜独自守在坟茔边的一间不足10平方米的小屋里，夜晚常听到墓地里有女人的哭声。更有一次黄昏时分，他从坟茔边经过，看到墓地有黑影闪动。他毛骨悚然！

田大官几次要求调动，没有得到批准。但后来发生了一件事使他下定离开的决心。那一天深夜，他还醒着，女人的哭声似乎悠悠地又传了过来。他不断地镇定着自己。不过哭声不久已经停下后，他还是静静地在听。过了一会，忽然隐约听见有人敲门："笃——，笃——，笃——"。声音不很重。是放水员来要水了？他一阵释然，准备去开门。但声音又停下了，他马上又紧张起来，立起耳朵再听。敲门声似有似无。他的头发竖起来，口舌僵硬，但还是壮起胆子大声问道："谁？"外面并不答话。这时的田大官，蜷缩在床上，浑身发抖。然而，一切都是静悄悄的，再无声息。很久以后，他翻了一个身，无意中朝窗户看了一眼。"啊——"，他惊叫起来：一个人竖立在窗外，没有脑袋……①

---

① 这段故事是我在去打水之前村庄上的人向我讲述的。

这件事后，他的请求得到了批准。但打水员的工作不可或缺，既然知识青年是来接受贫下中农再教育的，这当然就是一个最好的考验和锻炼的机会。于是，我成为一名后继者。我的伴侣是一部直径约一米的巨大的抽水机，8个生产队的全部水稻灌溉任务皆由它与我共同承担。无论是白天还是晚上，都有各生产队派出的放水员来要水。我将机器打开，一股巨大的水柱冲奔而出。我看着穿着补丁衣服的他们，扛着开沟筑坝的钉耙，一条游走的巨龙驯服地跟着它的主人，然后顺从地沿着放水员开辟出的路径从灌渠内流入田间。当清清的河水滋润着干渴的禾苗的时候，我能听到"嗞——嗞——嗞——"的带甜味的细语声，忽然觉出杜甫的"润物细无声"的诗句可能并非出自亲身体验，由此推想老杜可能并没有种过地。放水员的工作完成之后，他们穿过坟地来到我的电灌站。搬上一个高凳子，再搬上一个矮凳子，我们坐到机灌路的高高处，一边乘凉，有时望望地里的庄稼，有时看看天上的星星，有时也瞅瞅那边的墓地。抽水机的轰鸣声盖过一切，想说句话都难，当然我们也没有什么话要说。

就是这么一百多个日日夜夜的如此简单的生活，给我留下极为深刻的记忆，竟然成为我一生中最美好、最难忘的时刻。我每每细致地回忆我已经走过的路程，将对于我的心灵不同感觉的岁月按各种不同的标准排成序列，那最愉快的一端总是电灌站的生活。我只要一回忆起这一段，每一小片生活、每一个小的景致，都成为我最喜爱的诗行。我仔细搜索着到底有什么美好的东西震撼了我，但似乎什么也没有。有的只是满天的繁星，是夏夜的清凉，是周围的静寂，是野田的禾稻，是无言的对坐，是抽水机的霸道的轰鸣，是黑暗中立在那边的56座坟茔！我的电灌站的小房子与56座坟茔比邻而居，我们不就是很好的邻居么？即使田大官所说的那个无头鬼再重新出现，我与放水员也会欣然接纳这一异类，邀它入座，正好一起聊聊人鬼不同的生活。而且"人"与"鬼"也没有根本区别：正者，鬼可以成人；邪者，人可以成鬼。只要心地善良，形貌古怪一点又有什么关系呢？

可惜的是，几个月后，县里指派我去扬州报社当实习记者，这一段美好的生活就此结束了。

不过，现在我对于电灌站的生活，却有如下一层自我的拷问：如果这段生活日复一日地继续下去，也就是说我现在依然是一个乡村的打水员，而不是一个教授，我会安于那种生活吗？我还能认为那是一种美好的生活吗？而且，既然那种生活美好，我又何必离开那种生活呢？更有，我后来不断地沿着大学教职的阶梯一步一步往上攀登，当了教授后还要继续向前直至当了二级教授。如果学校有一级教授岗位的设置，我还会申报。我为什么如此行事呢？我不是崇尚自然吗？我不是曾经因为不堪忍受体制束缚打算辞去教职当个自由写作者？我为什么"心是行非"呢？再者，如果现在让我再回到坟茔边的电灌站去打水，我还愿意吗？即使愿意，我还会有那种美好的感觉吗？艰苦生活我不怕，但那种平淡状态我能接受吗？或许要说，是责任和义务在催我奋进，但即使如此，我的一种实现自我的动机、彰显自我的愿望是什么时候、什么地点、又是以什么方式被制造出来的呢？还是先天存在于我的生性的胚芽之中、抑或社会文化生活的某种共同指向使我不能避免呢？

我在这里呈现的是我的迷茫。或许我并不迷茫：我只是需要一个平台，而不管这个平台是什么，以便可以站在这个平台之上可以发表我的见解，抒写我的情感，显示我思想的某种社会价值与人的价值。而现在，电灌站已经被拆除了，在不经意之中，社会给了我这个平台与那个平台。于是，教授也好，学者也好，田野里的行者也好，都只是一种策略，一种方法，而不是目的，不是理想。我的矛盾之处并非不愿意走下这个我并不喜欢的平台，而是过多地纠结于"怎样走下来，走下来以后到哪里去，去干什么"这些问题上。

青年时代的电灌站打水员的生活，是我的情性所在，是我对人与人、人与自然关系的理想寄托。它后来成为我中年时代田野工作的出发点与回归点，更是我晚年提出"主体民族志"理念的出发点与回归点。我是一个行者,一生中此此彼彼、彼彼此此地走过,而电灌站则一直是我行走的圆心,意识的中心。就是那么一座十几平方米的低矮小屋,就是天天与那8个生产队的放水员打交道,却是我真正的大学,是我思想的大学,情感的大学。在这里,我所得到的人生滋养超过了后来经历的总和。电灌站提供了一个印证我的理想与人格精神的场所,这种理想、这种人格精神使我无论走到哪里,都如影随形。我的田野也好,我的写作也好,都是这种理想的实践。我人生的全部意义根植于此。[1]

---

[1] 关于对自我的分析,我将在《对蹠人》系列民族志第三卷《自我的解释》中作全面呈现,此处仅为一片断。

> 点等于零。但这零里隐藏着"人的"各种性质。
>
> ——[俄]康定斯基

> 将对象从"文化"背景中抽离出来，放到"人"的背景中去。
>
> ——自题

第十六章 "麻雀""马儿""门槛"："点式"分析

对于段绍升讲述的读解，开头，我费尽心思在既有思想武库中寻找分析工具。有时以为找到了一件很好的，一过手才知道并不合适。例如我在初期的分析中，曾借鉴了扎根理论的三级编码方法，将数十万字的讲述材料析分出358个事件和163则评论，并以表格的形式列出且作了详细编码，然后对事件与评论进行三级分类。一级分类是进行最初步的概念类属归类，二级分类是将一级分类中的小类按照逻辑关系合并到大类中去，三级分类是将二级分类继续按照逻辑关系合并为几大板块结构。这种分类极为繁复，花去了三个月的时间。等到终于完成可以歇口气的时候，我才发现这种表面看起来具有逻辑自洽性的东西实际上是一件烦琐而愚蠢的工作，其最大弊病是将具有生命的"活"的东西切割成了"死"的碎片，然后又将这些碎片进行"七巧板"式的机械拼图，所得到的图形一团死气。不仅如此，就拼图本身而言，可以拼成这种图形，也可以拼成那种图形，只要将其中某些事件的位置作出调整，整体的结构就会随之改变。这种拼图游戏难道就叫作"研究"吗？我的"竭泽而渔"的虔诚变得非常滑稽可笑。我决计彻底放弃这数月的辛劳所得，不再去寻找囊括全部材料的所谓"整体论"方法。任何解释只能是相对的，只能是视角式的。一个研究者既不能穷尽所有的视角，也不能解释对象的全部的内涵。民族志是叙事，而叙事只能是个性化的理解，永远不可能是"科学"的、整体的。

段绍升是一位多么有趣味的活生生的人物啊！他时而愉悦，时而伤感；时而理性，时而浪漫；时而像一个孩童，欢欣、激动、随心所欲；时而又俨然一位长者，深度思索，追求合乎逻辑。段绍升的讲述千言万语，满其所满，缺其所缺。如此丰富而复杂的存在，我何能把握其整体？既然如此，我就确定了三个有限的解读维度：第一个是"点式阅读"的维度，它既非时间也非空间，这是"分离的数量"，点与点之间，并没有什么使它们相联结的共同边界。第二个是"横面阅读"的维度，即"空间"的视角，空间是部分与部分的连续体。第三个是"纵向追释"的维度，即"时间"的视角，时间是过去、现在和未来的连续体。这三个解读是在思维中选择出来的几个方向，它们各自叙事，各成一体。

本章首先进行点式分析。

第一节 "点"的发现

我发现"点"可以成为一种具有学术意义的形式是在 1990 年。那年暑假中，我正在对新石器时代出土的彩陶纹饰进行研究。为深入理解其意蕴，我将几个不同时期的彩陶纹饰认真地临摹出 105 幅图案，包括半坡文化、庙底沟文化和马家窑文化中的各种类型，并制作成单张卡片。在将这些卡片摆放成各种不同组合的过程中，我惊奇地发现了"点"是一种具有极大概括力的叙事形式。

"点"的运用是彩陶纹饰的重要特点。在公元前 4500 年左右的新石器时代仰韶文化半坡类型中，可以在那些"象生纹"中找到"具象"的"点"的大量例证。这些点被用作花蕊、鱼目、鸟眼、网坠、蛙纹等。① 到了中期仰韶文化的庙底沟类型的彩陶纹饰，"点"的具象传统虽然被继承下来，但这时出现了大量的孤立的圆点纹。这是一种抽象化的"点"。庙底沟类型的绝对年代约为公元前4100年至公元前3400年，晚于半坡类型700年左右。这些抽象的点，明显是从具象的象生纹饰中剥取出来的，它可以在彩陶纹饰中找到清晰的发展脉络。这些纹饰着意突出了两种不同的点：一种是具象的、作为网坠和蛙纹；另一种是将这些点提取出来，单独绘制在渔网和青蛙的图像之外。这明显是在提醒观者注意：具象化的网坠和蛙纹是可以被分离出来的。在庙底沟出土的陶片蛙纹上明显地表现出这一倾向：一只肥胖的蛙身上有着9个清晰的点，而在蛙的旁边又单独画了两个孤悬的点，来说明二者之间的过渡。② 江苏邳县大墩子出土的、属于大汶口文化的钵上将花蕊的点既画于花之中，又置于花之外。③ 另一半坡出土的陶片上，有两个点画在网罟的两端，显然表示网坠，但这两个点都很夸张，引人注目④；而在另两个陶片上（皆为不完整的残片），网罟上没有坠子，而在网的空白处孤悬了一个点，此点与网罟的点同等大小。⑤ 这些例证都在告诉人们，孤悬的、具有抽象意义的点是从具象的点抽离出来的。

这种表达方式一经形成，就成为一种定势，有了一种独立向前发展的要求。于是，当它被同一个初民艺术家重新使用的时候，或者被其后的第二代、第三代初民艺术家使用的时候，原有的背景不再被指出，点就被独立运用，抽象过程宣告完成。由于这些点是相同的，因此，它一方面可以表达网坠、蛙纹、花蕊等千差万别的具体内容；另一方面，它又可以只是一个纯粹的形式，并可以被直接运用。⑥ 在庙

---

① 参见郑为《中国彩陶艺术》，上海人民出版社1985年版，第28页第2图，第8页第1、2、3、4图，第9页第1图，第15页第5图，第5页第2图。
② 郑为：《中国彩陶艺术》，上海人民出版社1985年版，第22页第2图。
③ 张朋川：《中国彩陶图谱》，文物出版社1990年版，第1863图。
④ 郑为：《中国彩陶艺术》，上海人民出版社1985年版，第34页第7图。
⑤ 同上书，第34页第6、8图。
⑥ 关于抽象的"点"，张朋川：《中国彩陶图谱》，文物出版社1990年版，第28、60、132、162、181、187、190、219、235等图；郑为：《中国彩陶艺术》，上海人民出版社1985年版，第39页第4图、40页第1图，等等。

底沟类型的彩陶纹饰中，存在着许多被独立运用的、失却背景的点。这些点的性质已经发生了改变，它们已经不再是象生的具体事物描绘的一个组成部分，而是抽象的、孤立的、可以独立表达意义的点。我们已经找不到点与其他事物之间、点与点之间相连起来的共同边界，它们是一种"纯形式"。

当"点"被抽象出来成为一个纯形式以后（有时被画作短线形），它被赋予不同于原来的新的生命。这种生命有着自己生长与发展的特殊方向，它们经常被有意识地排列在一起，有时两个一组，有时三个一组，有时四个一组，成为一种"序列"，从而表达了简单的数列形式。①

于是，那一年的盛夏，我发现了"点"的三种形态：第一种形态是"具象的点"，在彩陶纹饰中它表达具体事物的某个部分；第二种形态是"抽象的点"——"点"从具体的事物中被抽离出来、独立出来，作为一种孤悬的存在，具有概括意义；第三种形态是"序列的点"，两个点或三个点、最多的有五个点（极少）排成简单的数列。这可以与列维-布留尔在《原始思维》所说到的初民关于"数"的概念的表达相互印证："用于数的单独名称只有一和二，间或也有三。超过这几个数时，土人们就说：'许多，很多，太多'。"② 布留尔这里只有"三"，而洛克引述的一则陶萍诺堡人的材料则可以达到"五"，五个以上的数目就没有名称，"他们就以自己的指头，同在场的别人的指头来表示。"③

来自彩陶纹饰的阅读经验使我领悟到：由于"点"的"抽象"来源于"具象"，并且可以排成"序列"，这使它具有厚重的意蕴和巨大的力量。在其后的中国文人画作为点苔技法中的"点"，有着各种曼妙运用：或小草、或巨石、或树木、或山峦，其内涵几乎可表达

---

① 张朋川：《中国彩陶图谱》，文物出版社1990年版，第1、10、1735、1736、1737、1738等图；郑为：《中国彩陶艺术》，上海人民出版社1985年版，第39页第3图，第45页上图，第46页第6图。

② [法]列维-布留尔：《原始思维》，丁由译，商务印书馆1981年版，第175页。

③ [英]洛克：《人类理解论》上册，关文运译，商务印书馆1959年版，第175页。

一切，产生了抽象与隐喻的艺术效果。我当时就想到，将"点"运用于学术研究之中，可以作为一种颇具潜力的概念工具。

不过，我对"点"的理论性理解，则是在读了康定斯基的《论艺术精神》一书之后。康定斯基将"点"作为具有重大意义的艺术理论与表现手法来讨论。我原先只是一种灵感式的领悟，此时方认识到"点"的理论意义。首先，"点"的能量巨大。康定斯基认为，"点只是一片近似于沉默的声响"，在"沉思着"，它的"内在性被外在性的壁所封闭"，只要将这种象征揭示出来，它就能够"奏出高音"。[①] 也就等于说，点看似最小，却是一种被凝聚起来的"原子能"，有着巨大的爆发力。这种认识，使我十分坚定地在本民族志中将"点"作为分析的起点与基础。其次，"点"独立生存。康定斯基又说，"点是最简洁的形态"，在任何场合都是"向心的"，毅然表现自身，"永远自我主张"。[②] 我将康定斯基的这一看法概括为点的"孤悬"，当其被运用到民族志的理解上时，显然相异于功能主义、社会学派、结构主义的整体论观点，具有独特的理论意义。

当然，由于我对于"点"的领悟最初并非从康定斯基那里来，故而我接受了康氏的理论启迪以后也并不能完全走向康氏。我对"序列"的看法与康氏不同。康定斯基也有"序列"的思想，他举例说：当我们听到"咚"的一声时，我们不能确定它是什么，它是抽象的，什么都可以代表；而当这种点出现一个连续的系列时，有序地排列起来，在这不同的时间重新出现以及在不同空间内呈现出分布格局的时候，我们就听清了这是有规则的啄木鸟的声音还是木匠用斧子砍木头的声音。这样，康氏的"序列"似乎又还原到具象事物上去了。而我认为，听清啄木鸟的声音和斧子的声音的不同并非序列的功能，而是人的听觉器官在反复倾听中的辨别功能，因为啄木鸟的声音与斧子的声音的音质与频率皆不同。而当抽象的点排成序列的时候，其一般性意义并非指向单一事物，而是具有新质。也就是说，"具象""抽

[①] ［俄］康定斯基：《论艺术精神》，查立译，中国社会科学出版社1987年版，第104—105页。

[②] 同上书，第110页。

象""序列"三个阶段上的"点"具有不同的质,它们并不行走在同一个方向上。在"具象"阶段,"点"代表各自不同的花蕊、蛙斑、网坠等;在"抽象"阶段,"点"代表一切的一切;而在"序列"阶段,"点"并不回头去重新表示具体事物,而是开辟了新的前行方向,制造出了一个逐次递增或递减的数列。当"点"成为"数"的表现形式时,"它同任何事物都可以契合"。而数目中每一个情状同别的情状,甚至于同最相近的情状,"都是厘然各别的"。[1]

我将"点"作为民族志研究领域中具有学术意义的概念工具,将其表述为"点式分析"。"点式分析"有如下三个方面的内涵:第一,"具象"意义上的"点"。它使我可以从段绍升的讲述中寻找出一些典型的"物"或"事",对其进行意义解读,从而显示出个体行为的社会文化内涵。第二,"抽象"意义上的"点"。它是独立的、"向心"的,有边界的、"孤悬"的,且能量巨大。它"什么都是",又"什么都不是",既是具体事物或事件,又超越了它们。这种超越,显示出个体超越具体社会文化生活的人性意义。第三,"序列"意义上的"点"。当"点"排成序列的时候,每个抽象的点的符号位置所显示的就是思维中的序列位置。这种序列有两个类型:一是在"垂直轴"(聚合轴)上的空间排列,每一个包括相同事物的点式事件皆按其不同性质、不同程度等区分原则递次排列,从而显示出思维的形态学特征;二是在"水平轴"(组合轴)上的时间排列,每一个包括不同事物的点式事件按时间顺序排列起来,从而显示思维内容中"前件"与"后件"之间各种不同的意义关联。

当我决定用"点式分析"作为第一个基本维度对段绍升讲述进行解读时,最初是由偶遇的"麻雀"触发的。我有晨起跑步的习惯,有一天早晨我在操场上看见几只麻雀飞来,歇在周围的草丛边觅食,忽然想到段绍升的讲述中关于麻雀的一个偶然事件:他在当警察站岗时用石子击中了一只麻雀。此时的我,下意识地也捡起一块小石子,想模仿一下段绍升的动作。结果石子还没出手麻雀就惊飞了。回来以

---

[1] [英]洛克:《人类理解论》上册,关文运译,商务印书馆1959年版,第173页。

后又记起段绍升多处讲到麻雀的故事，便在电脑中输入关键词"麻雀"搜索了一遍，竟然发现这个词出现了 28 次，分别镶嵌在不同的事件当中。我又查找其他出现频率较高的"物"的词汇，很快找出了另外几种，它们是："马"出现了 160 多次，"花"也出现了 160 多次，"麦"出现 33 次，"凳"出现了 27 次，"门槛"出现了 7 次，如此等等。"重复"是一种重要的叙事话语。热奈特说："'重复'事实上是思想的构筑，它去除每次出现的特点，保留它与同类别其他次出现的共同点，是一种抽象。"① 我希望通过讲述中重复次数高的一些事物来分析探究段绍升思维的特性。他的讲述中出现频率较高的"物"有"野生""家养""人工制造"三个分类。距离人类最远的是野外的自然物或野生的动植物，次远的是人类驯养的动物和栽培的植物，最近的是人工制造物。于是，我决定在三种物类中各选一物作为代表。野生物很容易选择"麻雀"。对于驯养物或栽培物，段绍升显然更喜欢"马"，选择也较易确定。人工制造物如果按出现次数多的应选择"凳"，但"凳"在段绍升的讲述中皆作为日用物，意义单调；而"门槛"相关于段绍升的初恋这一重大情感，它既是复杂社会文化背景中的具体事物，又具有隐喻意义。故而选择了"门槛"。这些被选择出来的事物，每个"点"式事件从理论上说都可以用作具象、抽象、序列的分析，但为避免重复，本章采取互文见义的方法，即"门槛"主要是"具象"分析，"马儿"主要是"抽象"分析，"麻雀"主要是"序列"分析。

第二节 跨不过去的"门槛"

段绍升在指腹婚中讲述的"门槛"是一个具体事物，他的讲述肯定、明确。门槛是一个意义集中的"点式事件"。我先将段绍升讲述中包含"门槛"一词的相关句子摘取出来：

---

① ［法］热拉尔·热奈特：《叙事话语》，王文融译，中国社会科学出版社 1990 年版，第 73 页。

1. 她正在缝着鞋帮。格子门只开了一扇,她坐在门槛上,恰好把那个门堵住了。

2. 她为什么连这么点礼都不懂?她就把开着的一扇门偏偏坐在门槛上把我堵住了。她表示出不欢迎一样,没让我进到堂屋里面。我有点反感,我就在几秒钟当中就气愤起来,脱口而出跟她说,我说关玉,我今天来,既然叔叔他们不在,我就不等了。我向你声明,我们的婚姻关系是包办。从今天以后你考虑你的,我考虑我的,我们不存在这个婚姻关系。

3. 我在门缝里看见她的时候,她也就那么坐了,她也就坐在门槛上。格子门开了一扇。

4. 格子门如果两扇都开了,她就坐在门槛上其他人也进得来,但只开了一扇,其他人就进不来。我从门缝里就看见她,就是这么坐。[①]

这四段讲述,是顺序而下的,叙事"起承转合",颇有变化。开头段绍升说关玉"坐在门槛上,恰好把那个门堵住了",这是一种"起"的手法。接着说"偏偏坐在门槛上把我堵住了。她表示出不欢迎一样,没让我进到堂屋里面。"这里选用了"偏偏"这个副词加重语气,且指出这一次不仅是"堵住了门",还堵住了段绍升,不让他进屋。这是一种推进情节的"承"的手法。其结果是:性烈似火的段绍升一下子就发作起来了,宣布解除婚约,将情节推向了高潮。然后第三次叙述门槛较第二次有所降温,而且转变了视角,强调段绍升"在门缝里看见"的动作,这是"转"的手法。第四次叙事将"坐在门槛上","从门缝里看","格子门只开了一扇","人进不去"几个点都说全了,是一种"合"的手法。

段绍升这种曲折纡徐的叙事,使得这段饱含感情的讲述跌宕起伏,且显得特别厚重。最初,段绍升与关玉的指腹婚只是父辈的情谊。少年时代的段绍升与关玉两小无猜,作为青梅竹马的小伙伴相互

[①] 本章与下一章的分析中所引述的段绍升话语,如果前面讲述中已有,不再注明日期;如果属于前言中所述被删除部分中所包含的,则注明日期。

来往。当段绍升因参加大地测量队走出家乡而母亲需要照应时,那个十二三岁不谙世事的少女因为不愿意去一个陌生的家庭而哭泣,段绍升就有一种激烈的反应:"我就有点气愤。我说既然她哭了,我也不要了。你们向她去声明,我不要了。"可见,段绍升的个人性格中的情绪化是一个较为明显的特征。不过,这首次出现的情绪化,也有一种理性底色:将个人情感放到血缘家庭的亲情关系中来掂量与权衡。

后来,关玉还是来了,在段家待了3个月,照顾作为产妇的段母。她本来没有提回去的事,但一次吃早饭的时候,段绍升的父亲对她说:"指腹为婚是十足的包办婚姻,你们现在可以重新考虑"。而据段绍升的讲述,关玉将此"理解为我们家不喜欢她,就那一天早上吃了饭她就回去了"。段父的话虽简单,却值得思索,可以有两种理解:一是理解为段父的开明,二是理解为段父委婉表达了对关玉的不满。关玉到底是敏感过度而错解了段父的语意,还是相当准确地理解了段父的弦外之音呢?从字面上看,段父的语意是明确的,并无歧义;但这里有一个"语境",即关玉已在段家有了3个月的工作实践与生活实践,这种日常生活的密切接触使段父、段母心中已经明白眼前的这个女孩到底是否适合当他们的儿媳。而关玉这个敏感的女孩也能通过这段生活实践直觉出段父、段母对她的态度及评价。在那样一种时代以及那样一种地方性文化的背景之下,我们可以忽略关玉的个人意愿以及她正处于青春逆反期的特征,此时的关玉对段绍升还说不上是男女爱情,而是一种融家庭观念、当地婚俗、被训导出来的女性行为规范于一体的综合性社会情感。关玉对于段父的话的激烈反应可能出于她的一个判断:这个家庭不喜欢她。这可以从她后来见了段绍升所说的"我知道你们家不喜欢我"的话语中得到证明,在这里,关玉准确地使用了"你们家"这个词,说明婚姻并非两个人的事,而是受制于一种社会关系。而段父之所以语意委婉,也因为他明白此事不能由他一人决定,而应该由相关的当事人集体决定。如果我这个推论成立,那么关玉并非负气主动离开,而是出于自尊的被动选择。假如关玉和段家相处融洽,段父此话的真实意图她应该听得出来,不会骤然决定离开。即使一时误解,她可以表白自己,或者进一步询问段父的真实意思。另一方面,段父如果真心挽留,也可以进一步解释他的话语的真实意思,或者修正他的说法,还可以对关玉的工作作出肯定性的评价。但是这一切并没有发生。

段绍升的父亲对关玉说那句话时,段绍升不在场。到了1957年段绍升从大地测量队回家以后,当他的父亲转述此语或许还有其他事件的过程中,段绍升很可能已经觉察到父母的某种倾向性。不过,经过大地测量队的历练,段绍升已经成熟,他可以自己决定自己的事情。"我当时……已经19岁,又出了门,接触了一些社会的东西,我思想比较成熟的。考虑这应该理解她回去,因为我爸爸说了这样的话。到底她喜欢不喜欢我,这个可以重新考虑。但是她既然来我们家里面招呼我妈妈三几个月,我应该感谢她。"这几句话中,有三个方面的信息值得注意:一是"理解她回去",表现了段绍升相当冷静,已经没有了他以前的激烈的情绪化;二是"她喜欢不喜欢我,这个可以重新考虑"这也是一种理性态度;三是"应该感谢她"的语意,同样是理性考量。

第二天,段绍升买了一些糖糖果果,到关玉家里去。段绍升是否带着某种倾向性出门,我只能推测,不允许我去询问。或许他是带着父母的意见出门的,或许是尚有疑虑,因为他又说了如下的话:"她那个时候各方面的情况看下来,我也应该喜欢她,她是一个高小毕业,有一点文化,人也比较可以。"当他来到关玉家,关玉开了门,段绍升进了院子。但关玉却"坐在门槛上,恰好把那个门堵住了"。于是,两个人的性格在这里出现了对撞。"我那个时候就有点反感,我这个人性子有点急。这个人怎么不讲理?太不客气了吧!她如果给我一条板凳,或许让我进到她家里的堂屋里面,应该这样。她为什么连这么点礼都不懂?"段绍升反感关玉不懂礼貌,"在几秒钟当中就气愤起来",脱口说出了解除婚姻关系的话。

这是怎样一种情景啊!关玉一年多的等待,她的未婚夫突然降临到眼前,由于惊喜,话也不知从何说起了,只说了一句:"你回来了!"她本来就坐在门槛上缝鞋子,她为段绍升开了大门还是坐回去,这是再自然不过的事。这个只有15岁的单纯的少女可能因为兴奋与激动根本就没有意识到什么"门槛""格子门"之类的状态。不过因为感情的真切,埋怨之情也油然升起。她的自尊在段父那里受到过损伤,她心中有气。她唯一的希望在于段绍升本人的态度。而现在,这个她等回来的人却给了她当头一棒,如晴天霹雳,她被彻底击溃了!"我就记得她马上就淌下了眼泪。她说我知道你们家不喜欢我。她只是说了这么一句。"段绍升宣判了他与关玉爱情的死刑!从"未定"到"既定"的原因在于"门槛"的阻挡,"门槛"是一面镜子,照鉴着两个男女青年的心,也照鉴着段父、段母的心以及当地的社会关系和文化关系。

白族房屋的"门槛",是树木制作的;而当其被人工制作成门槛,就被异化了,成为房屋的一个部分。房屋将人与自然分隔开来:房屋之内是"人"的空间,房屋之外是自然空间;门槛又将各种不同关系的人分隔开来,门槛之内是"自家",门槛之外是"他者"。门槛阻挡了不属于家庭成员的另一部分人,门槛是"他者"与"自我"的分界线。门槛成为一种隐喻。开头的指腹婚,段绍升可以进出关玉的家,而关玉也可以进出段绍升的家,各自将对方看作"槛内人"。后来,当关玉从段家走出的时候,她就变成了"槛外人"。而当段绍升来到关玉家,关玉坐在门槛上,段绍升同样是形式上的"槛外人"。但关玉无意设下的门槛要挡住的是无真心的段绍升。而此时的段绍升,并没有做好进入"门槛"的准备,他接下来的行动与态度可以证明这一点:

> 我走到大门口,恰好遇到她叔叔扛着锄头回来了。她的叔叔叫苏如吉,这个人现在已经80岁了。他一见我,看我往大门出,他是要进。我的奶名叫愿参,这是我父亲在书信上给我起的,是他愿意参军的意思。他说,愿参,你回来啦。我既然几分钟之前给我的那个曾经是未婚妻的关玉说了这话,我就在大门口向他说明这事。那个叔叔跟我答应,这事由你们自己决定,你们既然这样决定了我们也没有办法。但你既然下来,怎么也要吃饭,吃了饭再走。他这样说。关玉,我的那个未婚妻也跑出来了,她把大

门关上了，她用她的身子把大门顶上。她向我说，你怕我们给你下毒，你一顿饭都不吃？你就要跑！我们不会给你放毒！

她说这一句的时候，给我有很多很多的想法。她有这样的情，她有这样的意，我刚才也是产生错觉，我应该理解她。那个时候才这样想，内心里面想，但是我话已经出口了。她留我吃饭，我就留下了。那是1957年的时候，还不是食堂化的时候。她家里做给我的是糯米饭，就像八宝饭一样的。弄了一点核桃米、红糖、放了一点猪油，香喷喷的一顿午饭。就这样，就把婚姻关系解除了。

我一直在想这件事。她小我4岁，我19岁，她才15岁，我就好像以她是一个成人，是一个大人，以我的水平来要求她，这有点过分了。但既然话已经出口了，解除就解除了。

关玉放段绍升进了堂屋，这就表示关玉认同了段绍升是屋内人。同时，她把心的大门也真正打开了。而此时的段绍升也已经准确感受到关玉的真情，然而他却没有前行，理由是"话已经出口了"。这里是否可以用"性格决定命运"来解释？在段绍升所讲述的生活经历中，也的确具有说到做到的性格一贯性，如"杀吃猪"的例证和"戒烟"的例证皆然。但是，进一步的思考又使我认为，段绍升断绝与关玉的感情主要并非由于"气话"造成，而是在一种理性与情感的纠结中前者占了上风。在段绍升那里，有着双重门槛，一是情感的门槛，二是理性的门槛。那道显性的"门槛"虽然是关玉无意之中设下的，但设置得非常巧妙，可以说是专门为测试段绍升而设置的。而段绍升与他的父母也共同设置的一道隐性的"门槛"。关玉的那一道"门槛"挡住了段绍升，她是主动的；但是在情感上，她却是被动的。只不过这种被动并没有使她放弃自尊而去卑求这份感情，所以她坐在门槛上没有动。她要看一看段绍升的态度，所受到的伤害要段绍升来抚慰，她的希望也需要段绍升来给予。她在等待着，她需要确证，而只有段绍升本人才能够确证。她等了很长时间，最终等到的却是彻底失望。而当她终于忍不住情感的冲击允许段绍升跨进那道物质性的"门槛"并且将自己的心灵与情感的门槛彻底打开时,她还抱有最后一点希望。然而段绍升和他父母设置的理性"门槛"却高高地把关玉挡在了门外。他之所以过度地强调那种"金口玉言"式的"话已出口",是因为他与他的父母那里有一个理想妻子和理想儿媳的标准,眼前这个关玉似乎达不到这个标准;而他对关玉的情感还不足以超越或冲破这道理性的门槛。如果不是这样,那么在关玉悲伤的"眼泪"面前,在她直抒胸臆说出情真意切的"毒"话的时候,在段绍升吃着关玉做的香喷喷的"糯米饭"并且情绪已经缓和的时候,他都可以重新表述自己。这个痴情的姑娘此时已经完全放弃了她的矜持与自尊,她希望在最后的努力中能够挽回两个人的感情。她已经用"眼泪""毒"话、"糯米饭"给段绍升铺设了一个台阶,可是特别遗憾的是,段绍升并没有走下这个台阶。这个可怜的弱女子没有力量撞开段绍升的心扉,更没有本领跨越段家设下的那道高门槛。她只能听命了!当段绍升吃了那一顿关玉用全部感情做出的拌着核桃米、红糖、猪油的糯米饭走出关玉家时,他们相互成了一辈子的"槛外人"!

然而,缠绵悱恻的是,理性上的"槛外人"依然在段绍升的情感中重新成为"槛内人",在几十年的人生历程中,此事一直盘旋萦绕在段绍升的心头:

> 从我内心里一直有这样的思念……。从那以后,我如果遇到她们村里的人,打听打听她的下落,打听打听她的情况。但再也没有见过面。40多年了!她就在她后面一个村庄,嫁到。呵——,据说她还是经历了一些坎坷。她曾经跟到江尾,跟江尾一个人还没有结婚,到1958年"大跃进",她又当工人,到昆明那些地方去,不知道当什么工人。她基本上人还是可以的,所以又有一些,她另有所爱,可能有这些情况。她跟的这一家有点不高兴,把她退了。她后来才又跟在她们村庄后面的那个村庄,那个村庄不属于沙坪,属于绿莼西边的一个村庄,白族话叫"壳门",意思是大沟村。那些村庄不会很富裕。

"打听"这个词,在这里被重叠了四次,回环往复,表现他绵绵不断的情感和良心上的不安。但早已是时过境迁,于事无补。留给段绍升的愧疚终归永远是段绍升的愧疚,而留给关玉的悲剧终归永远是关玉的悲剧。"门槛"永远在那里,凝结着理性与情感剪不断、理还乱的纠结。

综上所述,在"门槛"这一具体的"点式事件"中,包含着深远的意蕴。正如青蛙身上没有斑点就不是青蛙一样,"门槛事件"是构成段绍升人生的一个重要组成部分。

第三节 离开村庄的"马儿"①

"马"开头是野生动物,后来在新石器革命到来之际,随着农业的兴起,人类从游走转为定居,畜牧业随之出现,"马"就逐渐成为人类驯养的动物。它"非人非兽""亦人亦兽",与人类相随相邻、似朋似友。段绍升的一些重要人生经历都有着"马儿"的相伴。

段绍升对于"马"的事件叙述频率极高,共有160多次。热奈特指出:"叙述频率,即叙事与故事间的频率关系(简言之重复关系)。"他把叙事的频率关系归纳为四种潜在类型:一是"讲述一次发生过一次的事"(1R/1H),二是"讲述 n 次发生过 n 次的事"(nR/nH),三是"讲述 n 次发生过一次的事"(nR/1H),四是"讲述一次(或不如说用一次讲述)发生过 n 次的事"(1R/nH)。②"马"的重复就是"马"的抽象。在诸多事件中,"马"被抽象出来的"共同点"就是情感伴侣的意蕴。"段绍升之马"即"段绍升之侣"。凡是在出现"马"的地方,总是带有段绍升的情感表达。"马"是情感的伴生物与象征物。在这里,我选择重复次数最多、频率最高的"对唱"中的"马儿"进行分析,看这个被抽象出来的孤悬的"点"的

---

① 段绍升说到"马"时,大部分用单音节词"马",只是在深情处(如深山对唱)才偶尔用双音节词"马儿"。

② [法]热拉尔·热奈特:《叙事话语》,王文融译,中国社会科学出版社1990年版,第74—75页。

巨大能量。

段绍升关于"对唱"事件被重复讲述了5次,并在"个人简历"中书写过1次,为方便后文分析,我将6次材料按语意段分别用数字标出如下:

(一)2006年7月15日上午:(1)我有一段时期喂马,到坝子里割草,就唱一些曲子,曲子里面有一些很动听的话。谈情说爱,风流的曲子。(2)有一天,我看左右没有人,有时乱哼也达到一个水平,人家给我这个嘴,再加我的马生病转危为安,心情好,我就大着胆子唱着曲子。她那边唱,我也要同样的曲子回话。大家站起来看,少说也有20—30个人,一个生产队的。(3)后来对唱也成瘾,说得很融洽。(4)以后又常常唱,大家都知道我能唱,以后我只要一拉着马,就要和我唱,我就和他们唱。(5)有些小伙子也跟着我去,能创造一些句子唱。

(二)2006年7月15日上午:(6)一次,她们唱,我拉着马儿,马不吃草,她们也不知道,我心里嘀咕,她们在戏弄我。尤其是我跟她回答的人,长得很漂亮。她是招亲,男人是很俏皮的人,手艺很好,过去曾是我爱人的男朋友。这个人唱这个打动我。说你还蒙在鼓里,你知道不知道,我就唱:我们说我们的,不要提家里的事。"相爱就说相爱的话,不要提家常,他们是他们,我们是我们。你如果爱我,不要在人家面前说相爱的事。"唯独与这个人多对唱了几次。

(三)2006年7月28日上午:(7)最有趣味的是放马的那时期与人家对唱山歌。很有趣的,而且也适应那种环境。大脑很有灵感。人家的诗句我用上,有时创造性地抒发自己感情。(8)如爱你爱在深山上,让高山也羡慕。现在他们都知道我是当时的歌手。这是1963年。(9)一年12个月,她说想了12个月,当年闰四月,我马上说,想我想漏了一个月,这月想到别人头上去了。

(四)2007年2月22日上午:(10)1962年我买了一匹马,

第十六章 "麻雀""马儿""门槛"："点式"分析

我的马儿不吃草了，我发愁了。那马走得很慢，好像很痛苦的样子，看着的人都同情。那天早上吃了早饭我就把它牵到田坝里面，那个思想里面是非常担心非常痛苦的了，但是人家恰好在那边唱白族调，她们也不知道我心里这样的痛苦。她们的歌词是针对我，我也听出来了。既然针对我，首先我是不敢回答。后来我也不管了。我就给她们回答了。一唱，就打响了。（11）那个时候年轻的妇女现在都成了老妈妈莲池会的人了，她们有的还记得我那个时候跟她们唱的。（12）因为我手里拉着马，我就唱拉着马来找你。名义上是拉着马，实际上是来找你。从南坝找到北坝来，北坝又往回找，找来找去才找着你。（13）当然用白族的调很押韵，把它翻译（成汉话）有这个意思。（14）所以她们现在遇着我就说：哥哥拉马来找你，哥哥拉马来找你。（15）实际上我那时不是去找人家，我那个马儿让我拉着不要让他倒下去，倒下去就完。不是我家自己的钱，买那个马都还是借来的钱。这那个马要死了，我就很没有办法。（16）在那种痛苦的情况之下，恰好找来了男女对唱的欢乐。（17）我一生在那之前，我还没有真正享受过，会抒发那样的感情，它就会把人的疲劳和苦闷都消除掉。（18）恰好那马好像也通人性，既然我也欢乐起来了，它也就慢慢吃起来了，到下午它就吃得很有味道起来了。看起来它的痛苦没有像过去那样。（19）我也就更高兴起来了。

（五）2013年8月26日《个人简历》：（20）1962—1963年在家务农，并养卖过两匹马。在那艰辛的岁月倒还享受到了年轻人的美好生活——在深山田野劳动间的说笑和真情的对唱……

（六）2015年1月26日：（21）我拉着马儿……本来我不开口，那是第一次开口。（22）她对我刺激得，她刺激我说的这个爱人和她的丈夫也曾经有过瓜葛，所以她说你不要装，这些事情你知道不知道？（23）当然她不是直接（说）的，她里面含沙射影的东西让我要知道这个事。（24）我才给她回些话。我给她回，我一开口唱了以后，就说，你既然说到这些，既然她伤我们的心，我就要伤她的肝。（哈哈大笑）我们两个并拢来就要伤他们的肝。(大笑不止)(25)当然我唱到这一句的时候,那些,我喊她阿奶的那几个,我也不知道这里面,她们都"霍"一下站起来了:喔,这个人,这么厉害!(大笑)(26)我对她的对答比较恰如其分。

段绍升在 6 个时间段的"对唱"叙事中,都与"马儿"直接或间接相关联。这 26 个语意段可以区分为两种不同的情况:一是第一次牵着马儿的对唱,这是在村西边苍山脚下的农田中,对唱的是后来得病去世的那位对唱高手;二是其他时间的对唱,是在不同的时间与不同的地点:或仍然在苍山脚下,或在村东边的水田中,最远的是在苍山深处海拔 4000 米的花甸坝。重复叙述对唱事件,属于"nR/1H"的叙事类型。不过严格说来,可以细分为三种略有不同的情况:第一种情况是第一次牵着病中的马儿在苍山脚下的田野中与一高手对唱这一事件,即第(2)(6)(10)(12)(15)(16)(18)(19)(21)(22)(23)(24)(25)共 13 个语意段,这是属于严格的"nR/1H"的"重复叙事"类型。第二种情况是第(1)(3)(4)(5)(7)(11)(14)(20)共 8 个语意段,就其单独来看,每个语意段都是"反复叙事",即"1R/nH"类型。这种类型"其中一次叙述从整体上承受同一事件的好几次出现(即仅从相同点考虑好几个事件)。"①第三种情况是将上述 8 个语意段合在一处看,则又属于"nR/nH"类型,即讲述 n 次发生过 n 次的事。② 不过,段绍升的叙事次数与对唱的次数肯定是不相等的,对唱次数多于叙事次数,因此,归入"nR/nH"类型并不精确。第四个类型是"1R/1H"类型,由(8)和(9)显示,它们都是在某一次具体的对唱中用的语句,某一具体语句仅与某一次对唱相对应。至于(13)(17)(23)(26)则是一些

---

① [法]热拉尔·热奈特:《叙事话语》,王文融译,中国社会科学出版社 1990 年版,第 75—76 页。
② 这种叙事要求叙事与实际发生的事件的次数相同,如果不相等,热奈特甚至希望将其划分为第五种类型。参见[法]热拉尔·热奈特《叙事话语》,王文融译,中国社会科学出版社 1990 年版,第 74 页脚注。

第十六章 "麻雀""马儿""门槛":"点式"分析

插叙、说明或议论,附属于对唱。

通过各种不同的叙事频率,特别是"重复叙事"与"反复叙事",使"马儿"成为一个抽象的"点"。这些对"同一事件"的多次讲述,"不仅文体上有变异,……而且'视点'有变化。"[1] 关于文体上的变异,指的是(13)(17)(23)(26)这4个语意段,它们与叙事不同,不需要作特别的分析与说明。而对于"视点的变化",我们以"重复叙事"的13个语意段为例,以观其要。(2)是第一次对唱,从三个方面说明对唱的缘由:一是平时有所练习,有对唱的愿望;二是马的病好了,心情很好;三是那边的人对着他唱,他回应对方。(6)也说了第一次对唱的三个缘由,但视角变了:首先不是自己要唱,而是因为自己被"戏弄"而唱;其次出于某种报复心理而对唱;再次是对"长得很漂亮"的女方的观感被激发起对唱愿望。(10)的视角又不一样,不仅将"开头并不敢回答"的心理状态也揭示了出来,而且将对唱的效果也作了渲染:"一唱,就打响了"。(12)将叙事视角转向了上述叙事没有关注的唱词。(15)从"人"的视角转向"马"的视角叙事。(16)这句叙事既是一句哲理性的议论,又是最经典的修辞方式表达,即以痛苦来反衬快乐,倍增其快乐。中国传统经典《诗经》中"昔我往矣,杨柳依依;今我来思,雨雪霏霏",是被千古文人称道的"以乐景写哀,以哀景写乐,一倍增其哀乐"[2] 的经典叙事修辞手法。(18)又开了一个新的移情视角:马慢慢吃起草来与对唱的快乐只是前件与后件的关系,并没有因果关系,但是段绍升通过移情将其附会为因果关系,异常愉悦人心。(19)从马的视角又转到人的视角,而这里与前面不同的是,"我也就更高兴起来了"是一种个人情绪的抒写。(21)插入一个说明"第一次开口",以上都没有说到这一点。(22)是对对唱缘由的进一步强调,而这里的强调与前面又有不同,是强调被"刺激"。(23)也是一个插入语,而这一

---

[1] [法]热拉尔·热奈特:《叙事话语》,王文融译,中国社会科学出版社1990年版,第75页。
[2] 语出(清)王夫之《姜斋诗话》。

插入语进一步深化了（22）的语意。（24）中的"我"与"她"，以及"伤心"与"伤肝"的对称表述，起到了极强的修辞果，从另一个颇具戏谑的侧面推进和补充了（3）（6）（8）（12）中的唱词，达到某种喜剧效果。（25）又从另一个角度回应了（10）所说的"一唱，就打响了"，而这次的回应不再抽象，而是以他的祖母辈的"阿奶"都"霍"一下站起来的具体的动感形象和惊讶语言来使效果臻于佳境。以上这些视角的变化，有似层层叠叠的皴染，使对唱的叙事引人入胜。

不过，我们也看到，当段绍升从不同视角叙述同一事件时，其叙述内容多有矛盾，并不符合思维逻辑上的同一律。如果按所谓"科学"的方法去求"真相"，那就无法理解了。例如，（1）和（2）说在第一次对唱前，通过"乱哼"和"喂马割草时经常唱曲子"已经有所准备，有所熟练，并非临时应付；而（10）则说是第一次开口，"一唱，就打响了"。而且对唱的时间点也不吻合：（2）说"马生病转危为安，心情好"以后才对唱的，（10）则说对唱以后人的心情好了，马的病才好的。诸如此类的矛盾与不一致，正说明情感性语言是非理性与非逻辑的。在浓烈的感情支配下，各种意象在段绍升的头脑中是纷然杂糅的。他不会去辨明到底是先哼哼有所准备，还是一开口就"一炮打响"；也不会去弄清到底是马儿的病好了再去唱的，还是对唱把马儿的病也唱好了。段绍升把事情说得有点乱，正是情感力量所致。

当"点"从具体事物之中分离出来成为一个抽象的点的时候，它不仅具有"向心"的特征以及凝集了巨大能量，同时也具有"孤悬"的特征。当段绍升拉着他的那匹心爱的"马儿"离开村庄走向苍山的时候，这个事件在时间上与空间上就已经与村庄分离开来、孤悬起来。段绍升之"马"很神秘，颇似《牛郎织女》神话中的"老牛"。老牛是牛郎与织女的牵线人，马也是段绍升与那个对唱"高手"的牵线人。马的病，病得奇怪，似乎是一个设局，有意地将段绍升引入野外，促成了段绍升与村庄的分隔与孤悬。而当这个任务完成之后，马的病也就好了。此时的段绍升与他的"马儿"都处在苍山脚下。田野、山林、庄稼地是一个自成一格的场域，它不属于"村内文化"。在传统的白族文化中，存在着"村内文化"与"村外文化"的巨大区别。例如绕三灵、红山本主庙会、三月三这些白族重大节日中，男女之间是可以自由交往、驰骋私情的。对此，段绍升亦多次讲到。他在2001年8月1日的讲述中说："过去社会风俗习惯有它的道理，集会，对歌，其实有男女谈情说爱，没有娃娃的人有得起娃。丈夫有问题，通过这种方式有娃娃。为了未来发展，有娃娃。她在自己家里不生，她在那种情况下就生了。"2002年1月30日下午的讲述中说："四月二十四绕山灵，在喜洲的庆洞。主要叫风流会。"2002年2月18日下午："过去庙会风流会比较多，一个是四月十五红山本主庙会，蝴蝶会也是四月十五，但不住在那里。而红山本主庙会在野外，离村庄还有一截。七到八处地来，到四五月份的时候天气比较炎热，就可以打野。做饭、睡觉都在野外。既然在野外，过去医药比较欠缺，灾难战争等方面的原因，它可能鼓励生育。我的观点。有一些她从生理上有什么方面原因不生，但是赶一次庙会，乐上一次。那时允许，家里面允许，公公婆婆也管不了她，她有资格去。包括儿了媳妇，都去，干涉不了。那些时候也比较热闹。而且交通也不方便，就住在外面。露宿在野外。解放初期我们这些人记得也是这样。要在那种场合下纯粹谈情说爱，不是。"白族地区"村内文化"与"村外文化"的差异性，是抽象的"点"具有"孤悬"性质在现实生活中的明证。深山的"马儿"及对唱事件，孤悬于村内社会生活之外，孤悬于民族文化理性制约之外，孤悬于家庭伦理关系之外。这是抽象"点"的"自指性"特征。它仅仅是它自己，它"自我主张"，自我凝聚，自娱自乐。对唱就是对唱，复杂的社会关系不在场，不存在功能主义、社会学派、结构主义所谓"整体性"联系。社会生活并非总是必然性地相互联系在一起，它总是留下空隙。而由于个体实践的情境性、具体性、情感性特征，这种空隙使具体事件从当地社会文化环境中抽离出来，即孤悬于其外，又超越于其上，从而达致更高的"人"的层次和"人性"的展现。

当"孤悬"着的抽象的"点"进入另一个时间段的时候,即进入"序列"的时候,它才会与其他社会事件相关联。这是下一节以麻雀为例要讨论的内容。而在这里我们所关注和强调的是:进入"序列"以后的"点"仍然具有"孤悬"的意义。在段绍升与他的"马儿"回到村庄之后,在时间与空间的转换中由"村外文化"进入了"村内文化",于是各种复杂的社会文化关系包围过来。一位妇女将段绍升深山对唱告诉了段妻,段妻端出了一碗"辣椒酱",威风凛凛地伫立在桌子上,审视着段绍升,也审问着段绍升。其训诫的意义在于"发乎情,止乎礼义"。然而,这里显示的意义还在于:对唱的意蕴并未消失,仍然在场,且与之并置。这里并没有出现"辣椒酱"扼杀"准爱情"的你死我活的对立,而是在"绵延"中,先前的那个因素被保存了下来,成为一种"文化叠合"状态。① 更有,在段绍升以后的几十年生涯中,深山对唱正像夏夜天空的一颗明亮的星星,高悬在空中,一直照亮着段绍升的心灵的某个地方,使他永世不忘。乃至在晚年的讲述中,竟然反反复复讲述,并将其作为一生最愉快、最享受的事件与时刻。叙事的这种"重复",犹如乐曲一遍又一遍地吟唱,这种有规律的跳动,这种心灵与情感的来回摩擦,其效果在于强调,在于不断地向前推进,在于逐步接近乃至最后登顶那一座独立的山峰。

总之,离开村庄的"马儿",颇似蛙纹、网坠、花蕊,离开了原

---

① 关于"文化叠合"的概念,是我对文化在时间与空间中变迁的一种看法,其基本内涵可作如下说明:当一个地区的文化经过长时期的发展变异的积累出现新文化现象的时候,旧文化现象的许多主要部分并不是以消亡和破产为基本特征,而是经过选择、转换与重新解释以后,依然被一层一层地重叠和整合在新文化结构之中。这种新旧并存,并不是由于在力量的消长方面,新的暂时还不能消灭旧的,需要在时间的发展中来逐渐完成新旧替代的过程,而是从一开始就实现了新旧文化形态之间的相互理解、协调、包容、让步。也就是说,原先的文化并没有死亡,而依然是一种有生命的东西。另一方面,对于传播而来的异地文化,也是通过选择、转换与重新解释以后,被一层一层地重叠和消融在新文化结构之中。于是,不同时间、不同地域发生的文化现象便凝结、层累、整合在同一种文化结构之中。而且这种文化时空的层叠整合,并不是只有一次,而是经过多次。早一些发生的文化与晚一些发生的文化重叠并整合以后,当更晚一些文化发生时,这种被重叠整合了的文化又被重叠整合到新的文化中去;因此时间越后,越是被堆积起更多、更复杂的时空内涵。参见朱炳祥《社会人类学》(第二版),武汉大学出版社2009年版,第222—223页。

来的具体背景而被分离出来成为"抽象"的点、"分离"的点、"自我主张"的点、"孤悬"的点,这对于民族志的研究与写作所具有的方法论意义在于:它在功能主义、社会学派、结构主义等流派要求我们去认识事物相互联系中的"有序""结构""平衡""决定性""对称性""稳定性""逻辑""知性"之外,去认识事物的"无结构""不平衡""随机性""非对称性""不稳定性""偶然性""非逻辑性""感性"。

第四节 飞去飞来的"麻雀"

门槛是紧贴地面不动,马儿紧贴地面行走,而麻雀则是离开地面、飞在空中的。这种位置差异同样成为一种隐喻:门槛是人类的制造物,是人的理性就可以把握的,没有神秘性。它处在最下边,沉重,固定不变,任人踩踏,永无自由。马儿在厩内虽不得自由,但当它被游放于苍山下,就获得部分解放、部分自由。它是人类理性可以部分把握、同时又具有部分神秘性的事物。而麻雀则是完全自由的、解放的、不被束缚的。它想飞想歇,听凭自己,是人类理性不能把握的,具有神秘性。但奇怪的是,它们有时也会出现互换位置的反转:神秘的麻雀反而被段绍升一石击杀;马儿虽为段绍升之友,却逃不过被出卖的命运;门槛虽低矮卑贱,段绍升却无法跨越。

在段绍升的讲述中,"麻雀"既可怜又可恶,既可爱又可恨,既可杀又可敬,既可把握又不可把握。它神秘兮兮地无定向地飞去飞来,空降于各个不同的地方,一会儿心怀鬼胎地向内偷窥,一会儿大有深意地朝外张望。段绍升讲述中的"麻雀"28见,集中在以下5次讲述的时间段内,共可分为11个语意群:

(一)2007年2月6日下午:(1)也有一个中农,很本分的一个农民。他家里的土地多一些,入社时又有牛,又有马,可以"三十亩地两头牛,老婆孩子热炕头"那种生活。他有牛又有马,又有肥沃的土地。一入社很恼火，既然让人说话，允许说话他就说了很多。说我是从小一个麻雀都没有弄死过，一只鸡我都杀不来，但是如果说×××是一个人的话，在我面前都敢把他杀得掉。说到这样的话我觉得害怕。

（二）2007年2月7日下午：（2）那些年还有一些麻雀吃这些虫，但那时除四害，要消灭麻雀。麻雀对庄稼的功劳大，应该算是农民的朋友，因为幼虫的时候就被麻雀吃了。（3）那时还列了罪恶，说它一天吃多少，一年吃多少。我们这里消灭麻雀，是全县统一还是什么，就敲汽油桶，敲，不让它落地。麻雀一群一群的，飞来飞去落不了地，他们分析是落不了地就口吐鲜血而死。

（三）2007年2月9日上午：（4）我印象最深的，放风的时候，我站岗。我就在岗台上，犯人在看守所的院场中比较宽的那么一块地上，比四合院的院场还要宽的一块地上，他们吃了以后就蹲在一边。中间就飞来一些麻雀，就吃他们吃掉下去的那些食品。岗台比较高，岗台上正好有一块石头，有核桃那么大。我看着几个麻雀，——那是1958年年底，1959年年初，那时还是有点闹，——我就用一块石头一下打过去，打几个麻雀了么。"叭——"的一下，就把其中一只麻雀正好击中它的头，就动都不动的打死在那里。（5）他那个人会应付：你们看看，大家都来看，我们这个管理员——他们把看守、站岗的都叫管理员，我们的管理员多么厉害，隔那么远就一下把麻雀打得准准的，哪一个如果想跑，你跑得掉？

（四）2007年2月12日下午：（6）那些年小小的麻雀都消灭了。（7）有过一个故事，过去一棵稻谷从根到顶都结满了。有那么一个人，不珍惜粮食，所以老天爷就把它收回去了。结果麻雀"哇哇哇"集体叫：不是我们的责任，是人搞的。所以老天爷就给它撒下一把，就那个顶尖上一点点上结籽。（8）我们连麻雀都不放过，说一只麻雀一天把一两都干得掉，就算十只麻雀一天吃一两，一百只麻雀一天就吃一斤，一年要吃多少！算下来麻雀的罪恶不小，所以要消灭它，四害。(9) 现在麻雀都不见了，现在虫也消灭不完，这样虫，那样虫，奇奇怪怪的虫。过去小时候也没有那么多虫。也没有用过农药，虫很少。现在越用它，虫越来越多。大自然里一物克一物。老鼠是鼠害，但有猫。虫里面，虫吃虫，也有麻雀把虫抓吃了。现在麻雀在我们这一带绝种。(10) 这两年还有一点，有一次我数了一下还有三几十只，在电线杆上一路地排起来。但人们不爱惜它，我看见我的一个朋友领着孙孙用弹弓瞄准打麻雀。

（五）2015年1月21日：(11) 过去我曾经想过，出书可能树立我自己，后来我慢慢推敲朱教授的意图，是社会研究，那么就是解剖一只麻雀。那么多麻雀，不可能找来所有的麻雀。只是解剖一只麻雀就可以分析。麻雀虽小，五脏俱全。

首先，我们对"麻雀"垂直轴上的序列进行分析。

在这五段一次又一次的"重复叙事"与"反复叙事"中，麻雀从具象上升为抽象。这些抽象的"点"有着不同的位置，表达了段绍升及当地白族人对于具体事物的区别性态度的细致分层。我们将上述11个语意群简括如下：

（1）麻雀比喻为微不足道的事物。中性。
（2）麻雀是农民的朋友，吃庄稼的害虫。褒义。
（3）麻雀做了好事反而被冤屈，口吐鲜血而死，是一个屈死的英雄。褒义。
（4）麻雀是可以随意被击杀的卑微之物。中性。
（5）麻雀比喻小微事物。中性。
（6）麻雀（有贡献）反被消灭。褒义。
（7）麻雀向老天爷要来了粮食，是人类的救命恩人。褒义。
（8）麻雀吃了人类的粮食，是四害之一，罪恶不小。贬义。[①]
（9）麻雀对人类有贡献而反被消灭而绝种。褒义。

---

① 段绍升此处虽是反讽语气，暗含褒义，但是在当时那种背景之下，"四害"是一种普遍观念，这里段绍升的反讽也包含了过去的自我。

(10) 麻雀（是有益的），可是小孩玩乐却弹弓随意击打。褒义。①

(11) 麻雀比喻为小微之物，但却重要。中性。

以上，麻雀在 11 个不同的语义中的内涵分别代表了人们的 11 种不同的态度，也就是说，在不同时间、不同场景、不同语境、不同利害关系计算中，人们对麻雀的态度有时好，有时恶，有时不好不恶，有时亦好亦恶。显褒义有（2）（3）（6）（7）（9）（10）共 6 项，显中性有（1）（4）（5）（11）共 4 项，显贬义只有第（8）项。而在"褒义"的 6 个项和"中性"的 4 个项之中又可各自区分出意义不同和强弱不同的等差。如果我们将语境与时代背景的因素去掉，使其成为抽象的"点"，那么，就呈现出当地人思维方式中以麻雀为载体（当然也可以其他事物为载体）的一种层次分明的递增或递减序列。这种序列是空间性的，我们设置一条以 A 为底端、以 Z 表示顶端的垂直轴来显示，上述对麻雀的 11 种态度之"点"逐次递增（亦可逐次递减）排列在"A-Z"的纵轴上，就形成了如下的形态：

— Z（7）救命恩人
— J（2）农民朋友（与下一项并列，从正面说明）
— I（9）农民朋友（与上一项并列，从反面说明）
— H（3）悲壮英雄（与下一项并列，形象生动，语气略强）
— G（6）悲壮英雄（与上一项并列，一般叙事，语气略弱）
— F（10）重要之物
— X ……任意项
— E（11）小微事物，但很重要
— D（5）小微事物，不重要（与下一项并列，无轻重之分）
— C（1）小微事物，不重要（与上一项并列，无轻重之分）
— B（4）卑微之物，可随意击杀。
— A（8）四害之一

在这根"A-Z"轴上，几乎每一个点，都有它的存在位置，恰

---

① 这里的击杀与段绍升击杀大墙内的麻雀的态度不同，故而为"褒义"而非"中性"。

如休谟所说是"厘然各别的",亦如康定斯所说点的"位置都具有其本身固有的声音和内在色泽的个性"[1]。在起点 A 的位置上（标号 8），麻雀作为"四害"之一，是人类要消灭的对象，它处在人类对麻雀"贬"的态度的最低点。而"大墙内"的那一只麻雀，被段绍升击杀了，剥夺了生命。此项相较于被集体杀死程度较轻，更重要的是此处已经从"贬"的态度转为"中性"的态度，故而处于较之 A 位的上端 B 位（标号 4）。到了 C 位（标号 1）和 D 位（标号 5），麻雀出现在周城村民的口中，比喻为不值一提的低等的小微事物，很不重要。比喻义相等，并无轻重之别，只是不同的人运用于不同的场合而已。而在 E 位（标号 11）上，虽然麻雀还是小微事物，但已经"五脏俱全"，即具有个别代表一般的重要性了。以上 B、C、D、E 四个位置，麻雀都是在比喻的意义上使用的，是一种无褒无贬的中性态度。到了 F 位（标号 10），段绍升对麻雀的态度由中性转为褒义。麻雀对人类有贡献，小孩却要用弹弓打它。当然这里的语意较轻，因为小孩未必弹得准，麻雀也并未受到真正的伤害。此时，麻雀的褒义处于"初生"之中。此后，麻雀的位置继续上升。到了 G 位（标号 6）和 H 位（标号 3）的时候，都是说麻雀是一个悲壮英雄，只不过这里有语意的强弱之分。G 位简单地说了一句"那些年小小的麻雀都消灭了"，是一种弱化的表述；H 位则生动地描述了这些悲壮英雄有血有肉的形象：它们立了功，反倒冤屈地一群一群的"口吐鲜血而死"，是一种强化的表述。再上升到 I 位（标号 9）和 J 位（标号 2）这两个并列的位置上，麻雀都是"农民的朋友"，因为它吃庄稼的害虫。I 位从反面说，J 位从正面说，二者并无语意轻重之分。最后，当麻雀上升到最高的 Z 位（标号 7）时，"麻雀"超越了人类，与最高的天神联结在一起，在神话中已经成为拯救人类的大救星。东西方神话中都有老天爷惩罚人类的故事，亦都有拯救人类的事物出现。在西方是挪亚方舟的故事，拯救物是"方舟"，在中国是洪水造人的故

---

[1] ［俄］康定斯基：《论艺术精神》，查立译，中国社会科学出版社 1987 年版，第 115 页。

事，拯救物大多数情况是"葫芦"。① 段绍升所讲的神话主题与构架皆与洪水造人神话主旨相同，麻雀是葫芦的替代物，功能相同。序列中还设置了一个"X"的虚位，表明在 A—Z 序列的中间项并没有数量的限制，可以在任何位置补充和插入任意一个符合逻辑递增或递减顺序的某些项，同时也可以在序列中减去某些项。

"A—Z"序列，因其各个项的抽象性质，其主题与序列内的项是可以替换的，② 序列内的项数也不是固定的。例如当替换为"生命"的主题时，其序列为："死（A）——起死——方生——小微——X——成长——壮大——长成——坚固——永恒（Z）"；当替换为"力量"的主题时，其序列为："无力量（A）——小微力量——硕大力量——最大力量（Z）"，如此等等。这是一种"纯形式"的位置排列。③

垂直轴上的"纯形式"序列，是思维方式的形态学显示。无论是西方哲学与西方人类学长期以来总是用"二元对立"来概括人类思维的形态学特征，这种思维方式在现代受到批判与反思。中国学人也曾提出过"一分为三"的思维方式。庞朴先生论述道：

---

① 据现代民族学的材料，我国五十六个民族中大部分都有洪水造人神话的流传。闻一多先生在《伏羲考》（载《闻一多全集》第一卷，开明书店 1948 年版）中收集有湖南、贵州、广西、云南、台湾诸省的少数民族的流传材料。陶阳、钟秀在《中国创世神话》（上海人民出版社 1989 年版）和《中国神话》（上海文艺出版社 1990 年版）二书中根据古代典籍记载和现代民族学新发掘的材料的综合研究，认为我国的东北、西北、中南、西南地区都有这种神话，涉及的民族中就有白族。口传伏羲、女娲造人神话的主要情节是：伏羲女娲的父辈得罪了天神，于是天神发下一场洪水，将所有的一切都淹没，因为伏羲、女娲心地善良救过天神，天神赐给葫芦，洪水来临之时，他们躲入其中得救。然后兄妹配合成婚，再造人类。这是一个再造人类的故事。之所以要再造人类，是由于原先的人类犯下了错误而受到天神发下的洪水惩罚。

② 这与《易经》中的卦象与爻象的象征意义类似。例如《易·乾》的爻辞皆以"龙"的意象为例，叙述一个"潜龙勿用""见龙在田""或跃在渊""飞龙在天""亢龙有悔"的生成、发展、衰老的过程。这里的"龙"只是一个随意借来的物象作为象征与隐喻。

③ 这种排列方式的一个参考性例证是列维-斯特劳斯在述及美洲神话分析时曾用了"非姊妹、有过失的姊妹、有建树的姊妹、妻子"，"树液、树脂、尿、经血"的位置排列方式。参见［法］列维-斯特劳斯《神话学：裸人》，周昌忠译，中国人民大学出版社 2007 年版，第 700 页。

第十六章 "麻雀""马儿""门槛":"点式"分析 | 249

西方哲学习惯以二分方法说世界,世界被二分为理念和现实、灵魂和肉体、原因和结果、必然和偶然,等等。西方的辩证法,便建筑在这样两极的基础上,在两极之间寻求某些通道,本意为求适应世界的一体,无奈却更加强调了世界的两分。中国哲学则相信宇宙本系一体,两分只是认识的一种方便法门,一个剖析手段和中间过程,即,将事物包含的不同因素和变化可能推至极端,极而言之以显同中之异,并反证明着事物本为合异之同。于是,西方文化所见的无不是一分为二和两极对立;而中国文化所见的则是含二之一,而这个一,既经分析而知其包含二端且不落二端,那末它就不是二,也已不是未经理解的一,而成了超乎二端也容有二的第三者,或者叫已经理解了的一。简单点说,西方辩证法是一分为二的,中国辩证法是一分为三的。①

然而,"一分为三"仍然是一个固定的机械的思维模式,因为在中国的经典文献中,"三"的基本含义在绝大多数的情况下并不是代表"多",而是准确地表示"三",即在两端之内增加了一个"中"。这个不偏不倚、不左不右的"中"甚至被看作中国文化的精髓。中国经典文献中有着非常多的例证,如"中庸"(《论语·雍也》)、"正中"(《易·文言》)、"中正"(《易·象传》《易·彖传》)、"中道"(《礼记·曲礼》)等。现在人们常说的所谓的"左中右""上中下"的分类,都是"一分为三"思维方式的表达。在对"麻雀"的序列性分析中,我们所发现的是一个"A-Z"的复杂的递次式的序列,并非只有两个项或三个项,因而它不可以还原为"二分法",也不能化简为"三分法"。"中"与"三"忽略了序列中的位置众多性。如果需要另外找寻一个替代性概念来区别与"二元对立"与"一分为三"性质的相异,那么约略可以用"一分为九"这个概念。"一分为九"不仅是与前述两种思维方式的"量"的区别,更重要的是"质"的区别。其主要内涵是:在人们的思维结构中,并非只具有两

---

① 庞朴:《一分为三——中国传统思想考释》,海天出版社1995年版,第2页。

极性那种非此即彼的极端对立,也并非仅从对立转为关注中间项的折中主义,而应该是一种序列。这个序列有着众多位置,这众多位置中,存在着递进关系、正反关系、并列关系、强弱关系等诸多关系。

其次,我们对"麻雀"水平轴上的序列进行分析。

从理论上说,上述 11 个语意群中的每一个事件都可以延伸出水平的序列,而这里,我仅选择一个段绍升讲述得比较充分的代表性事件(4),即段绍升在当武装民警时在看守犯人的"大墙内"用石子击杀麻雀的那件事来说明。与"垂直轴"序列的思维"形式"分析不同,"水平轴"序列上各个"点"所建立起来的则是思维"内容"的各种关联。垂直轴是空间关系,水平轴是时间关系。当相关于麻雀的某项具体事件发生之后,它在时间的进程中不可逆地沿着水平轴方向运动。事件(4)作为"前件"出现之后,紧跟着的是 4 个"后件",它们之间出现了各种不同的内容关联。

第一个"后件"是那个头脑机敏"会应付"的犯人,第一时间就将"麻雀之死"与段绍升的击打技术之间建立起了一种关联:

> 你们看看,大家都来看,……我们的管理员多么厉害,隔那么远就一下把麻雀打得准准的,哪一个如果想跑,你跑得掉?他手里面有枪,不要说枪,就用石头都把你砸得死。

"前件"与"后件"在这里被建构起一种"因果关系"。关于因果关系的本质,近代以来的哲学已经有着许多讨论①,这里仅引述休谟在《人类理解研究》中的论述作一简要的说明。休谟认为,人们

---

① 参见〔英〕洛克《人类理解论》(1690 年)第 33 章,关文运译(商务印书馆 1959 年版);〔英〕休谟:《人性论》(1739—1740)第 1 章,关文运译(商务印书馆 1980 年版);〔英〕休谟:《人类理解研究》(1748)第 3 章、第 8 章,关文运译(商务印书馆 1957 年版);〔德〕莱布尼茨:《人类理智新论》(1704 年初稿,1765 年公开发表)第 33 章,陈修斋译(商务印书馆 1982 年版);〔法〕孔狄亚克:《人类知识起源论》(1746),洪洁求等译(商务印书馆 1989 年版)。另外,列维 - 布留尔在《原始思维》(商务印书馆 1981 年版)中说到"原始思维"的互渗思维有两大规则,一是相似律,一是接触律,也可看作是借鉴休谟等哲学家的理论对原始思维的因果关系的讨论,这里将空间上的接近关系(包含着接触关系)与相似关系,推论到时间性的因果关系上。

往往将事物之间的接近关系和相似关系都看作事物的是因果关系，而这只是一种"观念的联结"，并不是"实际的真相"。因果关系只是人的思维中的逻辑关系，是我们构造知识的一种手段，而不是事物或事实之间的实际关系。因此，休谟说，如果我们坚持的是严格意义上的经验研究，那么我们这里只能说是前后件的关系，是顺序关系，而无法说是因果关系。因果关系是推测出来的，是经验范围之外的关系。"我们只能说，一个物象，或一件事情，跟着另一个、另一件，而不能说，这一个产生了另一个，这一件产生了另一件。"① 很显然，段绍升偶尔击杀麻雀与高超的技术之间的因果关系是那个犯人主观建构出来的，并非客观事物之间的实际关系。

然而，正是因为那个犯人的话语的建构，似乎这说出来的就真的成了一个"事实"，不仅那些犯人、甚至连段绍升本人也觉得他自己的本领非凡，因此他就有了下面的几个"后件"。

第二个"后件"是段绍升当警察期间，"手上没有出现过逃跑的"犯人：

> 因为我受过部队测量队那些教育，就比其他人注意个人的形象，我站岗的时候就有那个威风，要把那个显示出来，所以我手里面再也没有逃跑的。那些年，看守所里也不是很好，带出去劳动逃跑的也不少，我手上没有出现过逃跑的。

在这段叙事中，段绍升置换了原来那个技能性之"因"，改变为

---

① ［英］休谟：《人类理解研究》，关文运译，商务印书馆1957年版，第74—75页。休谟举例说，骨牌效应就是接触关系而不是所谓因果关系。人们在思维中进行推论的本质就是寻找因果关系，因果关系往往与思维中设想出来的"必然性"相联系。休谟认为"在整体力场中假设所有的事物的运动都具有相互联系的因果性的必然的规定"这个问题实际上是没有意义的，因为这种整体力场中的必然运动各种因素过于复杂、过于繁多以至于不可以穷尽，故这个必然性的命题是伪命题。必然性"发生于人心的作用中"。他又举例，因为有火，所以它产生的热将水烧开了。"火"与"水开"的因果关系看似铁的事实，但是这种因果关系却是在经验之外的，因为我们在经验之内看不到因果关系，只看到火烧着锅以及水开了这种"前件"与"后件"的关系；我们在经验领域也同样看到了火烧着却怎么也没有把水烧开（高原地带）。

"接受过部队教育而注意个人形象",在"威风(威武)的形象"与"手上没有逃跑的犯人"之间建立了联系。段绍升将"威风(威武)的形象"替代了"石子","手上没有逃跑的犯人"替代了"麻雀之死",因为他已经在二者之间建立起了相似性的隐喻关系。①

第三个"后件"是窃听事件:

> 后来我在喜洲派出所,抓了一些小偷,他们都不承认。(我)有意地把他们关在一起,窃听。窃听也是一种侦察的方法,看他们怎么交流。窃听的结果,其中(有个人)说了这么一句:其他几个你不怕,就怕周城的那个家伙,那个家伙厉害。他问你草鞋怎么打成,——互相举例着嘛,你就说是草打成。他再问你不要把它说乱了,你就紧紧地记住这一句,你如果说七道八他抓住你的空子以后你就没有办法,你不得不交待。他会抓你的空子,把你逼得没有办法。

"窃听"是一种破案技术,与上面的"威武的形象"和游戏式地用石子击打麻雀具有不同性质,二者之间找不到相似性,因而它不是隐喻。下述叙事也没有说到用这种技术窃听到犯罪过程从而破了什么案子,而是将话题跳转到他的个人能力上。犯人不得不交待罪行是由于段绍升的"厉害"。前件与后件之间没有相似性,仅仅具有一种关联性,因而成为一种"转喻"。

第四个"后件"是破案中的心理战术:

> 现在想起来,老是破不了的案,在我手里,我觉得也不是那样,我破了很多案。其中询问当中,别的人手里他不承认,一到我手里,我也不打也不骂,一段时期他就会老老实实地交待,当然头回二回还不行。有一个盗窃国家粮食、套购国家粮食的,在喜洲派出所的范围,他是湾桥那边江心庄的人。谁问他都不吭

---

① "威武形象"与"石子"之间的相似性在于:抛掷石子的形象是威武的;"手上没有逃跑的犯人"与"麻雀之死"之间的相似性在于:死的麻雀与没有逃跑的犯人是相似的。

气,他就是回绝。那些年公安人员有十项注意还是十项纪律我记不清,就是不许刑讯逼供,不许打骂,这些都有规定,基本上只是执行不执行而已。那些年代内部一些规定与现在也差不多,打骂在纪律上不允许。我是要遵守纪律的,不敢违犯。我只是采取什么呢?民警把他带进来,我在询问时,当然我要显得威严一点:你暂时不要进来!我只问你一句话,上一次我问你的话不再问你了,你说了就行了,新的事情,我给你问的那些事,是与不是,你现在答一句!你想出来没有?他说没有。那没有新的事,是不是?他说没有。我说,没有现在你就可以回去,但是你给我签个字,这是第二次询问的时候你没有交待,你只要承认这个事实就行了。他就觉得有点怕了,他签了,回去了,他觉得很轻松。第三次又把他叫来,你想了没有?他说没有。我说我是问你第三次了,某年某日提问你这个问题你没有答出来。等于那个时候学了给美国飞机窜犯大陆的警告,警告可能起作用。我也就采取这个办法。那个还顶用。一段时间,最多到四次五次他就马上交待了。

在这一段心理战术的叙事中,其与"前件"麻雀之死的关联仅仅在于它们都是当警察期间这个大背景中发生的事情,这是一种背景式的关联。

综上所述,我们将水平轴上段绍升所讲述的四个"后件"与"前件"的诸种关联的形态图示如下:

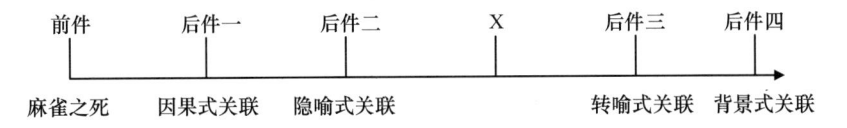

```
前件        后件一       后件二          X          后件三      后件四
├──────────┼──────────┼──────────────┼──────────┼──────────▶
麻雀之死   因果式关联   隐喻式关联                  转喻式关联   背景式关联
```

因果关联、隐喻关联、转喻关联与背景关联,是段绍升思维内容中所建立起来的事物之间的四种关联方式。在水平轴上,我同样设置了一个未知项"X",表示在这个轴上可以增加其他不同的关联项。

无论是文学文本还是生活文本，都不会毫不含糊地支持我们的任何一种理解。

——［美］希利斯·米勒

我虽看不清"你"，但我看清了"人"。

——自题

第十七章　人观四面："横面"阅读

英国作家斯特恩《项狄传》中的特利姆下士为了表达"男人是自由之身时"的状态，就用手杖在空中随意划出了的一条曲线，作者对此感慨地说："我父亲一千个最细的推论也不会把独身生活说得比这更加透彻。"① 特里姆下士的手杖曲线，是一时的感情触发随心所欲划出来的，同时也包含着"自由之身"的理想。然而，这种本来是自由随意的线条在巴尔扎克作为《驴皮记》的题词引用时却变成了一条有头有尾并且有着叉形舌头的"蛇"。② 对此，美国叙事学家米勒有一段解说：

> 巴尔扎克在引用斯特恩的自由自在的线条时，篡改了原文。他将原来的竖立线条变成了平行的，解开了特利姆下士线条上的结，并将原线条有的地方变粗，有的地方变细，看上去隐隐约约地像是有蛇的头和尾。这是对斯特恩原文的严重歪曲。……

---

① ［英］劳伦斯·斯特恩：《项狄传》，蒲隆译，上海译文出版社2012年版，第565页。
② 参见［法］巴尔扎克《驴皮记》，梁均译，人民文学出版社1982年版，扉页。

在这根由错误引述构成的链条上，从一环到另一环的运动不是任意的或者偶然的，而是有很强的目的性。斯特恩无拘无束的线条象征的是难以言表的独身自由，同时也是对贺加斯的颠覆性戏仿。它逐渐演化为一条有头、有尾、有中腰的蛇，成了亚里士多德式叙事的典范。它象征一个有既定方向的序列，一个溯源性的、有目的、有根据的序列。巴尔扎克之蛇将持续不断的环扣连接为一体，成了表达叙事文所有预先假定的微型缩影。此外，在这个演化过程中，完全抽象或者数学性质的线条变成了一条蛇的"现实主义"摹仿图。一种强有力的预先假定或事先存在的范式促使该线条回归理性中心。①

段绍升连续 15 年的讲述，开放自由、随心所欲、杂乱繁复，常常出现重复、颠倒、跳跃、插曲、回声、无逻辑、多重情节。这一切非常类似特里姆下士的手杖曲线，是情感的表现，理想的表现，无序的表现。"无序是从被考察的系统出发来看其遵循偶然性而未遵循该系统的决定论的任何现象，任何不服从组织的预先确定的模式所规定的力量的严格机械作用的现象。"生物机体，它是"随着无序、噪声和差错进行工作的。后三者对它不必是破坏性的，甚至可能是起更新作用的。……生命的这些组织性的原则也就是复杂性的原则。正是这种持续再组织的现象给予生物系统以机器所没有的灵活性和自由度。"② 对于一个人的生命史，也同样服从于这些生命的原则。这种叙事的多样性、丰富性、不定性与随意性，显示段绍升的头脑是多中心的，"没有一个中心凌驾于其它中心之上，各个部位之间的关系是通过相互作用和相互干预建立起来的，等级性微弱，有时还发生层次颠倒现象。"③

---

① 转引自［美］希利斯·米勒《解读叙事》，申丹译，北京大学出版社 2002 年版，第 77—78 页。

② ［法］埃德加·莫兰：《迷失的范式：人性研究》，陈一壮译，北京大学出版社 1999 年版，第 98、99 页。

③ 同上书，第 101 页。

然而，段绍升同样又有着另一种企图，即将一生中随意的、偶然性发生事件的任意曲线化作"有头、有尾、有中腰的蛇"，成为"亚里士多德式叙事"（即理性叙事）进而彰显他的理性人格。他为此作出了努力。他讲述的目的，是要给他的子孙留下精神遗产，他就要赋予他的经历某种崇高的意义，他对于所讲述的具体事件，总是给予一番评论。并且在 2006 年暑假的讲述中，对自己的人生意义也作了概括。

总之，段绍升的人生讲述既是情感的，又是理想的，也是理性的。除此之外，他还对宗教问题有所表述。"横面阅读"是一种从结构入手将时间中的事件融入空间分析以寻求意义理解的阅读方式。本章从理性、理想、情感、宗教四个"面"理解段绍升作为一般性的"人"（而并非只是作为个体的人）的基本特征。

第一节 "家国人生"：求"真"的理性

何为理性？理性具有求真的品格。"理性的秩序，它使一个人或一个心灵成为一个不可分的整体，由一个统一的力量或者权威来统率各种功能。最后是语言或理性话语的秩序，这一秩序论定各种统一体，赋予它们各自不同的名称，并预先假定语言的确定性。"[1] 段绍升话语中的理性线索，在他撰写的《年谱》和《个人简历》中得到很集中的体现，这种线性叙事，特别像一条"有头、有尾、有中腰的蛇"。

段绍升年谱[2]

1938 年 9 月 26 日出生于大理周城村段家墩。

1938—1946 年，战乱年代，在爷爷、妈妈靠做裁缝艰苦度日的环境下度过幼儿时期。

1947 年 2 月—同年 7 月，在周城村小读一年级半年，因家庭

---

[1] [美] 希利斯·米勒：《解读叙事》，申丹译，北京大学出版社 2002 年版，第 130 页。

[2] 2007 年 2 月 4 日撰写。

的主心骨爷爷的病逝而失学。

1947—1950年,在家。(协助妈妈做农活并供给自家开设的小客栈的烧柴,割卖给过往马班青草,赶街叫卖火柴、香烟,挑卖水)

1950—1954年8月,在周城读书。(周城中心完全小学)

1954年10月—1955年12月,在家务农。(参加由父亲组织的互助组劳动,参加了互助组上苍山花甸坝试种洋芋、荞子的成功过程。证明人:当时的队友段必恕)

1956年1月5日—1957年8月,在中国人民解放军第一大地测量队当工人。在测量队入团。(证明人:本村退休干部张士铎)

1957年8月—1958年6月,在本村当农民。(是"大跃进"、"反右"斗争时期。参加共青团的"反右"运动,任本村团支部宣传委员。证明人:段必恕)

1958年6月—1959年12月,在大理公安局民警分队。(任战士,文化辅导员)1959年11月入党。(证明人:赵秉玉)

1959年12月—1962年10月,在大理市公安局任干事。(其间,在过治安股、中和派出所、喜洲派出所。证明人:退休干部杨化先)

1962年10月—1963年10月,在周城当农民。(除参加生产队劳动外,饲养、买卖过两匹马。证明人:张敦)

1963年10月—1965年12月,在周城任联合诊所所长、会计。(证明人:杨瑜珍)

1966年1月—1969年9月,任周城公社副社长(后改称大队,任副大队长),兼治保、调解主任。"文革"进入到斗、批、改阶段,被县革委指命为周城斗、批、改领导组组长。

1969—1971年,在本村本社,社员。(这期间是"上为父母[有生病中的母亲],下为儿女"的关键、艰难时期,所以违心地烧卖过木炭、偷砍过木料,看守、管理过本生产队在苍山花甸坝种植的药材基地。证明人:张敦)

1972年1月—1983年8月，在周城九年制学校，任民办教师。（任过二、三年级的班主任，也教过初中部的政治、地理、历史。证明人：杨贵堂）

1983年8月—1984年12月，在家做裁缝。（受领加工服装或受邀到农户家做嫁妆）

1984—1986年，在家缝制白族服饰，供应自家在蝴蝶泉公园销售给游客。（这期间为开阔眼界而参加过铺路、油刷等副业，外出打工）

1987年1月—1992年12月，贩卖木材。（在214国道边，自家的房地基上）

1993—2000年任周城水电管理所所长。

2000年至今，在家休养，度晚年。这期间，能遇上武汉大学的朱教授作田野调查，实感庆幸，大大地充实了我的晚年生活。也必将成为家史中的闪光点。

2013年，我想了解他在时隔六年以后对人生的事件与意义的看法是否与六年前相同，同时是否有需要补充的问题，请他又写了一份。

段绍升个人简历[1]

段绍升，男，白族，1938年9月26日出生于周城段家墩。

1938—1945年度过了战乱中的幼儿时期。

1946年见小同伴到本村小学读书而自己不经家长同意也跟着小同伴进周城完小读书。半年后因祖父患中风卧床不起而失学。

1947—1950年因祖母、祖父相继离世，父亲又与家庭失去联系。家庭处于极度困难，要帮助母亲维持生活而割卖草（供给马帮的需要）和赶集提卖水、叫卖洋火、纸烟。尤其更艰苦的事是要供给自家开的"段氏客栈"的烧柴上苍山砍柴，供给客人的用

---

[1] 2013年8月26日撰写。这一年暑假我未去周城，此份材料由我的博士生何菊和杨雪从周城带回。

水而到离家100多米远的深井打水挑回家……

1950—1954年在本村完小读书，享受革命军人子女的特殊待遇，不仅免交学费，每月还得二万五（2.5元）的生活补助。其间从二年级跳至四年级，并历任过班长，学校学生自治会主席。

1954—1955年参加由父亲领导的开发花甸坝的劳动。

1955年底报考"支援祖国边疆社会主义建设财会人员训练班"时，被录用为中国人民解放军第一大地测量队的辅助员（军工）。

1956年1月—1957年8月在中国人民解放军第一大地测量队第二区队，参与了云、贵、川三省爬山越岭的大地测量工作，任司光员。完成了大西南的测绘任务后，我们这批军工人员转业期间，遇上"反右"斗争的大运动而暂时返乡等待，且参加家乡的"反右"运动。

1958年8月—1962年8月，在大理市公安局民警分队任武警战士、文化辅导员。后又几经调动到漾濞、中和、喜洲派出所任干事。

1962—1963年在家务农，并养卖过两匹马。在那艰辛的岁月倒还享受到了年轻人的美好生活——在深山田野劳动间的说笑和真情的对唱……

1963—1965年在周城联合诊所任所长、会计。其间1964年至1965年的"四清"运动时，我被认定为周城第一个四清干部被结合参与四清工作队工作。

1965—1968年在周城公社任副社长，后改为大队，任副大队长兼调解、治安主任。"文革"期间，被县革委会指令为周城斗、批、改领导组长。

1968—1970年因有大字报说我父亲是国民党的第十九集团军特务团的参谋长而我被免职回生产队任社员。向生产队承包了做裁缝的副业。那些年买布缝衣是各人有限的布票，加上我边做边学的缝纫技术不算高明，所以来料加工的少之又少。为完成每月交给生产队42元的承包款，只得跟着人上山烧炭。炭的原料就是木柴，俗话说千斤柴百斤炭，这个工种虽然干的时间不长，但这段是我问心有愧的坏事，因对苍山上的森林植被是有损害的。

1970—1983 年在周城完小任民办教师。

1983—1985 年在家从事缝纫业承接零星加工服装和做卖白族服装，成了第一家做卖白族服装的专业户。

1986—1992 年，利用自家房地基在公路边的优势做木料生意。

1993—2000 年在周城水管所任所长。

2000 年从周城水管所退职后就一直在家休养，其间。有幸遇上武汉大学的朱炳祥教授断断续续地与我访谈，我感到很乐意。

段绍升本人写于 2013 年 8 月 26 日　右手拇指印

在人类社会生活中，年龄、地域、民族都是一种文化创造物。"年龄"并非客观的时间表达，而是为了赋予某一个人在社会生活中的区别性等级地位设置出来的。"地域"也同样。地球本来是圆形的，一个人在哪一空间点上降生并不重要，但出生地往往却被过分地强调，并由此产生了"民族""国家"与"文化"的身份区分。只要将人为的时间与空间输入进来，人的自然之体就被"磁化"了。"性别"的区分本是造化的功能，但文化却偏偏掺和其中。段绍升开头便交待了出生的时间、地点与性别，他从出生的那瞬间起，就"被"规定了"是什么"以及长大后要"做什么"和"怎么做"，亦即被赋予了社会文化角色、责任与义务。

对于自己的幼儿与少年时代，段绍升用"战乱""失学""割卖草、挑卖水、叫卖火柴"这些词汇来表述。战争是人类的毒瘤，是极度残酷的非人性表达与资源极大浪费的表现。这个世界的乱局主要不是洪水猛兽等自然灾害造成的，而是某些战争狂人对另一群体的杀戮。战争狂人总是将自己看作是先进的、优越的民族，其实他们才是真正劣等的兽类集团。因为他们极端狂妄，故而他们极为短视，总是预见不到他们最终的失败。段绍升出生的 1938 年正是日本帝国主义入侵中国的第二年，他的父亲奔赴抗日前线，童年的他失学了，这是他人生中一个重要事件。辍学事件的真正意义在于第一次构建了家庭与个人之间的位置关系：个人服从于家庭。

当他重新回到学校课堂的时候，已经是新的时代了。此次读书与上次性质完全不同，他享受了革命军人子女的特殊待遇，这是对先前被迫辍学的补偿。而跳级、担任班长、担任学生自治会主席则是对原先受伤的自尊心的补偿。段绍升的人生经历第一次得到了实际上的均衡。这一经历也是"国"与"家"关系的一种潜在的说明："家"没有力量让他上学；而"国"则具有更大的力量，给他带来了新的命运。"国"超越了"家"。于此，段绍升对"国"也就产生出一种敬畏与感恩情结。

父亲回到家乡，段绍升是兴奋的。父亲的精神、眼光、学识对于少年段绍升具有很大的影响力。1955 年段绍升小学毕业后，没有继续上学。"父亲让我自己考虑去不去读，我说不读了。那时我哥哥不在家，我妈妈也不愿意让我读。"不过还有另外的一件事吸引了他：上花甸坝开荒。此时父亲组织的开发花甸坝的队伍已经发展到"三几十个人"，而且有"八匹马"，每个马脖子上套上铃，"恰好组成一个马帮，咕隆咕隆的，还有一个锣，咚——咚——。很有声势。"集体劳动的欢腾场面鼓舞着他。"我没有继续去读书，也是那个时候那种场景影响，思想上很兴奋，很高兴参加这个。"在开发花甸坝的过程中，分配他的工作是做饭。他做的饭"大家都喜欢吃"，并和大人们拿一样的工分，少年段绍升得到了成人群体的认同。

参加大地测量队，是段绍升真正意义上的"成丁礼"。在一种复杂文明中，"成丁礼"需要在更为广阔的背景之下以及更长的时间段内被实践，大地测量队就是这样一种背景和时间段。段绍升走出了家庭与村庄，他需要"对我自己负责"，即需要成为一个"人"！在一年多的"串地方"过程中，他得到了很多人生的经验。身体磨难是"成丁礼"所必须的。"那样的苦……与二万五千里长征的差别就是没有打仗。"这里的讲述虽有些夸张，但这是他独特的感觉。身体的磨炼达到的是意志的坚强与心智的成熟。那个组长既是让他不堪忍受的"家伙",又是很关心他个人前途的政治指导者。在同一个人身上看到了两个"极",这是一种在周城村之外所获得的新的认识。而且,他也体验到了新的人际关系——战友关系。他还获得了"比较"的观念,拓展了他对人与物的区分性认识:"如果说我们这里很漂亮,那么就知道比我们这些地方更了不起的地方,下关,昆明,更了不起,更漂亮。如果说我们这里很苦,那么看到山上的那些人家才知道我们这里的讨饭的人都比他强。"那双手套"找着一只,丢了一只"颇含象征意义。

段绍升第二次离开周城村是去了大理市公安局当武装民警,这一时期是他人生的高潮点。"最辉煌的是在公安工作的那一段。"此时的段绍升,是"国家"的一名工作人员。"一支冲锋枪,四个手榴弹,还有20发子弹"的威武英姿,可以作为他这一时期典型的外在形象的写照;而黑夜抓获杀人逃犯刘百能则是他智慧、勇敢与胆量等内在综合素质的呈现。他在武装民警岗位上,头脑灵活,政治敏感。他已经学会了用国家的政策法规来处理如杨汉文冤假错案的平反、红糖换香烟等事件。他本人也代表了国家的政策与法规的形象。

就在个人发展的高峰时刻,段绍升离开了工作岗位回家照顾病中的母亲,他再一次为了家庭而牺牲了个人的发展。少年失学,是母亲无奈的决定,段绍升是被动的;而如今为了母亲,也为了父亲与兄长,他放弃了自己可以取得成就的事业,这一次是主动的选择。"上为父母"的道德信条发出了强音。父亲出席过全国农业战线的英模会,哥哥出席过全国文教卫生战线上的群英会,如果他们其中一个回来,牺牲的国家利益将更大。"我放弃了最辉煌的那一段,我爸爸我哥哥更辉煌。"段绍升的讲述淡然、平静。"家庭高于个人"这一旋律再一次奏响。作为一个儿子,他实践了"孝";作为一个弟弟,他实践了"悌"。

这一次回到乡村后,段绍升就再也没有离开过那片土地。他是否有一种失落感,他没有讲述,我不会追问。此后在1962—1963年乡村劳动期间,在物质生活异常贫乏的集体化年代,他却"享受到了年轻人的美好生活——在深山田野劳动间的说笑和真情的对唱"。这种真情对唱是否"婚外恋"并不重要,重要的是段绍升陶醉于一种精神上的纯粹状态。他在所有的讲述中,只有此段用了"美好生活"一词。

在"文化大革命"这场社会乱剧中,段绍升一度在周城扮演着重要的角色:他被任命为周城大队斗、批、改领导小组组长,上级也将他作为接班人来培养:"他们说让我当书记"。他平生之志也正定位于"想把一个地区治理得像模像样,当一个好领导"。可是,在那种动乱的年代里,他不仅经受着能力的考验,更是接受着人性的检测。当周城一个男童喊出"打倒"另一个10岁女童的岁月里,"革命"的观念何等浓烟弥漫。他在这一次历练中,因为执行了"右"的路线,也因为父亲早年的国民党军官身份,就被赶下了台,"没有等着"当书记。不过,他在"文化大革命"中的表现还是得到"段绍升是个好同志"的评价。

当段绍升被基层机构中的一些力量排挤出局后,他没有了任何社会职务,重又回到家庭。此时他的母亲已经故去,父亲在国家机关内工作,他的人生目标转换为"下为儿女"。段绍升要养活五个儿子。在生产队做工分、养猪、上苍山烧炭、偷砍木料盖猪圈等等,都是这个男人为了一家七口的基本生活而进行的努力。一个英俊的穿着制服、挎着枪支、腰间别着四颗手榴弹的"公安民警"的威武不见了,一个衣衫褴褛背着两百斤柴下山被儿子认作"叫花子"的农民就在面前;一个"文革"斗、批、改领导小组组长不见了,一个在苍山上偷砍木料的低卑形象就在面前。段绍升的人格是否出现了某种逆转?"偷砍木料"一直成为他"问心有愧"的事件,乃至于写入了《年谱》。不过,苍山深处的伐木之声有类于高更在塔希提的伐木之声。段绍升讲述他与几个朋友偷砍木料的那种场面,似乎可以成为"艺术"来鉴赏。那样的紧张,又那样的愉悦,"偷窃"竟然颇有趣味:既是自我批判的快感,又是奋力抗争的激情。后来他与妻子自毁形象的对话意味深长,充满了戏谑。可见,段绍升偶尔扮演一下丑角也很出彩。

担任民办教师是一项培养后代的工作,几位校长在他们的岗位上勤奋地、无私地工作。第一位校长坚守着"我们就是教书"的理念,第二位校长得了癌症的乐观主义精神,第三位校长的工作责任心,还有那位管理学校的贫下中农代表的质朴真诚,都深深地感染着段绍升。由此,段绍升看到了"文化大革命"中社会生活的"深海暗流":"多数人也不是那么乱"。

改革开放时代到来,"上为父母"的任务彻底完成了:"妈妈死在我怀里,爸爸死在我怀里,我完成了。"此时段绍升的五子,都已经长大成人,"下为儿女"已经由"养活"的重任转为"需要给他们成家立业"的担当。段绍升开始缝卖白族服装,随后他又做起了木料生意。"最有成就感的,是改革开放后可以做卖白族服装。从帮人做活改变成走向市场。就是周城第一家。"这成为段绍升家庭富裕的一个起点。他在改革开放后由务农转向了市场经济,这是一种自主选择,也体现了段绍升及其诸子的创新性思维。在经商的实践中,段绍升奉行着传统的"诚信"原则。对"喊高一点,高一点,他们有钱"的昧着良心的"喊价"的场景,段绍升有着自己的反思。2002年寒假他在讲述中用"诚信"原则对本家族中个人发家情况进行了一一评判,2006年暑假他一再表述了"要诚信""还是诚信为好"的基本经商理念。这是他的人生经验,也是做人原则与道德信条。

不过,就在家庭发展的最好时期,社会又开始召唤段绍升,村领导请段绍升担任周城村水管所所长,他重新走向新的工作岗位。缝卖白族服装以及从事木料生产给家庭带来那么大的经济利益,为什么又去当水管所所长?段绍升回答说:"这个事有利于老百姓的生活,所以既然人家要我出来担任这样的工作,不得推辞了。我只得以党性这个角度服从这方面的需要,就放弃了我继续做木材生意的方面的工作。那就是我一生的我的最后一站,工作上的。一直到2000年最后一天。"这些话并非"唱高调",而是一种社会责任感的显示。

2002年去北京的经历,可以看作是段绍升国家意识的充分表达,无疑是他人生中最重大的事件之一。首都是国家的象征,他浓墨重彩地讲述是因为他将"国家"与自己人生的最高意义相关联。[①]

[①] 关于去北京的分析,参见本章第三节。

段绍升能够连续 15 年向我讲述他的个人经历，是因为他希望为自己的人生作出一个总结。他自己得出了结论。2006 年 7 月 13 日下午他说："人生目标，我只想做一个堂堂正正的人，不能做低下的人，靠自己的智慧在社会上生存。人靠自己的双手来创造，就往往幸福。人就是有百万，千万亿，不为社会有什么意义呢？"第二天上午（2006 年 7 月 14 日），他又接着说："为了大多数生存，为了社会的存在，所以宁可牺牲自己，有些人为了个人生存，有的为了大家的生存，所以什么都可以贡献他自己。如我爸爸做得不错，他放弃了爷爷的期望，选择了为大家为国家的利益，上了战场。区别一个人生存的价值，是光是顾自己，还是顾大家。实际上，只顾自己，自己也保不住。我们国家兴，我们家就兴，国家衰，我们家就衰。国家的利益重于个人的利益。当有舞台就为社会服务，没有舞台就为家庭，实际上也是对社会的贡献。我为大众服务，三人为众，这是开玩笑。为家是不给国家造成麻烦。"这是段绍升对他的人生意义的概括，在这一概括中，包含着一个关系结构，即他对"国家""社会""家庭""个人"四者之间关系的理性认识。

首先是"国家"。国家是段绍升最高的责任感所在，是他人生意义的最高象征，同时也是他的最高利益所在。他 17 岁时要求参军卫国，壮怀激烈。30 岁的时候要求参加战时民兵营，准备牺牲。在讲述中他反复说的是："党和国家需要，可以牺牲生命。""那个年代确实不怕死，国家需要不怕牺牲。""如果国家有难，那就不惜牺牲自己，甚至牺牲家庭。"这些话语说明国家是他心目中的最高单位，个人无条件地服从国家的召唤，直至牺牲生命；家庭也同样服从国家利益，国家有难可以牺牲家庭利益。他的"我们国家兴，我们家就兴，国家衰，我们家就衰"的认识，他在天安门城楼上融个人与国家为一体的崇高感，也都显示段绍升将"国家"放到了超越个人、家庭、社会之上的最高位置。

其次是"社会"。在段绍升的话语中，"社会"是较"国家"为低一层级、较"家庭"为高一层级的单位。段绍升心目中为社会服务的目标在于"把一个地区治理得像模像样，当一个好领导"，具体来说，就是"要把家乡建设好"。只要有机会，他就放弃家庭与个人利益去为社会服务。他放弃家庭经济发展出任水管所长就是一个例证。他说："为周城人民做一点点事，再放大一点，是党的工作在农村的需要。做了那几年我很愉快。"另外集体化年代为选举生产队领导而敢冒政治风险，"文化大革命"中努力把损失尽量减小，担任民办教师尽职尽责等等，都体现出了这一点。

再次是"家庭"。"家庭"在段绍升的心目中是低于"社会"高于"个人"的单位。受限于各种因素，他未能有机会为国家而牺牲，也未能有机会担任一个地区的主要领导人，故而家庭成为段绍升人生实践的最主要场所。他有一句著名的话就是："上为父母，下为儿女"。① 为了家庭生计，他辍学了；为了照顾病中的母亲，他辞去了他热爱的工作，结束了人生最辉煌的时期。"为了母亲，牺牲个人发展，回来照顾母亲。""我妈妈承受了那么多痛苦。《一江春水向东流》我看过这个片子，流泪，同情我的母亲。我为了我母亲放弃公安工作回家了。"而为了五个儿子，他倾尽了大半生的辛勤劳作，甚至无视个人的形象与名誉。从集体化年代到改革开放以后，无论是在生产队挣工分，还是做缝纫的副业；无论苍山烧炭，还是做木料生意；先是为了这五个儿子养育长大，其后是为了他们成家立业。"为什么放弃教师？娃娃长大了，父母要给他们完成婚姻大事，要花钱，当民办教师怎么解决得了？加上改革开放，有翅膀可以飞了。要完成我这一生的任务，'上为父母'完成了，妈妈死在我怀里，爸爸死在我怀里，我完成了。要完成'下为儿女'的任务。"即使五子都已分家立户，经济条件优越，段绍升还是在辛勤劳作着：先是帮助老五打理"段老五饭庄"，接着帮助老三打理"段老三饭庄"；再是帮助五个儿子先后盖房，从平整场地亲自劳作，到砖瓦木料的购买，他都要操心。他之所以要向我讲述他一生所思所历，也是为了教育他的儿孙后代。

最后是"个人"。个人处于最低位置。段绍升强调个人的意义就在于"为了下一代""为社会""为大多数""为国家"。

---

① 这句话在段绍升的全部讲述中共重复了8次。

对上述四者，可以将其连接在一起构建一个分层结构，即"国家—社会—家庭—个人"。在这个关系式中，每个前面的单位都是它后面的单位的"上位类型"，每个后面的单位都是它前面单位的"下位类型"。当上位召唤时，下位自身的本位意志必须"下行"；当上位不再召唤时，下位自身的意志可以"上行"。段绍升的人生原则就是：当国家并不是处于危难之中，而家庭的问题也没有突出出来，这时，段绍升表现出来的是个人发展问题。如参加大地测量队，就是考虑个人的前途问题。而当家庭与个人的矛盾突出出来，需要牺牲个人而为家庭作贡献的时候，个人服从于家庭，个人的生命价值从属于家庭其他成员的生命价值。当社会（村庄）需要段绍升为之服务并需要牺牲家庭利益的时候，段绍升乐于担任社会工作。当国家需要的时候，段绍升所表现出来的，是全部的个人利益与家庭利益都属从于国家最高利益，个人的生命价值与家庭的生存价值全部退居次要地位。这些就是段绍升的理性人格内涵。

段绍升所讲述的他的人生理性秩序"始于合理的开头，因果相接，连续不断地走向中部，最后到达干净利落的结尾，将所有的线条打成一个漂亮的结。整个序列以一种有序原则为基础。这种原则既无所不在，将所有的东西织入一张网络，同时又超越尘世，作为外在的根据而存在"[1]。他虔诚地追求人生的理性意义，即追求人生之"真理"、人生之"真谛"。当我将他一生的理性追求概括为"家国人生"模式时，得到段绍升的高度认同与赞赏，他兴奋地一连声地说："好！好!!"在2013年春节期间他的孙女出嫁暨他76岁（虚岁）祝寿仪式前一天，他希望我送他一副对联。我写了"行山行水行天下，为家为国为人生"。他非常满意，并要求我次日九点钟仪式开始的时候正式送给他。第二天上午，按他所约，我按时进门。当时段氏家族的长老们、段绍升的朋友们都已齐集于厅堂。在大庭广众之下，段绍升仪式般地站立起来，郑重地向我深度鞠躬；我也作了仪式性的回礼，并将裱好的对联送给他。他庄重地用双手接了过去托着。全部过程他预

---

[1] [美]希利斯·米勒：《解读叙事》，申丹译，北京大学出版社2002年版，第192页。

先安排了段晓平录了像。

第二节 "善有善报":从"善"的理想

正如经典民族志用理性与科学的叙事不能说明当地文化一样,由于理性总是"超越尘世",只能作为"外在的根据",故而理性的解读并不能说明段绍升的全部人格特征。段绍升的讲述虽然包含着理性,但并非仅仅是理性。它血肉丰满,多重主题合奏。走过一村又是一村,转过一面又生一面。当转面阅读时,我们又看到那些非理性的精彩面相,它们生动、形象、具有趣味性。对于"人"的研究来说,它们与理性同等重要。

马克思说:"人是人的最高本质"①,这是说人是一种目的性动物,一种具有理想的动物。"人"就是他的"存在"。萨特认为,人在把自己投向理想的未来之前,他什么都不存在。人,必须始终在自身之外寻求一个解放自己的或者体现特殊理想的目标,才能体现自己真正是人。一开头,人什么都不是,人是往后的事,他从无到有、从不存在到存在,成为所愿意成为的那种人。人只是在企图成为什么时才取得存在。因此,人是"自为的存在"而非"自在的存在",而"自我不能是自在的存在的一种属性。"② 段绍升 2006 年 7 月 27 日上午专门讲述了"善有善报"(见第九章),就是讲述他的"理想目标",讲述他的"自为的存在",讲述他对于"最高本质"的追寻。

段绍升那一天的讲述特别庄严,开头他正襟危坐,接着郑重其事地宣布:"今天上午想说善有善报、恶有恶报。"我当时颇为诧异:今天怎么如此郑重其事?后来在整理录音材料时才明白了这个问题的重要性:他是将"善"作为人的最高精神境界和理想人格看待的。我首先以这一段作为分析的基点,再旁及其他材料。这一段讲述可以析分为相关于"善报"的 12 个小事件,这些事件分为三种类型,我

---

① 《马克思恩格斯文集》第一卷,人民出版社 2009 年版,第 11 页。
② [法] 萨特:《存在与虚无》,陈宣良等译,生活·读书·新知三联书店 1987 年版,第 117 页。

用不同数量的"★"号作标记：

1. ★★放映员在周城吃饭没有给粮票，报以放一场电影。
2. ★★★段绍升一行去丽江的途中重遇放映员，放映员又帮助他们解决了吃饭问题。
3. ★段绍升一行帮助相亲的小伙子（第一个小伙子）出主意，小伙子陪他们聊天解除辛劳。
4. ★★段绍升一行与工程队的小伙子（第二个小伙子）分吃干粮，小伙子回报以在连队招待他们三人"想吃啥就吃啥"。
5. ★★段绍升一行给另一个工程队的小伙子（第三个小伙子）香烟抽，小伙子回报请他们三人到他姑妈家吃饭。
6. ★★★第三个小伙子帮助段绍升一行买灯泡。
7. ★★★黑汉摆渡过江不收费。
8. ★段绍升送了一包《金沙江》香烟给黑汉，黑汉报以指路。
9. ★段绍升买了四张羊毛毡送人，回报以往的人情。
10. ★段绍升一行第一次慰问工人是善事，当地工程队给以热情接待的回报。
11. ★段绍升一行第二次到三处慰问工人买"老三篇"赠送，得到工程队派车送行的回报。
12. ★★★段绍升在蝴蝶泉用弓鱼招待驾驶员。

人类学将人情关系中的给予与回报看作是"礼物"关系。礼物既是可以是物质的，也可以是非物质的。以上的12个事件，"★"号标记的有事件3、8、9、10、11共5个例证，其特点为：回报的数量与给出的基本等量或等值[1]，用公式表示如下（公式中的A为送礼者，B为回礼者，L为礼物）：[2]

$$A \underset{L}{\overset{L}{\rightleftarrows}} B$$

（第一式：礼物等于礼物）

---

[1] 这只是一个大致的判断，因为有些抽象事物无法计量。
[2] 还有一类"善"是从反方向说的，即对"善"的否定就会得到"恶报"。例如段绍升讲到美国打伊拉克得到恶报，一家族成员不修龙王庙遭报应，又一个人把段氏祖先碑背回来就生病，等等。

"★★"号标记的有事件 1、4、5 共 3 个例证,其特点为:回报的数量较之给出的有一个增量,这个增量是数量上的不是质量上的。第 1 例中,放映员吃饭的价值较之放电影的价值为小;第 4 例和第 5 例中,两个小伙子一个只吃了一点干粮,另一个只抽了烟,而到了一个小伙子的连队和另一个小伙子的姑妈家,却是段绍升一行三个人都吃了饭,存在着"量"的增加。这一类事件用如下的公式表示如下("1"表示增量):

$$A \underset{L+1}{\overset{L}{\rightleftarrows}} B$$

(第二式:礼物多于礼物)

"★★★"号标记的有 2、6、7、12 共 4 个例证,其特点是:相互给出的都不是为了得到回报,而是出于纯粹的"善"的意愿,用公式表示如下("S"表示"善"):

$$A \frac{S}{S} B$$

(第三式:礼物高于礼物)

上述第一式"礼物等于礼物"是一种"礼尚往来"的"一来一往"模式。"送礼"与"回礼"是大致相等的。第二式"礼物多于礼物"因为有一个增量对第一式有所超越,但并无质的变化。第三式"礼物高于礼物"则已发生质的变化,成为一种新的形式,即并非"送礼—回礼"的交换模式,而是一种"善"的模式。

我们通过比较来看第三式的新内涵。第三式的 2、6、7、12 四个例证,可以分别与 1、5、8、11 四个例证进行对比。事件 1 与事件 2 可进行对比。在事件 1 中,段绍升的赠予与放映员的回报的交换关系在周城已经完成,即放映员吃饭没有交粮票,增量是放了一场电影《南征北战》回报给周城人。而在事件 2 中,当段绍升一行在去丽江的途中重遇放映员时,放映员在不再亏欠段绍升并且有着多余回报的情况下,又帮助段绍升一行解决了吃饭问题。这种行为并非希望得到再次回报,因为他们再次见面的几率微乎其微,因而并不具有礼物的交换性质。它具有的只是"善"意。事实也的确如此,在后来的几十年中,段绍升与那个放映员再也没有相遇,甚至相互之间连姓名都不知道。事件5和事件6的对比也同样。事件5中的小伙子接受了段绍升的香烟作为礼物，他已经请他们至姑妈家吃饭作了回报。而在事件6中，小伙子又帮助买灯泡，这也是不求回报的"善"。事件12亦是在事件11中已经完成回报以后又有新的"善"举。在事件7与事件8的对比中又有不同：首先出现的是黑汉摆渡过江不收费，本身就是善举。在人民公社化时期，集体主义、乐于助人的精神是普遍的、强烈的。即使那条黑汉并非自己学雷锋做好事，他是按照生产队的要求行事，那么生产队作为一种集体人格，也具有"善"的高尚。然后才是事件8中"送香烟"和"指路"的对等交换关系。这样的分析还可更进一步：在事件3、4、5、10、11这5个事件的开头，都包含了不求回报的"善"的动机。而对于事件9，因为其礼物关系的另一方并不在场，所以不能判定性质，因此可以排除出去。这样，在段绍升"善有善报"的讲述中，绝大部分事件都具有"善"的品格。

在段绍升的其他讲述中，也有着诸多"善"的例证，略举几例：

> 路边有一户人家。我们一叫，他们就热情地开门。一进去，他们正在吃饭，在火塘边点着灯吃饭。说来吃饭，先让我们吃。吃了以后太感动，给他们开钱都不接，硬硬拿给他还感谢。我拿了两个毛巾一双鞋都给他了。

路边人家请段绍升一行吃饭是不求回报的"善"，段绍升给了饭钱算是回报；但他又送了"两个毛巾一双鞋"又是"善"举。这个例证是双向的"善"。

> （民工）背包撞了一块岩石，连人带被子掉下去了。我跟在他后面，大大地喊了一声，以后马上跑下去。高高地跌下来，跌在下面的路边上。我把他拉起来。他说不怕不怕，没有事，我休息一下。他脚跟划破了，那时也没有工伤，赔给他什么的，他本身还感到把我们的东西摔烂了不好意思。我觉得怎么样才让他得到安慰呢？我就把从家里带去的土布汗褡衣服，用布纽扣的那

种，还有一条士林布裤子，这是作客才穿的，把这个送给他。

民工在劳务期间遭意外，他不仅不索求赔偿，而且因为摔了东西还过意不去，这不是"傻"而是本质上的"善"；而段绍升送东西给他同样是"善"而并非交换，因为他不是雇工的主体单位，他没有送东西的责任与义务。

> 杜朝选做了好事，我们追认他为本主。因为他救了两个周城的妇女，那两个妇女要嫁给他，杜朝选说他不做这样的事，他不能接受。那两个就跳进塘子里去，就是蝴蝶泉那个塘子，飞出来一对蝴蝶。

杜朝选为周城人杀蟒除害，并非为了得到回报，是一种"善"；而周城的两个姑娘的爱情可以看作是回报的性质，但是后来周城人又将杜朝选立为本主永世奉供则是超越回报的"善"举。

上述分析说明，在礼物与人情关系的交往中，只有不求回报的"善"，才符合一种理想人格要求。这与莫斯在《礼物》[①] 中提出的"送礼—收礼—回礼"的经典模式所包含的理念有所不同，可以形成某种对话关系，对话的基础在于礼物到底是否可以看作一种理想社会道德和建立和平的机制。

萨林斯在论述莫斯的贡献时说，"莫斯用人与人之间的交换，替代了人与人之间的斗争。……这个社会用交换来对抗战争。物的交换在某种程度上就是人的交换，而人的交换又常常被视为物来对待，而这正是有组织社会形成的基础。礼物意味着联合、团结和结盟——简言之，和平，这正是早期哲学家，著名的霍布斯在国家中发现的伟大道德。"[②] 然而，礼物的交换并非总是指向和平一端，因为它所建立起来的是一个复杂的、和平与战争风险并存的机制，这从莫斯对于礼

---

① [法] 马歇尔·莫斯：《礼物》，汲喆译，上海人民出版社2002年版。
② [美] 马歇尔·萨林斯：《石器时代的经济学》，张经纬等译，生活·读书·新知三联书店2009年版，第196页。

物论述的悖论中即可见之。《礼物》一书的结尾，莫斯举了一个美拉尼西亚的例子，或许他的本意是要总结性地说明礼物建立了和平，但这个例证又反过来说明了礼物交换中人与人和平关系的脆弱性：

> 尊沃德是一位出色的民族志学者，在一篇谱系统计研究的作品中，他记述了在美拉尼西亚的另一个部落中所发生的事件，同样也反映了这些人作为群体，如何从欢宴一下子就转向了战斗。首领 Buleau 邀请了另一个首领 Bobal 和他手下的人来参加宴会，这可能是一系列旷日持久的宴会中的第一场。人们整夜都在反复跳舞。清晨，所有人都因为这一夜的狂欢歌舞而兴奋不已。但就为了 Buleau 的几句责备，Bobal 带来的一个人便把他杀了。接着 Bobal 这一队人竟大开杀戒，把村子洗劫一空，并抢走了村里的妇女。①

在这个例证中，礼物和仪式的交换并没有维持住"和平"，只因几句责备的话就破坏了这个机制。这说明，即使"礼物"真的建立起来了所谓的"和平"机制，那么这个机制是何等的不堪一击！这在证明莫斯观点的同时，同样也证伪了他的观点。列维－斯特劳斯为其辩解道：这种联系"绵绵不绝，在其两边的是敌对关系，以及相互间给予供给和回报。交换是和平解决的战争，战争是交易失败的结果。"② 但是，既然集体之间建立起了稳固的长久的交易机制，那么交易又何能失败？既然交易失败了，那么交易又何能作为和平的机制？

礼物的交换并不总是导致和平，是由于礼物交换的基本面具有利益关系的性质。礼物交换本身只能建立联系，不能决定这种联系到底是什么性质。利益关系是礼物关系的本质。只要利益均衡因某种原因被打破，战争即刻来临。同时，只要战争的利益大于交换的利益，战

---

① [法] 马歇尔·莫斯：《礼物》，汲喆译，上海人民出版社2002年版，第208页。
② 转引自 [美] 马歇尔·萨林斯《石器时代的经济学》，张经纬等译，生活·读书·新知三联书店2009年版，第213页。

争也会立即发生。"送礼"也好,"收礼"与"回礼"也好,其出发点与目的都是利己主义的。《礼物》远承苏格拉底和柏拉图的政治学传统,近接霍布斯的国家学说和卢梭的社会契约论述。这些传统都是建立在利益关系之上的西方政治传统,而利益主义总是非常容易失去均衡而导致非和平。

17 世纪的霍布斯在《利维坦》①中"预设了人类的权力欲望和暴力倾向,……每个人反对每个人的战争,并非由于人们对力量使用不当,而是权力的本质使然,不仅是某种倾向所致,更是权力关系使然,不仅是对至高权力的向往,更是一种社会控制的选择,不仅是人们具有竞争的本性,更是人们注定对抗。"② 霍布斯认为,除非将这种个体的暴力束缚于公共权威,否则将永无和平。霍布斯有几个基本预设:一是人们具有竞争的本性,二是权力的本质是对抗性的,三是和平由公共权威而得到。但是,这种公共权威,乃至国家这一体现公共权威的最高形式,却被异化了。文明社会为自己建立国家机构以及设立了国君,本来是为了捍卫自由,结果却转变为目的的反面,国君成为登峰造极的压迫者。即使"在和平所带来的种种便利下,人们会达成协议",但是霍布斯可能没有想到如下的问题:这种理性是一种目光短浅的理性,它是以自我以及自我的扩大化为家庭、社区、民族、国家的利益为出发点,而没有全人类的出发点。霍布斯的自然法充满着悖论,萨林斯指出:"霍布斯曾坦言,即使自然法是理性本身的化身,其也与人类内在的欲望相左,除非被迫执行,否则人类无法不懈地遵守。另一方面,只有自己遵守而不能确保他人遵从,也是于理不合的;因为如此一来,善良的人们沦为鱼肉,而强梁们悍然刀俎。……以致最终霍布斯不得不走向这样的悖论:自然法不可能存在于精心设计的社会组织结构之外,不能脱离国家而存在。自然法只有借助暴力和权力认可的理性才能确立。"③

---

① [英]霍布斯:《利维坦》,黎思复等译,商务印书馆1985年版。
② [美]马歇尔·萨林斯:《石器时代的经济学》,张经纬等译,生活·读书·新知三联书店2009年版,第200页。
③ 同上书,第209页。

在 18 世纪卢梭的思想中，自然人转折在于新石器时代冶金术与农业的诞生，在社会分工的条件上，如果一个人拥有可供两人使用的生活必需品，并且掌握了他人的生存手段，出现了不平等。这是一个天然的不平等：种植者通过劳动获得对收获物的所有权，然后取得土地的"连续占有权"，土地就很容易转变为他的财产。后来，不平等开始产生新的不平等：所有的邪恶都是由此产生。先占者之间，先占者与一无所有者之间冲突激化，进入了可怕的战争状态。[①] 为了避免这种状态，人们想出的一个绝妙主意是"国家"。但"国家"是富人的一个骗局，它保护富人的财产。而一旦政治社会在某地形成，邻近地区也就建立政治社会来与之抗衡，国际法永远阻止不了民族战争。人类为消除个别的战争而创立了文明国家但却引发更加恐怖的战争。

国家可能被异化，契约因力量的均衡发生变化而可能被废弃，礼物也不可能成为和平的机制。之所以礼物、契约和国家不能使人类"永久和平"，是因为这些形式都是建立在个人利益或集团利益的基础之上，只要这一点不变更，战争依然是战争，礼物的赠送与回收只能是一种暂时的平衡，只能维持暂时的和平。即使在"原始社会"亦如此。礼物只是表象，本质是利益关系。"交换"也好，"契约"也好，都不能成为人类社会和平的机制，它们只是维持社会不平等的表面平等的权宜之计。

或许我们应该到社会生活中去寻找其他的和平机制。在物的流通与人际关系的交往中，其实存在着不同的类型。作为利益关系交换的"礼物"只是类型之一，既不能作为唯一的类型，也不能作为基础的类型。在民间的"交换"关系中，既有利益关系的礼物型，也有非利益交换关系的"善"的类型。这一"善"的类型，我们可以从中国古代文献中找到相关的例证。这里以《诗经》中的民间歌谣为例[②]，发

---

① ［法］卢梭：《论人类不平等的起源和基础》，高煜译，广西师范大学出版社2002年版，第118—119页。

② 葛兰言就曾利用中国古代经典《诗经》中的民间歌谣，归纳出中国古代社会秩序的原则和最重要思想。参见［法］葛兰言《古代中国的节庆与歌谣》，赵丙祥、张宏明译，广西师范大学出版社2005年版。

掘和述说人际交往的三种不同类型。

第一型：交换型，以《木瓜》为例：

> 投我以木瓜，报之以琼琚。匪报也，永以为好也。
> 投我以木桃，报之以琼瑶。匪报也，永以为好也。
> 投我以木李，报之以琼玖。匪报也，永以为好也。

这里投出的"木瓜""木桃""木李"，得到的回报是"琼琚""琼瑶""琼玖"，虽然其中存在着一个增量，但属于交换型。

第二型：攫取型，以《伐檀》为例：

> 坎坎伐檀兮，寘之河之干兮，河水清且涟猗。不稼不穑，胡取禾三百廛兮？不狩不猎，胡瞻尔庭有县貆兮？彼君子兮，不素餐兮？
> 坎坎伐辐兮，寘之河之侧兮，河水清且直猗。不稼不穑，胡取禾三百亿兮？不狩不猎，胡瞻尔庭有县特兮？彼君子兮，不素食兮？
> 坎坎伐轮兮，寘之河之漘兮，河水清且沦猗。不稼不穑，胡取禾三百囷兮？不狩不猎，胡瞻尔庭有县鹑兮？彼君子兮，不素飧兮？

这首诗中的物的流动并非交换，而是彻底的占有与攫取。

第三型：赠予型，以《缁衣》为例：

> 缁衣之宜兮，敝，予又改为兮。适子之馆兮，还，予授子之粲兮。
> 缁衣之好兮，敝，予又改造兮。适子之馆兮，还，予授子之粲兮。
> 缁衣之席兮，敝，予又改作兮。适子之馆兮，还，予授子之粲兮。

此诗赠予别人东西并非得到回报,而是一种"善"意。

在上述三种类型中,此一端为"善"的类型,彼一端为"恶"的类型,中间属于礼物交换型。它们所包含的思想不同乃至完全相反,溯其源,则是由于它们是人类不同历史时期的不同思想在《诗经》产生的年代的"文化遗留"与"叠合"。《礼记·礼运篇》有一段典型的叙事显示了这一历史过程:

> 大道之行也,天下为公。选贤与能,讲信修睦,故人不独亲其亲,不独子其子,使老有所终,壮有所用,幼有所长,鳏寡孤独废疾者,皆有所养。男有分,女有归。货恶其弃于地也,不必藏于己;力恶其不出于身也,不必为己。是故谋闭而不兴,盗窃乱贼而不作,故外户而不闭,是谓大同。
>
> 今大道既隐,天下为家,各亲其亲,各子其子,货力为己,大人世及以为礼。城郭沟池以为固,礼义以为纪,以正君臣,以笃父子,以睦兄弟,以和夫妇,以设制度,以立田里,以贤勇知,以功为己,故谋用是作,而兵由此起。禹、汤、文、武、成王、周公,由此其选也。此六君子者,未有不谨于礼者也。以著其义,以考其信,著有过,刑仁讲让,示民有常。如有不由此者,在执者去,众以为殃,是谓小康。

《礼记》的作者将人类历史进程构建为两个大的阶段。第一阶段"天下为公"的"大同"时期,此为"大道之行"时代,是一种"道治"(以道治天下)时代,相当于远古时期的"原始社会"。这是一个"老吾老以及人之老,幼吾幼以及人之幼"的无私的"善"的社会。第二阶段是"礼义以为纪"的"小康"时期,此为继"天下为公"时代之后出现的"礼治"(以礼治邦)时代,禹、汤、文、武、成王、周公是这个时代的代表人物。这是所谓"文明时代"的早期,即夏、商、周三代。在这个时代,"大道既隐,天下为家",无论是在亲属关系("亲")方面,还是在财物("货")方面,是一个处处都体现了"私"利的时代。为了协调这些"私"利的关系,才需要

"城郭沟池"这些防御体系,以"谋用"成为获取私利的智慧,而"兵"则或者作为保护私利的手段,或者作为攫取、侵吞他人财物的手段;也才有了约束人们行为("纪")的社会习俗与规范"礼"。

可见,"礼"是人类社会第二个阶段即私有制度的产物而不是第一阶段的产物,它是用来协调"天下为家"(即"天下为私")时代人与人之间社会关系的准则。"礼物"的交换也好,契约的生成也好,都产生于这个时代。莫斯将礼物作为"原始社会或古式社会"的交换形式可能存在着错位。在"礼"与"礼物"兴起的年代,正是人们争夺私利的时代,"礼"与"礼物"的目的是希望这种争夺得到协调。但是"礼"与"礼物"无法解决根本问题,其原因在于:它自身就是建立在私利基础之上的,并维护这种利益关系的。在"谋用是作,兵由此起"的社会中,"礼物"没有资格、更没有能力成为"和平的机制"。说"礼物是和平的机制"同样是一种揪了自己的头发想离开地球的举动。

"礼物"既然不能作为和平机制,它当然不能成为社会理想。《礼记·礼运篇》将大同社会的"善"作为社会理想,而这种社会理想,需要依靠《礼记·大学篇》所说的具有"诚意正心""明德新民"理想人格的"至善"之人去实现。只有这种"善"的人格精神与"善"的社会理想,方是建立人类永久和平机制的基础。我们在这里发掘"善"的民间存在,说明"善"的古代文化的根源,强调"善"的社会理想意义,是在说明段绍升的社会理想与人格理想;同时由于"人具有一种自己创造自己的特性"[①],故而将"善"作为理想社会的基础而不是将"礼物"或"契约"作为理想社会的基础,也表明一种社会改造态度。

第三节 "东方红,吃饼干":唯"美"的情感

情感是人的生命体验的重要内容。人的情感既是属于具体的社会

---

① [德]康德:《实用人类学》,邓晓芒译,重庆出版社1987年版,第232页。

文化的，也是属于"人"的心理与生理的。我在田野工作中感受最深，同时也使我情绪高昂、感觉活跃的，是段绍升在叙述情感内容时，采用情感性的形式进行叙述。他时而愉悦快乐，时而哀怨忧伤，时而亢奋激越，时而低沉迂徐。"人们的感情，人们的快乐，是不能运用科学进行分析的。"① 如果分析情感，就会失去情感。因此，我只能进行鉴赏性的阅读，采取"临门一脚"的诗性联想与感悟方式来写作了。

在上一章曾说及的"村庄"，意指各种各样恒定的、日常性的社会环境与社会关系，它隐喻着理性，似乎总是在谋划着制约与束缚情感的勾当。而"离开村庄"则是离开了日常社会文化环境而进入一个"分离的世界"，隐喻着非理性，意味着可以不用一本正经去扮演某种角色，情感可以自由驰骋。"深山对唱"就是牵着马儿离开村庄在苍山脚下的田野里呈现的，对关玉的感情也是离开本村来到另一个农家小院的门槛内外发生的。而段绍升说他感到最舒心写意的一次讲述是他与两个朋友去南甸买灯泡，这是在2007年2月9日下午讲的。段绍升在讲述时，似乎喝了百年古酿，有一种微熏与陶醉。我在倾听时也感受到荡气回肠的飘逸与空灵。这次的内容，熔铸了亲情、爱情、友情、对国家的感情、对自然的感情等等，的确集中显示了他的情感人格的唯美追求。我以此段为中心来进行陈述。

现在，他们三人出发了，一个是副大队长段绍升，一个是文书张敦，一个是年龄大一些的老苏。

"四清"运动以后，1966年我们村子有了电灯。才高兴了几天，连灯泡都买不到了。黑市上有，有人也偷偷地卖。一般一个灯泡四五角，他卖到两三块。明明有电灯，开会时只能点煤油灯。大队里面我们商量要买一些灯泡，听说大理州的南甸县有灯泡。大队就派了过去的、比我们老一点的干部老苏和我，再加上大队会计、也就是文书张敦，小我一岁，老苏大我们十来岁，到

---

① ［英］马克·柯里：《后现代叙事理论》，宁一中译，北京大学出版社2003年版，第30页。

那个地方去买灯泡。

闲话少说，他们已经来到了南甸：

> 那一次带了800多块钱。一到那里，就在南甸县城百货公司里面逛了一下。一看到有一些灯草绒，一个是紫色的，蓝色的，还有玫瑰红的！这几样我们这个地方见不着，看着相当高兴。我们带了一些布票，我们就先买了。我是要给我的几个娃娃缝一点夹克衣，就买了一丈五的灯草绒，也买了5尺玫瑰红的灯草绒。那个时候白族妇女缝上一个那么样的一个领挂，就相当高级了，所以就买了那么一点。老苏、张敦各人都买了一点，又是蓝的啦，紫的啦，玫瑰红少不了，每一个人。在我们这个地区结婚的人才能享受得了。5尺啊！能够享受5尺玫瑰红的，不要说那样，照样出布票、照样出钱，能够一次就分配到5尺的玫瑰红就算了不起了。那个地方能够买得着当然高兴了。

在这短短的陈述中，有一个极为艳丽的关键词"玫瑰红"，竟被段绍升重复叙述了5次之多。当玫瑰红第一次出现在眼前的时候，段绍升用了"相当高兴"这个词，他们将灯泡的事暂且搁下。上好的灯草绒，紫色的、蓝色的已经目不暇接，居然还有"玫瑰红"！它就像一朵艳丽的花朵在那里绽放，段绍升他们被吸引过去了。但他们根本没有想到自己，而是想到给家人添置衣物。段绍升买了一丈五的灯草绒，这是给几个娃娃缝夹克衣用的，他特别强调买了"五尺玫瑰红"，这个"相当高级"的布料是给他的妻子与小姨妹做礼裙用的。他一下就买了五尺，把一个人能够分到的布票都用完了。这一年段绍升28岁，那"玫瑰红"光彩夺目，犹如一团火焰，照亮了青年段绍升对亲人的情感。

段绍升对妻子的情感，除了关心，还有浪漫。这一年寒假，他就讲过一件"夫妻割草"的趣事：

> 我和我老伴，那时我们都年轻，只是二十几岁的人。她还年轻，我也年轻，这么两个就一起去割那个刺篱笆。喔——，到处都给人家先割了。走啊走，一直走到上兴庄，上兴庄的后背也被人家割走了。我们再往前，一直到永兴村的后面，走出去三公里多。那么一个地方在田坝边发现一些刺篱笆，我们两个在那边割。有一个田间管理的上来了，看见我们两个。我的爱人一边割一边哼一点白族调。他一看，这么两个年轻人，高高兴兴地来到这么远的地方。干的又只是割刺篱笆，不是很重要的工作。他看见这么简单的工种又跑得这么远，那个东西到处都有。他以为我们肯定不正当，是婚外恋的两个情人。他就骂，你们乱七八糟的人来到这边干什么，你们两个肯定就是不正当。你这个女的，你的男人不喜欢，你和别人爱，所以就偷偷地来到这里。骂我说你背叛你的老婆。我们两个暗暗地好笑。我老婆有意地逗他，就哼几句白族调，意思就是：妒忌就让他忌妒吧，我们爱我们的。我们爱怎么做就怎么做。

一对二十多岁的年轻夫妻，在苍洱毓秀之间，在田边地头的劳动之中，咏唱白族调，景美情真。那个多管闲事的道德守卫者是一个助推器、一个中介，制造了一段曲折，段绍升夫妇有意激起那人的气愤来反衬夫妻感情的曼妙。

而到了晚年，他们的夫妻感情则又是别一番情致：

> 我们老的两口一直生活在一起，共吃同住，这样就互相关心。……我说笑话的时候，现在到了拼刺刀的时候，背靠背。她靠了我，我靠了她。谁要进攻她，我在这里保卫；谁要进攻我，她在那儿保卫我。背靠背互相保护，不然受到欺侮自己去跟人家说就自己数功劳，也不好。我受到欺侮，她保护，就去说，你们不要看你爸爸这个老头子，这个老头子那个时候你们小的时候他怎么做怎么做。她为我数这些功劳，就会比我自己说要好得多。如果儿孙们欺侮我的老伴，我就要保护她，说你太傻，太不应该

了，你的妈妈，你的奶奶她已经苦了多少。你们小时候我们垫稻草、垫席子，你们撒尿她给焐干了，光是焐干的稻草你们背都背不动，其他的功劳都不说，就是她把你生下来以后把你养大这个过程，你现在一碗一碗端给她吃都还不了。我这么一说，比她自己数功数劳要好得多。所以背靠背地团结在一起，互相保护。

青年时代的浪漫，中年时代的关心，晚年时代的相守，这是段绍升夫妻情感的基本模式。而在去南甸买灯泡的途中，段绍升正当中年。他们碰到了好运气，为家人买到了称心的布料。第二天又"各样买了一点"，而且灯泡也买到了，现在他们心满意足，怀着喜悦的心情回家了。

  就步行从南甸那边到弥渡，以后就到红岩。说明天早上我们几个怎么走法，车是不行了。老苏说他知道这边的路，不到中午就可以回到下关，我们回到队里吃晚饭。即使是步行都可以回到周城，但要早走一点。
  我们第二天早上天还很不亮就起床。走走走，他说他熟悉，他比我们大，那个老苏。他走到山沟沟里面去了。原先他说从山沟沟里面才翻，翻过去。但走得太深了，因为一面走，一面吹，在月亮光下吹牛。比我们大一点的老苏，他吹的牛是他小时候的爱情故事。他给我们两个吹，说他年轻时候的风流故事。那个走走走，走得很深。我说到底是不是不对头？走了很长时间，快要天亮，都还不准备爬山坡，就一直在沟沟里面走。那边也有几户人家，我说是不是问一问路？那个老苏也感到不对头了，回忆起来了，说晚上也看不真。

段绍升与老苏、张敦他们三人是很好的朋友，这是可以交流感情的场合，夜色中行路正好适合于这种交流。三个人一边走，"一边在月亮光下吹牛"。而那个老苏"吹的牛是他小时候的爱情故事"。"爱情"是人们最经常谈及的话题，而现在它被放置于这夜色之中、放在了这远离村庄的山间小道之上、放到这三个朋友之间，浪漫而神秘。爱情并非产生于男女之间的两性相吸的自然感情，而是一种"人造感情"，即在社会文化压力之下由于逆反而产生出来的感情。米德在考察萨摩亚人的成年时发现"萨摩亚人缺少深情厚爱"①，这是一个深刻的洞察与发现。也就是说，在男女交往比较自由的社会中，是没有所谓"爱情"的，或者说爱情比较淡薄。这一发现可以得到古代典籍材料的支撑与佐证：《诗经·柏舟》② 中的那个女子对男友之所以"之死矢靡它"，是因为"母也天只，不谅人只"即来自母亲的阻力；《诗经·匏有苦叶》③ 中的爱情压力则来自"冰泮""苦叶""济盈"所比喻的社会舆论和婚姻习俗；莎士比亚笔下的罗密欧与朱丽叶的爱情也是因为家庭的竭力反对而愈益坚固。此处老苏讲他的爱情引起两个年轻人的兴趣，也应当是在当地社会文化习俗的压抑语境下呈现的。

因为专注于爱情故事，老苏把队伍带到山沟沟里去了。两个年轻人既跟着他的脚步，又跟着他的故事前行。路，真的走错了，需要问路。

> 那些年，只有信任解放军，尤其是我们晚上问路，就怕人家把我们当坏人。因为说解放军人家才相信，要不人家把我们当坏人。我说，我来问话，你们不要出声气。我说老乡老乡，他那个狗叫，他答话了，说你们是干什么？我说我们是解放军，（笑）——就说假话了嘛，我们要到凤仪去，路往哪边走？他说你们从哪边来？我说我们是从红岩那边来的。他说，啊——，你

---

① ［美］玛格丽特·米德：《萨摩亚人的成年》，周晓红、李晓军译，浙江人民出版社1988年版，第158页。

② 《诗经·柏舟》："泛彼柏舟，在彼中河。髧彼两髦，实维我仪。之死矢靡它，母也天只，不谅人只！泛彼柏舟，在彼河侧。髧彼两髦，实维我特。之死矢靡慝，母也天只，不谅人只！"

③ 《诗经·匏有苦叶》："匏有苦叶，济有深涉。深则厉，浅则揭。有弥济盈，有鷕雉鸣。济盈不濡轨，雉鸣求其牡。雝雝鸣雁，旭日始旦。士如归妻，迨冰未泮。招招舟子，人涉卬否。人涉卬否，卬须我友。"

把路走错了，你要往回走，要往回走很长一截。以后你注意有一条朝上爬的很长一条路，那边你才能到公路上去。

既然老苏犯了错，他再也不能骄傲了，重要的任务也就轮不到他当主角了。问路的任务由段绍升承担，戏剧换了一幕重新开场。因为那个年代"只有信任解放军"，因为"怕人家把我们当坏人"，所以段绍升开始冒充解放军。"我说老乡老乡，他那个狗叫，他答话了，说你们是干什么？我说我们是解放军，（笑）——就说假话了嘛（大笑）。"多么可人的情趣！在黑夜当中，那个老百姓"不辨是非"，以为真的是"解放军"，就给他们指示了正确路径。

这里还有一个语境："我们是解放军"这句话，是当时的样板戏电影《智取威虎山》中少剑波向当地群众的一句喊话，它被段绍升借来，置换了场景与对象，假假真真，营造出一种戏谑的、滑稽的、有趣的喜剧效果。此处出现了三个连续的意义结构：示意者（电影中的演员向老乡示意的语句）、模仿者（段绍升中问路时模仿电影中的语句）、再模仿者（段绍升在向我的讲述中模仿当时他冒充解放军的语句），这与格尔兹引用边沁那个由"眨眼示意"引起的"一个分层划等的意义结构"[1]有些类似。不过在某种意义上说，段绍升并不是一个"模仿者"，因为他曾经在大地测量队当过军工，就是"解放军"的一员。扮演解放军既是假的，也是真的，假作真时假亦真。同样，他也不是一个"再模仿者"，因为他在讲述中"裸呈"当时的话语，只是为了制造出具有时代反讽意义的某种幽默感。

经过这一挫折之后，他们才把路走对了。当他们从过去的故事中走出来，也从错误的路线中走出来的时候，他们的心情已经好得很了。

这样才把路走对了。

爬呀爬，肚子饿了。我们准备了一点饼干。老苏就说，小

---

[1] ［美］克利福德·格尔兹：《文化的解释》，纳日碧力戈等译，上海人民出版社1999年版，第7页。

张,把我们的干粮拿出来吃吧!那个张敦就说,东方红的时候才吃。现在就是东方红了嘛。还有一个太阳升了嘛,到太阳升的时候再吃。

在心情很好的时候,还有一个小问题:肚子饿了。不过,他们早已准备了一点饼干。老苏让小张把饼干拿出来吃。在作了层层叠叠的铺垫之后,眼看高潮就要出现了,可是那个一直默不作声的张敦,其实也是一个善于制造浪漫的人,前面他只是跟着走路,跟着听故事,现在故事也听完了,路也走对了,轮到他出场了。他不允许现在就吃饼干,要到"东方红的时候才吃"。

"东方红"是一个重要的文化隐喻。张敦将《东方红》歌曲中的政治隐喻还原了本义,使它作为自然现象呈现出来。段绍升与老苏饶有兴味地玩味当下这个情景交融的意境,故而继续逗引张敦:"现在就是东方红了嘛"。而那个张敦还要与他们两人斗智:"还有一个太阳升了嘛。"他抓住自然现象中的"东方红"与"太阳升"的时间差进一步将趣味发挥开来,延宕下去。

"东方红"由自然景色转而为政治隐喻,对段绍升有着重要的意义。这首歌的主旨是歌颂领袖的,而由于个人身世、家庭、教育以及社会影响等各方面的原因,段绍升对领袖非常热爱,有着深厚的情感,在讲述中曾说过"只要为了毛主席,直到我自己的性命我都可以不惜"的话。这位开国领袖的形象总是与"新中国"联系在一起,段绍升对2002年去北京天安门与圆明园等地的叙事呈现的正是他对这个国家与领袖的感情,可作为此处的参照。

段绍升是到晚年才有机会去北京并登上天安门城楼的。他的父亲作为一个劳模,去北京出席了全国的英模会,受到毛主席的接见;他的哥哥同样去北京出席了全国的群英会,见到了周总理。这些都是国家对于个人价值的承认,段绍升"很羡慕很羡慕"。而他的妹妹也有机会跟着妹夫去了北京。只有他没有去过。他"暗暗地下决心,老子一定要去上一次北京,要做好一切的准备,哪怕是喂上几头猪,卖了也要上北京。这是我的一个心愿。""老子"一词是段绍升在15年64

次讲述中仅有的一次爆粗口，也是我在 15 年中数百次各种场合接触段绍升听到的仅有的一次爆粗口，这鲜明地显示了他去北京的决心是何等坚定！

机会终于来了！他对这一次行动思考得非常周密。他们看到了降旗仪式，"国旗"这一国家的符号象征，在段绍升和他的同伴们心目中是那样至高无上！那个类似刘姥姥进大观园的张骞，那个双手叉腰、小肚挺起、腰间缠着扎染布"鼓鼓的，好像一袋子的钱"的张骞，那个站在天安门广场上用白族话说"啊——，毛主席啊"的张骞，多么可爱，又多么深情！多么激动，又多么陶醉！段绍升每一个细节都记得清清楚楚，每一句话都表述得激情四溢！当他站在天安门时看到外国人时，对于"国家"富强的自豪感油然而生，他为"国家"而骄傲！此时此刻，他似乎就代表了这个天安门，代表了这个"国家"。他已与"国家"融为一体，他自己就成了"国家"。"也给他们看看，这就是中国，没有对不起你们的地方！"到了长城，"国家"的文化历史同样激发了他的豪情。

对"国家"热爱的对立面是对侵略者的仇恨。看到圆明园的残垣断壁，同去的赵勤用粗话狠狠地痛骂了一句，也表达了段绍升发自肺腑的声音。在确定这一切经历不是梦境之后，他终于满足地说："我的最大愿望实现了！""尤其激动的是登上了天安门。过去是很神圣，虽然人挨人地挤过去，但已经登上了，相当兴奋！那天晚上在宾馆里面睡觉的时候，就一直回忆今天我终于能够到这个地方，登上了天安门城楼。但是自己一直在想：就怕是一场梦。到底是一场梦，还是真的？我跟老张说，不是梦，是真的么！他也就笑。梦想成真。所以这一件事，到北京我的最大的愿望实现了。"

段绍升对国家与领袖的感情，在讲述中被融合到了这个"东方红，太阳升"的自然景色之中。这个词语恰到好处的借用，将他们的情感弥漫与扩大开来，似乎一下子散布在整个东方的天空，美丽而绚烂！

经过一次又一次的峰回路转，高峰终于在最后出现了：

几个人就吃那一点饼干。

这是何等惬意的场景啊！

这样一段讲述，没有惊人情节，没有英雄人物，没有丰功伟业。它有着什么呢？先是走夜路，接着走错路，后来走对路，再就是东方红，最后是吃饼干。"东方红，吃饼干"，在这之中，一切的一切交错在一起，融汇在一起，显示出一幅人与他人、人与社会、人与自我、人与自然高度和谐、无分彼此的美妙画卷，描述了一段"唯美主义"的人情篇章！

第四节 "祛魅"与"归魅"：尚"用"的宗教

在段绍升的个人生活中，宗教无疑也是一个重要方面。但是，在段绍升所有的讲述中，关于宗教的讲述最具矛盾性。

段绍升首先从理性思维的逻辑证明宗教本体论意义上的"鬼神"并不存在，其逻辑如下：

第一，他自己遇见过"鬼"，而那是一种虚幻的影像或真实的人。

> 神鬼我不相信。我见过两次鬼，但我解开了。有一次1954年底我爸爸回来了，1955年的夏天。我家没养牲口，借了一匹骡子到山沟里去打碓。天黑了，就我一个人加一个骡子。那条路过去有很多坟墓，天阴又黑，快要下雨，听见村子里狗叫。一会儿见着火，一会儿不见，我汗毛都竖起来了。我看见了一个小人人，我手中抓了两块一公斤大石头。"打——"，我大叫一声。原来是真人，他就答话，是我们村里的侏儒，说接他的老婆。第二次，在1971年"文化大革命"时，大队把所有的缝纫机组织成加工厂，叫副业厂。我爱人是成员之一，随着我家缝纫机去做了。我家老五刚生，我晚上去完成任务。深夜四点我回家，晚上月亮很亮。出来在公路东边，影剧院南边，有很大的一股水。看见一个女的，黑里褂，白衣裳，蹲在那里洗衣服。我（已经）走

过去，一想，——怎么有这么一个人？我折回去，一看没有人了，又是汗毛都竖起来。我明明看到头，手还在动。我又去看，喔——，实际上不是一个人，是对岸的香椿树与田埂组合起来的影像，有石块，两块白色的石头，有一点风，就成了那个人了。

第二，敬神的人并没有取得神的保佑：

幼儿时期见着我们家族里面有一个我的爷爷辈的，他每顿饭时都把第一碗舀起，高高举起，说南无阿弥陀佛，他还说些什么我记不得，之后再坐拢吃饭。……我们是一个家族的，也在他家吃了不少饭，经常看见他那种行为。但有那么一次那个院子烧起来了，他倒是到公路边的食馆里面去了，他以为是其他在家里面的同院的人把它烧起来的。他抬了一个棒棒，跑上来，说谁把它烧起来的，就要把他拉到火里面去一同烧死。他很愤怒就这么叫，一面救火，一面叫。救不起来了，整个院都烧完了。那一次，可以说是我儿时最恐怖的一次。最后查对起来，结果是从他那个佛爷爷前面的香炉烧起来。……他认为是其他人失了火，说谁烧起来就拖出来丢在火里一起烧死。核对下来就是那个香炉引起的火灾，大家就说是他把它烧起来了，既然这样，大家就要把他丢到火里边。他也害怕了，逃掉了。

第三，亵渎神灵的人未必遭灾：

为了腾出教室，因为学生人数多起来了，就把第一道大门两边的两个佛爷爷，实际上就是哼哈二将，推倒了。推倒的时候我们都参加了。……我就记得杜朝选、大娘娘都是用木头雕刻的。每个佛爷爷中间是一根木头，周围是草绳，其他是泥巴。木头挖空了，放一些宝器，是一些银制品，不是金的，不大，比较小，价值就值现在的几十块，不是很贵重。所以从那个时期开始就逐步对这些东西不信。把它推倒了，也不见得有什么事。

第四，持无神论信仰的人都是有知识、有文化、有社会地位的人，事业发展都很好：

> 我哥哥也不敬香，也不磕头，但三个娃娃，二个大学，一个中专，好上加好。按迷信，他们要受到惩罚，但他们很好，这是些唯心的东西，信它干啥？①

第五，宗教神自身的逻辑是悖谬的：

> 过去我看过一个刊物上写过。有一个人到寺庙里他们请他写对联，那个文人根本不信迷信，和尚在念经，敲木鱼，他写：颂经能超生，难道阎王怕和尚；纸钱能赎罪，菩萨岂是偏心人。我们这里经常跑大理到大理城隍庙敬城隍，城隍的级别可能是县官。我经常跟她们说，你们敬城隍，城隍等于是贪污。（笑）既然你们拿了那么大的公鸡，拿了那么多的东西。那今天我没有公鸡，我觉得阎王不可信，你们去敬他才给你们好处，我不去敬就不给我好处。我有错误就去敬，就免了我的罪。你们谁错了谁去敬，就免你们的罪。那么敬不起，我是个穷光蛋，阎王就要惩罪我。这个不好。我就跟他们开玩笑。

但是，非常有趣的现象是，看似如此严密的逻辑证明很快就被他自己彻底推翻了。就在段绍升讲述推翻哼哈二将和杜朝选神像"也不见得有什么事"的同一次访谈中，他接着又说：

> 杜朝选庙里都是木头雕刻的，背到学校里来，有一个炊事员，现在我都还记得，体质比较好，就拿大斧头砍，我们在旁边看。他什么都不怕，而且用来煮狗肉。那一年出了一点分辨不清的事。就是农历八九月份即将收谷子时，所谓十月农忙，到农历

---

① 2006年7月17日上午。

的十月份才收谷子。即将收谷子时下了一场冰雹，把谷子打落在地里，受的灾比较厉害。恰好遇上那么一场灾难，有的人就说那些事搞坏了。

这里的讲述与前面重重叠叠关于无神论的讲述显然矛盾，显示出一种非理性的神秘思维。更有甚者，段绍升还讲述了一系列段氏宗族二世祖（被认为是"龙王"）"显灵"的事：（1）亵渎了段氏祖先墓碑的人生了病："过去龙王庙是一个小庙，DSU家里有一块碑，把我们的祖先的碑背回来了，那家就生病了。后来1973—1974年背上去，又竖起来了。"（2）占了段氏龙王庙旁边风水宝地的人家后来发家致富："这家也正是占了风水。老大盖了房子，老二也批了房基地。"（3）祖灵化作了"红蛇"："听着的人说祖先的英灵还在。有人提出塑个像，建个房子。第一天从祖先牌位往下挖时，下边有30公分左右的小蛇，红色的。DJL看见说：我们的老公公。他们就去敬香，就用筛子把它拿在盘子里面。段应龙说：老公公出现了，我给你们讲故事，讲朝珠花的故事。讲着老公公不知什么时候就不见了。放在碟子里的。很神奇。个个磕头。火把节那天，段继兰还提起这件事。那条小蛇红色，脊梁上长满了刺一样的图案。"（4）段绍升三子段晓涌在修庙时背神像，后来发展很好："第一次塑神像，请人塑了一座，庙修好了，就搬迁神像，那一天仪式很隆重。我没参加。他们说我们老三去背神像。老三后来发展很好。在我们这一带叫他财神爷。"（5）得罪了段氏龙王就要遭殃："DSZ[①]建龙王庙，答应做。后来他放弃了。他老婆死了，他姑娘出一身红点子。脸上也有，痒得厉害，治不好，也请巫婆神汉看，那巫婆也不知道领取工程的事，说得罪了祖先龙王，要去敬敬他。我本来也不相信这些事。但……。"（6）DSB[②]将段氏龙王庙的修缮工程完成，得到了祖先的保佑，家境发展好："DSB，结果这个人把它完成了。那么如果讲迷信呢，这个人很顺当。那个时候他的儿子还没有毕业，毕业以后很好，讨了一个儿子媳妇也

---

① DSZ为段氏宗族成员，先是领取了重修龙王庙工程，后又放弃，改包其他工程。
② DSB为段氏宗族出姓（即男上女门）到杨氏家族的成员。

很好,是大理人。安惠诊所就是他的儿子媳妇(开的)。家里各方面的发展都很顺当。"

以上诸种说法,与他自称"神鬼我不相信"大相对立。表明段绍升思维中的宗教观念具有内在逻辑矛盾,一方面,他的思想是"祛魅"的。"我们的时代是一个世界理性化、智化、特别是祛魅的时代。"[1] 段绍升在这样一个科学技术发达的时代,理性化的时代中,并不相信"神秘不可测的力量"。但"祛魅"以后,又立即"归魅"——重新相信鬼神的存在。这似乎很不好解读。但仔细寻绎,则可以发现段绍升的话语中,"超自然的存在"并非他的话语重点,他更关注的问题是这种"存在"有着怎样的功能与意义,其基本观点是:宗教对社会和谐发挥了重大的作用。

段绍升认为,宗教神都具有高尚的精神和英雄的品格,具有榜样的力量和理想人格的意义。在周城最重要的神灵就是本主神和祖先神。杜朝选是一个为民除害的斩蟒英雄,段绍升说:"社会上的生活、生存逐步观察,逐步对它又有了新的认识。例如杜朝选,那个时候我们手上把它弄倒了,后来人家还是把它树上了。再听听杜朝选的故事,他是为民除害,做了好事的人就要得到后人的尊崇,这个是弘扬正气的表现。"既然杜朝选是一种"正气"的、一个"为民除害"的英雄、一个"做了好事的人",那么本主神就值得崇拜。对于祖先神更是如此。"段隆勤勤恳恳地劳动,就像毛主席老三篇里愚公移山。他们勤勤恳恳劳动,感动了上帝,上帝派神仙下凡,给他这么多优惠、好处,一个是给他朝珠,他的娃娃生下来了,又给篾圈圈的水源,庄稼长活了,能够吃饭了。"愚公在集体化年代由于毛泽东《愚公移山》一文的推崇有着极高的地位,段绍升将段隆与愚公相比,于是,敬拜祖先神灵在段绍升这里就被解释为追寻先祖、造福后人、弘扬正气、凝聚家族、教育后代的行为。

在这个基点之上,段绍升认为神灵崇拜具有稳定社会的功能,并可补充法律之不足。他说那些把宗教想出来的人,是聪明人,"是为

---

[1] [德]马克斯·韦伯:《以学术为业》,王容芬译,载《韦伯文集》(上),中国广播电视出版社2000年版,第102页。

了社会服务的方法。如送鬼，有几个客要送走，否则就不得安宁。……这对统治、对社会和谐稳定有好处"。"要有一种信仰，用正确的信仰来指导他的思想，对社会有好处，这些信仰弥补了法律的不足。"他还发现"真正有一种信仰的人他不做坏事"。甚至宗教的包容态度对于国际关系的稳定也是有作用的。"例如伊拉克，（美国）好像就是想扑灭它。伊拉克与美国那么强大的武力相比，它算老儿。但是给美国、给英国造成了很大的麻烦。造成了几千亿美金的损失，人在伊拉克死了三千多。……如果能以和谐这一种，沟通这一种，他有他的信仰让他自由，多沟通，一次沟通不了两次，两次沟通不了三次，逐渐逐渐走拢了就好了吗。"再有，宗教仪式还有一种特殊的"老有所乐"功能。"老妈妈（参加方广莲池会）她有一个玩的东西，正好的返老还童。……集中拢来，有说有笑。那个小木鱼、小铃铛敲起来，当当当，同一个音，她这个敲得不对，互相指正一下，很整齐。七八十个人，敲得很整齐，好像提了神。当然那个经书如果你去研究它，句句是好话，都是教你去做善事。不会教你去做坏事。……老有所乐，老妈妈这个行为，比打麻将的行为，要好一点。"

可见，段绍升的宗教观崇尚实用，这种尚用主义的宗教观亦与他的理想情怀相关联：在"个人"层面上，他寻求的是：宗教可以实现个人心理平衡，不做坏事多行善举，并可以沟通人际关系，这是自我修身及与人相处之道；在"家国"层面上，他寻求的是：宗教可以安定社会人心，缓和社会矛盾，弘扬社会正气，这是理家治国之道；在"国际"层面上，他寻求的是：不同国家包括敌对国家之间互利共赢、和谐相处，这是人类理想社会构建之道。

> 这里应当采取这样的出发点：神话的话语无非就世界的秩序、实在的本性、人的起源或者人的命运等给我们以教益。
>
> ——［法］列维－斯特劳斯

> 地球无边缘，也无中心。
>
> ——自题

第十八章 "治水龙王"的传人："纵向"追释

我们经常可以看到一些叙事作品，对于个人生命史并非从"出生"写起，而是从其孕育的时候乃至前世开始。一些著名人物都是由一些著名事物投胎转世而来，如《红楼梦》中贾宝玉与林黛玉前生是神瑛仙子与绛珠草，《说岳全传》中的岳飞是大鹏金翅鸟投胎，《水浒传》一百零八将从洪天尉误走妖魔写起，《西游记》中的妖怪的情性、本领、武器等都与其未成妖前的来历相关，如此等等。前世决定今生，前世与今生具有本质联系。这个叙事传统潜藏着如下的推论：他最初是怎样生成的，他就是什么样子。这也佐证了维柯在《新科学》中提出的出生和本性就是一回事的观点。[①] 一个人的行事首先与他的生成相关联，与他的文化背景相关联。狄尔泰认为："只有在

[①] 维柯认为，自然（或本性）这个词具有"生育"意义："各种制度的自然本性不过是它们在某些时期以某些方式产生出来了。时期和方式是什么样，产生的制度也就是什么样，而不能是另样的。"参见［意］维柯《新科学》，朱光潜译，商务印书馆1989年版，第147页。

人的本质的历经几千年的发展中,研究者才能发现人是什么,发现人究竟为了什么而努力;这类问题根本不可能通过普遍有效的概念而得到阐明,而是只有通过从人的总体性存在的深处涌现出来的经验,才能得到阐明。"①

本章转至纵向阅读的维度,追问"为什么"的问题,也就是追溯"从哪里来"的问题,"在复杂的生者世界之外,还存在着前世和后世。这些均为社会生活之常量。"② 这个"生者世界之外"的世界就是"神话"的世界,它关联于段绍升的历史基础与文化之根。③ 我们从段氏家族祖先神话的本源、白族神话之近源以及中华"龙"神话之远源三个方面追释段绍升及其思想的来源。

第一节　段隆的神话

"当你想解释某事物时,这一事物的本原是进行解释的有用基础,它常常从其本原的纯粹性和自我存在时的那一点对那一事物进行叙述。"④ 段绍升源于何处?就其本源而言,段绍升是周城段氏家族成员,他来源于他的家族祖先,不仅是身体,心灵也同样,根植于段氏家族的历史文化之中。段氏家族的二世祖段隆是一位神,是"治水龙王";段绍升从段隆而来,他是神的后裔,是"治水龙王"的传人。

段隆有一个闻名遐迩的白族"朝珠花的故事",周城几乎人人都会讲述这个神话,段绍升 2002 年 1 月 28 日下午也讲述过这个神话。我们首先通过这个神话来追溯段绍升的家族文化之根。我收集了 10 多个"变体"⑤,这里录出其中的 7 个变体。

---

① [德]威廉·狄尔泰:《历史中的意义》,艾彦译,译林出版社 2011 年版,第 15 页。
② [法]阿诺尔德·范热内普:《过渡礼仪》,张举文译,商务印书馆 2010 年版,第 137 页。
③ 这个"从哪里来"的问题同时也隐含着"到哪里去"的问题,即既是生成论也是目的论。
④ [英]马克·柯里:《后现代叙事理论》,宁一中译,北京大学出版社 2003 年版,第 91 页。
⑤ "变体"为神话和民间故事的各种讲法。

第一个变体为1435年明代段福墓志铭所记，内容如下：①

　　文林郎世袭云骑尉拟谥文庄先生寿山段公墓铭

　　公讳福，字寿山，姓段氏，乃九隆族之后。世为大理簪缨之胄，辅相蒙段，代不乏贤。

　　曾祖讳陇，任元签事之职，镇守大理上关。

　　祖讳隆，性乐善，至诚感神，天锡（赐）神泉，即谓之曰：龙淇公②。公则靠天石（赐）之田，得以灌溉。祖妣氏，身怀有孕，难以临盆，因神人锡（赐）以菩提子，使含口内，果应。于是下咽，乳儿双手捧出。先祖将菩提子送还，神人遂驾祥云而去。先祖于是将菩提种于周城之北教场，遂名之曰"上关花"。此先祖善果栽培之力也。

　　显考讳保，诰授勇略将军，食邑千户。妣氏李，具四德之懿行，生子二，长曰福，次曰赐，籍居老窝，世袭土知州。

　　寿山公，即长子也。自幼敏捷，德行纯笃，为人刚果，兼袭父爵，数献奇策，从军有功，至辛卯鹗荐南宫，壬辰北上，有志未逮，是以名益振，而宠受益隆。越洪武壬戌，车书一统，晦迹田里，隐德不耀。于退居之处，装塑诸佛圣像，常艺一炷心香，观一卷圣经，修身以俟命，会万事而归一。其游息之轩，编竹为栏，磊土为台，密松秀柏，怪石猗阑，葛是匝地，幽芳自香而可挹，幽禽自鸣而不惊。烹佳敬，调素琴，其明哲保身而自娱，殆不愧于古人欤。配李氏，左丞椽口李讳山公之女。继配杨氏，俱淑德也，勤内助，生子一，名德贤，性纯笃，少博学经籍，即长而食禄天家，余辈常推敬之。大理郡守李，因其齿德兼优，荐为乡饮。大口口申明，凡民间婚士，斗争细事，先经理断，故讼简

---

① 段福墓志铭镶嵌在苍山脚下的段氏龙王庙的后墙壁上，2000年4月6日（农历三月三）我参加周城"三月三"节时，专门到龙王庙中抄录了全部段福墓志铭，此为其中的一段。

② "龙淇公"段氏宗族称为"龙淇公公"，俗称"我们的老公公"，或直接称"龙王"。在苍山上有一座段氏龙王庙，内塑段隆像，段福墓志铭被砌入西边的墙壁。有一股苍山泉水从庙下流出。

而役均，人皆信慕，朝廷器之重。越洪熙乙巳，奉旨崇祀乡贤。娶杨氏，继娶戴氏，孙一，名鸾，顶补大理郡庠。孙女三，长适县丞赵永贵。曾孙三：长从仁，次从义，又从礼。

公生于元至正乙未之口，其卒之岁，乃宣德乙卯七月望日也。享寿八十有一。葬于洞山之麓。乃子德贤，持行状以乞铭，予述其梗概而为铭曰：

段氏之先，九隆族焉，子孙绵绵，世存忠孝，传至于公，愈显门风，胤世贤能，克继克丞，贞石刻铭，洞山苍苍，洱水洋洋，口口口口。

辛卯科乡进士直隶赵州高邑县知县年愚弟杨森叶榆甫拜撰
辛卯科乡贡进士刑部河南清史司主事年愚弟杨禄五峰氏篆额
正统九年岁在甲子……

……孝男 德贤，孙 鸾立石

墓主人段福为段隆之孙，卒年宣德乙卯年即公元1435年，据此推算，段隆应为元末明初人。

第二个变体为1956年殷汝泰讲述，李星华收集：①

段隆夫妇在靠山石那里开辟了一坝田，年年种点庄稼，有时候，段隆还到山里去砍柴；他两口全靠种田砍柴过日子。过了几年，段隆的婆娘怀了孕，临产的时候，娃娃很难产；从头天夜晚一直闹到第二天吃晌午，娃娃也没落生。段隆心里很焦急，可是还得照旧上山砍柴，不砍柴就没有饭吃。

这一天段隆又到山上去砍柴，从山神庙前经过，忽然看见一个白胡子老人坐在那里念经，老人一看见段隆就问："你这两天咋没到山上砍柴呀？"段隆吞吞吐吐说："有点事，不能来！""有什么事呀？""说不得，说出来很不好听！"老人说："不要

---

① 李星华记录整理：《白族民间故事传说集》，中国民间文艺出版社1982年版，第23—26页。李星华注明采录地点为"大理周城"，但周城没有殷姓，"殷汝泰"可能是"段汝泰"之误。存疑。

第十八章 "治水龙王"的传人："纵向"追释

紧，还是对我说说吧！"段隆见白胡子老人一定逼着问，他只得说了："我的女人，从昨夜就要临产，可是一直闹到现在，孩子还没有生下，真是急死我啰！"老人说："不怕，我这里有药！"说着，老人便从怀里掏出一串素珠，递给了段隆。他还再三叮咛："回去，你把这串珠子放在药罐里用火煨起，煨一阵就拿给你的女人吃，叫她光喝汤，千万不要把珠珠咽进肚里去！"段隆接过了素珠，用白布手巾裹起，放在兜兜里，向老人道过谢，转回家来。

他把药煨好，端给婆娘吃。段隆让婆娘闹得像热锅上的蚂蚁，不知怎么办才对，竟忘记把老人叮嘱的话对婆娘讲了。婆娘端起了药碗，连汤带素珠，一口气喝进肚里。过了一小阵，娃娃果真落生了。娃娃的手掌心里还捧着白胡子老人的那串素珠呢！段隆这才想起了方才老人叮嘱的话，他把娃娃安放妥当以后，就用檀香泡水洗净了素珠，立即赶到山神庙给白胡子老人送去。老人一看见段隆来了，就问："孩子落生了吗？""生下来了！""你为什么不在家里照看你的婆娘呢？到这里有什么事情吗？"段隆说："我是给你送素珠来的，方才我的女人吃药时候，没小心，把素珠咽进肚里去了。我已经用檀香把它洗干净了，还给你吧！"说着，他把素珠递给老人。老人没有接，对他说："不用给我啰，你家的田坝头很宽绰，种下去吧！"

段隆听了老人的话，把珠珠埋在周城北教场的田坝里了。第二天，田坝里长出了一棵大树，树枝上生满了绿茵茵的叶子，满枝头开着各色各样的花朵。这棵树，每年春天开一百零八朵各色各样的花儿；秋天结一百零八颗舍利子、佛珠子。段隆这棵舍利子花树的奇闻，很快传到京城皇帝的耳朵里，皇帝立刻从京城派下专人来到周城保护这棵花树。护花官员是苏将军。苏将军命令他的手下，立刻把下关的水引到了周城，每天按时浇这棵神奇的花树，把它浇得更旺盛，花朵也开得更鲜艳了。

苏将军带来的人马，把老百姓糟蹋得好苦，老百姓柴粮让他们吃尽用光了。他们见鸡杀鸡，见狗杀狗，人民实在不能忍受，就偷偷把这棵花树砍掉了，随后又用狗血洒在树根根上，花树就永远不能复生了。花树被砍死了，护花将军和他的人马也就返回了京城。周城一带老百姓，日子比从前过得安生了。可是护花官苏将军一走，从下关引来的浇花树的水源也断了。

因为周城这一带土地很旱，他们连苦荞、绿豆也常常吃不到嘴。有一次，段隆到山神庙上面的坡坡上去砍柴，恰好又遇到了那个白胡子老人，老人又问："段隆，你现在种了多少田地？"段隆说："没种多少，只种着眼面前那一小块，现在天旱，收成不好！"老人说："我有办法叫你有饭吃。你回去，用篾子给我编一个篾圈，明天来砍柴的时候，把那个篾圈给我带来。"段隆问："你要个篾圈有什么用呀？"。"不用问啰，你明天给我编来就是了！"段隆回到这里，到菜园里砍了一棵粗粗的竹子，把竹子破成了篾子，编了一个篾圈。他刚把篾圈编完，才想起了方才忘记问那个老人要一个多么大的篾圈了。这一个篾圈未必能合老人的心意。明天问好他再重编一个！

可是，第二天，段隆来到了山神庙，没有看见老人的踪影，心里很纳闷，他只得将篾圈放在山神庙的前面，烧香磕头；磕完头，刚要向前去取篾圈，忽然看见顺那个篾圈淌出来一股清水。这股清水，不长不缩，天天灌溉着段隆的田，把段隆的土地灌溉得很透。从此，周城北教场一带地方就有了水，老百姓的日子渐渐好过起来。这股水，名叫"篾圈老公公"；到现在，这股水已经被山水把它东一股、西一股冲成好几股水了。

第三个变体为1985年中国人民大学历史系师生至周城教学实习时收集：①

周城青年段隆的媳妇难产，段隆在山中遇见一位白胡子老人，在老人的帮助下，段隆的媳妇不仅顺利地分娩，而且段隆夫

---

① 中国人民大学历史系：《云南大理周城志稿》（内部资料），1984年，第45页。

妇还由此得到了一株舍利子花树。皇帝知道这株神树以后，派人来抢，周城人民忍痛砍了这株树。但当地人民由此又一次得到白胡子老人帮助，挖出一股清泉。周城人民再也不用怕天旱了，那股清泉仍在不停地流淌。

第四个变体为周城青年诗人赵勤 1994 年收集整理：[①]

从前，周城有一位青年叫段隆，家里很穷。每天到山上砍柴，都在山脚下的"靠天石"边休息。有时，他在这块巨石下吃晌午，都要敬祭这块"靠天石"。日子长了他与这块"靠天石"结下了感情。有一年，周城出现罕见干旱。节令已过仍没雨水。段隆为此十分忧虑，常常坐在巨石下哀叹。

有一天，他刚把禾柴背到巨石下歇气，仍如往常一样敬祭石头时，突然，从"靠天石"背后走出一位白胡子老人，热情地对他说："小伙子，你天天敬祭这块石头，你的这种虔诚崇拜不简单呀！这几天，我见你心事重重，不知你心里有什么难办的事，请给我说说，我会帮你忙的。"段隆一听老人和蔼地说话，就把家田里无水的事说了，并求老人："要是给我一股泉水就好了！"于是，老人就叫他去编一个篾圈来。可段隆不知老人用意，也没问要编多大，回到家中把纺车上的篾圈解下，交给白胡子老人。老人把那篾圈埋在山脚后，一眨眼就不见了。不一会，泉水就从篾圈内涌出来。他望着泉水正在出神，忽然，那老人又从他身旁闪出，叮嘱他说："这股泉水往后四季不干，你要与村人共用，否则必干。"段隆把这话牢记心中，回家后就喊村人共分泉水灌田，从此以后，这股水长流不断。

段隆得水后，耕种不愁了，日子也好过起来，并找了一位漂亮的姑娘做妻子。过了几年，他妻子怀孕临产，生了几天也没生下来。他来到"靠天石"边祷告，那老人又出现了，从怀中拿出

[①] 赵勤：《大理周城风物录》，德宏民族出版社 1994 年版，第 97—99 页。

一颗"舍利子",递给他说:"你拿回去放入妇人口中,便能平安生下,切记不能咽下。"他拿着舍利子转回家后,照老人吩咐行事,不料妻子一不小心,竟把"舍利子"咽进腹里。不久,肚里的娃娃虽已落地,可这颗"舍利子"吃进肚里,这可急死段隆了。段隆马上把情况如实地向老人说了,老人却对段隆说:"我不要了。这颗'舍利子'如从你妻肚里拉出来,你就把它洗干净后种在地里吧!"段隆回去后,就把那颗"舍利子"种在地里,不久,地里便长出一棵树。这棵花树,平年开花十二朵,闰年就开十三朵,常年花蕊结子一百单八颗,人们称为"朝珠花"。

每年花开时候,来周城看花的人络绎不绝,人山人海。看后,人们都觉得很稀奇。这事被榆王知道了,就派来了"陆督"将军来周城驻扎,保护这棵奇花异树。为浇灌这棵朝珠花,人们又从斜阳峰引来一股水,顺苍山下一直流到周城,这就是多年来"下关水浇上关花"的传说。同时,周城村北的北教场,据说就是"陆督"将军当年驻兵的地方。

然而,陆督将军来到周城守卫这棵奇花后,他和士兵经常欺辱周城妇女,甚至压迫、剥削周城人民。于是,周城人民组织了一支武装队伍,与陆督将军展开了战斗,并十分不情愿地要砍掉这棵给他们带来灾难的奇花。于是,他们痛心地秘密派人砍掉了"朝珠花",但每次砍后,这棵奇花依旧发芽开花。最后,有人指点,用狗血洒在奇树下,这棵奇树异花才枯死。周城人为纪念段隆求水种花的事,就在原来的出水处建盖了一座"龙泉祠",尊称他为"德道龙王",又叫"老公公"。"朝珠花"生长的地方,叫"花园地"。

第五个变体为2000年4月14日周城农民书法家桂德本口述,随我去周城做田野工作的研究生程志君采录:

周城人人都知道的一个故事,名字叫朝珠树。传说在很遥远的时候,周城有一户人家姓段,叫段隆,这家人只有三口,段隆、老母和他的妻子。这一家人勤劳、朴实、善良，只是夫妇婚后多年未生小孩。老母、妻子每天在家织土布，段隆早出晚归到苍山打柴。每天打柴时带着午饭和一炷香，经过苍山脚下时，向山神磕头祷告，要一个小孩。

后来他的妻子终于怀孕了。要分娩时，妻子难产。段隆这天一直拖到十一二点才上山，山神老爷知道此事，就变成一个白发老翁，坐在庙台阶上。待段隆磕头后，山神老爷问他："你今天这个时候才来，太迟了，是不是家里有什么事？"段隆很老实，直说了家里媳妇的情况。老人听他说完后，就告诉他，我这里有一丸奇药，给你妻子含在口里，含一段时间后可帮助分娩，保你妻子平安无事。但这颗药丸只能含，含完以后要吐出来，孩子生下后还给我。段隆很高兴，接这药丸向老人道谢后，飞奔回家，将药丸拿给妻子含在嘴里，向妻子讲明只能含不能吞。但妻子在分娩时感到剧痛，忘了药不能吞，大叫一声，把药吞下，小孩子也生了下来。段隆很着急，怎么办呢？好在妻子吞下这颗药后，当天晚上将此药解了下来。段隆将药洗净后用布包了起来。

第二天上山砍柴时，山神老爷又出现在山神庙的台阶上，段隆一见，赶忙跪下，向山神老爷讲明情况，请求宽恕。山神老爷听后，说，既然吞了下去，就不能再用了，我将药丸送给你，你带回家去，不能丢，也不能放起来，要找一个地方种下去。段隆回家后，就按老爷讲的，将药丸种了起来。日子长了，一年两年十多年，埋药丸的地方长出一棵树来，又经过七、八年十几年后，树开始开花结果。说来也怪，这棵树每年只开十二朵花，花谢后长出十二个果子，闰年开十三朵花，结十三个果子。开花时香飘十里，从上关到喜洲都能闻得到香味。每年段隆将花瓣和果子收集起来，送给周城每户人家，人们缝个布袋将花和果子装在里面，这个布袋就叫作香包。这棵树不仅花香，而且结的果子颜色乌黑，坚硬如铁，人们在果子上雕上一些好看的花纹，用来欣赏。

后来这棵奇树，一传十，十传百，从近传到远，一传传到皇帝老爷耳朵里，皇帝老爷派一支部队把守这棵树，好将开出的花朵和果子带回皇宫，给每一个宫妃带上，这样皇帝老爷可处处闻到香味。第一次派来的守护将军还比较好，每年只带回一部分花果，其他分送给周城百姓，这位将军后来得到周城人民敬仰。但人们不记得将军姓名，只知其官衔叫禄都将军。他带的士兵都听他的话，不扰乱人民，得到周城人民敬爱。但皇帝听说将军带回的花，只有一部分，对他不满，将他调回去重新派一个将军来。这个将军跟前任不同，他不仅把奇树花果全部送给皇帝，而且他带的官兵纪律很坏，到周城后奸淫掳掠，无所不为。周城百姓想：奇花虽好，但正因为有奇香，皇帝老爷派来人守护它，又给周城人带来祸害。

一天下午，一位老者披头散发，手中拿着竹筒打道琴，在村中边走边唱："下关水泡上关花。无花，不结果，无果，不飘香。"保护这树的官兵听后，回去报告给将军，将军听后想，这棵花树原来要用下关的水来泡，可是下关的地势比上关低，下关的水怎么能泡上关的花呢？真是异想天开。最后终于想出一个办法，下令在上关与下关之间大兴土木，修筑水车、水坝、水渠引水，全大理百姓都要服劳役。结果地里的庄稼都耽搁了，百姓的日子一天比一天艰难。段隆眼看自己种的这棵树给大理百姓带来灾难，心中很难过，就想将这棵树毁掉。于是他就在一天深夜带着一把砍刀，悄悄爬到树边，轻轻地一点点砍树干。好在树并不粗，终于将树干砍得只剩一点，树也快倒了。段隆又悄悄爬回家。

官兵发现树被砍了，几天后，在树边挖出一个大坑，将周城老老小小都赶到树边。将军厉声对周城人说，这棵树是谁毁的？只要他自己承认就好，免得全村百姓受苦，不然就将全村百姓全部活埋。村里百姓你看我，我看你，谁也不知是谁砍的。这时，段隆的儿子段宝计上心来，他勇敢地跳下坑，在坑里对官兵喊道："叫你们将军也跳下来，我悄悄地告诉他是谁砍的这棵树。"将军考虑了一下，心想，这小孩子年纪不大，可能知道，于是跳下坑去，段宝对将军说："来来，你靠拢我，我悄悄对你说，谁都听不见。"将军将头偏过去，段宝一口把将军的耳朵咬下来，吐到坑里。将军受了骗，恼羞成怒，将段宝刺死。这时空中飞来一只老鹰，往坑里扑通一声落下，叼起将军的耳朵就飞走了。官兵们见将军的耳朵被叼起来往北飞去，于是一直追赶，追到蝴蝶泉边，那时还是荒郊野坝，老鹰把将军的耳朵放下来，耳朵忽就变成一块大石头。人们叫作耳朵石。石头旁边是一条小路，后来赶街经过这里的人都在这个耳朵石上擦一下，日子久了，耳朵石被擦得光光亮亮。这块耳朵石直到解放初还在那里。为引下关的水而修筑的引水沟在解放初还看得出遗迹，只是现在看不出了。[①]

第六个变体即为段绍升 2002 年 1 月 28 日下午的讲述。

我讲朝珠花，也叫朝珠树。当然是相传，我们的二世祖。现在我们这一代是 20 世祖。

二世祖段隆本身是一个憨厚的农民，他有一个老母亲，他结婚以后好几年都没有生小孩。那一年，身上有孕了，他爱人。他家里比较穷，种田，砍卖柴。到苍山上去砍柴，背到街上去卖，卖了以后再买东西来维持家里的生活。他每天上山对山神爷很尊敬，带的召午都要敬一敬山神，先敬了他才吃。那一天他去得很晚，在山脚下碰到老的这么一个，一个白胡子的老公公。这个老公公就问他，小伙子，今天怎么这么晚才来，你天天都很早嘛。他说，是，我天天都很早，今天很晚，但今天虽然来了，心里还是很不愉快。老的这么一个问他，有什么不愉快的事？他说：我妻子生娃娃，叫天喊地生不下来。我在旁边也干着急，也没办法。我妈妈说，妇人家生孩子时候，男的在家不好，你去你的吧，我们在家看就行了。他就跟老的讲，我今天心里担心担心的。老的说，既然你把这个事跟我说了，我有个办法，这个是很

[①] 这个故事桂德本 2000 年 4 月 9 日已经向我讲过一次，主要情节一致，只是多讲了段隆得水的情节。

灵的。但你要听我的话，按我的办，你爱人会没有事。说："怎么做？"老公公从衣裳里掏出一个珠子，就是朝珠，闪闪发光。说："这是一个宝贝，叫朝珠。你拿回去，给她含一含，含在口里面，但千万不把它咽下去。含一含娃娃就会生下来，生了以后你再还给我就行了。"段隆巴不得马上回家，三步两步跑回来了。他爱人叫天喊地的，生不下来。他说不怕，有一个老公公给我这个，你把它含在口里面。她接过来，含在嘴里，叫了一声，不注意一下把珠子咽到肚子里去了，一咽下去，娃娃就生下来了。娃娃哭，他双手紧紧抱着，他们洗他时，把手扒开，那颗朝珠就在他双手里面抱着。啊，段隆也就说，生下来就好，但是那位跟我讲不要把它咽下去，你把它咽下去了，还好，已经在娃娃手里面了。那这个拿回去，我也就要跟他如实说，实事求是跟他说。

他把珠子洗了又洗，第二天跑上去。那个老的在等他，问：是不是生了？他说生了生了，谢谢了，很可惜，你跟我讲不能让我的妻子咽下去，结果，她已经把它咽下去了，这个珠子结果是咽下去以后娃娃才生下来，是娃娃双手把它抱出来的，在娃娃的双手里面取出来的。实际情况就是这样。老人说：既然已经咽下去了，那么，这颗珠子我就要不得了。给你，你要把它种下去，种在你的地里。他的田坝就在现在的蝴蝶泉边，据说现在的宾馆那块地是我们段家代代相传下来的地，段家就在那里。以后他就老老实实地按照那位老人的意思种在田坝边。不久就长出来了，慢慢长成很大的一棵。一段时间后就开花，开出的花是异花，不同于别的花，也不是山茶花，也不是茶花，谁都没有见过的特别好看的花。个个都欣赏，说太美太美了，太好看了。一传十，十传百，传到县里面，县里又传到高一级的官，最后传到朝廷那里去了。说大理有棵朝珠树，开出的花叫朝珠花，相当美。据说，朝廷里皇帝在他的宫廷里也发觉了，在御盘里有棵朝珠花树，开的花叫朝珠花，相当美。朝廷里皇帝在御盘里面反映出来有那么一个奇怪的东西，有那么一棵美丽的花。在哪儿？在大理。他派人去看，到底是不是真实，报回去是真实的，有那么一棵花，这是特殊的花，要把这花守住，保持住。就派了部队驻扎在那儿。所以那儿叫教场坝，就是那个时候曾经驻了部队，来守这个朝珠花。有了这个朝珠花，没有事干的人经常来。我们这里家乡白族姑娘相当美丽，因为这花招来那些麻烦，糟蹋这些妇女。所以气愤之下，小伙子想来想去，这棵花带来很多麻烦，妇女受人欺负，要把这棵花砍掉，要灭掉。就把那棵朝珠花砍掉了。那是我们二世祖的故事。

……这里面有一点我把它说漏了，很关键的一部分。他的良田要灌溉，但没水。他同样又要为生活，也要上山，又是那位老人遇上他。他说庄稼快要旱死了，我在山脚到处挖不到水，到处挖。老人说这样吧，你今天回去，拿一样东西来，扫把上的篾圈圈，竹子编的，你带个篾圈圈来。第二天，他确实比较老实，就是那么大的一个圈圈拿上去了。他说你把这篾圈放下，挖一塘，把那篾圈圈按上，就会出水。结果他把那篾圈圈按上，就冒水了，就是那天我们祭龙的地方。翻译成汉语就是"篾圈老公公"，我们就叫他"篾圈老公公"，又叫"治水龙王""德道治水龙王"。为什么叫"德道治水龙王"，我说不清。

后来那水出得很旺，段家的田用不完，其他的又[①]来用。那儿搞了几个坝，为了用水。上沟、下沟，我们段家的人要去看水，就出得旺，段家不去，水就出得少，就不够用。解放前，栽秧的时候，一定要用我们段家的人，就是去管理。

朝珠花有很多种说法，但我所知道的就这样一些。

第七个变体为2002年1月31日早晨我散步时在镇北路偶遇段氏家族长老段继灿，他的讲述如下：

> 我们的二世祖叫段隆，段隆这个人非常勤劳。他到苍山脚下去开荒，就是盘田。他去盘田的时候给山神上香、磕头。

---

① 段绍升2008年审读时改"又"为"也"。

后来他媳妇难产。一个白胡子老公公借给他一颗珠子,让他妻子放在嘴里含一含,千万不能咽下去。他媳妇不小心把那个珠子吞下去了。小孩生下来,手中捏着珠子。老公公说,这颗珠子是一个朝珠,经过女人的身体已经失灵了,你把它拿回去种起来。段隆拿回来按照老爷爷的说法,把它种下去了。种下去以后长得很茂盛,每年开出十二朵花,闰月年它就开十三朵。但是没有水。他有一天挖田累了的时候,就靠在山石上,他就想:如果有一股水,又泡我的田,又浇我的花,该是多好啊。说了以后,那个老公公又显示在他的面前了。问他要多大一股水?第二天,段隆拿了一个篾圈圈。那个老公公让把它放在山脚下,就流出一股水来。过去那一股水专门流到这儿有一条沟。以后就泡这棵花,浇那些田。在那以后,段隆死了以后,我们白族人民为了尊敬他这种勤劳勇敢,就给他起了一个"德道治水龙王"。以后我们周城段家到每年六月十五这一天,都要上去祭奠他。一直到现在没有间断过。

原始的就是这一个。后来有人把它编成,说有个县官看见这棵花,想霸占,而且段隆的媳妇怎么怎么漂亮。这个是湾桥的一个白族艺人,黑明星,写了一个白剧,叫《上关花》。说有个县官怎么样,想霸占他媳妇,段隆为了他媳妇,他就把这棵花搞死掉。黑明星是58年编的白族故事。

第二节　神话主题寻绎

格尔兹认为,研究工作"越深入,事情看起来就越怪异。不管我们是朝哪里去,它都绝对不是终点、一条渐近的线,或者一个万能的理论。"事件的分析与研究"取决于视角、取决于观察者","说穿了就是为了种种不同的目的而去构造思想、创作意义的方式"[1]。

对于段隆神话的分析,我不指望用什么既有理论去解释以求找

---

[1] [美]克利福德·格尔兹:《地方知识》"2000年版序言",杨德睿译,商务印书馆2014年版,第2页。

第十八章 "治水龙王"的传人:"纵向"追释 | 307

到那只最"深层的乌龟",而只能是为了我的目的"去构造思想、创作意义"。普洛普在《故事形态学》中有一个"母题"的概念,我借来作为分析的基本单位。他把民间故事人物的功能看作是故事的基本构成成分,说"角色的功能这一概念,是可以代替维谢洛夫斯基所说的母题或贝迪耶所说的要素的那种组成部分",且认为"变换的是角色的名称(以及他们的物品),不变的是他们的行动或功能。……对于故事研究来说,重要的是故事中的人物做了什么,至于是谁做的以及怎样做的,则不过是要附带研究一下的问题而已。"① 由于"功能"是人物的行动,所以"功能"只能由"句子"来构成而不能由"词"来构成。根据普洛普确定母题的方法,我将"段隆的神话" 7个变体的主要母题概括为如下11个具有主谓关系的句子,列表如下:

段隆神话诸主要母题变迁表

序号	讲述者	记录者	故事主人公	收集时间	段隆至诚敬神	段隆得水	段隆得珠	段妻吞珠	段隆种珠得花	坏将军守树	段隆或周城人毁树	周城武装反抗	好将军守树	段宝救民献身	耳朵石遗留
1	杨森	杨森	段隆	1435年	▲	▲	▲	▲							
2	殷汝泰	李星华	段隆	1956年	▲	▲	▲			▲	▲				
3	周城人	人大师生	段隆	1985年	▲	▲	▲	▲							
4	赵勤	赵勤	段隆	1994年	▲	▲	▲			▲					
5	桂德本	程志君	段隆	2000年	▲	▲	▲						▲	▲	▲
6	段绍升	朱炳祥	段隆	2002年	▲	▲	▲	▲							
7	段继灿	朱炳祥	段隆	2002年	▲	▲	▲	▲							

普洛普认为在民间故事中,"人物的行动"(母题)不变,变化

---

① [俄]普洛普:《故事形态学》,贾放译,中华书局2006年版,第17页。

的是"人物",而段隆的故事却出现了相反的情况:变化的是"母题",而不变的却是"人物"。在对这些神话"变体"的观察中,有如下几种不同的情况:首先,有5个"母题"在全部7个"变体"中都具有,它们是"段隆至诚敬神""段隆得水""段隆得珠""段妻吞珠"和"段隆种树得花"。其次,15世纪以后神话新增的两个母题"坏将军(或坏士兵)守树"和"段隆(或周城人)毁树",绝大部分变体都具有。再次,变体4新增了一个"周城武装反抗"的母题;变体5新增了"好将军守树""段宝献身"和"耳朵石遗留"三个母题。最后,变体7删去了在历史变迁中新增的母题,重新回归15世纪的文本。下面对这四种情况一一分析。

首先,是5个恒常"母题"。1435年明代段福墓志铭记载的是一个至诚感神终得善报的故事。段隆对母亲孝顺,对妻子关心,一家三口过得很幸福。段隆每天上山辛勤劳作,对土地也充满着感情,土地也回报以衣食之源。段隆对山神也是敬拜不辍。可见,段隆是一个道德模范,在人与人、人与自然、人与神的关系上相处和谐。随后发生了两个突变事件:段隆的禾田遇到了天旱,他的妻子遇到了难产。因为段隆道德的"至诚"感动了山神,所以得到了神的帮助,既得到了"水"灌溉农田,又得到了"朝珠"而为妻子助产。"第一种生产"(物质资料的生产)与"第二种生产"(种的繁衍)中的问题都解决了,段隆一家的生活重新回到了和谐状态。段隆的至诚敬神,是一种自觉行为,并无功利性目的,正是这种纯粹才得到了善报。"得水"并非段隆一家使用,而是为民谋利的行为;"得珠"是协调家庭关系的,为了完成一个继嗣群体的延续任务。但是"段妻吞珠"虽然是一种过失行为,然而也是一种过度行为,隐喻着"贪得",神之所赐只能适度使用,不能过度使用。在变体1中,神没有计较此事,并将珠子赐予了段隆种植,又得上关花的"善果"。因此,段隆敬神得到了三种善果:一是得水,二是得珠,三是得花。神的丰厚的回报也反过来说明段隆的"至诚"和"性乐善"两种品格的重要性,正是这两种品格才奠定段隆成为神(龙淇公公)的基础。

其次,是新增的两个"母题"。1435年的段隆神话并没有涉及国家与民族社会的关系。在现代国家建立之前，封建国家的中央政府对边陲民族任用当地首领进行管理与统治，主要是上层的一种领属关系，并没有干涉民族社会的文化传统。但20世纪以来所采集的讲述"变体"为之一变，神话的主题变为以皇帝为代表的国家权力的掠夺性下沉与村民的反抗。清雍正年间实行"改土归流"，朝廷在云南、贵州等省推行"废土官、置流官"，实行了与汉族地区相同的政治制度，已经说明国家权力开始延伸。但此时"王权止于县政"。1912年以来现代国家开始进行政权建设，国家政治权力进一步下沉，国家体制性权力由县逐步延伸到乡镇，并直接管辖着村。20世纪中叶，中国革命成功以后，国家权力继续下移，通过互助组、初级社、高级社、生产队、大队等集体化组织形式深入到村队和家庭之中。特别是"文化大革命"中，由于政治上的高度统一、经济生产的集体性质、公共仪式的被取消、家族势力的被削弱，国家权力便充溢于乡村的每一个角落。于是国家政权的下沉所造成的与民族社会之间的张力就表现了出来。这种张力体现在国家权力与村落"文化网络"之间。由于封建国家和现代民族国家皆拥有"跨越性暴力垄断"，它可以运用强制性手段占有地方资源，国家与民族社会之间就可能出现巨大的矛盾而两不相容。朝珠花神话隐喻的正是这样的道理：这种掠夺性下沉造成了国家与民族互残互伤的灾难性后果，进而导致了"段隆或周城人毁树"的反抗性行动。新增的两个"母题"显示了社会矛盾的加剧：朝珠花的灭亡是一种美好事物的消失，而这种消失正是国家与社会之间的张力太大而无法缓解所致。皇帝是专制制度的极权统治者，皇权对朝珠花的攫取、守花将军对于周城百姓的残害，皆说明国家权力的掠夺性质，其后果是地方民族对国家的仇恨与激烈对抗。段隆毁掉了朝珠花，皇权霸占民族资源的目的破灭，掠夺也只好中止。于是两败俱伤，谁都没有得到好处。这里说明皇帝与坏将军是民族地区基层社会良好社会道德的破坏者。坏将军在接触民族文化之花时采取了"全部占有"的态度，越过了周城人接受的限度，结果是地方民族宁愿用自我毁灭的方式也不愿接受国家权力的压迫、欺凌与侮辱。《段隆的神话》刻意渲染铺陈坏将军的恶行，是为了从否定的角度逼出肯定的结论,并警示国家统治者在处理国家与民族的关系时特别要看到反面的恶果。在传统国家与地方社会的角力过程中深化了神话的道德主题。神话新增母题反映了社会生活本身的变迁,但20世纪正是消灭了皇帝的时候,而却正是神话中出现皇帝的时候。这说明神话只是思维逻辑与想象的答案,而并非现实社会生活。机械地将宗教与社会生活的关系对应显然不得要领。同时,这两个母题的增加,对于段隆的人格精神与道德内涵也是进一步推进、延伸与完善,即在至诚敬神、为民谋利(得水)、为民造福(种树得花)的基础上又增加了为民除害(毁树)这一精神内涵。

再次,是四个具有个体创造性的"母题"。变体4是赵勤讲述的。赵勤是走出周城到大理州宣传部工作的青年诗人,出版过自己的诗集,也撰写并出版过周城的风物录及本家族史的一些著作。在他的讲述中所增加的一个母题为"周城武装反抗",这与他的情性相关,是其他诸种变体所没有的。赵勤是我的一个当地朋友,我知晓他的情怀、个性与追求。他是一个本民族文化的守望者,不能容许任何对白族文化的亵渎。他意气风发,情性刚烈,有一些尚武精神。他在圆明园看到那些破败建筑时曾双手叉腰喊的那一句"狗儿巴子的帝国主义,现在再敢来吧"形象地显示了这些特征。"周城武装反抗"的母题在他的这种性格中被创造出来。变体5是桂德本讲述的。桂德本是周城的农民书法家,具有一定的知识素养,对周城文化非常熟悉,而且是一个逻辑思维很强的人。在程志君2000年4月14日收集他的讲述之前,我于2000年4月9日曾请他讲过一次,他开头就强调他的基本理念:故事不能有前后矛盾,如果存在矛盾故事就不真实。在他的讲述中,新添了"好将军守树""段宝救民献身"和"耳朵石遗留"共三个母题。当然这三个母题并非他个人独创,而是代表一部分人的创造。"好将军"与"坏将军"形成了对照关系,这个变体要我们思考的是:如果国家权力下沉是一种非掠夺性的,那么情况将会是怎样的呢?答案是:国家文化与民族文化可以共存互补;只要国家并不极端伤害地方民族的利益,这种权力"下沉"就有可能被接受。好将军的到来,作为采集民族文化以及传播国家文化的双重象征,他被周城人所"敬仰"。变体5不满足于故事"毁树"的悲剧结尾，要将崇高性呈现出来，段宝的出现满足了这种设计。段宝是段隆之子，也是段隆精神与道德之子，段宝"为民牺牲"的内涵继承段隆毁树的精神。段宝咬掉将军的耳朵的情节既是地方文化反抗国家文化取得胜利的骄傲的说明，又是国家权力掠夺性下沉遭到失败的耻辱的见证。变体对那个坏将军的下场同样有个交待，即"耳朵石遗留"，这更使故事增添了鉴戒的意义。这个变体情节完整，首尾相盼，曲折优美，富有感染力。

最后，是回归15世纪文本的变体。变体7是段继灿讲述的，重新回归到15世纪的墓志铭的记载。这种"复古"同样是一种"开新"，包涵着新的意义。段继灿是段氏家族成员，与段绍升一样，是段隆的直接的传人，且高于段绍升一个辈分。他重视白族文化的学习，坚守着墓碑传统。他对故事讲述中的个人随意创造不以为然，认为违背了神话的本意，明确地指出了"坏将军守树"和"段隆毁树"的母题是一种杜撰，并且指出杜撰时间是1958年，杜撰人是黑明星，杜撰人所住地点是离周城只有几公里远的湾桥村，杜撰的目的是为了将新编的白剧《上关花》写得更好看一些。这几点并不一定准确，但却总结了段隆神话变迁的原因是由于时代性与个体性的结合。

对于神话的个人讲述与集体讲述之间的关系，列维-斯特劳斯曾有过一段阐述："一切神话归根结底都发源于个人的创造。这无疑是真确的。不过，为了过渡到神话的地位，一个创造恰恰必须不停留于个人的，并且，必须在这个提升过程中丢失那些因一开始就渗透进这创造的偶然性所引起的绝大部分因素，这些因素可以归因于创造者的气质、才干、想象力和个人经验。……个人创造和由一个共同体认可的神话之间的差异不是性质上的，而是程度上的。"[①] 我们看到段隆的神话母题变迁正是这样个体讲述与集体讲述互动的过程。20世纪新增的两个母题开头应该是个人的创造，在时间变迁中被保留了下来。而赵勤的"武装反抗"的母题虽然也有些依据，但很可能不容

[①] [法]列维-斯特劳斯：《神话学：裸人》，周昌忠译，中国人民大学出版社2007年版，第675—676页。

易保留下来，因为周城没有其他人讲这个变体。而桂德本新增三个母题的版本却已经被众多人讲述，它们可能被继续保留下去。这就是说，"创造者的气质、才干、想象力和个人经验"的产品有一个被公众检验与选择的机制问题。

然而，无论这个神话在500年的过程中出现怎样的变迁，其"道德"主题一直未变，段隆的故事是"善"的故事，其关键词为"善"与"诚"。而段绍升在众声喧哗之中的叙事，正是坚守着"善"与"诚"这一道德主旋律。他在其他地方的讲述中反复说到段隆是他的榜样。他受着段隆文化的熏陶，他的人格精神在这种精神文化氛围中生成。段隆是段绍升之本源，段隆神话就是段氏家族和段绍升个人的基本宪章，"治水龙王"铸塑了包括段绍升在内的段氏家族成员做人处世的道德。段绍升是段隆的当下存在。

第三节　"被排除者"补充

如果要从个案、事例和零碎的观察当中，达到更广泛、更超拔（尽管不期待它能勘破天机）的一种洞察，"他们就必须尽力把这些个殊之物拉到一个接近到足以了解的距离之内，并且用一种能使它们相互辉映、启迪的方式把它们联系起来。换言之，这里玩的就是语境化。"这个"语境化"就是"在更大的意义世界中把它们展开"。[①] 如何做到"语境化"？其实就是将故事所处的文化位置指示出来，即将讲"这个"故事的时候所排除掉的在纵横组合位置上的、时间与空间更大的范围内的"那个"或"那些个"故事补充出来。"叙事史是一个排除结构，因为它带有其他故事的痕迹，带有未被讲述的故事、被排除了的故事以及被排除者的故事的痕迹。……客观叙事的世界表面上是自足的，实质上却有赖于它所忽略的东西才能存在"。[②] 段隆

[①] ［美］克利福德·格尔兹：《地方知识》，杨德睿译，商务印书馆2014年版，第3页。

[②] ［英］马克·柯里：《后现代叙事理论》，宁一中译，北京大学出版社2003年版，第93—94页。

的故事是一个"善"的故事；而这个"善"的故事，是排除了与其具有空间上的"横组合关系"的"恶"的故事而被叙述的；段隆神话是一个家族祖先的神话，而这个神话同样是排除了具有时间上的"纵组合关系"的更为宏大和辽远的神话故事而被叙述的。本节我们先将横组合关系中的"被排除者"的语境补充出来。

当将段隆"善"的故事延伸到"恶"的故事，也就是在空间上将家族神话扩展到白族诸神话之中的时候，我们发现在白族神话之中，存在诸多对应的故事，这些故事从另一面既是证明、也是支撑着段隆神话的基本精神（同样，段隆神话也证明和支撑着其他白族神话的基本精神）。这里提供大理地区白族村民对待"凶神恶煞"的神话与仪式的三则田野材料。

一 善请"火神"

作为"火殃使君"的火神，在神的系列中是白族地区造成火灾的凶神。周城村以往某家失火，或有火灾之征兆，全村便要举行极为隆重的、持续三天三夜的"送火神"仪式。近年来仪式有所简化，一般在一天内完成。2001年1月28日，周城七社杨寿家的猪圈草房因小孩春节期间放鞭炮着火，1月30日便举行了送火神仪式。我参加了这一仪式的全过程。

仪式：在门廊下设一供桌，中置一黄纸符码，上书："天地三界十方万灵皇帝"。下有"天地之神"画符一张。香炉内燃香点烛。桌上的供品则全为素食：黄果一盘，干那、乳扇共一盘，盐、米、茶共一盘，酒一杯，茶一杯，盐一盘，净水一碗（中置一束柏枝）。屋内正堂为仪式的核心场所，正堂中央设一供台，供品与廊下相同，只是供台正中插了一把宝剑，上挂红布。在正堂左侧的墙壁上，悬挂着彩纸扎成的火神，其前有一彩绘纸龙舟，舟中站立四个纸神，此为火神之随从。正堂门口放置五双草鞋，供火神和四随从穿用。门上新贴对联为："祈福消灾诚心愿，免灾解危奉吉祥"，横批为："清吉平安"。堂屋的中间横一根绳子，悬下36张上端蓝色、中端红色、下端绿色之长形纸条，书36火部神名，从右至左为：凡火蛊火神君、火府烟火灯火神君、烛火明火暗火神君、火旗火郎神君、火绳火索神君、火殃使君回录神君、火府烟云队杖官君、执钺架刀烟都力士、丹霞火群伯英邹大将、火府昭明文孝皇帝、丹天火轮无忌宋将军、南方三气火正阕伯星君、南方祝融炎帝辅炎帝君、火雷天君长使者、六星童子火铃将军、主火五星华光马元帅、南极明离大帝火德荧惑星君、悔过坛中真慈三宝、谢火会上利尘圣贤、乾元四品考较火官丹天执法大帝、三五火车王天君、南方三气天中南极明离大帝、天火地火神君火府鬼火神君、天地年月日时火精大黑天神、五方掌火主火神君、丹天主火瓢吴大将、丹灵火鸦远真石大将、鹬首鹬尾火猪大黑赤鼠大神、火府祝融大帝火部雷君、火瓢火剑神君、火龙火马神君、火鹰火灵神君、金火炉火神君、火府飞火伏火神君、火弓火箭神君、南极火部阁属神祇火府一切圣众。仪式分两个阶段进行。

第一阶段的仪式为广请众神，诵经拜佛。上午 10 点半开坛请神，由村内唯一拥有权威法师印章的苏毓林主持，苏法师念经时，房主持香长跪于供桌前。给杨寿家带来火灾的凶神据法师说仅是 36 火神之一的"火殃使君"，但开坛却将火部 36 神全部请到；不仅如此，还将"天地之神"（用符码写出）亦全部请到，共有八万四千神，其中的主要神在苏法师的《佛法生宝》上写有名字，如五百罗汉、金刚观音、弥勒，等等。请来诸路神佛后便开始诵经。上午苏法师与其子所诵之经为《平安经》与《谢火科仪》。午饭后苏法师派出六人分至三处诵经：一是去村北本主庙诵《南斗经》，二是去村中龙泉寺诵《观音经》，三是去村外苍山脚下山神庙诵《三官经》。苏法师则在主人家诵《北斗经》。诵完后，下午 5 点苏法师开始诵《禳星法事》。此时，在走廊的供桌下置一直径两米的大盘，放上薄薄的一层豆油，家族中的老人及主要成员共 50 多人每人点燃一根小灯芯，放入盘内，算作一盏灯，表示他们对神的虔诚之心。晚饭后 7 点半诵《回乡经》，意谓送各路神佛返回原乡。第一阶段仪式结束。

第二阶段的仪式为专题送火神，当地村民将之分为"善请"与

"恶送"的两个小阶段。

　　首先是"善请"。这是指对纵火为灾的火神以礼相待，善意相请，供奉佳肴，烧化纸钱，祈求保佑火灾不再降临。晚上 8 点左右，供品换成了荤菜，猪肉、鸡蛋等都摆上了供台，这是专为火神享用的。8 点 30 分，进行"开光"仪式，这是法师运用巫力赋予纸扎的火神及其他相关事物以生命形式。只见苏法师念了一通经以后，便提了宝剑，威风凛凛地到处游走。随后他从一人手中接过公鸡，挤破鸡冠，将鸡血"点"在火神像的头上、身上；同时"点"在龙船上，"点"在门口放着的五双草鞋上，"点"在书有 36 火部神的纸条上；又"点"在供置的符码上，"点"在供台上代表金、木、水、火、土五方的五个碗里（每个碗里放了两个鸡蛋）。接着他将手中的响木猛击一下桌子，又用此木在鸡头上绕了许多圈，口中念动咒语。最后在供桌上画了符，将公鸡放入所画符圈内，再用那神秘的响木在鸡头上不断绕圈。这时需要观察公鸡的头朝向什么方向，送火神就应送至这个方向。这天的公鸡头朝向东南方。晚上 10 点 30 分，苏法师又开始念经，大模大样的猪头摆上供桌，再一次"善请"火神享用。先供一道生食，随后将猪头煮熟再供一道。

　　其次是"恶送"。晚上 11 点开始最后的送火神仪式，名之为"恶送"。仪式一改温情脉脉、讨好献媚的柔和风格，骤变为以武力驱逐火神的强硬态度。在家族和邻居中选出了 20 多个年轻力壮的小伙子执行这一任务。他们在法师的果断指挥下，将火神与龙船迅速抬出门，大踏步上路。这边抬火神的刚出屋，那边苏法师便立即提了宝剑，杀气腾腾地在门上、柱子上到处乱砍，意为将火神逐出住宅。随后，他又在房主家的每一道门上都贴上保护性的"画符"。外面送火神的队伍到了村子东南方的一片庄稼地的水沟边上，用干草燃起一堆大火，将所有的东西付之一炬。火神送出后，全体人员沿着原路回来吃夜宵，仪式在半夜 12 点多全部结束。

二　敬拜"罗刹"

　　读了上述田野材料，我们也许会作如下推想：因为白族村民没有力量战胜火神,只得"善请",求其保佑。事实并非如此,因为在巫术文化中,巫师是有力量制伏凶神的。上古的《伊耆氏蜡辞》① 中的"土反其宅,水归其壑,昆虫毋作,草木归其泽",就是巫师对待土、水、虫、草木诸神持命令态度的咒语。本仪式中的法师提剑砍杀的动作亦是证明。而下面的敬拜"罗刹"的例证则可以进一步说明,他们对待已经被制伏了的恶煞,仍然善意待之,施以恩惠。关于罗刹的故事,《白国因由》中有着详细的记述,录其要义如下:

> 隋末唐初,罗刹久据大理,人民苦受其害。唐贞观三年癸丑,观音大士从西天来至五台峰而下,化作一老人至村,探访罗刹事实。村中人民备将剜人眼、食人肉种种虐害人民事,从头告知老人。观音化为梵僧通过张敬与罗刹相会,罗刹款待甚恭,以人眼人肉为供。梵僧曰:"我受净戒不食此物。"罗刹闻说,善念忽生,乃曰:"长者至我家,不食我饭食,我心不安,欲与我要何物,我当如命。"僧曰:"若王相爱,只乞赐安乐处地方一块,结茅居之。"罗刹曰:"如此则不难,但不知要得多少来?"僧曰:"只要我的袈裟一铺,我的犬跳四步就足矣!"罗刹慨然以许,并立券为凭,且使罗刹父子对众立誓曰:"天地圣贤,护法鬼神在上,我父子对众立盟,送地与梵僧,任其袈裟一铺,白犬四跳。此外梵僧不得复求,我父子不得反悔,如有反悔,我父子堕落阴山,永不见天日,护法天神作证。"罗刹父子以为些小地方,不以为意,只知与梵僧亲洽相忘尔我,又何尝计较地界之多寡与得失也,时刻聆受开示,皆忘其食人肉、剜人眼,渐生善念,若有不复为恶之状。于是观音对众将袈裟一铺,复满苍洱之境;白犬四跳,占尽两关之地。罗刹一见大惊,拍掌悔恨。此时有五百青兵并天龙八部在云端拥护,大作鉴证,而罗刹父子悔恨不及矣,虽怀怨憾,不敢反言,乃善告梵僧曰:"我国土人民尽属长者有矣,使我父子无居业之地,奈何?"僧曰:"此亦不难

---

① 见《礼记·郊特牲》。

也，我别有天堂胜境，请王居之。"即以上阳溪涧内碌瓮摩出一洞，化为金楼宝殿，白玉为阶，黄金为地。化螺蛳为人眼，化水为酒，化沙为食，美味、珍馐、器具种种具备，将罗刹父子引入于内。罗刹父子见之曰："此境界胜于旧时我国土也。"僧曰："此处王如不愿，仍将大王所赐我之地相还。"罗刹曰："此处极安乐，无不愿者，只求长者将我眷属移来，尽归于此。"僧着护法神兵将伊家眷尽移于内，以神通用一巨石塞其洞门，僧变作黄蜂而出。罗刹惊吐其舌。僧令铁匠李子行以铁法浇之，又造塔镇于洞上，使伊父子永不能出。此观音神通广大，罗刹恶业当终也。①

我在周城收集到的观音降罗刹传说如下：

> 以前大理坝子有罗刹父子，是两个恶魔，要吃人的眼珠，人们不能出来盘庄稼。观音老祖②显圣，和罗刹下棋，把罗刹引到山洞里，念咒语，把罗刹关在洞里面。罗刹知道上了当，又气又急，把舌头伸出来，观音用烙铁把他的舌头烫回去；告诉他等到铁树开花的时候会放他出来。后来有个县官新上任，戴了一顶草帽到那里游玩，热了就把草帽挂在铁桩上。罗刹看见了就大嚷："铁树开花了，快放我出去！"观音老祖刮一阵风，将草帽吹走；又将马粪撒在洱海里变成螺蛳壳壳，像人的眼珠，告诉罗刹说你以后就吃这个东西。没有了罗刹为害，大理坝子五谷丰收。③

在这个故事中，罗刹是一个恶煞凶魔，比火殃造成的灾难还要巨大，但它被观音降伏了，丧失了继续作恶的能力。但即使在这种情况下，白族村民却依然善意待之，施以恩惠，并且供香敬拜。

---

① 无名氏：《白国因由》，康熙四十五年寂裕刊本。
② 白族的观音最初为男身，至今尚在龙泉寺供奉铜制男身观音，故称"观音老祖"。
③ 此为2000年收集的多人讲述的综合，故未注明日期。主要讲述者为段继仁（北方广莲池会会长）、董文奎（南方广莲池会会长）等。

2000年12月15日,我随周城北方广莲池会①的老妈妈去罗刹阁敬拜罗刹。我们上午9点50分到达那里。山脚是龙王庙,龙王庙上面则是主殿,有释迦牟尼、玉皇大帝、地藏王三尊座像。主殿向上转弯的山坳中,则为罗刹宫,有一简房,内塑罗刹像,面目怪异,孩童之身脸,骑一大鱼。再向上是弥勒像,无专殿,仅在一大石房中建一亭,无四壁。再向上的拐弯处则有一幅瓷制的露天八仙过海图。山的最高处,则是观音老祖殿。周城北方广莲池会的老妈妈和许多其他进香者,从山脚的龙王庙至观音殿依次烧香。神职人员张诰专门负责写裱文封壳上的称谓,有写"老祖宫中呈进"的,这是敬拜观音老祖的;有写"罗刹宫中呈进"的,这是敬拜罗刹的。封壳写好后,一位老妈妈负责将早已水印好的裱文装入封壳内。包括罗刹宫在内的各个敬拜点的供品皆相同:一碗水,三杯茶,一盘米(中有茶叶),一对红烛(点燃),一炷香(点燃),一盘干那、乳扇,一些糖果、橘子。在途中,我曾问一些老妈妈到罗刹阁去敬拜哪一位神,她们说:"罗刹阁,罗刹阁,敬罗刹呗。"此时,我又问她们为什么要向罗刹这个恶魔献供与敬拜,她们说:"罗刹是保佑我们老百姓呗。"她们甚至也弄不清哪个是观音,哪个是罗刹。我在观音阁时问一位刚刚跪拜完观音的老妈妈拜的是什么菩萨,她说:"罗刹呗。"敬拜活动结束以后,她们就在旁边的一个简易炊房处生火做饭。炊房的柱联为:"未供先尝三铁棒;私造饭食九铜锤",横批为"凡圣同餐"。可见这是一次包括与罗刹在内的人神共餐。到下午4点多钟,我才随她们从罗刹阁返回。

三 供养"蟒蛇"

读了"敬拜罗刹"的田野材料以后,我们或许又会作这样的推想:敬拜罗刹是白族村民的"忧患意识"使然,因为罗刹虽被观音制伏,压在山间,但未被彻底消灭,一旦重新兴风作浪,大理坝子的人民又要遭殃。为安全计,抚慰与敬拜是上策,使其享受香火而安于现状,村民便可永无忧患。但这种看法与故事的主旨不合,因为在民

---

① 方广莲池会为周城民间宗教组织之一,除几位会长和神职人员外,成员均为老年女性。周城有南、北两个方广莲池会。

间宗教信仰中,观音永远有办法压制罗刹,观音殿也永远坐镇于罗刹阁之上。此处,我再提供一个"供养蟒蛇"的例证,作为"忧患意识"的反证。这个故事说的是:对待已经死去、失去任何作恶能力的蟒蛇,他们仍然施惠予彼。

关于蟒蛇的故事,段绍升仅仅是提及,并未作专门讲述,我这里采集的是段氏家族长老段继灿的讲述:

> 古时候,神摩山大石洞内有一条大蟒蛇,能变各种样儿,又有宝剑一口,经常下山残害人畜,周城百姓每年三月三日献出童男童女一对,供蟒蛇吸食。
>
> 永胜猎人杜朝选,一日从海东来到周城。这一天是三月初二,神摩山脚下处处香烟缭绕,周城百姓个个愁眉苦脸。杜朝选问明原因,知道是蟒蛇作恶,便说:"待我上山杀了此蟒。"次日(三月三日),杜朝选带上弓箭,到神摩山蟒蛇洞对面的山坳里等待恶蟒出现。片刻,突然狂风四起,飞沙起石,蟒蛇摇头摆尾随风爬出洞来。杜朝选对准蟒蛇放出一箭,正好射中蟒蛇,蟒蛇就地一滚,不知去向。杜朝选赶上来找寻,只见二村姑在洗着血衣,原来她们是被蟒蛇掳掠来的二姐妹。二姐妹告诉杜朝选,说蟒蛇中了箭,现在洞中睡了。蟒蛇小睡三天三夜,大睡七天七夜,这次是小睡,但一下子不会醒来。于是,二姐妹带着杜朝选进洞,偷出蟒蛇枕下的宝剑交给杜朝选,杜朝选拿着宝剑朝蟒蛇乱砍,终于砍死了蟒蛇。因用力过猛,宝剑砍成两段,杜朝选手中只剩下一个刀柄。
>
> 杜朝选斩了蟒蛇,救出了姐妹下山,两姐妹说:"我们做你的妻子。"杜朝选不肯接受。两姐妹就跳进了村北的龙潭自尽了,杜朝选非常悔恨,也跟着跳进去,于是化作了三只蝴蝶,前跟后随,形影不离。从此,龙潭就叫蝴蝶泉。
>
> 周城人民为怀念这位杀蟒英雄,把他奉为本主。①

---

① 周城有两个本主,杜朝选为北本主,南本主为赵木郎岗。

正月十六日是杜朝选的生日，周城人用八抬大轿将杜朝选和两个娘娘的塑像抬到北广场，周城人一年中最热闹的时刻到了，男男女女穿起节日盛装，家家户户欢欢喜喜过本主节。①

在这个民间故事中，蟒蛇是一个蛇精，一个妖孽，不仅要吃村中的童男童女，而且掳掠妇女，无恶不作。周城人没有办法拯救自己，直到一个外地英雄出现。杜朝选帮助他们除杀了妖怪，但极为奇怪的是，周城人依然供养已被杀死的蛇妖。我在2001年2月6日至8日（农历辛巳年正月十四日至十六日）参加周城本主节，发现了这一宗教态度。

接本主的仪式是在正月十四日。上午11点钟时，浩浩荡荡的队伍正式出发。队伍的前面是20名童男童女。其中4名童男抬着旗帜，6名童男给杜朝选背印。10名童女则直接被命名为"十供养"，手中捧着分别代表她们自身的象征物"花""果""香""食""衣""财""茶""水""珠""灯"，这是供养蟒蛇的。其后是20多位捧着供品的经母②，这些供品与童女手中捧着的大体相同，但这是献给本主杜朝选的。队伍到了本主庙前，轿子停在路口，背本主的新郎们与方广莲池会会长及有地位的经母进入本主庙，先排成两行念经，随后，新郎们背本主上轿。然后接本主队伍绕村一周将本主接至村中最热闹的小街子的广场上，接着举行跳财神仪式。

在接本主的仪式中，"十供养"手中的十样东西是献给蟒蛇而不是给杜朝选的，已经充分说明了周城白村村民对待蛇妖的态度。当然，仪式中的童男童女本身就是供养蟒蛇的象征物，因为蟒蛇未被杀死之前，本就以童男童女为食，故在它死后的仪式上，象征性地以手中之物替代自身。这与上文观音用螺蛳作为人眼的替代物来喂养罗刹的结构相同。这一推想还可有另外两个旁证：一是在同为本主（南本主）③

---

① 此为2000年我在周城田野工作期间，段继灿先生给了我一份他自己书写的《杜朝选的故事》的材料，我抄录于此。
② "经母"为周城方广莲池会的会员中地位较高者，能背诵宗教经典。
③ 庚辰年（2000年）七月十八和辛巳年（2001年）七月十八，我两次参与观察这个仪式，仪式不用童男童女。

的赵木郎岗七月十八日寿诞举行的庆典中,从来不用童男童女;二是周城的其他仪式都不用童男童女。

上述三个例证,逐层推进地说明了白族村民"善待凶神恶煞"是一种彻底的、无条件的宗教态度。我们不能简单地用"求安"心理来解释,因为在例证二、例证三中,村民们并没有感到不安全;也不能用怜悯的心理来解释,因为怜悯产生不了永久性的敬拜信仰;[①] 也不能用忧患意识来解释,因为巫术可以驱逐火殃神,观音可以制伏罗刹,蟒蛇已被杀死,何患之有?这里是在一种"恶"的故事中所显示的一种"善"的宗教态度。

当这三个故事作为段隆的故事的"被排除者"而被补出时,我们看到了同样的"善"。它们与段隆神话的表达方式不同,主题却是相同的,像是各种不同的演奏乐器的协奏,呈现出白族文化的同一旋律。"善"的故事是颂扬与陶冶,"恶"的故事是训诫与警示。段绍升在这种文化土壤中生长了出来。

第四节 "被排除者"再补充

神话"既不是虚构的故事,也不是对已死亡的过去的描述,它是一个部分仍然活着的更大实在的一个陈述"。[②] 本节我们将段隆神话的"纵组合关系"中的"被排除者"的语境补充出来,也就是将段氏家族神话、白族神话延伸至更为久远和宏大的中华文化背景中去,这里的语境化内涵更为丰富和复杂。与经典民族志所描述的封闭的文化不同,周城村不是一个封闭村,而是一个与外界有着广泛联系的开放村庄;白族文化也不是一种封闭的文化,它作为中华文化的"子文化",在长期历史发展中与藏族文化、佛教文化特别是中原地区的汉族文化有着复杂的交流互动。这种延伸并非寻找"小"与"大"之间的因果推论,而是希求延伸出一种触须式的、休谟意义上的"观念

[①] 白族村民对待孤魂野鬼,方为一种怜悯,那只在烧包节时顺便给它们烧一些纸钱。
[②] [英]保尔·汤普逊:《过去的声音》,覃方明等译,辽宁教育出版社2000年版,第71页。

的联结"。我们看到，从段氏家族文化中生长出的这根生动而敏感的触须就是"龙"。段隆成神以后成为"治水龙王"，是一条"龙"，而中华文化也被称为"龙"的文化。

关于"龙"，在中华大地上到处都有其传说。[①] 而这个"龙"到底是什么呢？这恐怕是自古至今争议最多、最难确定的艰深问题之一。古籍关于龙的记载极为浩繁，学者们将龙的真相求索看作中国文化史上遗留下的最大疑谜之一，因而千方百计想猜中这个谜。他们所运用的研究方法概括起来有如下两类。

第一种研究方法我们将之称为"单一物象探求法"。持这种研究方法的学者追求"龙"的确定性内涵。例如东汉王充在《论衡·龙虚篇》中说：

> 龙之所居，常在水泽之中，不在木中屋间。何以知之？叔向之母曰："深山大泽，实生龙蛇。"传曰："山致其高，云雨起焉；水致其深，蛟龙生焉。"传又言："禹渡于江，黄龙负船。荆次非渡淮，两龙绕舟。东海之上，有鲁邱䜣：勇而有力，出过神渊。使御者饮马。马饮因没。䜣怒拔剑，入渊追马，见两蛟方食其马，手剑击杀两蛟。"由是言之，蛟与龙常在渊水之中，不在木中屋间明矣。在渊水之中，则鱼鳖之类，何为上天？……今龙有形。有形则行；行则食，食则物之性也。天地之性，有形体之类，能行食之物，不得为神。何以言之？龙有体也。传言："鳞虫三百，龙为之长。"龙为鳞虫之长，安得无体？何以言之？孔子曰："龙食于清，游于清；龟食于清，游于浊；鱼食于浊，游于清。丘上不及龙，下不为鱼，中止其龟与？"《山海经》言："四海之外，有乘龙蛇之人。世俗画龙之象，马首蛇尾。"由此言之，马蛇之类也。慎子曰："蚩龙乘云，腾蛇游雾。云罢雨霁，与蚓蚁同矣。"韩子曰："龙之为虫也，鸣可狎而骑也。"比之为蚓蚁，又言虫可狎而骑，蛇马之类明矣。

[①] 在我做过的田野工作的地点，包括哀牢山地区的摩哈苴彝族村、湖南龙山县苗儿滩捞车土家族村、西藏那曲、湖北黄陂平峰汉族村，都有"龙"的存在。

王充在探索龙的真相中，引用了许多古代说法。这些说法各有不同，有认为是蛇，有认为是马，有认为是鱼鳖，有认为是蚓蚁，有认为是虫，都是在追求一种确定性的回答，即认为龙是一种客观现实中存在着的东西。王充不厌其烦地引证这些材料，也是为支撑他关于龙非神而是有形有体、能食能行的具体事物的理论观点。

这种"单一物象探求法"被今人继承着，不但蛇、马、鱼、虫等各种古人的说法被进一步说明和发挥，"龙"的意象也增加了许多新的看法：有的认为是云、是猪、是东方天空的龙星，有的认为是蜥蜴、是蚕、是蜗牛，有的认为是闪电、是海蟒、是鳄。即使在共同认为龙是鳄的学者中，又有不同：有的认为是湾鳄，有的认为是扬子鳄和海鳄，等等。这种猜谜式的研究方法努力追寻龙到底是自然界哪一种具体的事物。然而谜底越多，等于越没有谜底。由于龙的内涵具有丰富性、多样性和不定性，而认识主体对于意义又具有选择性，因而不仅在众多的学者那里诸说纷纭。即便在同一个学者那里，也因为其认识变化而出现相互矛盾的说法。这些都说明追求确定性的研究方法已经造成了龙的研究中"治丝太繁、终成死结"的局面。

当然，我们并不是一般地反对探求某些重要文化符号的真相。我们对于真相的看法持如下一种态度：一个文化符号的起源可能被赋予一定的内涵，但在其后漫长的历史变迁中，不同时代的人们也可以根据彼时彼地的实际生活对它进行重新解释，于是它就发生了变形的可能性，这是一个十分丰富多彩的文化发展过程。在这一过程中，解释的历史性与语言的社会性造成了文化符号内涵的不确定性。一个有着丰富复杂内涵的文化符号不只是举出它早期的具体事物的内涵就能说明它的全部真相的，它的每一个不断变化之中的内涵都是真相。因此，"单一物象探求法"显然不可能揭示"龙"之谜。

为了解开龙的研究问题上的死结，也为了从无休止的争论的泥淖中挣脱出来，有的学者根据典籍记载和神话传说中的有关材料，提出龙是综合性的虚拟生物意象的看法。宋代罗愿《尔雅翼·释鱼》"龙"目下引王符言"龙形九似"的看法，就认为龙的面貌是多种物象的综合：角似鹿，头似驼，眼似兔，项似蛇，腹似蜃，鳞似鱼，爪似鹰，掌似虎，耳似牛。闻一多先生在《伏羲考》中也有一说，认为龙是蛇接受兽类的四脚，马的头、鬣和尾，鹿的角，狗的爪，鱼的鳞和须。这种研究方法我们将之称为"综合意象研究法"。然而，这是一种结构分析方法，它只是在一个平面上指出了"龙"符号的部分内涵。具体说来，这个"综合意象"中只有动物形象，却没有也不能将龙的内涵的历史发展显示出来，它没有解决龙的历时性内涵问题。

这种研究历史和研究现状，逼迫我们换一种思维方式来重新思考该问题。在我看来，见之于典籍的呈现在我们面前的各种关于龙的记载正是龙在历时性的发展中所堆积起来的内涵，其中互不相容的矛盾现象是人类思想文化发展中的历史变革所造成的。在极为漫长的人类历史发展的长河中，中华大地不同时期、不同地域的人们依据彼时彼地的人类生活不断地给予龙以重新解释，赋予新的意义，皆成为龙的内涵的一部分。我们可以将典籍记载的龙的材料还原为一个历时性的发展过程。就龙的研究方法言，共时式的静态研究方法还有待于发展为历时性的动态研究方法。

考古发掘所提供的关于龙的图形资料远比文献记载的要早。仰韶文化濮阳西水坡遗址出土的用蚌壳摆塑的龙，已具有马头、鹿角、蛇躯、鹰爪、鳞身、鱼尾等综合特征，时间距今约6000多年。这个时期的彩陶纹饰中亦有例证。陕西宝鸡北首岭出土的细颈壶（属仰韶文化半坡类型）上绘一只鸟叼着一条似鱼非鱼、似蛇非蛇的动物。从其鳞身、鱼尾、蛇躯看，可能是雏形的龙。甘肃甘谷县西坪出土的彩陶壶（属仰韶文化庙底沟类型）亦绘有鳞身、鱼尾、蛇躯的动物，其爪亦约略似鹰，此应为初期的龙。近年来，内蒙古和辽宁红山文化中发现有猪首蛇体玉龙，距今6000多年至5000多年。又：距今约4500多年的山西襄汾陶寺出土的彩绘蟠龙纹陶盘，龙的外观是鳄头、鳞身、蛇躯。河南偃师二里头出土有龙纹陶片，亦为鳞身、蛇躯。可见，与其他任何写实的图形动物不同，龙是一种综合性的图形符号。当然，这些考古材料的年代与初民关于龙的观念产生的年代不能绝对

第十八章 "治水龙王"的传人："纵向"追释 | 325

等同，观念的产生要早于将其塑画下来的时代。而在这些考古材料出现以后隔了数千年，文字方将其记录下来，这就是甲骨文的年代，甲骨文中有"龙"字。

我们研究龙的历时性内涵，需要对考古发掘中表达初民观念的图形符号和古典文献所记载的材料进行还原工作。古人言"龙形九似"，"似"是一个比喻词，这是龙的形象被记载下来的时候人们所运用的语言，而在龙的观念产生的时代是没有比喻的逻辑空间的。在初民的思想中，"九似"即为"九是"。龙既是驼，又是鹿，还是牛，且是虎，等等。"九"为虚数，极言其多。"九似"是一种综合的结构，其中所似之物皆为动物："鹰"为鸟类；"蛇、蜃"是虫类；"鳞身、鱼尾"是鱼类的标志；"驼、鹿、牛、虎、兔"为兽类。可见，龙就是飞鸟、走兽、游鱼、爬虫的综合，是一种水陆空"三栖动物"，因而被认为是"鳞虫之长"，亦即多种动物乃至所有动物的概括与象征。

然而，龙的内涵不限于此，诸多古籍皆记载了龙与云、雨、雷、电等自然现象的关系。《易·系辞》载："云从龙。"又载："召云者龙。"《汉书·王褒传》有"龙兴而致云"语。《淮南子·天文训》亦载："龙举而景云属。"《论衡·龙虚篇》载："雷龙同类，感气相致。"又言："龙者云之类，……龙乘雷电。"《吕氏春秋·召类》言："以龙致雨。"《太平御览》卷 22 引《论衡》又说："龙乘云雨而行。"《山海经·海内东经》载："雷泽中有雷神，龙身而人头。"在这些重重叠叠的例证中，"龙者云之类""雷龙同类"的说法直接说明龙与云、雷是同类的，其余需略作分析。在初民思维中，"没有什么东西具有一种限定不变的静止形态：由于一种突如其来的变形，一切事物都可以转化为一切事物。"[①] 但在已经转化的"变型"和"原型"之间总是存在着一定的联系。这种联系有的表现为原型的躯体及其特征为变型所包含，即变型躯体有一部分是原型的；有的表现为原型成为变型的相伴相随之附属物，如坐骑之类；有的表现为原型的功

---

① ［德］恩斯特·卡西尔：《人论》，甘阳译，上海译文出版社 1985 年版，第 104 页。

能成为变型的一部分功能。"云从龙""龙乘云雨而行""龙乘雷电""龙举而景云属",这些是说"云""雨"是龙的附属之物,龙的前身是云雨。雷神"龙身而人头","龙与雷电俱在树木之侧"说的也是龙与雷电同类。"召云者龙""龙兴而致云""以龙致雨"则是说龙具有致云雨的功能。这些重重叠叠的材料,皆说明龙的符号内涵中包含着"云雨雷电"。

从水、陆、空三栖动物转化为云雨雷电,龙的内涵出现了一个突变性的飞跃,这是一个动态的发展过程,其动力是人类生产实践的发展。学术界对于初民的自然崇拜与动物崇拜孰先孰后的问题,长期存在着争论,如果考察一下认识是如何发生的,就不难解决这种争端。人只有与外物在实践中形成对象性的关系,人才能成为主体,而这一外物方有可能成为客体。诚然,在渔猎经济中,初民无疑会碰到云、雨、雷、电这些自然现象,但却不是他们的实践对象,这些自然现象并没有从根本上破坏他们的生活秩序。初民此时注意力主要集中在渔猎活动对象上,这才是关系到他们生计的重大问题。然而,到了农耕经济阶段,云、雨、雷、电对于农业生产关系极大,直接影响到食物能否获得,于是这些自然现象被初民实践的手电光照亮,人类才能"看见"这些自然现象。龙的内涵中的云、雨、雷、电正是在这时产生的。

到这里,龙的内涵的历时性的发展仍然没有结束。在原始文化向文明时代的过渡中,由于生产实践范围不断扩大,生产技术水平不断提高,人类理性精神也在逐步觉醒,一个大的变革时代正在到来。初民的神话世界观便转变为文明时代人类的理性世界观,神话文化就转变为理性文化。伴随着文字的出现,人类的精神创造可以被记载下来了,随后,以《易经》为首的一大批充满理性精神的"元典"应运而生,"轴心时代"到来。这时,"神话时代与其心灵的平静和自明的真理终结了。这是反神话斗争——它建立于理性与实际经验的基础之上——的开端;……当神话被毁灭的同时,过去的那些神话都被改变了形式,并被赋予深刻的意义。"[1] 在这一场大规模的理性觉醒的

---

[1] [德]卡尔·雅斯贝尔斯:《智慧之路》,柯锦华等译,中国国际广播出版社1988年版,第70—71页。

时代中,"龙"并没有被消灭,而是又被进行了重新解释,"龙"的神话意义转换成为哲学意义。于是龙在原始时代形成的众多内涵变成了关于万事万物发展变化的规律以及治理国家、管理社会、自我修养、处理人与人之间关系的哲理思考。

我们通过《易·乾》卦爻辞和《易·乾·文言》为例来看龙的内涵的理性转换。《易·乾》卦爻辞全部都是以龙为象征来说明爻象的:"乾,元、亨、利、贞。初九,潜龙勿用。九二,见龙在田,利见大人。九三,君子终日乾乾,夕惕若,厉无咎。九四,或跃在渊,无咎。九五,飞龙在天,利见大人。上九,亢龙有悔。""龙"由"潜"到"见",再到"跃",再到"飞",最后到"亢",这并不单是在讲龙的行状,而主要是在讲一切事物由小到大、由弱至强、最后物极将反的发展变化规律。解释乾卦的《易·乾·文言》将此说得更为明白。如它解释"初九"爻辞说:"初九曰:'潜龙勿用。'何谓也?子曰:'龙德而隐者也。不易乎世,不成乎名;遁世无闷,不见是而无闷;乐则行之,忧则违之;确乎其不可拔,潜龙也。'""潜龙"原是游鱼之形象,是龙的综合意象之一种。到了理性觉醒的时代,这种游鱼就用来象征"龙德而隐者",鱼潜于水被比喻为德藏于内,动物形象被赋予了深刻的理性意义。又:"九二曰:'见龙在田,利见大人。'何谓也?子曰:'龙德而正中者也。庸言之信,庸行之谨,闲邪存其诚,善世而不伐,德博而化。易曰:见龙在田,利见大人。君德也。'"这里也将龙说成有纯正而中庸的德行,进而比喻领导人物的德行。又:"九四:'或跃在渊,无咎。'何谓也?子曰:'上下无常,非为邪也。进退无恒,非离群也。君子进德修业,欲及时也,故无咎。'""龙"内涵中作为水栖动物在渊内上下跃动又被作为君子居上位居下位的经常变化但却不能脱离群众的象征。又:"九五曰:'飞龙在天,利见大人。'何谓也?子曰:'同声相应,同气相求;水流湿,火就燥;云从龙,风从虎。圣人作,而万物睹,本乎天者亲上,本乎地者亲下,则各从其类也。'""云"亦为龙的意象之一种,但在理性觉醒以后,它被用来象征自然界中物与物相互感应,又引申为圣人治理万物,使万物自然感应。这是在讲协调人与自然、人与社会的关系准则。

可见,龙的符号形式被文明开端时代的中国人所继承,而龙的内涵在理性觉醒时代发生了重大转换。

从以上的探索中可以看出,就龙的全部内涵而言,它具有丰富性、多样性和不定性的特点。这种丰富性、多样性、不定性是由于在历史发展中人类思想文化的变革所造成的。龙的内涵是多变的,是从渔猎文化到农耕文化,又从农耕文化到文明时代的文化这一漫长的中国文化纵向发展过程的凝聚和积淀。于是,龙成为中国文化纵向发展的象征物。这种资格的获得,是经过两次巨大的革命风浪冲击的。第一次是"农业革命"。龙的内涵中各种动物皆转形为自然现象,这是龙的第一次新生。第二次是文明时代的理性革命,龙又经历了这场风暴的洗礼再次获得新生,它使龙最终稳固地确立了作为中国文化象征之地位。

不仅如此,龙获得中国文化象征物的资格,也由于它的内涵是在传播中横向综合的结果。我们看到,对于同一个具体的历史时期,龙的内涵具在相对的确定性。但此时的龙,也不具体地描摹某一种事物的外形,而是综合呈现一类事物共同的特征。例如在渔猎经济时期,它综合概括了多种动物的形象;在农耕经济时期,它又综合概括了多种自然现象。这就说明,对于一个具体历史时期,龙是这一时期的文化横断面的综合与概括。闻一多先生曾在《伏羲考》一文中论及中华民族龙的图形的综合性认为这是"团族合并"的结果,这种团族合并就是横向的文化交融和传播的一个重要形式。[1]

从这两方面看来,龙就成为全部中国的原始文化到文明时代文化的横向上的综合和概括与纵向上的凝聚和积淀的象征物。因此,龙成了中国文化的象征物。考古学家认为:"我国在一万年以内至商代以前的史前时期早就存在着六大文化区系,经过多次撞击、融合,最终凝聚成多源、一统的中国传统文化"[2],龙的内涵的多样性、丰富性、

---

[1] 《闻一多全集》一,开明书店1948年版,第26页。
[2] 苏秉琦:《关于重建中国史前史的思考》,载《人民日报》1991年9月21日第三版。

不定性，就是这种撞击、融合、凝聚的集中体现。"龙"作为中国文化的象征物，并不是在几千年，而是在数十万年的历史发展的凝聚与积淀中以及在中华大地各民族文化的交融与概括中形成的，其核心在于"凝聚"与"团结"，这种凝聚与团结，是一种"多元一体"的格局，这种格局的文化意义在于它允许差异性存在，并不是一个决然对立与斗争的局面，而是一个共存并置的局面，这种凝聚与团结、共存与并置，当然是一种"善"。可见，段氏家族的"龙"与中华文化中的"龙"的精神内涵是相同的。

综上所述，在纵向追释中我们看到段绍升生长的家族文化土壤、白族文化土壤以及更远大的中华文化的土壤，共同提供了一种营养，段绍升"是什么""怎么样"，都在这里的"为什么"即"从哪里来"的问题中提供了更为广阔而深远的参考视角，得到了进一步的文化解释。而段绍升人生经历也给予这种延伸以佐证：他一生"行山行水行天下"，走过中华大地很多地方，接受过汉族文化的深刻影响。就文化的最重要的组成部分语言来说，他完全掌握了汉语，并能够规范而流利地运用，他的全部讲述使用的都是纯熟的汉语。

附录1 段绍升同意用真名出书的第一封信

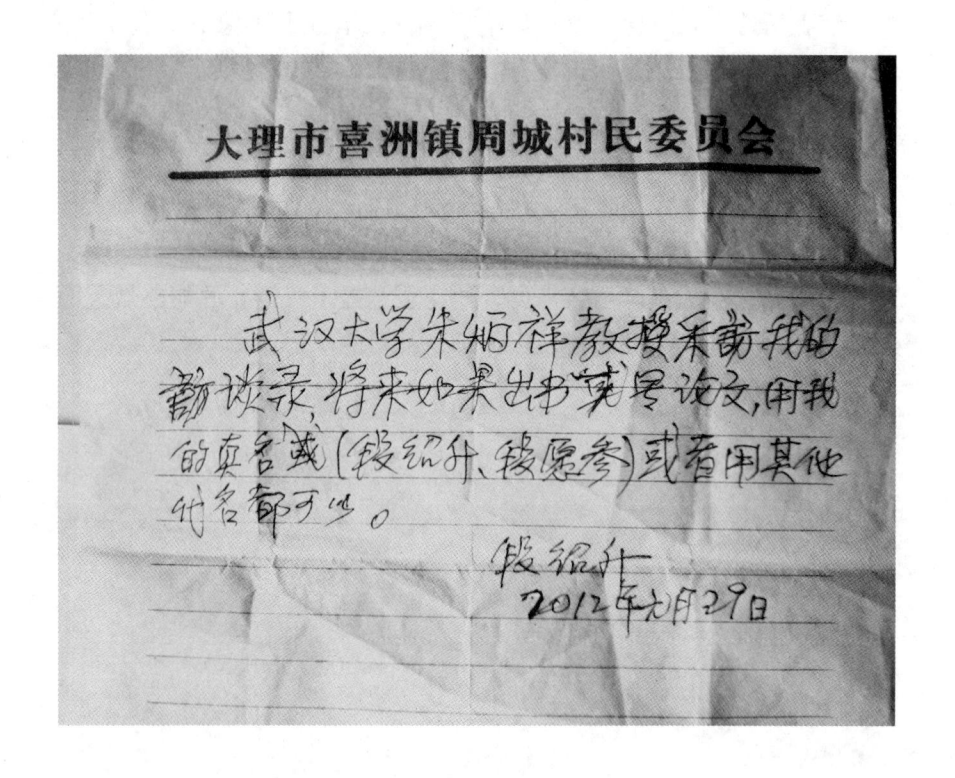

附录2　段绍升同意用真名出书的第二封信

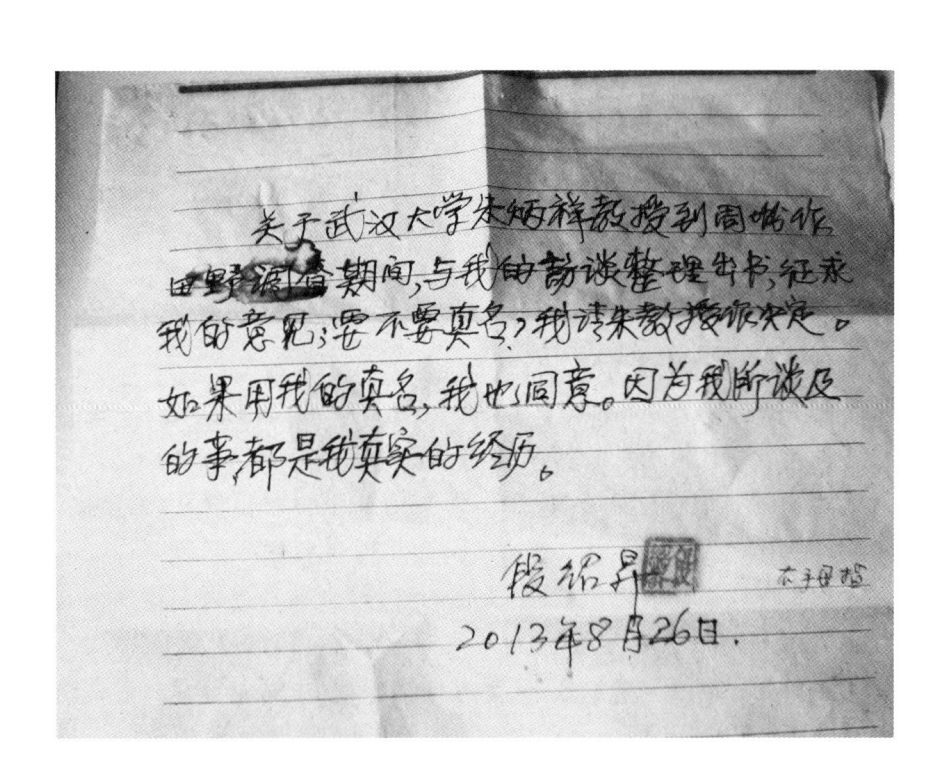

关于武汉大学朱炳祥教授到周城作田野调查期间，与我的访谈整理出书，征求我的意见：要不要真名？我请朱教授你决定。如果用我的真名，我也同意。因为所谈及的事都是我真实的经历。

段绍升
2013年8月26日

主要参考文献

1. [古希腊] 柏拉图：《文艺对话集》，朱光潜译，人民文学出版社1963年版。
2. [古希腊] 亚里士多德：《范畴篇 解释篇》，方书春译，商务印书馆1959年版。
3. [美] 理查德·罗蒂：《哲学与自然之镜》，李幼蒸译，商务印书馆2003年版。
4. [美] 理查德·罗蒂：《偶然、反讽与团结》，徐文瑞译，商务印书馆2003年版。
5. [美] 詹姆斯·克利福德、乔治·马尔库斯编：《写文化——民族志的诗学与政治学》，高丙中等译，商务印书馆2006年版。
6. [美] 马尔库斯、费彻尔：《作为文化批评的人类学》，王铭铭、蓝达居译，生活·读书·新知三联书店1998年版。
7. [美] 克利福德·格尔兹：《文化的解释》，纳日碧力戈等译，上海人民出版社1999年版。
8. [美] 克利福德·格尔兹：《地方性知识》，王海龙等译，中央编译出版社2000年版。
9. [美] 克利福德·格尔兹：《尼加拉：十九世纪巴厘剧场国家》，赵丙祥译，上海人民出版社1999年版。
10. [美] 克利福德·格尔兹：《追寻事实》，林经纬译，北京大学出版社2011年版。
11. [美] 克利福德·格尔兹：《论著与生活》，方静文、黄剑波译，中国人民大学出版社2013年版。

12. ［美］爱德华·萨义德：《东方学》，王宇根译，生活·读书·新知三联书店 1999 年版。
13. ［美］肖斯塔克：《妮萨：一名昆族女子的生活与心声》，杨志译，中国人民大学出版社 2017 年版。
14. ［美］蒯因：《从逻辑的观点看》，江天骥等译，上海译文出版社 1987 年版。
15. ［美］霍埃：《批评的循环》，兰金仁译，辽宁人民出版社 1987 年版。
16. ［美］托马斯·库恩：《科学革命的结构》，金吾伦、胡新和译，北京大学出版社 2003 年版。
17. ［美］乔姆斯基：《句法结构》，邢公畹等译，中国社会科学出版社 1979 年版。
18. ［美］威廉·怀特：《街角社会》，黄育馥译，商务印书馆 1994 年版。
19. ［美］杰里米·里夫金、特德·霍华德：《熵：一种新的世界观》，吕明等译，上海译文出版社 1987 年版。
20. ［美］亨廷顿：《义明的冲突》，周琪等译，新华出版社 2002 年版。
21. ［美］罗伯特·墨菲：《文化与社会人类学引论》，王卓君、吕乃基译，商务印书馆 1991 年版。
22. ［美］乔治·瑞泽尔：《后现代社会理论》，谢立中等译，华夏出版社 2003 年版。
23. ［美］摩尔根：《古代社会》，杨东莼等译，商务印书馆 1977 年版。
24. ［美］罗维：《初民社会》，吕叔湘译，江苏教育出版社 2006 年版。
25. ［美］保罗·拉比诺：《摩洛哥田野作业反思》，高丙中、康敏译，商务印书馆 2008 年版。
26. ［美］麦克尔·赫兹菲尔德：《什么是人类常识》，刘珩等译，华夏出版社 2005 年版。

27. ［美］雷莉·奥特纳：《20世纪60年代以来的人类学理论》，载庄孔韶主编《人类学经典导读》，中国人民大学出版社2008年版。
28. ［美］埃里克·沃尔夫：《欧洲与没有历史的人民》，赵丙祥等译，上海人民出版社2006年版。
29. ［美］许烺光：《祖荫下》，王芃、徐隆德译，台湾南天书局2001年版。
30. ［美］露丝·本尼迪克特：《文化模式》，何锡章等译，华夏出版社1987年版。
31. ［美］玛格丽特·米德：《三个原始部落的性别与气质》，宋践等译，浙江人民出版社1988年版。
32. ［美］马歇尔·萨林斯：《历史之岛》，蓝达居等译，上海人民出版社2003年版。
33. ［美］马歇尔·萨林斯：《甜蜜的悲哀》，王铭铭等译，生活·读书·新知三联书店2000年版。
34. ［美］马歇尔·萨林斯：《石器时代经济学》，张经纬等译，生活·读书·新知三联书店2009年版。
35. ［美］武雅士：《中国社会中的宗教与仪式》，彭泽安等译，江苏人民出版社2014年版。
36. ［美］华勒斯坦等：《开放社会科学》，刘锋译，生活·读书·新知三联书店1997年版。
37. ［美］爱德华·萨丕尔：《语言论》，陆卓元译，商务印书馆1985年版。
38. ［美］佐亚·科库尔和梁硕恩：《1985年以来的当代艺术理论》，王春辰等译，上海人民美术出版社2010年版。
39. ［美］罗伯特·莱顿：《他者的眼光》，蒙养山人译，华夏出版社2005年版。
40. ［美］保罗·康纳顿：《社会如何记忆》，纳日碧力戈译，上海人民出版社2000年版。
41. ［美］杜赞奇：《文化、权力与国家》，王福明译，江苏人民出版社 1996 年版。

42. ［美］雷德菲尔德：《农民社会与文化》，王莹译，中国社会科学出版社 2013 年版。

43. ［美］黄树民：《林村的故事》，素兰、纳日碧力戈译，生活·读书·新知三联书店 2002 年版。

44. ［美］戈夫曼：《日常生活中的自我呈现》，冯钢译，北京大学出版社 2008 年版。

45. ［美］斯科特·塞诺：《捆绑的世界》，江立华等译，广东人民出版社 2006 年版。

46. ［英］培根：《新工具》，许宝骙译，商务印书馆 1984 年版。

47. ［英］霍布斯：《利维坦》，黎思复等译，商务印书馆 1985 年版。

48. ［英］哈登：《人类学史》，廖泗友译，山东人民出版社 1988 年版。

49. ［英］马林诺夫斯基：《西太平洋的航海者》，梁永佳、李绍明译，华夏出版社 2002 年版。

50. ［英］马林诺夫斯基：《一本严格意义上的日记》，卞思梅等译，广西师范大学出版社 2015 年版。

51. ［英］马林诺夫斯基：《文化论》，费孝通译，华夏出版社 2002 年版。

52. ［英］拉德克利夫－布朗：《安达曼岛人》，梁粤译，广西师范大学出版社 2005 年版。

53. ［英］拉德克利夫－布朗：《原始社会的结构与功能》，潘蛟等译，中央民族大学出版社 1999 年版。

54. ［英］丹皮尔：《科学史》，李珩译，商务印书馆 1975 年版。

55. ［英］特雷·伊格尔顿：《二十世纪西方文学理论》，伍晓明译，陕西师范大学出版社 1987 年版。

56. ［英］休谟：《人类理解研究》，关文运译，商务印书馆 1957 年版。

57. ［英］休谟：《人性论》，关文运译，商务印书馆 1980 年版。

58. ［英］格里戈里·贝特森：《纳文》，李霞译，商务印书馆 2008

年版。

59. ［英］埃文斯－普里查德：《努尔人》，褚建芳等译，华夏出版社 2002 年版。

60. ［英］弗里德曼：《中国东南的宗族组织》，刘晓春译，上海人民出版社 2000 年版。

61. ［英］雷蒙德·弗思：《人文类型》，费孝通译，华夏出版社 2002 年版。

62. ［英］普里查德：《阿赞德人的巫术、神谕和魔法》，覃俐俐译，商务印书馆 2006 年版。

63. ［英］怀特海：《过程与实在》，李步楼译，商务印书馆 2011 年版。

64. ［法］梅洛－庞蒂：《符号》，姜志辉译，商务印书馆 2003 年版。

65. ［法］米歇尔·塞尔：《万物本原》，蒲北溟译，生活·读书·新知三联书店 1996 年版。

66. ［法］笛卡儿：《第一哲学沉思录》，庞景仁译，商务印书馆 1986 年版。

67. ［法］高更：《诺阿·诺阿》，郭安定译，中国人民大学出版社 2004 年版。

68. ［法］高更：《诺阿·诺阿》，马振骋译，上海译文出版社 2011 年版。

69. ［法］利奥塔：《后现代状态》，车槿山译，南京大学出版社 2011 年版。

70. ［法］罗兰·巴特：《写作的零度》，李幼蒸译，中国人民大学出版社 2008 年版。

71. ［法］萨特：《存在主义是一种人道主义》，周熙良、汤永宽译，上海译文出版社 1988 年版。

72. ［法］萨特：《存在与虚无》，陈宣良等译，生活·读书·新知三联书店 1987 年版。

73. ［法］布尔迪厄：《所述之言：布尔迪厄反思社会学文集》，陈逸淳译，台湾麦田出版社 2012 年版。

74. ［法］布尔迪厄：《实践与反思》，李猛、李康译，中央编译出版社1998年版。
75. ［法］布尔迪厄：《实践理性》，谭立德译，生活·读书·新知三联书店2007年版。
76. ［法］柏格森：《时间与自由意志》，吴士栋译，商务印书馆1958年版。
77. ［法］卢梭：《论人类不平等的起源》，高煜译，广西师范大学出版社2002年版。
78. ［法］卢梭：《社会契约论》，何兆武译，商务印书馆2003年版。
79. ［法］勒内·托姆：《突变论》，周仲良译，上海译文出版社1989年版。
80. ［法］爱弥尔·涂尔干：《宗教生活的基本形式》，渠东等译，上海人民出版社1999年版。
81. ［法］爱弥尔·涂尔干、马歇尔·莫斯：《原始分类》，汲喆译，上海人民出版社2000年版。
82. ［法］罗兰·巴特：《作者之死》，载赵毅衡编选《符号学文学论文集》，百花文艺出版社2004年版。
83. ［法］莫里斯·哈布瓦赫：《论集体记忆》，毕然、郭金华译，上海世纪出版集团2002年版。
84. ［法］马歇尔·莫斯：《社会学与人类学》，佘碧平译，上海译文出版社2003年版。
85. ［法］列维－斯特劳斯：《忧郁的热带》，王志明译，生活·读书·新知三联书店2000年版。
86. ［法］葛兰言：《古代中国的节庆与歌谣》，赵丙祥译，广西师范大学出版社2005年版。
87. ［法］葛兰言：《中国人的宗教信仰》，程门译，贵州人民出版社2010年版。
88. ［法］杜蒙：《阶序人》，王志明译，台湾远流出版事业股份有限公司2007年版。
89. ［法］杜蒙：《论个体主义》，谷方译，上海人民出版社2003

年版。

90. ［法］列维-布留尔：《原始思维》，丁由译，商务印书馆 1981 年版。

91. ［法］福柯：《这不是一只烟斗》，邢克起译，漓江出版社 2012 年版。

92. ［法］福柯：《规训与惩罚》，刘北成等译，生活·读书·新知三联书店 2012 年版。

93. ［法］埃德加·莫兰：《迷失的范式：人性研究》，陈一壮译，北京大学出版社 1999 年版。

94. ［德］马克思、恩格斯：《马克思恩格斯选集》（1—4 卷），人民出版社 1972 年版。

95. ［德］马克思、恩格斯：《马克思恩格斯文集》第一卷，人民出版社 2009 年版。

96. ［德］马克思：《1844 年经济学哲学手稿》，人民出版社 1985 年版。

97. ［德］恩格斯：《家庭、私有制和国家的起源》，人民出版社 1972 年版。

98. ［德］卡尔·雅斯贝尔斯：《智慧之路》，柯锦华等译，中国国际广播出版社 1988 年版。

99. ［德］胡塞尔：《欧洲科学的危机与超越论的现象学》，王炳文译，商务印书馆 2001 年版。

100. ［德］胡塞尔：《现象学的观念》，倪梁康译，上海译文出版社 1986 年版。

101. ［德］马克斯·韦伯：《社会科学方法论》，李秋零、田薇译，中国人民大学出版社 1999 年版。

102. ［德］威廉·洪堡特：《论人类语言结构的差异及其对人类精神发展的影响》，姚小平译，商务印书馆 1997 年版。

103. ［德］威廉·洪堡特：《洪堡特语言哲学文集》，姚小平译，湖北教育出版社 2001 年版。

104. ［德］恩斯特·卡西尔：《神话思维》，黄龙保等译，中国社会科学出版社 1992 年版。

105. ［德］恩斯特·卡西尔：《人论》，甘阳译，上海译文出版社 1985 年版。
106. ［德］恩斯特·卡西尔：《符号　神话　文化》，李小兵译，东方出版社 1988 年版。
107. ［德］威廉·狄尔泰：《精神科学引论》，艾彦译，译林出版社 2012 年版。
108. ［德］威廉·狄尔泰：《历史中的意义》，艾彦译，译林出版社 2011 年版。
109. ［德］马克斯·缪勒：《比较神话学》，金泽译，上海文艺出版社 1989 年版。
110. ［德］汉斯-格奥尔格·伽达默尔：《真理与方法》，洪汉鼎译，上海译文出版社 1999 年版。
111. ［德］莱布尼茨：《人类理智新论》，陈修斋译，商务印书馆 1982 年版。
112. ［德］康德：《实用人类学》，邓晓芒译，重庆出版社 1987 年版。
113. ［德］康德：《历史理性批判文集》，何兆武译，商务印书馆 1990 年版。
114. ［德］康德：《纯粹理性批判》，韦卓民译，华中师范大学出版社 1991 年版。
115. ［德］诺贝特·埃利亚斯：《文明的历程》，袁志英译，生活·读书·新知三联书店 1999 年版。
116. ［德］费希特：《全部知识学的基础》，王玖兴译，商务印书馆 2009 年版。
117. ［德］斯宾格勒：《西方的没落》，齐世荣等译，商务印书馆 1963 年版。
118. ［德］李凯尔特：《文化科学与自然科学》，涂纪亮译，商务印书馆 1986 年版。
119. ［德］霍克海默：《霍克海默集》，曹卫东编选，渠东、付德根等译，上海远东出版社 2004 年版。
120. ［德］海德格尔：《诗·语言·思》，彭富春译，文化艺术出版社 1990 年版。
121. ［德］黑格尔：《精神现象学》，贺麟、王玖兴译，商务印书馆 1979 年版。
122. ［德］叔本华：《作为意志和表象的世界》，石冲白译，商务印书馆 1982 年版。
123. ［德］马克斯·缪勒：《比较神话学》，金泽译，上海文艺出版社 1989 年版。
124. ［德］叔本华：《生存空虚说》，陈晓南译，作家出版社 1987 年版。
125. ［德］海德格尔：《存在与时间》，陈嘉映、王庆节译，生活·读书·新知三联书店 1987 年版。
126. ［奥］马赫：《感觉的分析》，洪谦等译，商务印书馆 1986 年版。
127. ［奥］维特根斯坦：《逻辑哲学论》，张申府译，北京大学出版社 1988 年版。
128. ［奥］维特根斯坦：《哲学研究》，李步楼译，商务印书馆 1996 年版。
129. ［瑞士］费尔迪南·索绪尔：《普通语言学教程》，高名凯译，商务印书馆 1980 年版。
130. ［瑞士］皮亚杰：《发生认识论原理》，王宪钿等译，商务印书馆 1981 年版。
131. ［荷兰］斯宾诺莎：《知性改进论》，贺麟译，商务印书馆 1960 年版。
132. ［意］维柯：《新科学》，朱光潜译，商务印书馆 1989 年版。
133. ［俄］弗·雅·普洛普：《故事形态学》，贾放译，中华书局 2006 年版。
134. ［俄］康定斯基：《论艺术精神》，查立译，中国社会科学出版社 1987 年版。

135. ［爱尔兰］泰特罗：《本文人类学》，王宇根等译，北京大学出版社1996年版。

136. ［捷克］卡夫卡：《卡夫卡短篇小说选》，孙坤荣等译，外国文学出版社1985年版。

137. ［印度］泰戈尔：《榕树》，冰心译，人民文学出版社1987年版。

138. 《易经》。

139. 《诗经》。

140. 《论语》。

141. 《庄子》。

142. 《史记》。

143. 《尚书》。

144. 《礼记》。

145. 《孟子》。

146. 费孝通：《师承　补课　治学》，生活·读书·新知三联书店2002年版。

147. 费孝通：《论人类学与文化自觉》，华夏出版社2004年版。

148. 林耀华：《义序的宗族研究》，生活·读书·新知三联书店2000年版。

149. 林耀华：《金翼》，生活·读书·新知三联书店1989年版。

150. 李亦园：《人类的视野》，上海文艺出版社1996年版。

151. 陈来：《古代宗教与伦理》，生活·读书·新知三联书店1996年版。

152. 冯天瑜：《中华元典精神》，上海人民出版社1994年版。

153. 李星华：《白族民间故事传说集》，中国民间文艺出版社1982年版。

154. 中国人民大学历史系：《云南大理周城志稿》（内部资料），1984年。

155. 赵勤：《大理周城风物录》，德宏民族出版社1994年版。

156. 张朋川：《中国彩陶图谱》，文物出版社1990年版。

157. 郑为：《中国彩陶艺术》，上海人民出版社1985年版。

158. 闻一多：《闻一多全集》，开明书店 1948 年版。
159. 陶阳、钟秀：《中国创世神话》，上海人民出版社 1989 年版。
160. 陶阳、钟秀：《中国神话》，上海文艺出版社 1990 年版。
161. Paul Rabinow, *Reflections fieldwork in Morocco*, Berkeley and Los Angeles: University of California Press, 1977.
162. Kevin Dwyer, *Morocco Dialogues: Anthropology in Question*, Prospect Heights: Waveland Press, 1987.
163. Jean-Paul Dumont, *The Headman and I*, Prospect Heights: Waveland Press, 1992.
164. Marjorie Shostak, *Nisa: The Life and Words of a ! Kung Woman*, Cambridge, Massachusetts: Harvard University Press, 1981.
165. Vincent Crapanzano, *Tuhami: Portrait of a Moroccan*, Chicago: University of Chicago Press, 1980.
166. Rebert Redfield, *Peasant Siciety and Culture*. The University of Chicago Press, 1956.
167. Bronislow Malinowski, *A Diary in the Strict Sense of the Term*, London, 1967.

后　　记

　　人类学的题中应有之义应该是"研究人类",民族志也应该是"人志"。作为一种"人志",在本书中,我是将段绍升作为"人"来解读的。在这一理念之下,我对于具象、抽象、序列的分析,对于理性之真、理想之善、情感之美、宗教之用的解释,对于人的历史与神话来源的探求,主要的并非去描述段绍升独有的个性,而是通过段绍升来进行"人"的叙事。民族志对"人"的叙事与小说具有重大区别,它并非要通过衍生出曲折离奇的情节而引人入胜,并非为塑造独特的人物性格而树立某一类典型,而是追问"人"的一般性问题,即追问人"是什么""怎么样"和"为什么"。因此,研究对象虽然是某一具体的历史语境中的人,但同时又超越了这一语境,进入"人之所以为人"的一般性语境之内。

　　这样,我就将个人生活史写作路径倒转了过来。传统的写作套路往往是"个人生活史——村庄历史——国家大历史"的进路,即将"个人"放到社会与时代的"大背景"之下而确定其意义。他们认为在个人生活史的记忆的研究中,漂浮着的散乱的事件"碎片"往往总是"直面时代和阶级的重大主题"[1],从而显示出价值与意义。例如黄树民先生的《林村的故事》就是这个类型。作者说该书的主旨是:"我希望用这本书来呈现1949年解放之后,针对中国东南部的农民生活所做的、以历史为主干的个案研究。……我采用生命史的方法,描述'林村'在过去35年来的变化。本书的主角是在林村长大

---

[1] [美]保尔·汤普逊:《过去的声音——口述史》,覃方明、渠东等译,辽宁教育出版社、牛津大学出版社2000年版,第186页。

的党支部书记叶文德,由此侧见中国历史上骚动不安的一页重要篇章。"① 在我看来,具体的"社会"与"文化",具体的历史"时代"之所以被认为是超越个体的、更为重要的问题,是因为相当一段时期以来,人类学的传统研究被凝固在具体的小范围的异文化区域之内,被奠定在"西方"与"非西方"的对比之上,被捆绑在以民族与国家作为最高利益单位的意识形态之中,而并未太多地关注到作为共同体的"人类"。"社会"也好,"文化"也好,仅仅是"人"的作品,个体的"人"既具有时代、社会与文化的具体性,更具有"人"的"类本质"的一般性。

我对于段绍升的倾听与解读,处在一个颇为特殊的位置之上:白族文化对于我来说,既是异文化,——对于我所属的汉文化而言——又非异文化,对于中华文化整体而言。这个位置虽然存在着劣势,但也可以发掘出一种优势,即可以在游走于"自我"与"他者"之间并超越于"自我"与"他者"之上找到一个合适的位置,并以此为立足点来思考"人"的一般性问题。过于偏"异",则可能引人关注浓重的异域风情;过于偏"同",则又可能因为没有对照之"镜"而看不清"自我"与"他者"。因此需要一个亦同亦异、不同不异的特殊位置。在全球化时代,世界被浓缩成一个村庄,各种交流日益频繁,完全纯正的异文化早已不复存在。米德的迷人的萨摩亚、格尔兹的有趣的巴厘岛都已经被开发为旅游景点,它们只能调动起旅游观光者三天的耳目兴致。因此,新的研究领域并不是在"异"与"同"之间,而且在"异"与"同"之上。只有这里,才留下了大片的荒漠与原野,等待着民族志行者留下脚印和挥起锄头。

任何一部作品,总是一块"千人糕",是个人智慧与集体智慧相磨相激的共同创造。如果遵循传统写作"后记"的习惯依然用"感谢"这个语词,那么这个词在本民族中就相等于"参与"的意义,即作为"第三主体"在作品中存在。

第一个要感谢的是中国社会科学院民族学与人类学研究所《民族

---

① [美]黄树民:《林村的故事》,素兰、纳日碧力戈译,生活·读书·新知三联书店 2002 年版,第 18—19 页。

研究》编辑部刘海涛副研究员以及该刊常务副主编刘世哲研究员。我的《反思与重构：论"主体民族志"》首先得到他们的肯定，并激发了他们就"后现代之后中国民族志如何前行"的问题召开一次专题学术研讨会的想法。其后，我又在该刊上发表了《再论"主体民族志"：民族志范式的转换及其自明性基础的探求》《三论"主体民族志"：走出"表述的危机"》。刘海涛博士还名副其实地参与了我的研究，我们合写了《"三重叙事"的"主体民族志"微型实验》一文。① 2014年4月，"民族志理论与范式专题学术研讨会"在北京举行，国内各种民族志探索形式如新科学民族志、主体民族志、海外民族志、文化志在会上得到介绍与讨论。蔡华、高丙中、王铭铭、张小军、罗红光、赵旭东、徐新建、邵京等教授在会议期间以及其后的交流中，对"主体民族志"的概念或肯定相关的探索路径，或鼓励完善研究，或评论有关论点。《中国社会科学报》对会议进行了报道，对"主体民族志"的观点及其他观点都作了介绍；该报记者孙妙凝还就"主体民族志"专门对我进行了采访。其后刘海涛副研究员撰写了会议综述，较为全面地介绍了"主体民族志"的观点②，并发表《主体民族志与当代民族志的走向》③一文作了专题评论。广西民族大学徐杰舜教授在阅读了我申报教育部后期资助重大项目《一个白族人的裸述》后，以他敏锐的学术感觉给了了特殊的肯定与褒扬，其后并就"主体民族志"专题对我进行了专访。④《广西民族大学学报》主编秦红增教授将"主体民族志"作为该学报2016年第4期的"主打栏目"，显示了他对于新的探索形态的热情支持。美国伊利诺伊州立大学林曾教授，南京大学风笑天教授，厦门大学邓晓华教授，武汉

---

① 参见朱炳祥《反思与重构：论"主体民族志"》，《民族研究》2011年第3期；《再论"主体民族志"：民族志范式的转换及其自明性基础的探求》，《民族研究》2013年第3期；《三论"主体民族志"：走出"表述的危机"》，《民族研究》2014年第2期。朱炳祥、刘海涛《"三重叙事"的"主体民族志"微型实验》，《民族研究》2015年第1期。

② 参见《民族研究》2014年第4期。

③ 刘海涛：《主体民族志与当代民族志的走向》，《广西民族大学学报》2016年第4期。

④ 参见徐杰舜问、朱炳祥答《主体民族志研究与民族志范式变迁——人类学学者访谈录之七十九》，《广西民族大学学报》2016年第4期。

大学社会学系李玉龙先生、徐炜教授、崔应令副教授,武汉大学哲学院钟年教授,华中科技大学孙秋云教授、何菊副教授,中南民族大学柏贵喜教授、唐胡浩副教授,台湾人类学家乔健先生、王明珂教授、简美玲教授,新加坡国立大学梁永佳博士,中山大学夏循祥博士,云南大学宋红娟博士,新疆大学邓娟博士,内蒙古大学王红艳博士,武汉大学余园博士、徐嘉鸿博士、杨雪博士、张佳梅博士等皆对本书的探索与撰写提出过意见与建议或表示各种支持。梁永佳和宋红娟还给我提供了一些国外人类学研究进展的最新文献。本研究得到"2014年度教育部哲学社会科学研究后期资助重大项目"的资助,教育部的几位匿名评审专家和结项鉴定专家,他们能够以宽容态度允许并鼓励我"这么写"。在此一并谨致谢忱。最后要特别感谢中国社会科学出版社田文编审和徐沐熙编辑高水平的、精密而细致的编辑。

朱炳祥

于武昌珞珈山武汉大学

2017 年 11 月 9 日